JN117389

改訂新版

実務家のための 図解による

タックス・ヘイブン 対策税制

高橋 幸之助【著】

はじめに

　世界には、税金がない国、あるいは税金があっても税率が低い国、いわゆるタックス・ヘイブン（租税回避地）があります。

　タックス・ヘイブンで有名な所は、バミューダ、英領チャネル諸島、英領ヴァージン諸島、ケイマン諸島、香港、マン島などがあります。

　課税の公平の立場から、課税当局がこれらタックス・ヘイブンを利用した租税回避事案に対し積極的に取組む姿勢は、昔も今も変わりません。

　近年では、これらタックス・ヘイブンの国々の一部とは租税条約の締結を行い、情報入手が可能な体制を整えており、今後、一層の課税の強化が進むことは、間違いありません。

　最近、国際的な税に関連する言葉でBEPS（ベップス）行動計画という言葉を耳にされることも多いかと思います。

　BEPSとは、Base Erosion and Profit Shifting（税源浸食と利益移転）の略称です。

　BEPS行動計画は、グローバル企業が税制の隙間や抜け穴を利用した節税対策により税負担を軽減している状況を是正するために、OECD租税委員会が公表した15項目からなる行動計画です。

　OECDの加盟各国は、今後の税制改正等を通じてBEPS行動計画を実現し税負担軽減の現状を是正することになります。

　BEPS行動計画の15項目の中には外国子会社合算税制の強化も盛り込まれており、我が国においては、いわゆるタックス・ヘイブン対策税制の強化を、税制改正等を通じて行うということになります。

　タックス・ヘイブン対策税制は、「内国法人の特定外国子会社等に係る所得の課税の特例」として租税特別措置法に規定されています。

　国際課税の歴史から申しますと、タックス・ヘイブン対策税制は、昭和28年の外国税額控除制度の導入、昭和30年の日米租税条約の締結、その後、昭和53年に創設された制度であり、当時から数次の改正を経て今日に至っております。

　昭和53年以前から、タックス・ヘイブンを利用する租税回避の事例が後を絶たず、これを規制する法律としては、法人税でいえば、法人税法第11条「実質所得者課税の原則」があったわけですが、同法では、執行面での具体的な判定基準等が示されていないことから、明文の規定の整備が強く要請されていたものです。

したがって、タックス・ヘイブン税制の創設は、まさに、国際課税の分野では、画期的な立法であり、制度創設から30年以上経た現在においても、時代の変遷とともに、改正等が行われており、国際課税の法令の中では重要な位置を占めております。

　さらに、平成29年度の税制改正において大改正が行われ、外国子会社を判定する際の、入口であるいわゆるトリガー税率の採用による弊害を是正するために、新たに、外国子会社の実態により課税対象となる外国子会社を判定することとなりました。

　本書は、平成29年度の大改正から令和2年度までの改正を踏まえ、新たに、外国子会社合算制度について改定をしたものです。

　新たな税制の仕組み、実務上の重要ポイント、過去の改正の状況、Q&A、申告書別表の書き方等など、タックス・ヘイブン対策税制の概要を理解する際の参考として実務家の皆さんのお役にたてれば、幸いと存じます。

　令和3年11月

著　者

目　　次

第1部　タックス・ヘイブン対策税制

第2部　クロスボーダーの組織再編成に関する国際課税制度

第3部　税制改正の概要

第4部 質疑応答事例

第5部　別表記載例

参考法令・通達

凡　　例

本書において使用している法令等の略語は以下によっています。

法　　　………… 法人税法

法令　　………… 法人税法施行令

法規　　………… 法人税法施行規則

法基通　………… 法人税法基本通達

措法　　………… 租税特別措置法

措令　　………… 租税特別措置法施行令

措規　　………… 租税特別措置法施行規則

措通　　………… 租税特別措置法関係通達

「措法66の6①一号イ」とは「租税特別措置法第66条の6第1項第1号イ」
をいいます。

本書の内容は令和3年6月30日現在の法令通達等に基づいています。

第1部

タックス・ヘイブン対策税制

第1章　タックス・ヘイブンとは

1　タックス・ヘイブンの条件——ケイマン諸島の場合

　我が国においては、憲法第30条「国民は、法律の定めるところにより、納税の義務を負う」によって、納税の義務が課されており、税金は国家財政の根幹となっています。しかし、世界には税金が存在しない国と地域、いわゆるタックス・ヘイブンが存在します。

　タックス・ヘイブンには、明確な定義は存在しませんが、無税だけではなく、その他の条件も必要とされています。タックス・ヘイブンの代表格と言えば、英国領のケイマン諸島です。

　ケイマン諸島は、1670年に英国領となり、ケイマン諸島の無税の歴史は、18世紀に、座礁した英国領ジャマイカ商船をケイマン人が救い、その報奨として、当時の英国王ジョージ3世が税を免除したのが始まりと言われています。

　1990年代、ケイマン政府（The Economic and Statistic Office）は広報誌において、ケイマン諸島では容易に会社が設立できること、また、国際金融センターとしてのセールスポイントを次のように述べています。

> 　ケイマン諸島は政治的に安定しており、為替も安定しております。所得税、キャピタルゲイン税及び源泉所得税等の租税が免税となっております。
> 　さらに、経済的にも安定しており、治安がよく国際的に安全性が認められています。また、国際金融に関わる専門家（弁護士、会計士）が質の高いサービスを提供しております。また、金融の分野においては徹底した守秘義務があります。

　ケイマン諸島の例からいえば、一般的には、次の条件を満たす国又は地域がタックス・ヘイブンであるといえます。

○　法人の設立、運営及び清算が容易である。
○　政治的、経済的に安定している。
○　租税が免税となっている。
○　為替が安定しており、規制がない。

○　各分野の専門家（弁護士及び会計士）のサービスが提供される。

○　金融の分野では徹底した守秘義務が課されている。

2　タックス・ヘイブンと便宜置籍船

　1970年代の日本の経済の発展とともに、国際物流、とくに船舶による運送が盛んになり、船舶が増加すると同時に、船員の確保が緊急の課題となりました。

　国際競争を勝ち抜くためには、コスト削減が重要な課題となり、人件費の安い外国人船員を乗船させることが考えられたのですが、日本船籍の船に外国人船員を乗船させることは、日本人船員の雇用確保の観点から禁じられていました。

　一方、タックス・ヘイブンでは、税金の免税の他に、船籍登録のサービスも提供していたことから、船舶会社はタックス・ヘイブンに海外子会社を設立、自社の船舶をその海外子会社へ売却し、外国船籍（これを「便宜置籍船」といいます。）にした後、人件費の安い外国人船員をその船に乗船させ、定期傭船により船舶の運航を行い、コストを節約することができました。これは、まさに、タックス・ヘイブンが表舞台に登場した事例の一つといえます。

便宜置籍船のイメージ

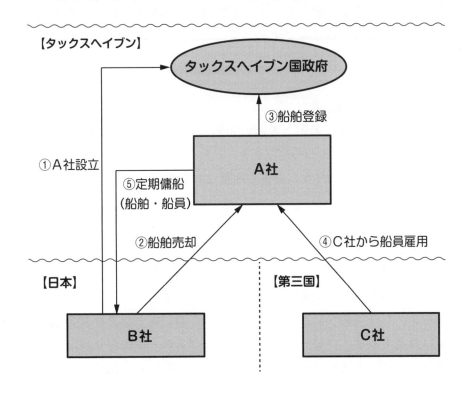

3　ケイマン諸島の実態

(1)　税金がない国と地域

　　世界には、税金がない国、あるいは税金があっても税率が低い国、いわゆるタックス・ヘイブン（租税回避地）があります。

　　タックス・ヘイブンで有名な国又は地域には、バミューダ、英領チャネル諸島、英領ヴァージン諸島、英領ケイマン諸島、香港、などがあります。

　　課税の公平の立場から、課税当局がこれらタックス・ヘイブンを利用した租税回避事案に対し積極的に取り組む姿勢は、昔も今も変わりません。

　　近年では、これらタックス・ヘイブンの国々の一部とは、脱税の防止のための情報を交換する租税協定を結んでおり、今後、一層の情報の収集と課税の強化が進むことは、間違いありません。

(2)　ケイマン諸島と小説

　　タックス・ヘイブンの代表格と言えば、英領ケイマン諸島です。推理作家ジョン・グリシャムのベストセラー小説「ザ・ファーム　法律事務所」によって、広く世界に知られるところとなりました。

　　新米の弁護士が高額な報酬に魅かれ、ボストンにある大手弁護士事務所に就職するのですが、先輩弁護士が次々とケイマン諸島で謎の死を遂げることから、真相解明に乗り出すというストーリーです。

　　米国俳優トム・クルーズによって映画化もされ、日本でも公開されました。

(3)　ケイマン諸島の地理的位置

　　ケイマン諸島は、現在、米国との間の50年ぶりの国交回復に湧くキューバの南、約240キロに位置し、大小3つの島（グランドケイマン島、ケイマンブラク島、リトルケイマン島）で構成されており、全体の面積は、鹿児島県の徳之島とほぼ同じ広さになります。

(4)　首都ジョージタウン

　　ケイマン諸島は、マイアミ（米国）から飛行機でわずか1時間の距離にあるグランドケイマン島のケイマン空港が玄関口となっています。

　　空港からタクシーに乗り、市の中心街である首都ジョージタウンを通過し、海辺のホテルに到着すると、ロビーの横にはバーカウンターが広がり、海からの心地よい風が吹き、リゾート地らしく、バーは多くの人で賑わいを見せています。

(5)　主な産業

　ケイマン諸島は、英国、米国、カナダからの富裕層の滞在型の観光地として有名であり、グランドケイマン島には、ジャック・ニクラウスやグレッグ・ノーマンが設計したゴルフ場が３つ、また、島全体には、シュノーケリングやダイビングができる場所が約360か所あり、カリブ海有数の観光地となっています。

(6)　ケイマン政府の財政収入

　ケイマン諸島は英国領でありながら、行政と立法の権限を有しています。人口約６万１千人、通貨は独自の通貨、ケイマンドルを使用しており、１ケイマンドルは1.2米国ドルとの交換ができます。米国ドルに慣れている旅行者にとっては、常にケイマンドルへの換算がやっかいであり、また、痛い出費となっています。

　ケイマン政府の収入は、約990億円（2015 〜 2016年の政府予算）であり、主な収入は、輸入品に対する関税、許認可手数料、観光産業収入が財源の主要な部分を占めています。生計費は、税金がない分、英国本土よりは高くなっています。

(7)　無税の歴史

　ケイマン諸島では、個人や会社に対する所得税や法人税がありません。無税の国なのです。

　ケイマン諸島の無税の歴史は、約350年前にさかのぼります。1670年に英国領となったケイマン諸島は、その後、18世紀に、座礁した英国領ジャマイカ商船をケイマン人が救い、その報奨として、当時の英国王ジョージ３世が税を免除したのが始まりと言われています。

(8)　最新労働事情

　ケイマン諸島の主な産業は観光産業で、特に滞在型のリゾート地として、カナダ、米国、英国からの観光客が多数を占めています。

　ケイマン政府の資料によりますと、失業率は4.7%（2014/6月現在・予想値）と公表されています。

　また、「今後は、労働人口の自然増と年齢60歳から65歳の労働者の退職などの要因により、来年度以降は4.5%に減少すると見込まれ、さらに、このレベルは、今後は公共事業の増加と民間の観光事業に対する投資の増加により、今後２年間は継続される」とコメントしています。

(9)　ケイマン諸島と免税会社

　ケイマン諸島で無税の恩典を受けるためには、免税会社を設立することになりま

す。

　実際の免税会社の設立に関する事務手続きや申請は、現地の銀行、弁護士、会計事務所等が代行しています。設立に必要な事務所、株主、代表者、役員などは、必要に応じてこれらの代行業者が提供しています。

　ケイマン諸島の会社法によりますと、これらの代行業者が登録事務所を提供する場合には、免税会社の名称をその事務所の外に掲示することが義務付けられています。つまり、銀行の店舗、弁護士事務所等に掲示することになります。

　会社を設立する場合には定款（Memorandum of Association）と定款以外の内部規定（Articles of Association）の作成が必要になります。定款には、次の①〜⑦の事項を記載する必要があります。

---

① 　会社の事業目的

② 　会社の名称

③ 　会社の種類

④ 　授権資本と株式の種類

⑤ 　出資者の氏名と住所

⑥ 　定款等の作成日

⑦ 　会社の登録事務所

　内部規定には株主総会等の招集方法、代表者と役員の権限等を記載します。

⑽　ケイマン諸島とペーパーカンパニー

　ケイマン諸島に本店を有する多くの免税会社は、本店所在地を弁護士事務所あるいは、銀行の所在地としており、実態のないペーパーカンパニーです。

　ケイマン諸島の会社法によりますと、免税会社の名称は銀行の店舗、弁護士事務所等に掲示することが義務付けられていますので、銀行、弁護士事務所のロビーや事務室には、免税会社のネームプレートが掲示されています。

　ペーパーカンパニーはネームプレートが真鍮でできていることから、別名、Brass Plate Companyと呼ばれています。

⑾　日本からケイマン諸島への投資

　世界有数のタックス・ヘイブンであるケイマン諸島には、日本から約74兆円の証券投資が行われていることが日本銀行の公表した資料から明らかになりました（2015年末時点）。

　日本からの海外への証券投資額は、第1位が米国で165兆円、ケイマン諸島は第

２位となっています。日本の機関投資家等がケイマン諸島の免税等の恩恵を利用している実態が改めて浮き彫りになりました。

4 タックス・ヘイブン対策税制とペーパーカンパニー

我が国の法人税法第２条第３号では、内国法人を「国内に本店又は主たる事務所を有する法人」と規定し、同法第４条第１項では「内国法人は、この法律により、法人税を納める義務がある。」と規定しています。

つまり、我が国に本店又は主たる事務所を有する法人に納税義務を課すいわゆる「本店所在地主義」を採用しています。

「本店所在地主義」の下では、我が国で実質的に事業の全てをコントロールしていても、日本以外の税金のない国又は税率が低い国に本店登記をすれば「内国法人」に該当しないため、日本で納税する必要はないことになります。

タックス・ヘイブン対策税制は、タックス・ヘイブンに事業活動の実態のないペーパーカンパニーを設立し、無税の恩恵を受け、利益を留保している企業等の株主に課税をしようというものであり、租税回避に対応するための立法措置です。

(注)　本店所在地を納税地とする「本店所在地主義」に対するものとして、「管理支配地主義」があります。これは、実質的に事業を支配している場所があれば、その管理支配している場所を納税地とするものです。主に英国において採用されています。

5 BEPS行動計画とタックス・ヘイブン

(1)　BEPSとは

BEPSとは、Base Erosion and Profit Shifting（税源浸食と利益移転）の略称です。

(2)　BEPS行動計画とは

グローバル企業が税制の隙間や抜け穴を利用することにより税負担を軽減している現状を是正するために、OECD租税委員会が中心となり取りまとめた行動計画で、次の15項目で構成されています。

OECD加盟の各国は、この行動計画に沿って、国内の税制を整備して行動計画を実行していくことになります。

---

① 電子商取引課税

② ハイブリッド・ミスマッチ・アレンジメントの無効化

③ **外国子会社合算税制の強化**

④ 利子等の損金算入を通じた税源浸食の制限

⑤ 有害税制への対応

⑥ 租税条約濫用の防止

⑦ 恒久的施設（PE）認定の回避の防止

⑧ 移転価格税制（無形資産の移転）

⑨ 移転価格税制（リスクと資本）

⑩ 移転価格（その他の租税回避の可能性が高い取引）

⑪ BEPSの規模や経済的効果の指標を政府OECDに集約、分析する方法の策定

⑫ タックスプランニングの報告義務

⑬ 移転価格の文書化の再検討

⑭ 相互協議の効果的実施

⑮ 多国間協定策定の実行可能性

---

(3) BEPS行動計画とタックス・ヘイブン

　タックス・ヘイブンについては、上記行動計画の「③　外国子会社合算税制の強化」として掲げられており、我が国では、今後、税制改正によりタックス・ヘイブンの企業等に対するさらなる課税強化が予想されます。

6 パナマ文書とタックス・ヘイブン

(1) パナマ文書とは

　パナマ文書とは、パナマの法律事務所「モサック・フォンセカ」によって作成されたオフショア企業に関する機密文書をいいます。

　これらの機密文書は、漏えいにより南ドイツ新聞を経由して、ICIJ（国際調査報道ジャーナリスト連合）加盟各国の報道機関により、その存在が明らかになったものです。

(2) パナマ文書による企業情報とオフショア企業

　パナマ文書により明らかとなった機密情報の規模は、約21万4千社の企業の株主、

取締役の情報など1,150万件と伝えられています。

　また、租税回避地に設立されたオフショア企業数は、約19万社と伝えられています。

(3)　パナマ文書とタックス・ヘイブン

　パナマ文書によりますと、租税回避地に設立された企業名と株主、役員が明らかになったことから、世界各国の課税当局は、この情報（企業の株主、役員等）を端緒にタックス・ヘイブンに設立された企業の実態解明を進めていくことが予想され、過去の税務調査の対象とした企業・個人についても、再度、調査を行うことも予想されます。

　我が国においても、パナマ文書を個人の所得税、贈与税、相続税の調査選定資料として、また、企業の法人税の調査選定の資料として活用することが予想されます。

　さらに、過去の調査事案の再調査の資料として活用することも想定されます。

7　租税に関する情報交換を主たる内容とする条約（情報交換協定）とタックス・ヘイブン

(1)　情報交換協定とは

　情報交換協定とは、各国の税務当局との間で、主に情報交換を主体とする租税条約です。

(2)　我が国と情報交換協定を締結したタックス・ヘイブン

　近年、我が国と情報交換協定を締結したタックス・ヘイブンは、以下のとおりとなります（2021年5月末現在）。

締結日		締約国
平成22年2月	情報交換協定（新規）	バミューダ
平成23年1月	情報交換協定（新規）	バハマ
平成23年2月	情報交換協定（新規）	ケイマン諸島
平成23年6月	情報交換協定（新規）	マン島
平成23年12月	情報交換協定（新規）	ガンジー
平成23年12月	情報交換協定（新規）	ジャージー
平成24年7月	情報交換協定（新規）	リヒテンシュタイン
平成25年6月	情報交換協定（新規）	サモア
平成26年3月	情報交換協定（新規）	マカオ
平成26年6月	情報交換協定（新規）	英領バージン諸島
平成29年2月	情報交換協定（新規）	パナマ

⑶　情報交換協定の内容（ケイマン諸島の場合）

　　我が国とケイマン諸島との間では、平成23年2月7日に情報交換協定が締結されており、同協定により、租税の賦課・徴収、租税債権の回収・執行、租税事案の捜査・訴追に関連する情報等を交換することが可能となり、また、海外における調査の立会も認められています。

　　したがって、我が国の課税当局が行う任意又は強制の税務調査において、今後は、情報交換協定の活用が予想されます。

情報交換協定のイメージ

情報交換	税務調査
↓	↓
要請に基づく情報交換	**調査立会**

▶▶参考◀◀　情報交換協定

脱税の防止のための情報の交換及び個人の所得についての課税権の配分に関する日本国政府とケイマン諸島政府との間の協定（情報交換協定）

（抜粋）

第2章　情報の交換

　第2条　目的及び適用範囲

　　両締約者の権限のある当局は、この協定の実施又は第4条に規定する租税に関する両締約者の法令の規定の運用及び執行に関連する情報の交換を通じて支援を行う。そのような情報には、同条に規定する租税の決定、賦課及び徴収、租税債権の回収及び執行並びに租税事案の捜査及び訴追に関連する情報を含む。

　第6条　海外における租税に関する調査

　　被要請者（著者注：日本国又はケイマン諸島）の権限ある当局は、要請者（著者注：日本国又はケイマン諸島）の権限ある当局の要請があったときは、被要請者における租税に関する調査の適当な部分に要請者の権限のある当局の代表者が立ち会うことを認めることができる。

8　税務行政執行共助条約

(1)　税務行政執行共助条約とは

　　各国の税務当局との間で、租税に関する**行政支援**（情報交換、徴収共助、送達共助）を相互に行うための条約です。

　　本条約を締結することにより、国際的な脱税と租税回避に適切に対処していくことが可能であるとされています。

(2)　行政支援の形態

　①　情報交換……条約締約国間の情報交換（要請によるもの・自発的なもの・自動的なもの）と税務同時調査、海外の調査立合

　②　徴収共助……租税の滞納者の資産が他の条約締約国にある場合、他の条約締約国にその租税の徴収を依頼すること

　③　送達共助……租税に関する文書の名宛人が他の条約締約国にいる場合、他の条約締約国にその文書の送達を依頼すること

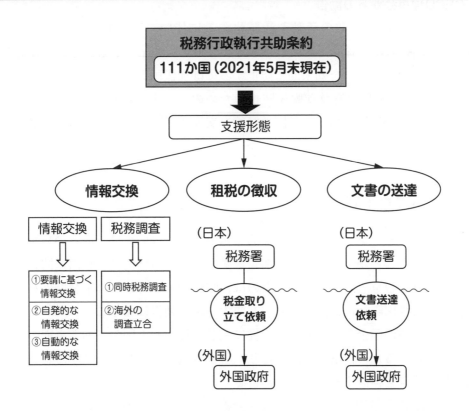

税務行政執行共助条約（イメージ）

第2章　タックス・ヘイブン対策税制とは

1　制度創設の主な背景

　タックス・ヘイブン対策税制は、次の内外からの要請に応じて創設されたものです。

(1)　制度創設前の国際課税に対する国内法の問題点

　　タックス・ヘイブンを利用する租税回避に対しては、従来、法人税法第11条の「実質所得者課税」の規定により、それを適用しうる範囲において規制してきましたが、この規定の適用に当たっての実質帰属の具体的な判定基準が明示されていないことから、執行面での安定性に必ずしも問題なしとしない面がありました。このため、租税法律主義を堅持しつつ課税の執行の安定性を確保するという観点からも、租税回避対策のための明文規定の整備が強く要請されていました。

(2)　OECD理事会からの勧告

　　いわゆる多国籍企業の活動が活発化するに伴い、国際的な租税回避の問題がOECDや国連の場で採り上げられるようになり、とりわけ、OECDは、昭和52年9月、国際的な租税回避を効果的に防止するには加盟国間の協力強化が必要であるとの見地から、「租税回避及び脱税防止のための法令上又は行政上の措置を強化し、かつ、これらの措置に関する各国の経験を交換すべきである」旨の理事勧告を行っていました。

2　新法成立までの経緯

　タックス・ヘイブンを利用した国際的な租税回避については、既存の租税法規では不十分であったことから、我が国が問題意識を持って本格的に租税回避防止のための新立法に取り組む意思を明らかにしたのは、昭和52年6月8日の衆議院外務委員会の「多国籍企業等国際経済に関する件」と題する決議勧告になります。

　同勧告は「我が国企業が諸制度の不備に乗じ租税回避を図るが如き事態の出現をあらかじめ防止するため、納税を怠ったり、租税回避地に逃避したりする企業に対する有効な規制措置を検討すること」を勧告しています。

　その後、昭和52年12月20日の税制調査会答申では、諸外国においても国際的な租税

回避についての立法措置が講じられていることを踏まえ、「タックス・ヘイブン対策税制の導入」を答申しました。

　さらに、昭和53年1月13日に、昭和53年度税制改正の要綱が閣議決定され、国会で承認された後、昭和53年4月1日から多国籍企業の租税回避防止のための租税特別措置法である「内国法人の特定外国子会社等に係る所得の課税の特例」、いわゆる「タックス・ヘイブン対策税制」が新たな法律として施行されることになりました。

3 　本税制の基本的な考え方

　本税制の基本的な考え方は、昭和52年12月20日に税制調査会が内閣総理大臣に提出した「昭和53年度の税制改正に関する答申」において、次のように述べられています。

　⑴　いわゆるタックス・ヘイブンに所在する海外子会社等に留保された所得のうち、その持分に対応する部分を親会社の所得に合算して課税すること。

　⑵　いわゆるタックス・ヘイブンとしては、法人税が全くないか若しくは我が国法人税に比較してその実効税率が著しく低い国又は国外源泉所得を非課税としている国等を対象とする。

　⑶　その所得が合算課税の対象となる海外子会社等の範囲については、内国法人又は居住者が全体として発行済株式総数（出資総額）の50％を超える株式（出資）を直接又は間接に保有する海外子会社等とする。

　　　ただし、税負担の不当な軽減を防止するというこの制度本来の趣旨にかんがみ、少額の持分（10％未満の持分保有者）を保有するに過ぎない株主は合算課税の対象外とする。

　⑷　正常な海外投資活動を阻害しないため、所在地国において独立企業としての実体を備え、かつ、それぞれの業態に応じ、その地において事業活動を行うことに十分な経済合理性があると認められる海外子会社等は適用除外とする。

（出典　国税庁「昭和53年　改正税法のすべて」）

第3章　タックス・ヘイブン対策税制の仕組み

1　タックス・ヘイブン対策税制のポイント

① 　この税制は、昭和53年度税制改正により導入されたものであり、タックス・ヘイブン（無税又は軽課税の国又は地域）を利用した我が国企業の租税回避を防止することを目的としている。

② 　外国関係会社のうち特定外国関係会社と対象外国関係会社に留保された所得を内国法人の所得に合算して課税するものである。

③ 　特定外国関係会社は租税負担割合が30％以上、対象外国関係会社は租税負担割合が20％以上であれば適用免除となり課税は行われない。

④ 　部分対象外国関係会社は「特定所得の金額」について課税される。

⑤ 　内国法人の所得に特定外国関係会社、対象外国関係会社及び部分対象外国関係会社の所得を合算した結果、二重課税が生じる場合は、外国税額控除等による二重課税回避のための一定の調整を行う。

1　基本的な仕組み【その1＿会社単位の合算課税】

実務上の重要ポイント

特定外国関係会社又は対象外国関係会社の株式等の持分を有する内国法人又は実質支配する内国法人は、これら外国関係会社の適用対象金額のうち株式等の持分割合に相当する課税対象金額を各事業年度の収益として合算課税しなければなりません。

ただし、特定外国関係会社は各事業年度の租税負担割合が30%以上、対象外国関係会社は各事業年度の租税負担割合が20%以上である場合は、その各事業年度について合算課税は免除されます。

解　説　　会社単位の合算税制とは──

次の①～④に掲げる納税義務者に該当する内国法人に係る外国関係会社のうち、特定外国関係会社又は対象外国関係会社に該当するものが、各事業年度に「適用対象金額」を有する場合には、その適用対象金額に「請求権等勘案合算割合」を乗じた金額（以下「課税対象金額」といいます。）を内国法人の収益とみなし、その各事業年度終了の日の翌日から2か月を経過する日を含む内国法人の各事業年度の所得の金額の計算上、益金の額に算入します（以下「会社単位の合算課税」といいます。）。

（措法66の6①・措令39の14①）

① 内国法人が直接又は間接に有する外国関係会社の出資割合、議決権割合又は配当等請求権割合のいずれかが10%以上である場合のその内国法人

（措法66の6①一号）

② 外国関係会社との間に実質支配関係がある内国法人

（措法66の6①二号）

③ 外国関係会社（内国法人との間に実質支配関係があるものに限ります。）の他の外国関係会社に対する出資割合、議決権割合又は配当等請求権割合のいずれかが10%以上である場合のその内国法人

（措法66の6①三号）

④ 外国関係会社に対する出資割合、議決権割合又は配当等請求権割合のいずれか

が10%以上である一の同族株主グループに属する内国法人

（措法66の6①四号）

　　ただし、特定外国関係会社については各事業年度の租税負担割合が30%以上である場合、対象外国関係会社については各事業年度の租税負担割合が20%以上である場合は、その各事業年度については合算課税は適用されません。（以下「適用免除」といいます。）

（措法66の6⑤一・二号）

　㊟　特定外国関係会社及び対象外国関係会社の規定は、平成29年度の税制改正により新たに規定されたものです。改正前は租税回避リスクの判断をトリガー税率（租税負担割合20%）により行っていましたが、これを改め、所得や事業の内容によって判断することになりました。
　　　また、企業の事務負担を軽減するために、一定の租税負担割合の場合には適用を免除しています。

基本的な仕組みのイメージ（会社単位の合算課税）

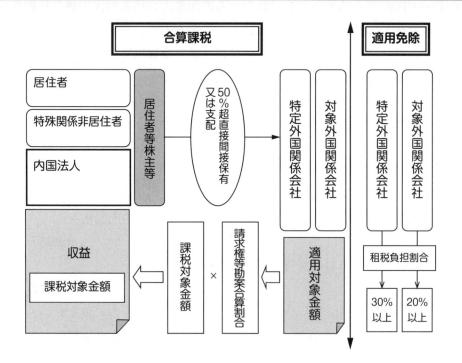

2　基本的な仕組み【その２__部分合算課税】

実務上の重要ポイント

　合算課税の適用がない部分対象外国関係会社が配当、利子又は株式譲渡益等の特定所得の金額を有する場合には、各事業年度の特定所得のうち株式等の持分割合に相当する部分課税対象金額を各事業年度の収益として合算課税しなければなりません。

　ただし、次のいずれかに該当する事実がある場合には適用が免除されます。

①　各事業年度の租税負担割合20％以上であること

②　各事業年度の部分適用対象金額が２千万円以下であること

③　部分適用対象金額÷各事業年度の決算所得の金額が５％以下であること

解　説　部分合算税制とは――

　上記(1)の①～④に掲げる納税義務者に該当する内国法人に係る部分対象外国関係会社（外国金融子会社等に該当するものを除きます。）が、各事業年度において、配当、利子及び株式譲渡益等の特定所得の金額を有する場合には、その各事業年度の特定所得の金額に係る部分適用対象金額に請求権等勘案合算割合を乗じた金額（以下「部分課税対象金額」といいます。）を内国法人の収益の額とみなし、部分対象外国関係会社の各事業年度終了の日の翌日から２か月を経過する日を含む内国法人の各事業年度の所得の金額の計算上、益金の額に算入し課税（以下「部分合算課税」といいます。）します。

（措法66の６⑥）

　ただし、部分対象外国関係会社について、次のイ～ハのいずれかに該当する事実がある場合には、特定所得合算課税は適用しないこと（以下「適用免除」といいます。）とされています。

（措法66の６⑩）

イ　各事業年度の租税負担割合が100分の20以上であること

ロ　各事業年度の部分適用対象金額が２千万円以下であること

ハ　各事業年度の決算に基づく所得の金額に相当する金額のうちに部分適用対象金額の占める割合が100分の５以下であること

部分合算課税のイメージ

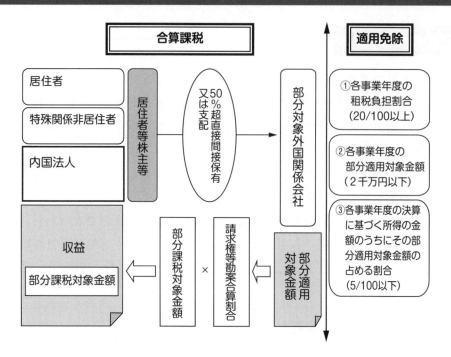

3　基本的な仕組み【その３＿納税義務者】

実務上の重要ポイント

　特定外国関係会社又は対象外国関係会社の株式等の持分割合等が10%以上である内国法人（持分割合等が10%以上である一の同族株主グループに属する内国法人を含みます。）、特定外国関係会社又は対象外国関係会社を実質支配する内国法人は、納税義務者となります。

解説　**納税義務者となる内国法人**――

①　内国法人が直接又は間接に有する外国関係会社の出資割合、議決権割合又は配当等請求権割合のいずれかが10%以上である場合のその内国法人（措法66の6①）

　イ　出資割合とは
　　「出資割合」とは、内国法人が直接又は間接に有する外国関係会社の株式等（株式又は出資をいいます。）の数又は金額の合計数又は合計額がその外国関係会社の発行済株式又は出資の総数又は総額のうちに占める割合をいいます。

（措法66の6①一号イ）

出資割合のイメージ

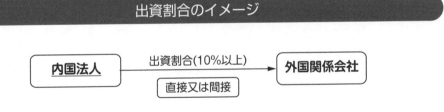

内国法人　―出資割合(10%以上)→　外国関係会社
直接又は間接

　ロ　議決権割合とは
　　「議決権割合」とは、内国法人が直接又は間接に有する外国関係会社の議決権（剰余金の配当等に関する決議に係るものに限ります。）の数の合計数がその外国関係会社の議決権総数のうちに占める割合をいいます。

（措法66の6①一号ロ）

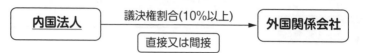

ハ　配当等請求権割合とは

　「配当等請求権割合」とは、内国法人が直接又は間接に有する外国関係会社の株式等の請求権に基づき受けることができる剰余金の合計額がその外国関係会社の株式等の請求権に基づき受けることができる剰余金の配当等の総額のうちに占める割合をいいます。

(措法66の6①一号ハ)

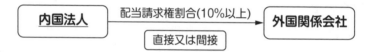

②　外国関係会社との間に実質支配関係がある内国法人（措法66の6①二号）

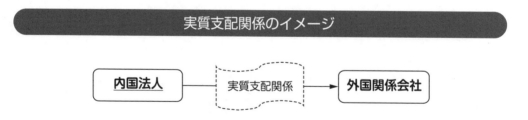

③　外国関係会社（内国法人との間に実質支配関係があるものに限ります。）の他の外国関係会社に対する出資割合、議決権割合又は配当等請求権割合のいずれかが10%以上である場合のその内国法人（措法66の6①三号）

実質支配関係と持分割合のイメージ

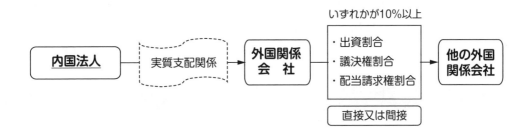

④　外国関係会社に対する出資割合、議決権割合又は配当等請求権割合のいずれかが10%以上である一の同族株主グループに属する内国法人（措法66の6①四号）

イ　一の同族株主グループとは

「一の同族株式グループ」とは、外国関係会社の株式等を直接又は間接に有する者及び当該株式等を直接又は間接に有する者との間に実質支配関係がある者（当該株式等を直接又は間接に有する者を除きます。）のうち、①一の居住者又は内国法人、②当該一の居住者又は内国法人との間に実質支配関係がある者及び③当該一の居住者又は内国法人と政令で定める特殊の関係のある者（外国法人を除きます。）をいいます。

（措法66の6①四号）

一の同族株式グループのイメージ

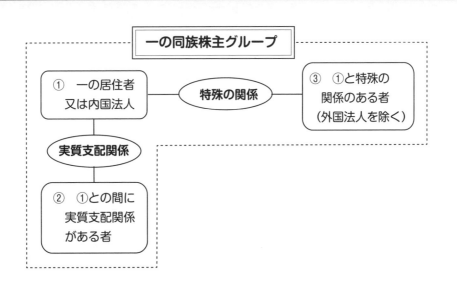

ロ　一の同族株主グループに属する内国法人とは

　「一の同族株主グループに属する内国法人」とは、①外国関係会社に対する出資割合、②議決権割合又は③配当等請求権割合のいずれかが10％以上である一の同族株主グループに属する内国法人をいいます。

（措法66の6①四号）

実質支配関係と持分割合のイメージ

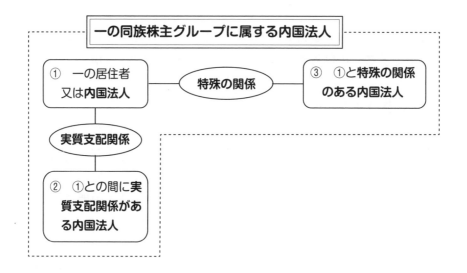

| 解　説 | 一の居住者又は内国法人と特殊の関係のある者──

「一の居住者又は内国法人と特殊の関係のある者」とは、次に掲げる個人及び法人をいいます。

(措令39の14⑥)

個　　人		
①　居住者(措法2①一の二号)の親族 ②　居住者と婚姻の届出をしていないが事実上婚姻関係と同様の事情にある者 ③　居住者の使用人 (措令39の14⑥一号イ〜ハ)	④　①〜③以外の者で、居住者から受ける金銭その他の資産によって生計を維持している者 ⑤　②〜④に掲げる者と生計を一にするこれらの者の親族 (措令39の14⑥一号ニ〜ホ)	⑥　内国法人(法法2十五号)の役員及びその役員の特殊関係使用人(法令72各号) (措令39の14⑥一号ヘ)

法　　人			
①　一の居住者又は内国法人(以下「居住者等」といいます。)が他の法人を支配している場合のその他の法人 (措令39の14⑥二号イ)	②　一の居住者及びその一の居住者等と①の特殊の関係のある法人が他の法人を支配している場合のその他の法人 (措令39の14⑥二号ロ)	③　一の居住者及びその一の居住者等と①及び②の特殊の関係のある法人が他の法人を支配している場合のその他の法人 (措令39の14⑥二号ハ)	④　同一の者と①〜③の特殊の関係のある二以上の法人のいずれかの法人が一の居住者等である場合のその二以上の法人のうちその一の居住者等以外の法人 (措令39の14⑥二号ニ)

23

３　合算課税の対象となる外国法人

　　会社単位の合算課税の対象となる外国法人は、外国関係会社のうち**特定外国関係会社**と**対象外国関係会社**になります。また、**部分合算課税**の対象となる外国法人は、**部分対象外国関係会社**になります（以下「特定外国関係会社等」といいます。）

　外国法人、外国関係会社及び特定外国関係会社等の関係は次のとおりとなります。

（措法66の６①⑥）

外国法人・外国関係会社・特定外国関係会社等の関係

㊟　「外国法人」とは、内国法人以外の法人をいいます（法法２四号）。

1　合算課税の対象となる外国法人【その1＿外国関係会社】

実務上の重要ポイント

　　外国関係会社とは、①居住者等株主等の株式等保有割合が50%を超える外国法人、②実質支配関係がある外国法人、③外国金融機関等をいいます。

解　説　　外国関係会社とは──

外国関係会社とは、次の①～③に掲げる外国法人をいいます。

（措法66の6②一号）

①　居住者等株主等の外国法人に対する④株式等の数又は金額、⑩議決権の数、⑪株式等の請求権に基づき受けることができる剰余金の配当等の額のうちいずれかの直接保有株式等保有割合及び間接保有株式等保有割合を合計した割合が50%を超える外国法人
②　居住者又は内国法人との間に実質支配関係がある外国法人
③　外国金融機関に該当する外国法人で、外国金融機関に準ずるものとして政令で定める部分対象外国関係会社との間に、その部分対象外国関係会社がその外国法人の経営管理を行っている関係、その他の特殊の関係がある外国法人として政令で定める外国法人

外国関係会社とは【その1】──

①　居住者等株主等の外国法人に対する次のイ～ハに掲げるいずれかの直接保有株式等保有割合及び間接保有株式等保有割合を合計した割合が50%を超える外国法人
　イ　株式等の数又は金額
　ロ　議決権の数
　ハ　株式等の請求権に基づき受けることができる剰余金の配当等の額

（措法66の6②一イ）

外国法人・外国関係会社・特定外国関係会社等の関係

イ　株式等の数又は金額

（直接保有株式等保有割合＋間接保有株式等保有割合）＞50％

ロ　議決権の数

（直接保有議決権保有割合＋間接保有議決権保有割合）＞50％

ハ　株式等の請求権に基づき受けることが
　　できる剰余金の配当等の額

（直接保有請求権保有割合＋間接保有請求権保有割合）＞50％

（措法66の6②一イ⑴⑵⑶）

▶▶参考◀◀　居住者等株主等とは

〇居住者　〇内国法人　〇特殊関係非居住者＊
〇居住者又は内国法人との間に実質支配関係がある外国法人

（措法66の6②一号イ・措令39の14の2①）

＊「特殊関係非居住者」の範囲

①　居住者（措法2①一の二号）の親族 ②　居住者と婚姻の届出をしていないが事実上婚姻関係と同様の事情にある者 ③　居住者の使用人	④　①～③以外の者で、居住者から受ける金銭その他の資産によって生計を維持している者 ⑤　②～④に掲げる者と生計を一にするこれらの者の親族	⑥　内国法人（法法2十五号）の役員及びその役員の特殊関係使用人 （法令72各号）

(注)　特殊関係非居住者を判定の際、考慮しているのは、国外に居住する親族に株式を保有させることにより、税制の適用を免れることを防止するためです。

（措法2①一の二号・措令39の14⑥一号イ～へ）

＜直接保有の事例（その1）＞

　　－居住者等株主等の株式等保有割合が50％を超える事例－

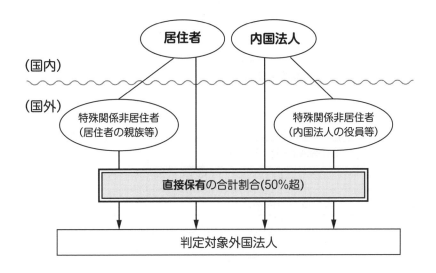

＜直接保有の事例（その2）＞

　　－居住者等株主等及び内国法人が実質支配する外国法人の保有割合等が50％を
　　超える事例－

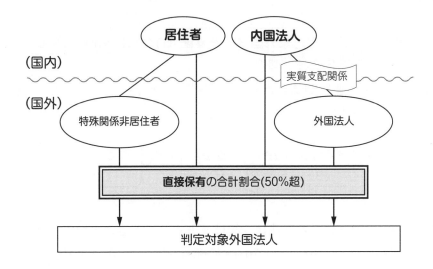

＜間接保有の事例（その1）＞

　－判定対象外国法人の株主等である外国法人の発行済株式数等の50％を超える
　　数又は金額の株式等が居住者等株主等によって保有されている事例－

（措令39の14の2②一号）

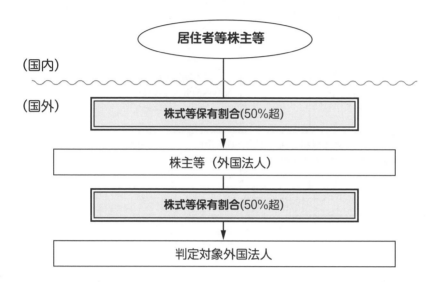

実務上の重要ポイント

　平成29年度の改正前の間接保有割合は、内国法人と判定の対象となる外国
法人との間に介在する他の外国法人の持株割合を「掛け算方式」で算定してい
ました。この場合には、判定対象外国法人を支配（持分割合等50％超）してい
るにもかかわらず外国関係会社と判定されないこととなっていました。

　改正後は、50％超の連鎖関係があれば、支配関係が連続しているとして外
国関係会社と判定されます。

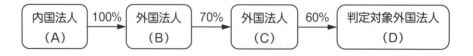

　改正前の間接保有割合の計算方法は「掛け算方式」であることから、外国法
人(D)の間接保有割合は、(A)100％×(B)70％×(C)60％=42％となり、内国法人の間
接保有割合は50％未満であるため、(D)は外国関係会社に該当しない。

　改正後は、(A)～(D)まで50％超の連鎖関係があり、支配関係が継続しているこ
とから、外国法人(D)は外国関係会社に該当する。

＜間接保有の事例（その２）＞

　　－判定対象外国法人の株主等である外国法人と居住者等株主等との間にこれらの
　　者と株式等の保有を通じて連鎖関係にある一の外国法人（出資関連外国法人）
　　が介在している場合－

　　　　　　　　　　　　　　　　　　　　　　　　　　（措令39の14の2②二号）

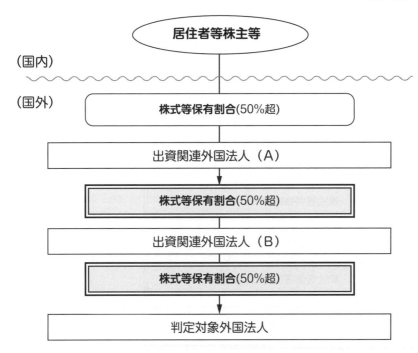

　⇨　判定対象外国法人の株主等である外国法人Ｂと居住者等株主等との間にこれ
　　らの者と株式等の保有を通じて連鎖関係にある外国法人Ａ（出資関連外国法
　　人）が介在し、ＡのＢに対する株式等保有割合は50％を超えている。

＜間接保有の事例（その３）＞
　　－判定対象外国法人の株主等である外国法人と居住者等株主等との間にこれらの
　　者と株式等の保有を通じて連鎖関係にある二以上の外国法人（出資関連外国法
　　人）が介在している場合①－

　　　　　　　　　　　　　　　　　　　　　　　　　（措令39の14の２②二号）

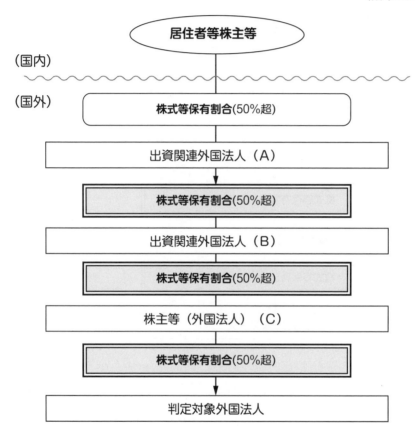

　⇨　判定対象外国法人の株主等である外国法人Ｃと居住者株主等との間にこれら
　　の者と株式等の保有を通じて連鎖関係にある法人（出資関連外国法人）である
　　ＡとＢが介在し、ＢのＣに対する株式等保有割合は50％を超えている。

＜間接保有の事例（その４）＞

　－判定対象外国法人の株主等である外国法人と居住者等株主等との間にこれらの
　　者と株式等の保有を通じて連鎖関係にある二以上の外国法人（出資関連外国法
　　人）が介在している場合②－

（措令39の14の２②二号）

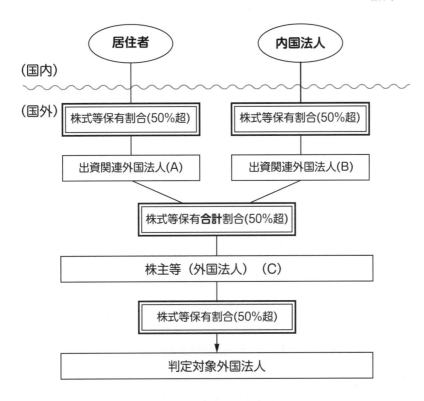

＊　判定対象外国法人の株主等である外国法人Ｃと居住者等株主等との間にこれ
　らの者と株式等の保有を通じて連鎖関係にある法人（出資関連外国法人）であ
　るＡとＢが介在し、ＡとＢのＣに対する株式等保有割合は50％を超えている。

＜間接保有の事例（その5）＞

　－判定対象外国法人の株主等である外国法人と居住者等株主等との間にこれらの者と株式等の保有を通じて連鎖関係にある二以上の外国法人（出資関連外国法人）が介在している場合③－

（措令39の14の2②二号）

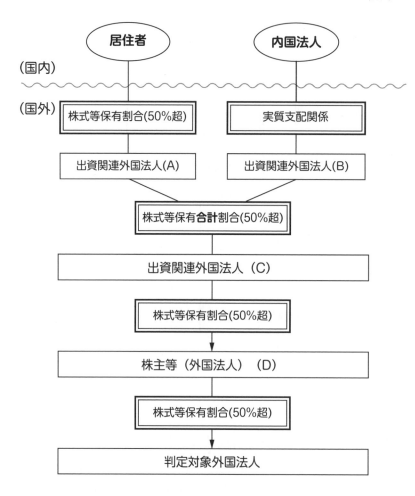

＊　判定対象外国法人の株主等である外国法人Ｄと居住者等株主等との間にこれらの者と株式等の保有を通じて連鎖関係にある法人（出資関連外国法人）であるＡとＢとＣが介在し、ＣのＤに対する株式等保有割合は50％を超えている。

外国関係会社とは【その2】──

②　居住者又は内国法人との間に実質支配関係がある外国法人

（措法66の6②一号ロ・措令39の16①一・二号）

　「実質支配関係」とは、居住者又は内国法人（以下「居住者等」といいます。）が外国法人の残余財産のおおむね全部を請求する権利を有している場合におけるその居住者又は内国法人との間の関係その他の政令で定める関係をいいます。

　「政令で定める関係」とは、居住者と外国法人との間に次のイ又はロに掲げる事実その他これに類似する事実が存在する場合のその居住者等とその外国法人との間の関係をいいます。

　ただし、その外国法人の行う事業から生ずる利益のおおむね全部が剰余金の配当、利益の配当、剰余金の分配その他の経済的な利益の給付としてその居住者等（その居住者等と特殊な関係のある者を含みます。）以外の者に対して金銭その他の資産により交付されることとなっている場合をのぞき、また、外国関係会社を判定する際の50%超の株式等の保有の関係も除きます。

　イ　居住者等が外国法人の残余財産のおおむね全部について分配を請求する権利を
　　　有していること
　ロ　居住者等が外国法人の財産の処分の方針のおおむね全部を決定することができ
　　　る旨の契約その他の取りきめが存在すること（上記イに掲げる事実が存在する場合
　　　を除きます。）

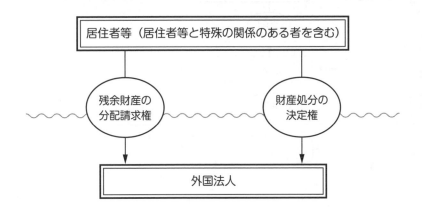

実質支配関係のイメージ

▶▶参考◀◀　居住者と特殊の関係のある者とは

「居住者と特殊の関係のある者」とは、次のA～Dに掲げる者をいいます。

(措令39の16②一～四号)

A　個人（一方の者）と次の①～⑤の関係がある個人（他方の者）

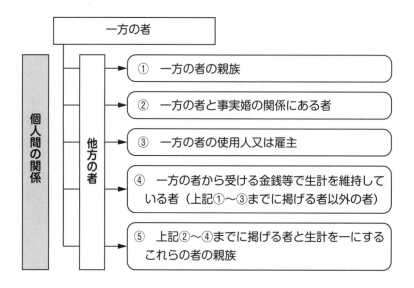

B　個人（一方の者）と次の支配関係がある①～③の法人（他方の者）

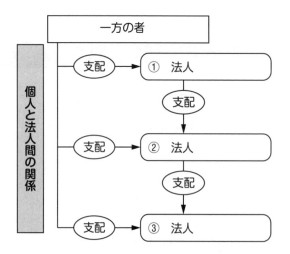

C　一方の法人が他方の法人株式等保有する他方の法人

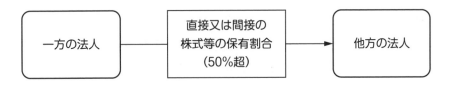

D　同一の者によって株式等を保有される法人間の関係

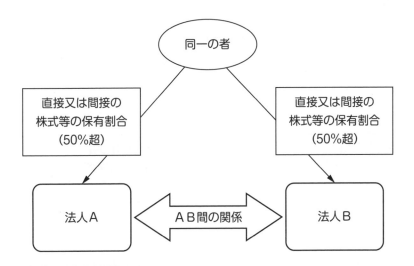

実務上の重要ポイント

　　実質支配関係を判定する際の残余財産の分配請求権については、解散や清算などの一定の状況下での会社の財産に対する権利を通じた支配関係の有無がポイントになります。

　　また、財産の処分とは、会社の通常の事業活動における商品の販売等も含まれることとされていますので、事業の運営上の支配力の有無がポイントになります。

　　　　　　　　　　　　（参考：「平成29年度改正税法のすべて」より）

外国関係会社とは【その3】──

③　外国金融機関に該当する外国法人で、外国金融機関に準ずるものとして政令で定める部分対象外国関係会社との間に、その部分対象外国関係会社がその外国法人の経営管理を行っている関係、その他の特殊の関係がある外国法人として政令で定める外国法人

（措法66の6②一号ハ）

実務上の重要ポイント

　　ここでいう外国関係会社とは、外国金融機関に該当する外国法人で、外国金融機関に準ずる部分対象外国関係会社によって、経営管理が行われている外国法人をいいます。

【外国関係会社のイメージ】

部分対象外国関係会社 （外国金融機関に準ずるもの）	経営管理	外国関係会社 （外国金融機関）

イ　外国金融機関とは

　「外国金融機関」とは、次のA～Cに掲げる要件に該当するものをいいます。

（措法66の6②七号）

A　外国法人であること

B　その本店所在地国の法令に準拠して銀行業、金融商品取引業又は保険業を行う部分対象外国関係会社であること（その事業を行う部分対象外国関係会社と同様の状況にあるものとして政令で定める部分対象外国関係会社を含みます。）

　＊　「同様の状況にある部分対象外国関係会社」とは、保険業を行う次の特定保険外国子会社等と特定保険受託者がこれに該当します。

　　○　部分対象外国関係会社（特定保険外国子会社等に該当するものに限ります。）に係る特定保険協議者がその本店所在地国の法令に準拠して保険業を行う場合の当該部分対象外国関係会社

　　○　部分対象外国関係会社（特定保険受託者に該当するものに限ります。）に係る特定保険委託者がその本店所在地国の法令に準拠して保険業を行う場合における当該部分対象外国関係会社

（措令39の17①一・二号）

C　本店所在地国においてその役員又は使用人がその事業を的確に遂行するために通常必要と認められる業務の全てに従事しているもの（その本店所在地国においてその役員又は使用人がその業務の全てに従事している部分対象外国関係会社と同様の状況にあるものとして政令で定めるもの*を含みます。）

＊　「同様の状況にある部分対象外国関係会社」とは、保険業を行う次の特定保険外国子会社等と、特定保険委託者がこれに該当します。
○　特定保険協議者に係る特定保険外国子会社等に該当する部分対象外国関係会社
○　特定保険受託者に係る特定保険委託者に該当する部分対象外国関係会社

(措令39の17②一・二号)

ロ　外国金融機関に準ずる部分対象外国関係会社とは
　「外国金融機関に準ずる部分対象外国関係会社」とは、一の内国法人等によってその発行済株式等の全部を直接又は間接に保有されている外国金融子会社等で金融持株会社をいいます。

▶▶ 参考 ◀◀　金融持株会社と外国金融子会社等の関係

　　金融持株会社は単体では一般の銀行業等を営む金融機関に該当しないものの、金融グループ全体でみると金融機能の役割を果たしていると整理できることから、一定の要件を満たす金融持株会社について、外国金融子会社等に該当することとされています。
　　外国金融子会社に該当することとされる金融持株会社は、外国金融機関の株式を保有している部分対象外国関係会社のほか、他の金融持株会社の株式を保有している部分対象外国関係会社も含まれます。
　　ただし、外国金融機関の株式を保有せず、他の金融持株会社の株式のみを保有する部分対象外国関係会社は、外国金融子会社等に該当しないこととされています。

(出典「平成29年版改正税法のすべて」より)

　外国金融機関に準ずる部分対象外国関係会社は、部分対象外国関係会社のうち次の(イ)〜(ニ)に掲げるもの（一の内国法人及びその一の内国法人との間に特定資本関係*のある内国法人（以下「一の内国法人等といいます。）によってその発行済株式等の全部

を直接又は間接に保有されているものに限ります。）となります。

(措令39の17③)

　＊　「特定資本関係」とは、次のⅰ又はⅱの関係をいいます。
　　ⅰ　二の法人のいずれか一方の法人が他方の法人の発行済株式等の全部を直
　　　接又は間接に保有する関係
　　ⅱ　二の法人が同一の者によってそれぞれその発行済株式等の全部を直接又
　　　は間接に保有される場合におけるその二の法人の関係

(措令39の17④)

　㈑　外国金融機関に準ずる部分対象外国関係会社（一号該当）(措令39の17③一号)

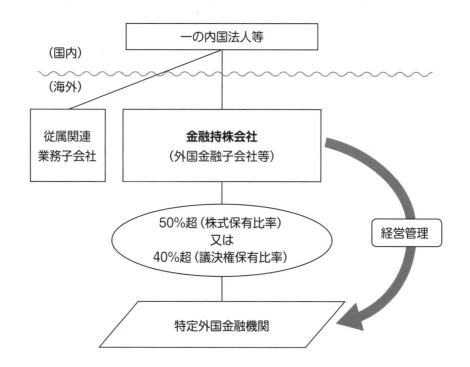

　☞　次の(A)～(D)に掲げる要件の全てに該当する部分対象外国関係会社
　(A)　その本店所在地国の法令に準拠して専ら特定外国金融機関＊の経営管理及
　　びこれらに付随する業務（以下「経営管理等」といいます。）を行っているこ
　　と。

(措令39の17③一号イ)

＊　「特定外国金融機関」とは、次の i 又は ii の外国金融機関をいいます。

  i　株式保有割合が50%を超える外国金融機関

  ii　本店所在地国の法令又は慣行等の理由により50%を超える株式保有割合が認められない外国金融機関で議決権の保有割合が40%を超える外国金融機関

(B)　その本店所在地国においてその役員又は使用人が特定外国金融機関の経営管理を的確に遂行するために通常必要と認められる業務の全てに従事していること。

（措令39の17③一号ロ）

(C)　当該事業年度終了の時における貸借対照表に計上されているⒶに掲げる金額のⒷに掲げる金額に対する割合が75%を超えること。

  Ⓐ　その有する特定外国金融機関の株式等及び従属関連業務子会社＊の株式等の帳簿価額の合計額

  Ⓑ　その総資産の帳簿価額から特定外国金融機関及び従属関連業務子会社に対する貸付金の帳簿価額を控除した残額

（措令39の17③一号ハ）

$$\frac{Ⓐ \text{ 特定外国金融機関の株式等及び従属関連業務子会社の株式等の帳簿価額の合計額}}{Ⓑ \text{ 総資産の帳簿価額－貸付金の帳簿価額}} > 75\%$$

貸付先 ⇨ 特定外国金融機関・従属関連業務子会社

＊　「従属関連業務子会社」とは、部分対象外国関係会社（外国金融子会社等に該当するものを除きます。）のうち次の i ～ iii に掲げる要件の全てに該当するものをいいます。

  i　従属業務（合算課税の対象となる内国法人等のうち銀行業等（銀行業、金融商品取引業又は保険業をいいます。）を行うもののその銀行等の業務に従属する業務をいいます。）又は関連業務（銀行業等に付随し又は関連する業務をいいます。）を行っていること。

  ii　その本店所在地においてその役員又は使用人が従属業務又は関連業務を的確に遂行するために通常必要と認められる業務の全てに従事していること。

  iii　その事業年度の総収入金額のうちに上記Ⓐに掲げる内国法人等との取

引に係る収入金額の合計額の占める割合が90%以上であること。

（措令39の17⑧）

　(ロ)　当該事業年度終了の時における貸借対照表に計上されている🅐に掲げる金額の🅑に掲げる金額に対する割合が50%を超えること。

　🅐　その有する特定外国金融機関の株式等の帳簿価額

　🅑　その総資産の帳簿価額から特定外国金融機関に対する貸付金の帳簿価額を控除した残額

（措令39の17③一号ニ）

$$\frac{🅐\ \ 特定外国金融機関の株式等の帳簿価額}{🅑\ \ 総資産の帳簿価額 - 貸付金の帳簿価額} > 50\%$$

貸付先 ⇨ 特定外国金融機関

　㈹　外国金融機関に準ずる部分対象外国関係会社（二号該当）（措令39の17③二号）

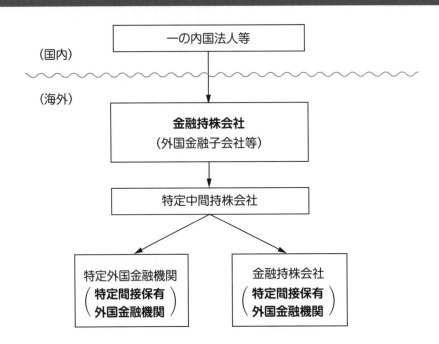

外国金融機関に準ずる部分対象外国関係会社（二号該当）のイメージ

☞　次の(A)～(D)に掲げる要件の全てに該当する部分対象外国関係会社（一又は二以上の特定外国金融機関の株式等を有するものに限るものとし、前記(イ)（一号該当）に該当する部分対象外国関係会社を除きます。）

(A)　その本店所在地国の法令に準拠して専ら特定外国金融機関の経営管理等及び特定間接保有外国金融機関*の経営管理等を行っていること。

（措令39の17③二号イ）

＊　「特定間接保有外国金融機関」とは、特定中間持株会社**がその株式等を有する特定外国金融機関並びに特定中間持株会社がその株式等を有する上記Aの一号該当の部分対象外国関係会社（その発行済株式等の50％を超える数又は金額の株式等を有するものに限ります。）をいいます。

（措令39の17③二号イ）

＊＊　「特定中間持株会社」とは、外国関係会社（特定外国関係会社又は対象外国関係会社に該当するものに限ります。）のうち次のⅰ～ⅴに掲げる要件の全てに該当するものをいいます。

ⅰ　判定対象外国金融持株会社（外国金融機関に準ずる部分関係会社に該当するかどうかを判定しようとする後記(B)～(E)までの部分対象外国関係会社をいいます。）によってその発行済株式等の50％を超える数又は金額の株式を保有されていること。

ⅱ　本店所在地国が判定対象外国金融持株会社又は特定外国金融機関の本店所在地国と同一であること。

ⅲ　当該事業年度終了の時における貸借対照表に計上されている次の(ⅰ)に掲げる金額の(ⅱ)に対する割合が75％を超えていること。

(ⅰ)　次に掲げる株式等の帳簿価額の合計額

特定外国金融機関／一号該当部分対象外国関係会社／従属業務関連子会社

―――――――――――――――――――――――――――― ＞75％

(ⅱ)　総資産の帳簿価額－貸付金の帳簿価額

貸付先 ⇨ 特定外国金融機関／一号該当部分対象外国関係会社 　　　　／従属業務関連子会社

iv　当該事業年度終了の時における貸借対照表に計上されている次の(i)に掲げる金額の(ii)に掲げる金額に対する割合が50％を超えていること。

(i)　次に掲げる株式等の帳簿価額の合計額

$$\frac{\boxed{特定外国金融機関／一号該当部分対象外国関係会社}}{\boxed{貸付先 \Rightarrow 特定外国金融機関／一号該当部分対象外国関係会社}} > 50\%$$

(ii)　総資産の帳簿価額－貸付金の帳簿価額

v　一又は二以上の特定外国金融機関の株式等を有していること。

(措令39の17⑨)

(B)　その本店所在地国においてその役員又は使用人が特定外国金融機関の経営管理及び特定間接保有外国金融機関の経営管理を的確に遂行するために通常必要と認められる業務の全てに従事していること。

(措令39の17③二号ロ)

(C)　当該事業年度終了の時における貸借対照表に計上されている次のⒶに掲げる金額のⒷに掲げる金額に対する割合が75％を超えること。

(措令39の17③二号ハ)

Ⓐ　次に掲げる株式等の帳簿価額の合計額

$$\frac{\boxed{特定外国金融機関／特定中間持株会社／従属関連業務子会社}}{\boxed{貸付先 \Rightarrow 特定外国金融機関／特定中間持株会社／従属関連業務子会社}} > 75\%$$

Ⓑ　総資産の帳簿価額－貸付金の帳簿価額

(D)　当該事業年度終了の時における貸借対照表に計上されている次のⒶに掲げる金額のⒷに掲げる金額に対する割合が50％を超えること。

(措令39の17③二号ニ)

Ⓐ　次に掲げる株式等の帳簿価額の合計額

$$\frac{\boxed{特定外国金融機関／特定中間持株会社}}{\boxed{貸付先 \Rightarrow 特定外国金融機関／特定中間持株会社}} > 50\%$$

Ⓑ　総資産の帳簿価額－貸付金の帳簿価額

⑷　外国金融機関に準ずる部分対象外国関係会社（三号該当）**（措令39の17③三号）**

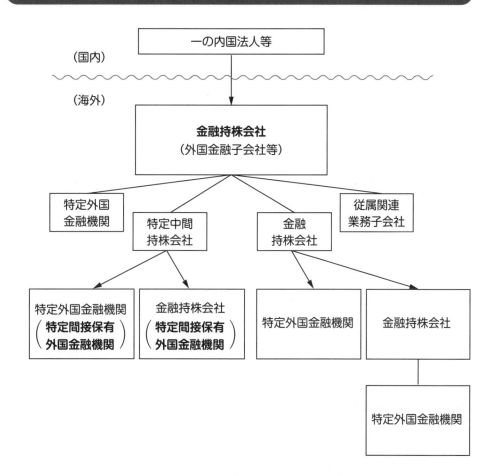

外国金融機関に準ずる部分対象外国関係会社（三号該当）のイメージ

☞　次の(A)～(D)に掲げる要件の全てに該当する部分対象外国関係会社（一又は二以上の特定外国金融機関の株式等を有するものに限るものとし、上記⑷（一号該当）と⑸（二号該当）のいずれかに該当する部分対象外国関係会社を除きます。）

(A)　その本店所在地国の法令に準拠して専ら特定外国金融機関の経営管理等、前記⑷と⑸又は次の⑹のいずれかに該当する部分対象外国関係会社（その発行済株式等の50％を超える数又は金額の株式等を有するものに限ります。）の経営管理及び特定間接保有外国金融機関の経営管理等を行っていること。

（措令39の17③三号イ）

(B)　その本店所在地国においてその役員又は使用人が特定外国金融機関の経営管理、前記⑷と⑸又は次の⑹のいずれかに該当する部分対象外国関係会社の

経営管理及び特定間接保有外国金融機関の経営管理を的確に遂行するために通常必要と認められる業務の全てに従事していること。

(措令39の17③三号ロ)

(C)　当該事業年度終了の時における貸借対照表に計上されている次の④に掲げる金額の⑧に掲げる金額に対する割合が75％を超えること。

(措令39の17③三号ハ)

④　次に掲げる株式等の帳簿価額の合計額

> 特定外国金融機関／上記(イ)と(ロ)及び次の(ニ)に掲げる部分対象外国関係会社／特定中間持株会社／従属関連業務子会社

―――――――――――――――――――――――――――――――― ＞75％

⑧　総資産の帳簿価額－貸付金の帳簿価額

> 貸付先 ⇨ 特定外国金融機関／上記(イ)と(ロ)及び次の(ニ)に掲げる部分対象外国関係会社／特定中間持株会社／従属関連業務子会社

(D)　当該事業年度終了の時における貸借対照表に計上されている次の④に掲げる金額の⑧に掲げる金額に対する割合が50％を超えること。

(措令39の17③三号ニ)

④　次に掲げる株式等の帳簿価額の合計額

> 特定外国金融機関／上記(イ)と(ロ)及び次の(ニ)に掲げる部分対象外国関係会社／特定中間持株会社

―――――――――――――――――――――――――――――――― ＞50％

⑧　総資産の帳簿価額－貸付金の帳簿価額

> 貸付先 ⇨ 特定外国金融機関／上記(イ)と(ロ)及び次の(ニ)に掲げる部分対象外国関係会社／特定中間持株会社

(ニ)　外国金融機関に準ずる部分対象外国関係会社（四号該当）(措令39の17③四号)

☞　次の(A)～(D)に掲げる要件の全てに該当する部分対象外国関係会社（一又は二以上の特定外国金融機関の株式等を有するものに限るものとし、上記(イ)（一号該当）、(ロ)（二号該当）、(ハ)（三号該当）のいずれかに該当する部分対象外国関係会社を除きます。）

(A)　その本店所在地国の法令に準拠して専ら特定外国金融機関の経営管理等、

前記(イ)、(ロ)、(ハ)のいずれかに該当する部分対象外国関係会社（その発行済株式等の50％を超える数又は金額の株式等を有するものに限ります。）の経営管理及び特定間接保有外国金融機関の経営管理等を行っていること。

(措令39の17③四号イ)

(B)　その本店所在地国においてその役員又は使用人が特定外国金融機関の経営管理、前記(イ)、(ロ)、(ハ)のいずれかに該当する部分対象外国関係会社の経営管理及び特定間接保有外国金融機関の経営管理を的確に遂行するために通常必要と認められる業務の全てに従事していること。

(措令39の17③四号ロ)

(C)　当該事業年度終了の時における貸借対照表に計上されている次のⒶに掲げる金額のⒷに掲げる金額に対する割合が75％を超えること。

(措令39の17③四号ハ)

Ⓐ　次に掲げる株式等の帳簿価額の合計額

> 特定外国金融機関／上記(イ)、(ロ)、(ハ)に掲げる部分対象外国関係会社／特定中間持株会社／従属関連業務子会社

＞75％

Ⓑ　総資産の帳簿価額－貸付金の帳簿価額

> 貸付先 ⇨ 特定外国金融機関／上記(イ)、(ロ)、(ハ)に掲げる部分対象外国関係会社／特定中間持株会社／従属関連業務子会社

(D)　当該事業年度終了の時における貸借対照表に計上されている次のⒶに掲げる金額のⒷに掲げる金額に対する割合が50％を超えること。

(措令39の17③四号ニ)

Ⓐ　次に掲げる株式等の帳簿価額の合計額

> 特定外国金融機関／上記(イ)、(ロ)、(ハ)に掲げる部分対象外国関係会社／特定中間持株会社

＞50％

Ⓑ　総資産の帳簿価額－貸付金の帳簿価額

> 貸付先 ⇨ 特定外国金融機関／上記(イ)、(ロ)、(ハ)に掲げる部分対象外国関係会社／特定中間持株会社

2　合算課税の対象となる外国法人【その2＿特定外国関係会社】

実務上の重要ポイント

　特定外国関係会社とは、①事業を行うに必要な事務所等の固定的施設等の実体がなく、かつ、事業の管理支配を自ら行っていない外国関係会社（いわゆるペーパーカンパニー）、⑤キャッシュボックスといわれる事業体で、受動的所得の占める割合が極めて高い外国関係会社、⑤租税に関する情報の交換に関する国際的な協力が著しく不十分な国又は地域（ブラック・リスト国）に本店等を有する外国関係会社をいいます。

解　説　特定外国関係会社とは——

「特定外国関係会社」とは、次の①〜④に掲げる外国関係会社をいいます。

①　ペーパーカンパニー

(措法66の6②二号)

②　キャッシュ・ボックスといわれる事業体で、受動的所得の占める割合が極めて高い外国関係会社

(措法66の6②二号)

③　次のイ・ロに掲げる要件のいずれにも該当する外国関係会社
　イ　各事業年度の非関連者等収入保険料の合計額の収入保険料の合計額に対する割合として政令で定めるところにより計算した割合が10％未満であること。
　ロ　各事業年度の非関連者等支払再保険料の合計額の関連者等収入保険料の合計額に対する割合として政令で定めるところにより計算した割合が50％未満であること。

(措法66の6②二号ハ)

④　租税に関する情報の交換に関する国際的な取組への協力が著しく不十分な国又は地域として財務大臣が指定する国又は地域に本店又は主たる事務所を有する外国関係会社

(措法66の6②二号ニ)

特定外国関係会社とは【その１】──

① ペーパーカンパニー（次のイ～ホのいずれにも該当しない外国関係会社）

イ その主たる事業を行うに必要と認められる事務所、店舗、工場その他の固定施設を有している外国関係会社（これらを有している外国関係会社と同様の状況にあるものとして政令で定める外国関係会社*を含みます。）

(措法66の６②二号イ⑴)

* 「政令で定める外国関係会社」とは、(A)特定保険外国子会社等と、(B)特定保険委託者をいいます。

(措令39の14の3①一・二号)

(A) 「特定保険外国子会社等」とは、次のⒶとⒷの両方に該当する外国関係会社です。

Ⓐ 一の内国法人等*によってその発行済株式等の全部を直接又は間接に保有されている外国関係会社

Ⓑ 保険業法第219条第１項に規定する引受社員に該当するもの（特定保険外国子会社等といいます。）に係る特定保険協議者**がその本店又は主たる事務所の所在する国又は地域においてその主たる事業を行うに必要と認められる事務所、店舗その他の固定施設を有している場合におけるその特定保険協議者に係るその特定保険外国子会社等に該当する外国関係会社

* 「一の内国法人等」とは、一の内国法人（保険業を主たる業とするもの等）及びその一の内国法人との間に特定資本関係のある内国法人（保険業を主たる業とするもの等）をいいます。

** 「特定保険協議者」とは、特定保険外国子会社等が行う保険の引受けについて保険契約の内容を確定するための協議を行う者で次のⅰ～ⅲに掲げる要件を満たすものをいいます。

ⅰ その一の内国法人によってその発行済株式等の全部を直接又は間接に保有されている外国関係会社に該当すること。

ⅱ その特定保険外国子会社等の本店所在地国と同一の国又は地域に本店又は主たる事務所が所在すること。

ⅲ その役員又は使用人がその本店所在地国において保険業を的確に遂行するために通常必要と認められる業務の全てに従事していること。

(措令39の14の3①一号イ・ロ・ハ)

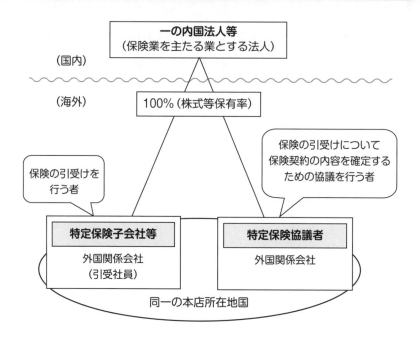

特定保険外国子会社等と特定保険協議者のイメージ

(B) 「特定保険委託者」とは、次の④と⑧の両方に該当する外国関係会社です。

　④　一の内国法人によってその発行済株式等の全部を直接又は間接に保有されている外国関係会社

　⑧　本店所在地国の法令の規定によりその本店所在地国において保険業の免許を受けているもの（「特定保険委託者」といいます。）に係る<u>特定保険受託者</u>＊がその本店所在地国においてその主たる事業を行うに必要と認められる事務所、店舗その他の固定施設を有している場合におけるその特定保険受託者に係るその特定保険委託者に該当するに外国関係会社

　　＊　「特定保険受託者」とは、特定保険委託者がその法令の規定によりその本店所在地国において保険業の免許の申請をする際又はその法令の規定により保険業を営むために必要な事項の届出をする際に、その保険業に関する業務を委託するものとして申請又は届出をされた者で、次のⅰ～ⅲに掲げる要件を満たすものをいいます。

　　ⅰ　その一の内国法人によってその発行済株式等の全部を直接又は間接に保有されている外国関係会社に該当すること。

　　ⅱ　その特定保険委託者の本店所在地国と同一の国又は地域に本店又は主たる事務所が所在すること。

ⅲ　その役員又は使用人がその本店所在地国において保険業を的確に遂行するために通常必要と認められる業務の全てに従事していること。

（措令39の14の３①二号イ・ロ・ハ）

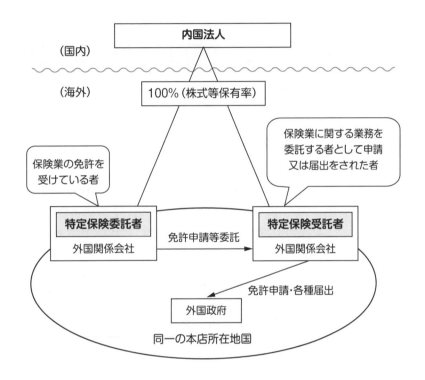

特定保険委託者と特定保険受託者のイメージ

ロ　その本店又は主たる事務所の所在する国又は地域（以下「本店所在地国」といいます。）においてその事業の管理、支配及び運営を自ら行っている外国関係会社（これらを自ら行っている外国関係会社と同様の状況にあるものとして政令で定める外国関係会社＊を含みます。）

（措法66の６②二号イ(2)）

＊　「政令で定める外国関係会社」とは、ⅰ特定保険外国子会社等と、ⅱ特定保険委託者をいいます。

（措令39の14の３④一・二号）

ⅰ　「特定保険外国子会社等」とは、外国関係会社（特定保険外国子会社等に該当するものに限ります。）に係る特定保険協議者がその本店所在地国にお

いてその事業の管理、支配及び運営を自ら行っている場合におけるその外
国関係会社をいいます。

ⅱ　「特定保険委託者」とは、外国関係会社（特定保険委託者に該当するもの
に限ります。）に係る特定保険受託者がその本店所在地国においてその事
業の管理、支配及び運営を自ら行っている場合におけるその外国関係会社
をいいます。

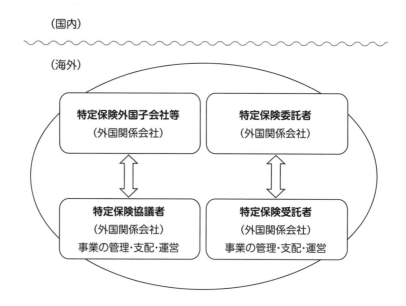

事業の管理・支配・運営のイメージ

ハ　外国子会社の株式等の保有を主たる事業とする外国関係会社で、その収入金額
のうちに占めるその株式等に係る剰余金の配当等の額の割合が著しく高いことそ
の他の政令で定める要件に該当するもの

（措法66の6②二号イ⑶）

> **実務上の重要ポイント**
>
> 　令和元年度の税制改正において新たに規定されたもの。
> 　米国（トランプ政権）の連邦法人税率の引き下げ（35%→21%）を契機
> として、米国内のビジネス実態の見直しが行われ、その結果、倒産隔離や
> 不動産登記等の事務コストの軽減等の事務上の理由から、固定施設や人員
> を有さない法人を活用する実務が一般的に行われていることが判明しまし

た。

　このような法人について租税回避リスクが高いとみなすことは適当ではないとの結論に至っています。

　外国子会社合算税制においては、外国関係会社が得る持株割合25％以上等の子会社からの剰余金の配当等は合算課税の対象としないことから、この配当等が収入の大部分である外国関係会社は租税回避リスクが少ないと考えられ、ペーパーカンパニーに該当しないこととされました。

> **解　説**　外国子会社の株式等の保有を主たる事業とする外国関係会社──

　外国子会社の株式等の保有を主たる事業とする外国関係会社については、一定の要件（株式等保有割合25％以上・収入に占める配当等の収入割合が95％以上）を満たす場合には、ペーパーカンパニーに該当しません。

外国子会社の株式等の保有を主たる事業とする外国関係会社のイメージ

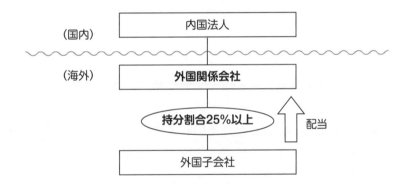

▶▶参考◀◀　ペーパーカンパニーに該当しない外国関係会社

○　外国子会社の株式等の保有を主たる事業とすること
　　外国子会社とは、次のⅰ～ⅲに掲げる要件を満たすものをいいます。
　ⅰ　その外国関係会社とその本店を同じくする外国法人
　ⅱ　その外国関係会社の有する株式等の保有割合又は議決権の保有割合のいずれかが25％以上であること
　ⅲ　ⅱの状態がその外国関係会社がその外国法人から受ける剰余金の配当等の額の支払義務が確定する日以前6か月以上継続している場合

　○　政令で定める要件を満たすこと

　　外国子会社の株式等の保有を主たる事業とする外国関係会社で、次のⅰ・ⅱに掲げる要件の全てに該当するもの

　ⅰ　当該事業年度の収入金額の合計額に占める外国子会社から受ける剰余金の配当等の額その他収入金額の合計額の割合が95％を超えていること。

$$\frac{外国子会社から受ける剰余金の配当等の収入金額の合計額}{当該事業年度の収入金額の合計額} > 95\%$$

　ⅱ　当該事業年度終了の時における貸借対照表に計上されている総資産の帳簿額のうちに占める外国子会社の株式等その他の資産の帳簿価額の合計額の割合が95％を超えていること。

$$\frac{外国子会社等の株式等帳簿価額の合計額}{総資産の帳簿価額} > 95\%$$

（措令39の14の3⑤⑥）

ニ　特定子会社の株式等の保有を主たる事業とする外国関係会社で、その本店所在地を同じくする管理支配会社によってその事業の管理、支配及び運営が行われていること、その管理支配会社がその本店所在地国で行う事業の遂行上欠くことのできない機能を果たしていること、その収入金額のうちに占めるその株式等に係る剰余金の配当等の額及びその株式等の譲渡に係る対価の額の割合が著しく高いことその他の政令で定める要件に該当すること。

（措法66の6②ニ号イ(4)）

実務上の重要ポイント

　　令和元年度の税制改正において新たに規定されたもの。

　　持株会社が、現地の経済活動実体のある会社と一体となって活動し、その経済活動実体のある会社の事業にとって必要不可欠な機能を果たすものと認められ（現地の経済活動実体のあるビジネスの一部であること。）、その保有する資産や生ずる所得の状況から、租税回避リスクが限定的である場合に限ってペーパーカンパニーに該当しないこととされました。

特定子会社の株式等の保有を主たる事業とする外国関係会社のイメージ

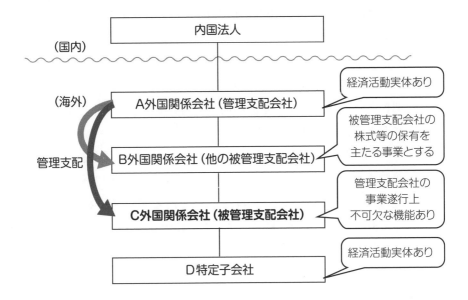

▶▶参考◀◀　ペーパーカンパニーに該当しない外国関係会社

○　特定子会社の株式等の保有を主たる事業とすること

　　特定子会社とは、課税対象となる内国法人に係る他の外国関係会社（管理支配会社＊とその本店所在地国を同じくするものに限ります。）で、部分対象外国関係会社をいいます。

(措令39の14の3⑦)

　＊　「管理支配会社」とは、課税対象内国法人に係る他の外国関係会社のうち、部分対象外国関係会社に該当するもので、その本店所在地国において、その役員又は使用人がその主たる事業を的確に遂行するために通常必要と認められる業務の全てに従事しているものをいいます。

○　政令で定める要件を満たすこと

　　特定子会社の株式等の保有を主たる事業とする外国関係会社で、次に掲げる要件の全てに該当するもの

ⅰ　その事業の管理、支配及び運営が管理支配会社によって行われていること。

ⅱ　管理支配会社の行う事業（その管理支配会社の本店所在地国において行うものに限ります。）の遂行上欠くことのできない機能を果たしていること。

ⅲ　その事業を的確に遂行するために通常必要と認められる業務の全てが、その本店所在地国において、管理支配会社の役員又は使用人によって行わ

れていること。

iv　その本店所在地国を管理支配会社の本店所在地国と同じくすること。

v　次に掲げる外国関係会社の区分に応じそれぞれ次に定める要件に該当することこと。

(i)　(ii)に掲げる外国関係会社以外の外国関係会社

その本店所在地国の法令においてその外国関係会社の所得（その外国関係会社の属する企業集団の所得を含みます。）に対して外国法人税を課されるものとされていること。

(ii)　その本店所在地国の法令においてその外国関係会社の所得がその株主等である者の所得の所得として取り扱われる外国関係会社その本店所在地国の法令において、その株主等である者（課税対象となる内国法人に係る他の外国関係会社に該当するものに限ります。）の所得として取り扱われる所得に対して法人税を課されるものとされていること。

vi　その事業年度の収入金額の合計額のうちに占める次に掲げる金額の合計額の割合が95％を超えていること。

$$\frac{\text{特定子会社から受ける剰余金の配当等の額と}}{\text{特定子会社の株式等の譲渡に係る対価の額の合計額}} > 95\%$$
$$\text{当該事業年度の収入金額の合計額}$$

vii　当該事業年度終了の時における貸借対照表に計上されている総資産の帳簿額のうちに占める特定子会社の株式等その他の資産の帳簿価額の合計額の割合が95％を超えていること。

$$\frac{\text{特定子会社等の株式等帳簿価額の合計額}}{\text{総資産の帳簿価額}} > 95\%$$

（措令39の14の3⑧）

ホ　その本店所在地国にある不動産の保有、その本店所在地国における石油その他の天然資源の探鉱、開発若しくは採取又はその本店所在地国の社会資本の整備に関する事業の遂行上欠くことのできない機能を果たしている外国関係会社で、その本店所在地国を同じくする管理支配会社によってその事業の管理、支配及び運営が行われていることその他の政令で定める要件に該当するもの[*]

（措法66の6②二号イ(5)）

＊「政令で定める要件に該当するもの」とは、次のA～Cに掲げる外国関係会
社です。

　A　不動産会社である管理支配会社の事業に必要な不動産の所有を主たる事
　　業とする等の一定の管理会社

（措令39の14の3⑨一号）

実務上の重要ポイント

　令和元年度の税制改正において新たに規定されたもの。

　不動産保有会社が、現地の経済活動実体のある会社と一体となって活動
し、その経済活動実体のある不動産会社の事業の遂行上欠くことのできな
い機能を果たし（現地の経済活動実体のあるビジネスの一部であること。）、そ
の経済活動の実体のある不動産会社の事業にとって必要不可欠な現地の不
動産を保有するものと認められる場合であって、その不動産から生ずる譲渡
益・賃貸料等がその収益のほとんどを占めるなど、租税回避リスクが限定的
である場合に限ってペーパーカンパニーに該当しないこととされました。

不動産の保有を主たる事業とする外国関係会社のイメージ

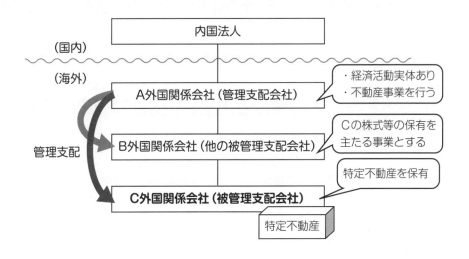

▶▶参考◀◀　ペーパーカンパニーに該当しない外国関係会社

○　特定不動産の保有を主たる事業とすること

　　特定不動産とは、その本店所在地国にある不動産（不動産の上に存する権
　利を含みます。）で、その外国関係会社に係る管理支配会社の事業の遂行上欠
　くことのできないものをいいます。

（措令39の14の3⑨一号）

○　政令で定める要件を満たすこと

特定不動産の保有を主たる事業とする外国関係会社で、次に掲げる要件の全てに該当するものその他一定のもの

i　管理支配会社の行う事業の遂行上欠くことのできない機能を果たしていること。

ii　その事業の管理、支配及び運営が管理支配会社によって行われていること。

iii　その事業を的確に遂行するために通常必要と認められる業務の全てが、その本店所在地国において、管理支配会社の役員又は使用人によって行われていること。

iv　その本店所在地国を管理支配会社の本店所在地国と同じくすること。

v　次に掲げる外国関係会社の区分に応じそれぞれ次に定める要件に該当すること。

(i)　(ii)に掲げる外国関係会社以外の外国関係会社その本店所在地国の法令においてその外国関係会社の所得（その外国関係会社の属する企業集団の所得を含みます。）に対して外国法人税を課されるものとされていること。

(ii)　その本店所在地国の法令においてその外国関係会社の所得がその株主等である者の所得の所得として取り扱われる外国関係会社その本店所在地国の法令において、その株主等である者（課税対象となる内国法人に係る他の外国関係会社に該当するものに限ります。）の所得として取り扱われる所得に対して法人税を課されるものとされていること。

vi　その事業年度の収入金額の合計額のうちに占める特定不動産の譲渡に係る対価の額と特定不動産の貸付けによる対価の額等の合計額の割合が95%を超えていること。

$$\frac{特定不動産の譲渡に係る対価の額と特定不動産の貸付けによる対価の額等の合計額}{当該事業年度の収入金額の合計額} > 95\%$$

vii　当該事業年度終了の時における貸借対照表に計上されている総資産の帳簿額のうちに占める特定不動産その他の資産の帳簿価額の合計額の割合が95%を超えていること。

$$\frac{特定不動産等の株式等帳簿価額の合計額}{総資産の帳簿価額} > 95\%$$

（措令39の14の3⑨一号）

B　管理支配会社が自ら使用する不動産を保有する一定の外国関係会社

（措令39の14の3⑨二号）

実務上の重要ポイント

　令和元年度の税制改正において新たに規定されたもの。
　現地の経済活動実体のある事業活動を行う会社が自ら使用する自社ビルをその子会社が保有するような場合のその子会社が収入割合や資産割合の要件等の一定の要件を満たす場合にはペーパーカンパニーに該当しないこととされました。

管理支配会社が自ら使用する不動産の保有を主たる事業とする外国関係会社のイメージ

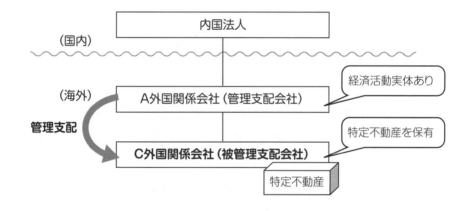

▶▶参考◀◀　ペーパーカンパニーに該当しない外国関係会社

○　特定不動産の保有を主たる事業とすること
　　特定不動産とは、その本店所在地国にある不動産で、その外国関係会社に係る管理支配会社の事業の遂行上欠くことのできないものをいいます。

（措令39の14の3⑨二号）

○　政令で定める要件を満たすこと
　　特定不動産の保有を主たる事業とする外国関係会社で、次のⅰ～ⅶに掲げる要件の全てに該当するもの
　ⅰ　その事業の管理、支配及び運営が管理支配会社によって行われていること。
　ⅱ　管理支配会社の行う事業（その管理支配会社の本店所在地において行うもので不動産業に限ります。）の遂行上欠くことのでき機能を果たしていること。

iii　その事業を的確に遂行するために通常必要と認められる業務の全てが、その本店所在地国において、管理支配会社の役員又は使用人によって行われていること。

iv　その本店所在地国を管理支配会社の本店所在地国と同じくすること。

v　次に掲げる外国関係会社の区分に応じそれぞれ次に定める要件に該当すること。

（ｉ）　(ⅱ)に掲げる外国関係会社以外の外国関係会社

その本店所在地国の法令においてその外国関係会社の所得（その外国関係会社の属する企業集団の所得を含みます。）に対して外国法人税を課されるものとされていること。

（ⅱ）　その本店所在地国の法令においてその外国関係会社の所得がその株主等である者の所得の所得として取り扱われる外国関係会社

その本店所在地国の法令において、その株主等である者（課税対象となる内国法人に係る他の外国関係会社に該当するものに限ります。）の所得として取り扱われる所得に対して法人税を課されるものとされていること。

vi　その事業年度の収入金額の合計額のうちに占める特定不動産の譲渡に係る対価の額と特定不動産の貸付けによる対価の額等の合計額の割合が95％を超えていること。

$$\frac{\text{特定不動産の譲渡に係る対価の額と}}{\text{当該事業年度の収入金額の合計額}} > 95\%$$

（特定不動産の貸付けによる対価の額等の合計額）

vii　当該事業年度終了の時における貸借対照表に計上されている総資産の帳簿額のうちに占める特定不動産その他の資産の帳簿価額の合計額の割合が95％を超えていること。

$$\frac{\text{特定不動産等の株式等帳簿価額の合計額}}{\text{総資産の帳簿価額}} > 95\%$$

（措令39の14の3⑨二号）

C　資源開発等プロジェクトに係る一定の外国関係会社

（措令39の14の3⑨三号）

実務上の重要ポイント

　令和元年度の税制改正において新たに規定されたもの。

　現地の資源開発等プロジェクトに能動的に関与する経済活動実体のある会社と一体となって活動し、その資源開発等プロジェクトに遂行上必要不可欠な機能を果たすと認められる場合で、その収入の大部分が同一国内の資源開発等プロジェクトから生ずる収益であることなど、租税回避リスクが限定的である場合には、ペーパーカンパニーに該当しないこととされました。

資源開発等プロジェクトに係る一定の外国関係会社のイメージ

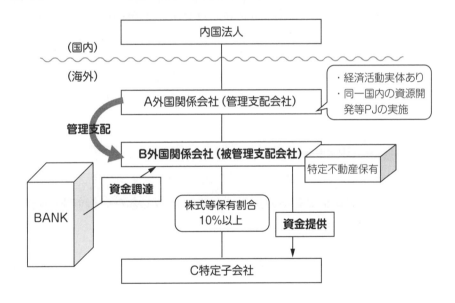

▶▶参考◀◀　ペーパーカンパニーに該当しない外国関係会社

○　政令で定める要件を満たすこと

　　次のⅰ～ⅷに掲げる要件の全てに該当する外国関係会社その他一定の外国関係会社

ⅰ　その主たる事業が次の(ⅰ)～(ⅲ)のいずれかに該当すること。

（ⅰ）　特定子会社＊の株式等を保有している。

　　＊　「特定子会社」とは、次のa～cの要件を満たすものをいいます。

　　a　その外国関係会社とその本店所在地国を同じくする外国法人

　　b　その外国関係会社がその事業年度の開始の時又は終了の時におい
　　　て、その外国法人の発行済株式等のうちにその外国関係会社が有す
　　　る株式等の保有割合又は議決権等の保有割合の占める割合のいずれ
　　　かが10％以上であること。

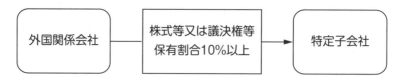

　　c　管理支配会社*等の行うその資源開発等プロジェクトの遂行上欠
　　　くことのできない機能を果たしていること。

　　　*　「管理支配会社」とは、課税対象内国法人に係る他の外国関係
　　　　会社のうち、部分対象外国関係会社に該当するもので、その本店
　　　　所在地国において、その役員又は使用人がその本店所在地国にお
　　　　いて行う資源開発等プロジェクトを的確に遂行するために通常必
　　　　要と認められる業務の全てに従事しているものをいいます。

(ii)　その外国関係会社に係る関連者以外の者から資源開発プロジェクトの
　　遂行のための資金の調達及び特定子会社に対して行うその資金の提供を
　　行っていること。

(iii)　特定不動産*を保有していること。

　　*　「特定不動産」とは、その本店所在地国にある不動産で、資源開発
　　　等プロジェクトの遂行上欠くことのできない機能を果たしているもの
　　　をいいます。

ii　その事業の管理、支配及び運営が管理支配会社等によって行われている
　こと。

iii　管理支配会社の行う事業（その管理支配会社の本店所在地において行うもの
　で不動産業に限ります。）の遂行上欠くことのでき機能を果たしていること。

iv　その事業を的確に遂行するために通常必要と認められる業務の全てが、
　その本店所在地国において、管理支配会社の役員又は使用人によって行わ
　れていること。

v　その本店所在地国を管理支配会社の本店所在地国と同じくすること。

vi　次の(i)・(ii)に掲げる外国関係会社の区分に応じ、それぞれ次に定める要
　件に該当すること。

(i)　(ii)に掲げる外国関係会社以外の外国関係会社

その本店所在地国の法令においてその外国関係会社の所得（その外国関係会社の属する企業集団の所得を含みます。）に対して外国法人税を課されるものとされていること。

(ii)　その本店所在地国の法令においてその外国関係会社の所得がその株主等である者の所得の所得として取り扱われる外国関係会社

その本店所在地国の法令において、その株主等である者（課税対象となる内国法人に係る他の外国関係会社に該当するものに限ります。）の所得として取り扱われる所得に対して法人税を課されるものとされていること。

vii　その事業年度の収入金額の合計額のうちに占める次の(i)～(vi)に掲げる金額の合計額の割合が95％を超えていること

(i)　特定子会社から受ける剰余金の配当等の額（損金の額に算入される剰余金の配当等の額を除きます。）

(ii)　特定子会社の株式等の譲渡に係る対価の額

(iii)　特定子会社に対する貸付金（資源開発等プロジェクトの遂行上欠くことのできないものに限ります。）に係る利子の額

(iv)　特定不動産の譲渡に係る対価の額

(v)　特定不動産の貸付け（特定不動産を使用させる行為を含みます。）による対価の額

vi　その他財務省令で定める収入金額

$$\frac{\substack{特定子会社から受ける剰余金の配当等の額 \\ +特定子会社の株式等の譲渡に係る対価の額 \\ +特定子会社に対する貸付金に係る利子の額 \\ +特定不動産の譲渡に係る対価の額 \\ +特定不動産の貸付けによる対価の額 \\ +その他財務省令で定める収入金額}}{当該事業年度の収入金額の合計額} > 95\%$$

viii　当該事業年度終了の時における貸借対照表に計上されている総資産の帳簿額のうちに占める特定不動産その他の資産の帳簿価額の合計額の割合が95％を超えていること。

$$\frac{特定不動産等の株式等帳簿価額の合計額}{総資産の帳簿価額} > 95\%$$

（措令39の14の3⑨三号）

特定外国関係会社とは【その２】──

② キャッシュ・ボックスといわれる事業体で、受動的所得の占める割合が極めて高い外国関係会社

イ　一般の場合

　　その総資産の額として政令で定める金額＊（以下「総資産額」といいます。）に対する租税特別措置法第66条の６第６項第１号から第７号まで及び第８号から第10号までに掲げる金額に相当する金額の合計額の割合が30％を超える外国関係会社（総資産額に対する有価証券、貸付金その他政令で定める資産の額の合計額として政令で定める金額＊＊の割合が50％を超える外国関係会社に限ります。）

（措法66の６②二号ロ）

　＊　「その総資産の額として政令で定める金額」とは、外国関係会社のその事業年度終了の時における貸借対照表に計上されている総資産の帳簿価額をいいます。

（措令39の14の３⑩）

　＊＊　「政令で定める資産の額の合計額として政令で定める金額」とは、外国関係会社のその事業年度終了の時における貸借対照表に計上されている有価証券、貸付金、固定資産（工業所有権又は著作権等の無形資産等を除くものとし、貸付の用に供しているものに限ります。）及び無形資産等の帳簿価額の合計額をいいます。

（措令39の14の３⑪）

ロ　外国金融子会社等に該当する場合

　　総資産額に対する租税特別措置法第66条の６第８項第１号に掲げる金額に相当する金額又は同条第８項第２号から第４号までに掲げる金額に相当する金額のうちいずれか多い金額の割合が30％を超える外国関係会社

（措法66の６②二号ロかっこ書）

ハ　清算外国金融子会社等に該当する場合

　　総資産額に対する租税特別措置法第66条の６第６項に規定する特定金融所得金額がないものとした場合の同項第１号から第７号まで及び第８号から第10号までに掲げる金額に相当する金額の合計額の割合が30％を超える外国関係会社

（措法66の６②二号ロかっこ書）

特定外国関係会社とは【その3】──

③　次に掲げる要件のいずれにも該当する外国関係会社

　　イ　各事業年度の非関連者等収入保険料の合計額の収入保険料の合計額に対する割合として政令で定めるところにより計算した割合が10％未満であること。

　　ロ　各事業年度の非関連者等支払再保険料の合計額の関連者等収入保険料の合計額に対する割合として政令で定めるところにより計算した割合が50％未満であること。

（措法66の6②二号ハ）

特定外国関係会社とは【その4】──

④　租税に関する情報の交換に関する国際的な取組への協力が著しく不十分な国又は地域として財務大臣が指定する国又は地域に本店又は主たる事務所を有する外国関係会社

（措法66の6②二号ニ）

3　合算課税の対象となる外国法人【その３__対象外国関係会社】

　対象外国関係会社とは、次に掲げる経済活動基準のいずれかに該当しない外国関係会社（特定外国関係会社に該当するものを除きます。）をいいます。

（措法66の６②三号）

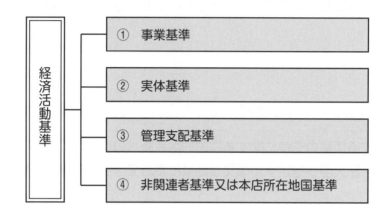

経済活動基準のイメージ

経済活動基準

① 事業基準

② 実体基準

③ 管理支配基準

④ 非関連者基準又は本店所在地国基準

経済活動基準──①事業基準

実務上の重要ポイント

　事業基準とは、その主たる事業が次に掲げる特定の事業でないことをいいます。
　　イ　株式等若しくは債券の保有
　　ロ　工業所有権その他の技術に関する権利、特別の技術による生産方式若しくはこれらに準ずるもの若しくは著作権の提供
　　ハ　船舶若しくは航空機の貸付け
　ただし、株式等の保有を主たる事業とする外国関係会社のうち統括会社＊、外国金融子会社等、また、航空機の貸付を主たる事業とする外国関係会社のうち役員等が本店所在地国でその業務の全てに従事している場合には、事業基準の対象から除かれます。

（措法66の６②三号イ）

　＊　「株式等の保有を主たる事業とする外国会社のうち統括会社に該当する要件」とは、①統括会社の当該事業年度終了時に有する被統括会社の株式等の当該事業年

度終了時に貸借対照表に計上されている帳簿額の合計額が、統括会社の当該事業年度終の時に有する株式等の当該貸借対照表に計上されている帳簿価額の合計額の50％に相当する金額を超える場合で、

$$\frac{被統括会社の株式等の帳簿価額の合計額}{株式等の帳簿価額の合計額} > 50\%$$

かつ、②当該統括会社の当該事業年度終了時に有する外国法人である被統括会社の株式等の当該事業年度終了時の貸借対照表に計上されている帳簿価額の合計額の当該統括会社の当該事業年度終了時に有する被統括会社の株式等の当該貸借対照表に計上されている帳簿価額に対する割合又は当該統括会社の当該事業年度の外国法人である被統括会社に対して行う統括業務に係る対価の額の合計額の当該統括会社の当該事業年度の被統括会社に対して行う統括業務に係る対価の額の合計額に対する割合のいずれかが50％を超えている場合

$$\frac{外国法人である被統括会社の株式等の帳簿価額の合計額}{被統括会社の株式等の帳簿価額の合計額} > 50\%$$

又は

$$\frac{外国法人である被統括会社に対する統括業務の対価の額}{被統括会社に対する統括業務の対価の合計額} > 50\%$$

が、これに該当します。

（措令39の14の３⑳かっこ書）

解　説	事業基準の対象から除かれるもの――

次のイ～ハに掲げるものは、事業基準の対象から除かれます。

イ　株式等の保有を主たる事業とする外国外国関係会社のうち統括会社
　　統括会社とは、外国関係会社が他の法人の事業活動の総合的な管理及び調整を通じてその収益性の向上に資する業務として政令で定めるもの（統括業務*）を行う場合に、その他の法人として政令で定めるもの（被統括会社**）の株式等の保有を行うものとして政令で定めるものをいいます。

　　＊　「統括業務」とは、外国関係会社が統括する会社（「被統括会社」）との間の契約に基づき行う業務のうち、その被統括会社の事業の方針の決定又は調整

に関する業務で、二以上の被統括会社の業務を一括して行うことによりこれらの被統括会社の収益性の向上に資する業務をいいます。

（措令39の14の3⑰）

　なお、「統括会社」とは、一の内国法人によってその発行済株式等の全部を直接又は間接に保有されている外国関係会社で、次に掲げる要件を満たすものをいいます。

(イ)　複数の被統括会社（外国法人である二以上の被統括会社を含む場合に限ります。）に対して統括業務を行っていること。

(ロ)　その本店所在地国に統括業務を行う事務所等の固定的施設とその業務を行うに必要と認められるその業務に従事する者（専らその業務に従事する者に限るものとし、その外国関係会社の役員及びその役員の特殊関係使用人を除きます。）を有していること。

（措令39の14の3⑳）

統括会社のイメージ

＊＊　「被統括会社」とは、次の(イ)～(ハ)に掲げる法人で、その法人の発行済株式等のうちに外国関係会社（統括会社）の有する株式等の保有割合及び議決権等の保有割合のいずれもが25％（その法人が内国法人である場合には50％）以上であり、かつ、その本店所在地国にその事業を行うに必要と認められるその事業に従事する者を有するものをいいます。

(イ)　子会社（判定株主等が支配している法人）

(ロ)　孫会社（判定株主等及び子会社が支配している法人）

(ハ)　判定株主等並びに子会社及び孫会社が支配している法人

（措令39の14の3⑱）

　なお、「判定株主等」とは、外国関係会社（統括会社）及び課税対象内国

　法人並びに課税対象内国法人が外国関係会社を間接保有する場合の他の外国
法人及び出資関連外国法人をいいます。

（措令39の14の3⑱一号）

ロ　<u>外国金融子会社等</u>*に該当するもの

　　*　「外国金融子会社等」とは、外国金融機関と外国金融機関に準ずるものを
　　　いいます（36ページ参照）。

ハ　航空機の貸付けを主たる事業とする外国関係会社のうちその役員又は使用人が
　その本店所在地国において航空機の貸付けを的確に遂行するために通常必要と認
　められる業務の全てに従事していることその他<u>政令で定める要件</u>*を満たすもの

（措令39の14の3㉓）

　　*　「政令で定める要件」とは、次の(イ)〜(ハ)に掲げる要件になります。
　　(イ)　役員又は使用人がその本店所在地国において航空機の貸付けを的確に遂
　　　　行するために通常必要と認められる業務の全てに従事していること。
　　(ロ)　航空機の貸付けに係る業務の委託の対価の支払額の合計額の航空機の貸
　　　　付けに係る業務に従事する役員及び使用人の人件費の額の合計額に対する
　　　　割合が30％を超えていないこと。

$$\frac{航空機の貸付けに係る業務の委託の対価}{航空機の貸付業務に従事する役員等の人件費合計額} < 30\%$$

　　(ハ)　航空機の貸付けに係る業務に従事する役員及び使用人に係る人件費の額
　　　　の合計額の航空機の貸付けによる収入金額からその貸付に用に供する航空
　　　　機に係る償却費の額の合計額を控除した残額に対する割合が5％を超えて
　　　　いること。

$$\frac{航空機の貸付業務に従事する役員等の人件費合計額}{航空機貸付収入金額 - 減価償却費} > 5\%$$

■ 経済活動基準──②実体基準

　「実体基準」とは、本店所在地国においてその主たる事業を行うに必要と認められる事務所、店舗、工場その他の固定施設を有していることをいいます。

（措法66の6②三号ロ）

■ 経済活動基準──③管理支配基準

　「管理支配基準」とは、本店所在地国においてその事業の管理、支配及び運営を自ら行っていることをいいます。

（措法66の6②三号ロ）

　なお、事業の管理、支配及び運営を自ら行っていることの判定は、特定外国子会社等の株主総会及び取締役会の開催、役員の職務執行、会計帳簿の作成及び保管等が行われている場所並びにその他の状況を勘案の上で行うこととされています。

（措通66の6－8）

経済活動基準──④非関連者基準又は本店所在地国基準

解　説　　非関連者基準──

　「非関連者基準」とは、各事業年度においてその行う主たる事業が、卸売業、銀行業、信託業、金融商品取引業、保険業、水運業又は航空運送業又は物品賃貸業（航空機の貸付けを主たる事業とするものに限ります。）のいずれかに該当するとき、その事業を主として納税義務者に該当する居住者、内国法人、連結法人その他これらの者に準ずる者として政令で定めるもの*以外の者との間で行っている場合として政令で定める場合**に該当するものをいいます。

（措法66の6②三号ハ(1)）

　＊　「これらの者に準ずる者として政令で定めるもの」とは、次のイ～ヘに掲げる
　　者をいいます。
　　イ　納税義務者に該当する連結法人との間に連結完全支配関係がある他の連結法
　　　人
　　ロ　納税義務者に該当する内国法人の発行済株式等の50％を超える数又は金額の

株式等を有する者（納税義務者に該当する居住者、内国法人及び連結法人並びに
上記イに掲げる者を除きます。）

ハ　納税義務者に該当する連結法人の発行済株式等の50％を超える数又は金額の
株式等を有する者（納税義務者に該当する居住者、内国法人及び連結法人並びに
上記イ及びロに掲げる者を除きます。）

ニ　納税義務者に該当する居住者、内国法人又は連結法人に係る被支配法人（ロ
及びハに掲げる者に該当する者を除きます。）

ホ　納税義務者に該当する居住者、内国法人、連結法人又はこれらの者に係る被
支配法人がその外国関係会社に係る間接保有の株式等を有する場合におけるそ
の間接保有に係る他の外国法人及び出資関連法人

ヘ　次に掲げる者と政令で定める特殊の関係のある者

(イ)　卸売業、銀行業、信託業、金融商品取引業、保険業、水運業又は航空運送
業又は物品賃貸業（航空機の貸付けを主たる事業とするものに限ります。）を主
として行う外国関係会社

(ロ)　イに掲げる事業を主として行う外国関係会社に係る納税義務者に該当する
居住者、内国法人又は連結法人

（措令39の14の3㉗）

＊＊　「政令で定める場合」とは、外国関係会社の各事業年度において行う主
たる事業が次表の左欄に掲げる事業のいずれに該当するかに応じ、同表の右
欄に定める場合となります。

（措令39の14の3㉘）

業種目	取引高	
卸売業	$\dfrac{\text{関連者以外の者との間の販売取扱金額}}{\text{販売取扱金額の合計額}}$ 又は $\dfrac{\text{関連者以外の者との間の仕入取扱金額}}{\text{仕入取扱金額の合計額}}$	> 50% > 50%
銀行業	$\dfrac{\text{関連者以外の者から受ける受入利息}}{\text{受入利息の合計額}}$ 又は $\dfrac{\text{関連者以外の者に支払う支払利息金額}}{\text{仕入利息の合計額}}$	> 50% > 50%
信託業	$\dfrac{\text{関連者以外の者から受ける信託報酬}}{\text{信託報酬の合計額}}$	> 50%
金融商品取引業	$\dfrac{\text{関連者以外の者から受ける受入手数料}}{\text{受入手数料の合計額}}$	> 50%
保険業	$\dfrac{\text{関連者以外の者から受ける収入保険料}}{\text{収入保険料}}$	> 50%
水運業又は航空運送業	$\dfrac{\text{関連者以外の者から収入するもの}}{\text{船舶又は航空機の運航又は貸付による収入金額の合計額}}$	> 50%
物品賃貸業（航空機の貸付を主たる事業とするもの）	$\dfrac{\text{関連者以外の者から収入するもの}}{\text{貸付収入金額の合計額}}$	> 50%

(注)　業種の判定に際しては、特定外国子会社の事業を、おおむね次の3グループに分類しています。その営む事業がどの業種に該当するかは、日本標準産業分類を基準に判定することになります。

(措通66の6－17)

日本標準産業分類	①	株式等の保有、工業所有権及び著作権等の提供並びに船舶若しくは航空機の貸付け
	②	卸売業、銀行業及び信託業等の国際的な事業活動を行うグループ
	③	①及び②以外のグループ

| 解　説 | 本店所在地国基準── |

「本店所在地国基準」とは、上記の被関連者基準で掲げた各事業（卸売業、銀行業、信託業、金融商品取引業、保険業、水運業、航空運送業又は物品賃貸業（航空機の貸付けを主たる事業とするものに限ります。））以外の事業について、本店所在地国内で事業を行っている場合として<u>政令で定める場合</u>＊に該当するものをいいます。

（措法66の6②三号ハ(1)(2)）

＊　「政令で定める場合」とは、業種別に次の具体的な要件が必要となります。

業　種	事業の要件
不動産業	主として本店所在地国にある不動産の売買又は貸付け、当該不動産の売買又は貸付けの代理又は媒介及び当該不動産の管理を行っている場合
物品賃貸業	主として本店所在地国において使用される物品の貸付けを行っている場合
製造業	主として本店所在地国において製品の製造を行っている場合（製造における重要な業務を通じて製造に主体的に関与していると認められる場合として財務省令で定める場合を含む。）
七業種、不動産業、物品賃貸業及び製造業以外の事業	主として本店所在地国において行っている場合

(注)　七業種：卸売業、銀行業、信託業、金融商品取引業、保険業、水運業又は航空運送業

（措令39の14の3㉜）

4　合算課税の対象となる外国法人【その４＿部分対象外国関係会社】

　部分対象外国関係会社とは、前述した経済活動基準の要件の全てに該当する外国関係会社をいいます（特定外国関係会社に該当するものを除きます。）。

（措法66の６②六号）

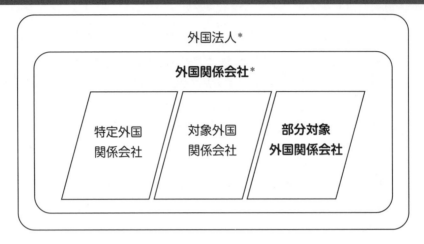

外国法人・外国関係会社・特定外国関係会社等の関係

外国法人＊

外国関係会社＊

特定外国
関係会社 ／ 対象外国
関係会社 ／ 部分対象
外国関係会社

＊　「外国法人」とは、内国法人以外の法人をいいます。

（法法２四号）

＊　「外国関係会社」とは、居住者及び内国法人並びに特殊関係非居住者及び居住者又は内国法人との間に実質支配関係がある外国法人の外国法人に係る株式等保有割合が50％を超える場合のその外国法人をいいます。

（措法66の６②一号）

4　適用免除

　タックス・ヘイブン対策税制は、特定外国関係会社等で、内国法人等により株式等の保有を通じて支配されているものの留保所得を、我が国の株主等の持分に応じてその所得に合算して課税を行うものですが、特定外国関係会社と対象外国関係会社については、租税負担割合に応じて、課税の適用を免除しています（以下、「適用免除」といいます。）

（措法66の6⑤）

1　特定外国関係会社

　特定外国関係会社については、その各事業年度の租税負担割合が100分の30以上である場合、課税の適用が免除されます。　（租税負担割合≧30%）

2　対象外国関係会社

　対象外国関係会社については、その各事業年度の租税負担割合が100分の20以上である場合、課税の適用が免除されます。　（租税負担割合≧20%）

解　説　**租税負担割合の計算──**

　適用免除となる外国関係会社の租税負担割合とは、各事業年度の所得に対して課される租税の額をその所得金額で除した割合をいいます。
　租税負担割合の計算は、次の外国関係会社の①と②の区分に応じ、それぞれ次の算式により計算します。

（措令39の17の2②）

①　次の②に掲げる外国関係会社以外の外国関係会社

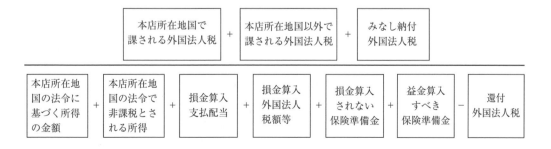

② 法人の所得に対して課される税が存在しない国又は地域に本店又は主たる事務所を有する外国関係会社

(注) 租税負担割合の算定の際に、分母の所得がない場合又は欠損となる場合には、その割合は、次に掲げる外国関係会社の区分に応じそれぞれ次に掲げる割合とされています。

イ　上記①に掲げる外国関係会社

その行う主たる事業に係る収入金額から所得が生じたとした場合にその所得に対し適用される外国法人税の税率に相当する割合

ロ　上記②に掲げる外国関係会社

零

（措令39の17の2②五号）

第4章　課税対象金額の計算

1　概　要

　課税対象金額は、特定外国関係会社又は対象外国関係会社（以下「特定外国関係会社等」といいます。）の適用対象金額に納税義務者の請求権等勘案合算割合を乗じた金額をいいます。

（措法66の6①・措令39の14①）

　適用対象金額は、特定外国関係会社等の各事業年度の決算に基づく金額（以下「決算所得金額」といいます。）に本邦法令等による調整計算を行い、基準所得金額を算定し、これから、その各事業年度開始の日前7年以内の繰越欠損金額と当期中に納付の確定した法人所得税の額を減算し算定します。

（措法66の6②四号・措令39の15①②⑤）

課税対象金額の計算の概要

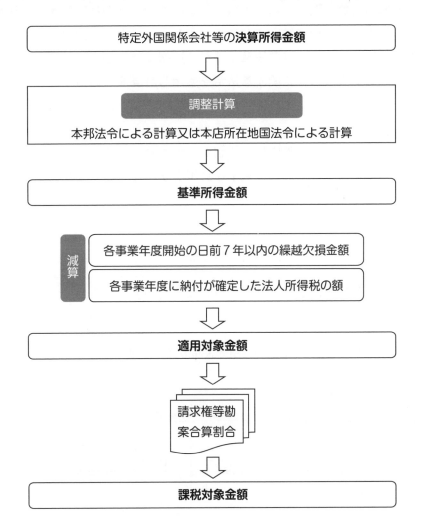

特定外国関係会社等の**決算所得金額**

⬇

調整計算

本邦法令による計算又は本店所在地国法令による計算

⬇

基準所得金額

⬇

減算

各事業年度開始の日前７年以内の繰越欠損金額

各事業年度に納付が確定した法人所得税の額

⬇

適用対象金額

⬇

請求権等勘案合算割合

⬇

課税対象金額

2　基準所得金額の計算

　基準所得金額の計算に際しては、①特定外国関係会社等の各事業年度の決算に基づく所得金額に法人税及び租税特別措置法等の本邦法令に準じて計算する方法と、②特定外国関係会社等の各事業年度の決算に基づく所得金額につき、特定外国関係会社等の本店所在地国の法人所得税に関する法令を適用し計算する方法が認められています。

（措法令39の15①一～五号・②一～十八号）

㊟　選択適用が認められる理由は、税制が整備されている国に対し、さらに我が国の税制を適用することは計算に過重な負担をかけることになりますので、負担を緩和するためです。

基準所得金額の計算──①本邦法令（法人税法等の規定）に準じて計算する方法

　本邦法令による基準所得金額の計算の概要は、次のようになります。

解　説　本法法令に準じた基準所得金額の計算の概要──

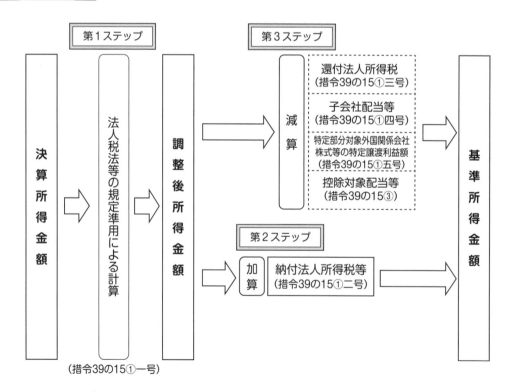

> 第1ステップ【決算所得金額に対する法人税法・措置法の規定準用による調整計算】

計算方法1（法人税法の準用）

　法人税法第2編（内国法人の法人税）第1章（各事業年度の所得に対する法人税）第1節（課税標準）第2款（各事業年度の所得の金額の計算の通則）から第9款まで、及び第11款の規定を準用します。

　ただし、次の①から⑱の規定は適用しません。

（措令39の15①一号）

①	第23条（受取配当等の益金不算入）
②	第23条の2（外国子会社から受ける配当等の益金不算入）
③	第25条の2（受贈益）
④	第26条第1項～第5項（還付金等の益金不算入）
⑤	第27条（中間申告における繰戻しによる還付に係る災害損失欠損金額の益金算入）
⑥	第33条第5項（完全支配関係がある他の内国法人の株式等の評価損の損金不算入等）
⑦	第37条第2項（完全支配関係がある他の内国法人に支出した寄附金の損金不算入）
⑧	第38条～第41条の2（法人税等の損金不算入～法人税額から控除する外国税額）
⑨	第55条第3項（不正行為等に係る費用等の損金不算入）
⑩	第57条（青色申告書を提出した事業年度の欠損金の繰越し）
⑪	第58条（青色申告書を提出しなかった事業年度の災害による損失金の繰越し）
⑫	第59条（会社更生等による債務免除等があった場合の欠損金の損金算入）
⑬	第61条の2第17項（有価証券の譲渡益又は譲渡損の益金又は損金算入）
⑭	第61条の11（連結納税の開始に伴う資産の時価評価損益）
⑮	第61条の12（連結納税への加入に伴う資産の時価評価損益）
⑯	第61条の13（完全支配関係がある法人の間の取引の損益等）
⑰	第62条の5第3項～第6項（現物分配による資産の譲渡）
⑱	第62条の7（特定資産に係る譲渡損失額の損金不算入）

計算方法２（措置法の準用）

　租税特別措置法については次の①～⑭までの規定を準用します。

（措令39の15①一号）

①	第43条（特定設備等の特別償却）
②	第45条の２（医療用機器等の特別償却）
③	第52条の２（特別償却不足額がある場合の償却限度額の計算の特例）
④	第57条の５（保険会社等の異常危険準備金）
⑤	第57条の６（原子力保険又は地震保険に係る異常危険準備金）
⑥	第57条の８（特定船舶に係る特別修繕準備金）
⑦	第57条の９（中小企業等の貸倒引当金の特例）
⑧	第61条の４（交際費等の損金不算入）
⑨	第65条の７（特定の資産の買換えの場合の課税の特例）
⑩	第65条の８（特定の資産の譲渡に伴い特別勘定を設けた場合の課税の特例）
⑪	第65条の９（特定の資産を交換した場合の課税の特例）
⑫	第66条の４第３項（国外関連者に対する寄附金の損金不算入）
⑬	第67条の12（組合事業等による損失がある場合の課税の特例）
⑭	第67条の13（有限責任事業組合の損失の損金不算入）

㊟　「法人税法等の規定の例に準じて計算する場合」の取扱いについて

① 　青色申告書の提出を要件とする規定→当該要件を満たすものとします。

② 　確定した決算における経理処理を要件とする規定→外国関係会社がその決算において行った経理のほか、当該外国関係会社の決算を修正して作成した当該外国関係会社に係る損益計算書等において行った経理をもって当該要件を満たしたものとして取り扱います。この場合には、決算の修正の過程を明らかにする書類を当該損益計算書等に添付しなければなりません。

③ 　棚卸資産の評価方法、減価償却資産の償却方法、有価証券の１単位当たりの帳簿価額の算出方法等→最初に提出する確定申告書に添付する当該外国関係会社に係る損益計算書に付記します。一旦採用したこれらの方法は、特別の事情がない限り、継続し適用しなければなりません。

（措通66の６－20）

第2ステップ【調整後所得金額に対する加算……納付法人所得税等】

〈加算理由〉
　特定外国関係会社等が各事業年度で納付する法人所得税及びこれに附帯して課される法人税を加算し税込所得とします。

（措令39の15①二号）

第3ステップ【調整後所得金額からの減算……還付法人所得税】

〈減算理由〉
　特定外国関係会社等が各事業年度において還付を受ける法人所得税額を減算します。
　第1ステップの調整計算で法人所得税を損金不算入としているので、還付を受ける法人所得税は減算します。

（措令39の15①三号）

第3ステップ【調整後所得金額からの減算……子会社配当等】

〈減算理由〉
　内国法人が外国子会社配当益金不算入制度を採用していることから、特定外国関係会社等が子会社（外国関係会社が保有する株式等又は議決権のある株式等の保有割合のいずれかが25％以上で、かつ、その状態が配当等の支払義務が確定する日以前6か月以上継続している場合の他の法人をいいます。）から受ける配当がある場合には、特定外国関係会社等の基準所得金額の計算に際し、その子会社から受ける配当等の額は、調整後所得金額から減算します。

（措令39の15①四号）

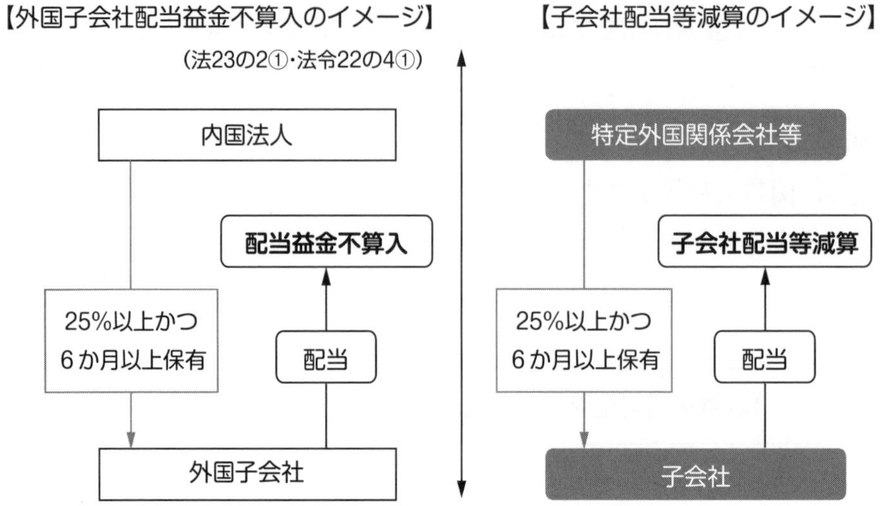
【外国子会社配当益金不算入のイメージ】
(法23の2①・法令22の4①)
内国法人
配当益金不算入
25%以上かつ
6か月以上保有
配当
外国子会社
【子会社配当等減算のイメージ】
特定外国関係会社等
子会社配当等減算
25%以上かつ
6か月以上保有
配当
子会社

(注)　平成21年度税制改正で外国子会社配当益金不算入制度が導入されたことにより、内国法人が一定の外国子会社から受ける剰余金の配当等は益金不算入となりました。

しかし、特定外国関係会社等がその子会社から受ける剰余金の配当等が適用対象金額に含まれることにより、その剰余金の配当等は結果的に内国法人の課税対象になります。そこで、内国法人が配当益金不算入制度の適用を受ける場合とのバランスを考慮し、特定外国子会社が子会社から受ける剰余金の配当等の額は、適用対象金額の計算上控除されることになったものです。

第３ステップ【調整後所得金額からの減算……特定部分対象外国関係会社株式等の特定譲渡利益額】

〈減算理由〉

海外M＆A等により新たに傘下に入った特定外国関係会社又は対象外国関係会社（以下「ペーパーカンパニー等」といいます。）が外国関係会社の統合に関する基本方針及び統合に伴う組織再編の実施方法等を記載した計画書に基づいて、一定の期間内に、その有する外国関係会社の株式等を他の外国関係会社に譲渡をした場合において、その譲渡後にそのペーパーカンパニー等の解散が見込まれること等の要件を満たすときは、ペーパーカンパニー等の整理を阻むことのないように株式譲渡益を減算します。

(措令39の15①五号)

第３ステップ【調整後所得金額からの減算……控除対象配当等】

〈減算理由〉

　特定外国関係会社等が他の外国関係会社から合算課税の対象となった所得を原資とする配当等を受ける場合に特定外国関係会社等の基準所得金額の計算に際し配当の二重課税が行われないよう次の配当等を減算します。

（措令39の15③）

控除対象配当等減算のイメージ①

　特定外国関係会社（Ａ）の保有する株式等又は議決権のある株式等の保有割合が25％未満である他の外国関係会社（Ｂ）からの配当等の額

| ① （Ｂ）からの配当等の額＜（Ｂ）の基準事業年度の出資対応配当可能額 | の場合 |

（措令39の15③一号）

【イメージ】配当等の金額100・（Ａ）の出資対応配当可能額200の場合

配当等の額100を減算する。

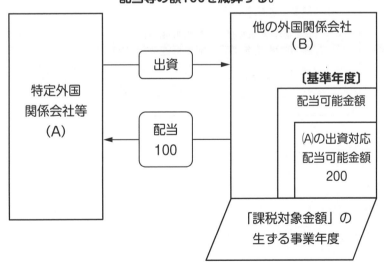

② （B）からの配当等の額＞（B）の基準事業年度の出資対応配当可能額　の場合

（措令39の15③二号）

【イメージ】配当等の金額200・（A）の基準事業年度出資対応配当可能額50の場合

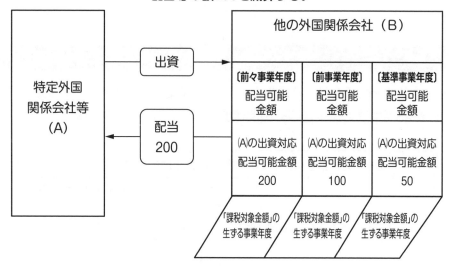

配当等の額200を減算する。

㊟　減算する配当等の額　　200

　　　〔基準事業年度〕　配当可能金額　　50
　　＋〔前 事 業 年 度〕　配当可能金額　100
　　＋〔前々事業年度〕　配当可能金額　　50（200のうち50）
　　　　　　　　　　　　　合計額　　　　200

控除対象配当等減算のイメージ②

特定外国関係会社（Ａ）が保有する株式等又は議決権のある株式等の保有割合のいずれかが25％以上で、かつ、その状態が配当等の支払義務が確定する日以前６か月以上継続している場合の他の外国関係会社（Ｂ）からの配当等の額

①（Ｂ）からの配当等の額＜（Ｂ）の基準事業年度の出資対応配当可能額 の場合

（措令39の15③一号）

【イメージ】配当等の金額100・（Ａ）の出資対応配当可能額200の場合

配当等の額100を減算する。

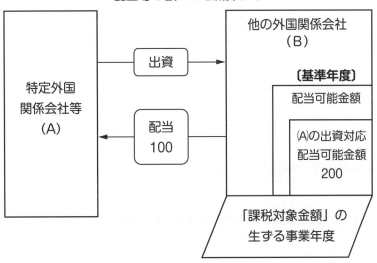

㊟　この場合の配当等の額は、その受ける配当等の全部又は一部が当該他の外国関係会社の本店所在地国の法令において当該他の外国関係会社の所得の金額の計算上損金の額に算入することとされている配当等の額に該当する場合のその受ける配当等の額に限ります。

（措令39の15③三号かっこ書）

② （B）からの配当等の額＞（B）の基準事業年度の出資対応配当可能額　の場合

（措令39の15③四号）

【イメージ】配当等の金額400・（A）の基準事業年度出資対応配当可能額100の場合

配当等の額400を減算する。

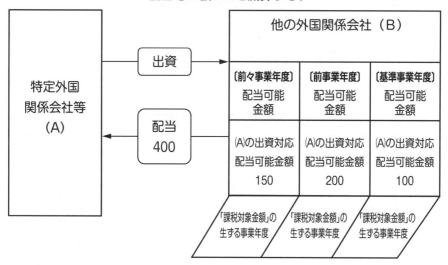

㊟　この場合の配当等の額は、その受ける配当等の全部又は
　　一部が当該他の外国関係会社の本店所在地国の法令におい
　　て当該他の外国関係会社の所得の金額の計算上損金の額に
　　算入することとされている配当等の額に該当する場合のそ
　　の受ける配当等の額に限ります。

（措令39の15③三号かっこ書）

㊟　減算する配当等の額　　200

　　　〔基準事業年度〕　配当可能金額　100
　　＋〔前 事 業 年 度〕　配当可能金額　200
　　＋〔前々事業年度〕　配当可能金額　100（150のうち100）
　　　　　　　　　　　　　合計額　　　400

【計算事例】

　実際の計算は、配当等が出資対応可能額を超えない場合と超える場合とで計算を行います。

計算事例①――配当等が出資対応可能額を超えない場合

> 　特定外国関係会社等が各事業年度において内国法人に係る他の外国関係から受ける配当等の額が、その他の外国関係会社のその配当等の額の支払の基準日の属する事業年度（以下「基準事業年度」といいます。）の配当可能金額のうち、その特定外国関係会社等の出資対応配当可能金額を超えない場合であって、その基準事業年度が課税対象金額の生ずる事業年度である場合
> 　→　その配当等の額

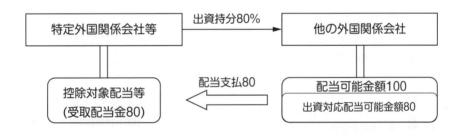

○出資対応配当可能金額
　　配当可能金額100 × 持分80% ＝ 80

　他の特定外国関係会社から受ける配当（80）は、配当可能金額（100）のうち特定外国関係会社等の出資相当額（80）を超えていませんので、80が控除対象配当等となります。

計算事例②――配当等が出資対応可能額を超える場合

　特定外国関係会社等が各事業年度において内国法人に係る他の外国関係会社から受ける配当等の額がその配当等の額に係る基準事業年度の出資対応配可能金額を超える場合

→　その他の外国関係会社の基準事業年度以前の各事業年度の出資対応配当可能金額をそれぞれ最も新しい事業年度のものから順次当該配当等の額に充てるものとしてその配当等の額をその各事業年度の出資対応可能金額に応じ、それぞれの事業年度ごとに区分した場合において、課税対象金額の生ずる事業年度の出資対応配当可能金額から充てるものとされた配当等の額の合計額

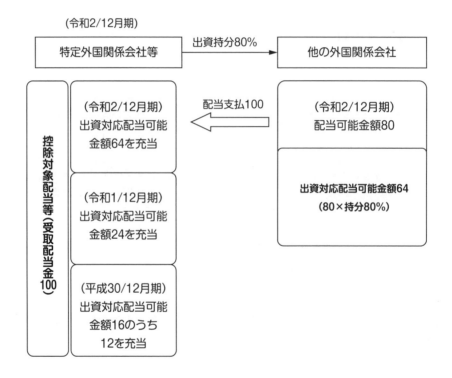

（令和2/12月期）

| 特定外国関係会社等 | 出資持分80% → | 他の外国関係会社 |

配当支払100

控除対象配当等（受取配当金100）

（令和2/12月期）
出資対応配当可能金額64を充当

（令和1/12月期）
出資対応配当可能金額24を充当

（平成30/12月期）
出資対応配当可能金額16のうち12を充当

（令和2/12月期）
配当可能金額80

出資対応配当可能金額64
（80×持分80%）

（令和2/12月期・配当可能金額80あり）
　○出資対応配当可能金額（配当可能金額80）
　　　配当可能金額80 × 持分80% ＝ 64

（令和1/12月期・配当可能金額30あり）
　○出資対応配当可能金額（配当可能金額30）
　　　配当可能金額30 × 持分80% ＝ 24

（平成30/12月期・配当可能金額20あり）
　○出資対応配当可能金額（配当可能金額20）
　　　配当可能金額20 × 持分80% ＝ 16

　他の特定外国関係会社から受ける配当（100）は、配当可能金額（80）のうち特定外国関係会社等の出資相当額(64)を超えていますので、令和2/12月期、令和1/12月期、平成30/12月の出資対応可能金額を順次配当に充てます。

　その結果、支払われた配当の全額が控除対象配当等は、64＋24＋12=100となります。

(注)　配当可能額と出資対応配当可能額

　　控除対象配当等は配当可能金額と出資対応配当可能額を基に計算します。

配当可能金額の計算

適用対象金額	
控除 （－）	各事業年度の費用として支出された金額のうち損金不算入額又は所得に加算されたため適用対象金額に含まれた金額
	剰余金の処分により支出される金額（法人所得税額及び配当等の額を除く）
加算 （＋）	国外関連者取引に係る課税の特例の規定により減額される所得で内国法人に支払われない金額
	控除対象配当等
	子会社（持分割合等が25%以上）から受ける配当等の額
配当可能金額　　　　　（措令39の15④一号）	

出資対応配当可能額の計算

$$配当可能金額 \times \frac{特定外国関係会社等の有する\ 他の特定外国関係会社の株式等の数又は金額}{他の特定外国関係会社の発行済株式等}$$

（措令39の15④二号）

██ 基準所得金額の計算――
　　②本店所在国の法人所得税に関する法令及び本邦法令を適用し計算する方法

　特定外国関係会社等の各事業年度の決算に基づく所得の金額につき、当該特定外国子会社等の本店所在地国の法人所得税に関する法令の規定により計算した所得の金額に、本邦法令（次ページの①イ～ワの金額を加算し、92ページの②イ～ホの金額を減算）を適用し基準所得金額を計算します。

（措令39の15②）

██ 解　説 ██ 現地及び本邦法令に基づく基準所得金額の計算の概要――

　本店所在国及び本邦法令に基づく基準所得の計算の概要は次のようになります。

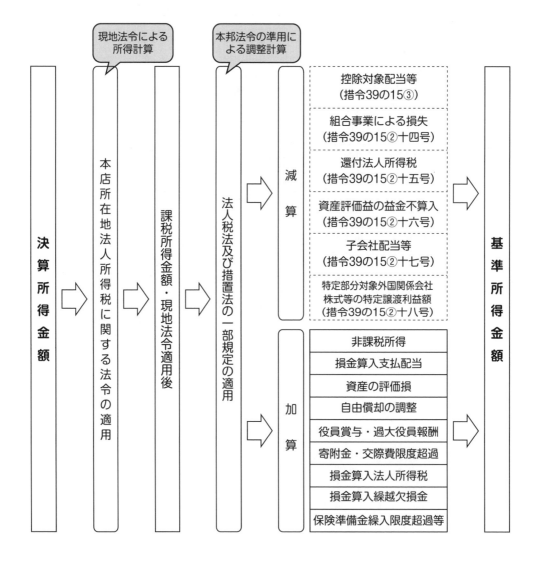

計算方法（本邦法令の準用）

　　次の①イ～ワの金額を加算し、②イ～への金額を減算します。

（措令39の15②）

①　加算金額
イ　非課税所得（措令39の15②一号） 　　その本店所在地国の法令の規定により当該各事業年度の法人所得税の課税標準に含まれないこととされる所得の金額
ロ　損金算入配当（措令39の15②二号） 　　その支払う配当等の額で当該各事業年度の損金の額に算入している金額
ハ　減価償却の調整（措令39の15②三号） 　　その有する減価償却資産につきその償却費として当該各事業年度の損金の額に算入している金額のうち法人税法第31条（減価償却資産の償却費の計算及びその償却の方法）の規定の例によるものとした場合の損金算入限度超過額
ニ　資産の評価損（措令39の15②四号） 　　その有する資産の評価換えにより当該事業年度の損金の額に算入している金額で、法人税法第33条（資産の評価損の損金不算入等）の規定により損金不算入となる金額に相当する金額に相当する金額
ホ　役員給与損金不算入（措令39の15②五号） 　　その役員に対して支給する給与の額のうち、当該各事業年度の損金の額に算入している金額で法人税法第34条（役員給与の損金不算入）の規定の例によるものとした場合に損金不算入となる金額に相当する金額
ヘ　過大使用人給与損金不算入（措令39の15②六号） 　　その使用人に対して支給する給与の額のうち、当該各事業年度の損金の額に算入している金額で法人税法第36条（過大な使用人給与の損金不算入）の規定の例によるものとした場合に損金不算入となる金額に相当する金額
ト　寄付金限度超過額（措令39の15②七号） 　　その支出する寄附金の額のうち、当該各事業年度の損金の額に算入している金額で、法人税法第37条第1項及び租税特別措置法第66条の4第3項の規定の例に準ずるものとした場合の損金不算入額となる金額に相当する金額
チ　損金算入法人所得税（措令39の15②八号） 　　その納付する法人所得税の額で当該各事業年度の損金の額に算入している金額
リ　損金算入繰越欠損金（措令39の15②九号） 　　その本店所在地国の法令の規定（法人税法第57条から第59条の規定に相当する規定に限ります。）により当該各事業年度前の事業年度において生じた欠損の金額で当該各事業年度の損金の額に算入している金額
ヌ　保険準備金繰入限度超過額（措令39の15②十号） 　　その積み立てた保険準備金の額のうち、当該各事業年度の損金の額に算入している金額で法人税法第57条の5又は同法第57条の6の規定の例によるものとした場合に損金不算入となる金額に相当する金額

ル　保険準備金益金算入不足額（措令39の15②十一号）
その積み立てた保険準備金につき当該各事業年度の益金の額に算入した金額がこれらの規定の例によるものとした場合に益金の額に算入すべき金額に相当する金額に満たない場合におけるその満たない部分の金額
ヲ　交際費繰入限度超過額（措令39の15②十二号）
その支出する租税特別措置法第61条の4第1項に規定する交際費等に相当する費用の額のうち、当該各事業年度の損金の額に算入している金額で同条の規定の例によるものとした場合に損金不算入となる金額に相当する金額
ワ　組合事業等による損失（措令39の15②十三号）
その損失の額で租税特別措置法67条の12第1項又は同法第67条の13第1項の規定の例によるものとした場合に損金不算入となる金額に相当する金額

② 　減算金額
イ　組合事業等による損失（措令39の15②十四号）
租税特別措置法第67条の12第2項又は同法第67条の13第2項の規定の例によるものとした場合に損金の額に算入されることとなる金額に相当する金額
ロ　還付法人所得税（措令39の15②十五）
その還付を受ける法人所得税の額で当該各事業年度の益金に算入している金額
ハ　資産評価益の益金不算入（措令39の15②十六号）
その有する資産の評価換えにより当該事業年度の益金の額に算入している金額で法人税法第25条の規定の例によるものとした場合に益金不算入の額となる金額に相当する金額
ニ　子会社配当等（措令39の15②十七号）
特定外国関係会社等が、配当等の支払義務が確定する日以前6か月以上継続して、発行済株式総数及び総額又は議決権のある株式等の数若しくは金額のうちに占める割合の25%以上を保有している外国子会社から受ける配当等の額
ホ　特定譲渡に係る譲渡利益額（措令39の15②十八号）
外国関係会社の当該各事業年度における特定部分対象外国関係会社の特定譲渡に係る譲渡利益額

3　適用対象金額の計算

　適用対象金額は、基準所得金額から次の(1)及び(2)の金額を控除して計算します。

（措令39の15⑤）

(1)　繰越欠損金の控除

　特定外国関係会社等の各事業年度開始の日前７年以内に開始した事業年度において生じた欠損金の合計額を控除します。

（措令39の15⑤一号）

(2)　納付法人所得税額の控除

　納付法人所得税額とは、その事業年度に課税されるものではなく、その事業年度中に納付が確定したものをいいます。通常は、前事業年度の法人税が該当します（各事業年度において還付を受ける法人所得税がある場合は、その還付を受けるものを控除した金額）。

（措令39の15⑤二号）

適用対象金額の計算のイメージ

| 基準所得金額 | ⇒ | 控除 | (1)　前７年以内に開始した
　　事業年度の繰越欠損金額
(2)　納付確定法人所得税 | ⇒ | 適用対象金額 |

4　課税対象金額の計算

　課税対象金額は、特定外国関係会社等の各事業年度の適用対象金額に、外国関係会社等の各事業年度終了の時における発行済株式等のうちに各事業年度終了の時における内国法人の特定外国関係会社等に係る請求権勘案合算割合を乗じて計算します。

（措令39の14①）

課税対象金額の計算のイメージ

適用対象金額	×	請求権等勘案合算割合	=	課税対象金額

⑴　請求権等勘案合算割合

　請求権等勘案合算割合とは、次に掲げる場合の区分に応じそれぞれ次に定める割合をいいます。

　ただし、①及び③のいずれにも該当する場合には、それぞれ①及び③の割合の合計割合をいいます。

（措令39の14②一号）

①　内国法人が外国関係会社の株式等を直接又は他の外国法人を通じて間接に有している場合

$$\text{請求権等勘案合算割合} = \frac{\text{内国法人の有する外国関係会社の請求権等勘案保有株式等}}{\text{外国関係会社の発行済株式等}}$$

②　外国関係会社が内国法人に係る被支配外国法人に該当する場合

$$\text{請求権等勘案合算割合} = \frac{100}{100}$$

③　内国法人に係る被支配外国法人が外国関係会社の株式等を直接又は他の外国法人を通じて間接に保有している場合

$$\text{請求権等勘案合算割合} = \frac{\text{被支配外国法人の有する外国関係会社の請求権等勘案保有株式等}}{\text{外国関係会社の発行済株式等}}$$

⑵　請求権等勘案保有株式等

　請求権等勘案保有株式等とは、内国法人又はその内国法人に係る被支配外国法人が

有する外国法人の株式等の数又は金額及び請求権等勘案間接保有株式等を合計した数又は金額をいいます。

（措令39の14②二号）

㊟　その外国法人が、請求権の内容が異なる株式等又は実質的に請求権の内容が異なると認められる株式等を発行している場合には、その外国法人の発行済株式等に、その内国法人がその請求権の内容が異なる株式等係る請求権に基づき受けることができる剰余金の配当等の額がその総額のうちに占める割合を乗じて計算した数又は金額となります。

（措令39の14②二号かっこ書）

(3)　請求権等勘案間接保有株式等

　　請求権勘案間接保有株式等とは、外国法人の発行済株式等に、次に掲げる場合の区分に応じそれぞれ次に定める割合を乗じて計算した株式等の数又は金額をいいます。

（措令39の14②三号）

①　その外国法人の株主等である他の外国法人の発行済株式等の全部又は一部が内国法人等により所有されている場合

　　その内国法人等の他の外国法人に係る持株割合に当該他の外国法人のその外国法人に係る持分割合を乗じて計算した金額（他の外国法人が二以上ある場合には、二以上の当該他の外国法人につきそれぞれ計算した割合の合計額）

（措令39の14②三号イ）

＊　持株割合とは、その株主等の有する株式等の数又は金額が当該株式等の発行法人の発行済株式等のうちに占める割合をいいます。

②　その外国法人と他の外国法人（その発行済株式等の全部又は一部が内国法人等により所有されているものに限ります。）との間に一又は二以上の外国法人（以下「出資関連外国法人」といいます。）が介在している場合であって、当該内国法人等、当該他の外国法人、出資関連外国法人及び当該外国法人が株式等の保有を通じて連鎖関係にある場合

　　その内国法人等の他の外国法人に係る持株割合、当該他の外国法人の出資関連外国法人に係る持株割合、当該出資関連外国法人の他の出資関連外国法人に係る持株割合及び出資関連外国法人の当該外国法人の外国法人に係る持株割合を順次乗じて計算した割合（当該連鎖関係が二以上ある場合には、当該二以上の連鎖関係につきれぞれ計算した割合の合計割合）

（措令39の14②三号ロ）

計算事例①——

○　内国法人Aの外国法人Cに対する請求権等勘案間接保有株式等の保有割合は、いくらになりますか。

次のようになります。

　　請求権等勘案間接保有株式等の保有割合
　　＝100%×80%=80%

計算事例②——

○　内国法人Aの外国法人Eに対する請求権等勘案間接保有株式等の保有割合は、いくらになりますか。

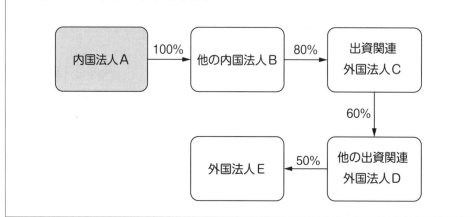

次のようになります。

　　請求権等勘案間接保有株式等の保有割合
　　＝100%×80%×60%×50%＝24%

第5章　納税義務者

1　合算課税の対象となる内国法人

　特定外国関係会社等を直接及び間接に支配する内国法人は、特定外国関係会社等の留保金金額を収入として申告しなければなりませんが、合算課税の対象となる内国法人は次の内国法人に限られます。

①	内国法人が直接又は間接に有する外国関係会社の出資割合、議決権割合又は配当等請求権割合のいずれかが10％以上である場合のその内国法人
②	外国関係会社との間に実質支配関係がある内国法人
③	外国関係会社（内国法人との間に実質支配関係があるものに限ります。）の他の外国関係会社に対する出資割合、議決権割合又は配当等請求権割合のいずれかが10％以上である場合のその内国法人
④	外国関係会社に対する出資割合、議決権割合又は配当等請求権割合のいずれかが10％以上である一の同族株主グループに属する内国法人

（措法66の6①一～四号）

　㊟　合算対象となる内国法人の10％基準は、外国関係会社を判定する際の50％超基準を踏まえての基準です。つまり、基本的には単独で50％超を有する内国法人を納税義務者として念頭に置いてますが、50％を基準としたのでは取引先等を利用した株式等の分散保有による租税回避が起こることも考えられることから、10％にしたものです。

　　　また、同族グループに属する内国法人も対象となる内国法人としているのは、同族関係という密接な関係により、所有割合を簡単に変更することができることから、内国法人が単独で10％未満で保有するとしても本税制が適用されることになります。

2　合算課税の対象となる内国法人の判定時期

　内国法人が本税制の対象となるか否かの判定の時期は、特定外国関係会社等の各事業年度終了の時の現況によることとされています。

（措令39の20）

合算課税の対象となる内国法人の判定①——

○　内国法人と外国法人Sとの資本関係が次の場合に、外国法人Sは特定外国関係会社に該当するか。また株主である内国法人は、合算課税の対象となる内国法人となるか。

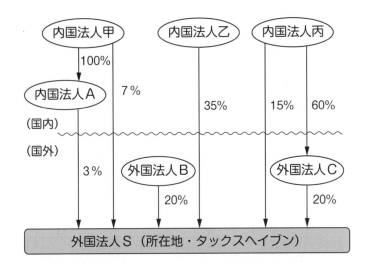

①　内国法人の直接及び間接保有の株式等の保有割合は、次のとおりとなります。
　　内国法人甲……7％（直接保有）
　　内国法人A……3％（直接保有）
　　内国法人乙……35％（直接保有）
　　内国法人丙……27％（直接保有15％＋間接保有12％（60％×20％））

②　内国法人甲、A、乙、丙の合計保有割合は50％超（72％）となりますので、外国法人Sは特定外国関係会社に該当します。

③　課税の対象となる内国法人は、次のとおりとなります。

　イ　内国法人甲と内国法人Aは単独では10％以上保有していませんが、両者は同族グループを構成し、合計で10％以上（内国法人甲7％・内国法人A3％）保有していますので、課税の対象となります。

　ロ　内国法人乙は単独で10％以上（35％）保有していますので、課税の対象となります。

　ハ　内国法人丙は直接と間接で10％以上（27％）保有していますので、課税の対象となります。

合算課税の対象となる内国法人の判定②──

○　内国法人と外国法人Ｓとの資本関係が次の場合に、外国法人Ｓは特定外国関係会社に該当するか。また、株主である内国法人は、合算課税の対象となる内国法人となるか。

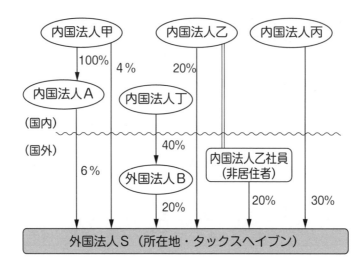

①　内国法人の直接及び間接保有の株式等の保有割合は、次のとおりとなります。
　　内国法人甲……４％（直接保有）
　　内国法人Ａ……６％（直接保有）
　　内国法人乙……20％（直接保有）
　　内国法人乙役員……20％（直接保有）
　　内国法人丁……８％（間接保有８％（40％×20％））
　　内国法人丙……30％（直接保有）
②　内国法人甲、Ａ、乙、丁及び特殊関係非居住者の内国法人乙役員、内国法人丙の合計保有割合は50％超（88％）となりますので、外国法人Ｓは特定外国関係会社に該当します。
③　課税の対象となる内国法人は、次のとおりとなります。
　イ　内国法人甲と内国法人Ａは単独では10％以上保有していませんが、両者は同族グループを構成し、合計で10％以上（内国法人甲４％・内国法人Ａ６％）保有していますので、課税の対象となります。
　ロ　内国法人乙は単独で10％以上（20％）保有していますので、課税の対象となります。
　ハ　内国法人丙は単独で30％保有していますので、課税の対象となります。

3　合算課税を行う時期

　内国法人に係る特定外国関係会社又は対象外国関係会社の各事業年度終了の日の翌日から2か月を経過する日を含むその内国法人の各事業年度の確定申告において合算課税を行うことになります。

（措法66の6①）

4　確定申告書に添付すべき書類

　納税義務者である内国法人は、次の①と②の外国関係会社の次に掲げる書類その他参考となるべき事項を記載した書類を、確定申告書に添付しなければなりません。

①　各事業年度の租税負担割合が20％未満である外国関係会社（特定外国関係会社を除きます。）

②　各事業年度の租税負担割合が30％未満である特定外国関係会社

（措法66の6⑪）

【確定申告書に添付すべき書類】
- ○　貸借対照表
- ○　損益計算書
- ○　株主資本等変動計算書
- ○　損益金の処分に関する計算書等
- ○　貸借対照表及び損益計算書に係る勘定科目内訳書
- ○　本店所在地国の法人所得税に関する法令により課される税に関する申告書の写し
- ○　企業集団等所得課税規定の適用がないものとした場合に計算される法人所得税の額に関する計算の明細書及びその計算の基礎となる書類
- ○　各事業年度終了の日における株主等の氏名及び住所又は名称及び本店若しくは主たる事務所の所在地並びにその有する株式等の数又は金額を記載した書類

（措規22の11㊸）

第6章　部分対象外国関係会社の部分課税対象金額の益金算入制度

1　立法の趣旨

　本制度は平成22年度の税制改正で新たに立法されたものです。

　株式や債券の運用あるいは、特許権、商標権等の無体財産権の使用許諾などにより生じる資産性所得（以下「特定所得」といいます。）について、我が国より税負担の低い国又は地域において資産運用を行っている場合には、そのような場所で行う合理的な理由はなく、むしろ、外国子会社への利益の付け替えに利用されることが想定されます。

　このような事情を背景として、特定所得を外国子会社に付け替える租税回避行為を防止するために、外国子会社の資産運用による所得を親会社の所得に合算して課税する新しい法律が制定されました。

2　基本的な仕組み

　納税義務者に係る部分対象関係会社（外国金融子会社等に該当するものを除きます。）が、各事業年度において、配当、利子及び株式譲渡益等の特定所得の金額を有する場合には、その各事業年度の特定所得の金額に係る部分適用対象金額に請求権等勘案合算割合を乗じた金額（以下「部分課税対象金額」といいます。）を内国法人の収益の額とみなし、部分対象外国関係会社の各事業年度終了の日の翌日から2か月を経過する日を含む内国法人の各事業年度の所得の金額の計算上、益金の額に算入し課税（以下「特定所得合算課税」といいます。）します。

（措法66の6⑥）

3　適用免除

　部分対象外国関係会社について、次のいずれかに該当する事実がある場合には、特定所得合算課税は適用しない（以下「適用免除」といいます。）こととされています。
　　①　各事業年度の租税負担割合が20％以上であること
　　②　各事業年度の部分適用対象金額が2千万円以下であること
　　③　各事業年度の決算に基づく所得の金額に相当する金額のうちに部分適用対象金

額の占める割合が5％以下であること

（措法66の6⑩）

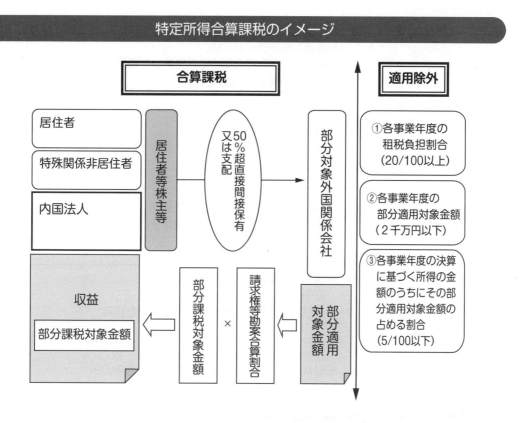

特定所得合算課税のイメージ

4　特定所得の金額

特定所得の金額は、主に次の図に掲げる金額が該当します。

（措法66の6⑥一～十一号）

主な特定所得の内訳

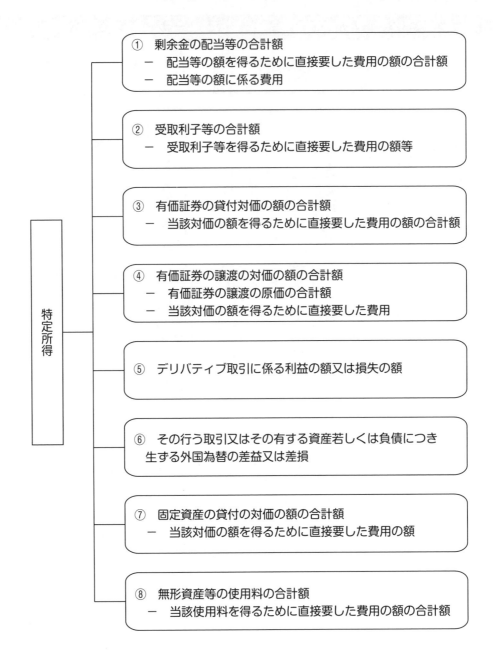

特定所得

① 剰余金の配当等の合計額
　－　配当等の額を得るために直接要した費用の額の合計額
　－　配当等の額に係る費用

② 受取利子等の合計額
　－　受取利子等を得るために直接要した費用の額等

③ 有価証券の貸付対価の額の合計額
　－　当該対価の額を得るために直接要した費用の額の合計額

④ 有価証券の譲渡の対価の額の合計額
　－　有価証券の譲渡の原価の合計額
　－　当該対価の額を得るために直接要した費用

⑤ デリバティブ取引に係る利益の額又は損失の額

⑥ その行う取引又はその有する資産若しくは負債につき
　 生ずる外国為替の差益又は差損

⑦ 固定資産の貸付の対価の額の合計額
　－　当該対価の額を得るために直接要した費用の額

⑧ 無形資産等の使用料の合計額
　－　当該使用料を得るために直接要した費用の額の合計額

第7章　二重課税の調整

1　二重課税の発生

　二重課税は、①特定外国関係会社が合算所得について外国法人税を納付している場合に、その特定外国関係会社等の課税対象金額を内国法人の所得に合算することで生じます。

　また、②特定外国関係会社等の課税済の課税対象金額を原資とした配当を内国法人の収益とすることによっても、二重課税が生じます。

二重課税発生のイメージ

①　特定外国関係会社等が合算所得について外国法人税を納付している場合

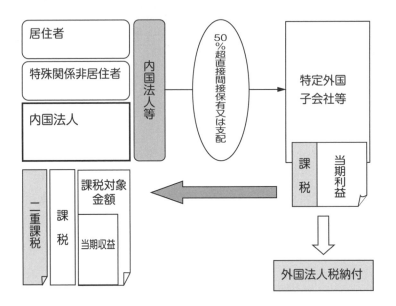

② 内国法人が課税済の課税対象金額を原資とした配当を法人の収益とする場合

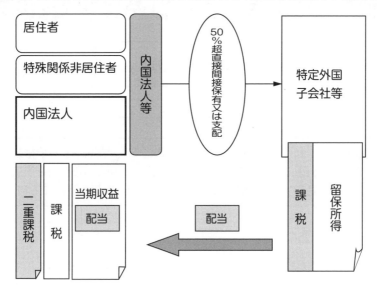

2 二重課税の調整

　上記1の①・②の原因により発生した二重課税は、それぞれ次図の方法により調整します。

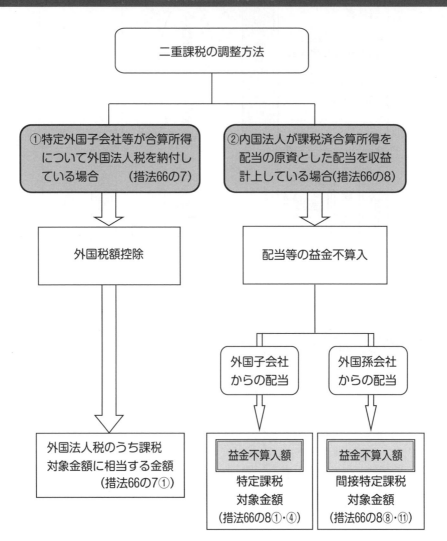

①　特定外国子会社等が合算所得について外国法人税を納付している場合

外国税額控除により二重課税を調整します。（措法66の７）

【解説】

　内国法人に係る①特定外国関係会社等が課税対象金額を有する場合、②内国法人に係る部分対象外国関係会社が部分課税対象金額を有する場合、又は③内国法人に係る部分対象外国関係会社（外国金融金融子会社等に該当するもの。）が金融子会社等部分課税対象金額を有する場合に、①～③の外国関係会社に対して課される外国法人税の額のうち課税対象金額に対応する金額、部分課税対象金額に対応する金額、又は金融子会社部分課税対象金額に対応する金額は、**二重課税を調整するために、その内国法人が納付する控除対象外国法人税の額とみなして、**外国税額控除（法法69）を適用します。

　控除額は、右記の算式により計算します。

【算式】

特定外国関係会社等に課された外国法人税の額

$$\times \dfrac{課税対象金額}{適用対象金額 + 子会社配当等 + 控除対象配当等の額}$$

（措令39の18③）

【算式】

部分対象外国関係会社に課された外国法人税の額

$$\times \dfrac{部分課税対象金額}{適用対象金額 + 子会社配当等 + 控除対象配当等の額}$$

（措令39の18④）

【算式】

部分対象外国関係会社に課された外国法人税の額

$$\times \dfrac{金融子会社等部分課税対象金額}{適用対象金額 + 子会社配当等 + 控除対象配当等の額}$$

（措令39の18⑤）

② 　内国法人が課税済合算所得を配当の原資とした配当を収益計上している場合

内国法人が特定外国子会社等から受ける剰余金の配当等を益金不算入とすることにより、二重課税を調整します。　　　　　　　　　　　　（措法66の8）

【特定外国関係会社等の持分割合等（25%未満）の場合】

○ 　内国法人が外国法人（株式等の保有割合25%未満）から受ける剰余金の配当等の金額がある場合（子→親）に、合算所得を原資とする部分について直接的に生じる二重課税を排除するために、その剰余金の配当等のうち特定課税対象金額に達するまでの金額を益金不算入とします。　　　　　　　　　　（措法66の8①）

○ 　内国法人が外国法人（株式等の保有割合25%未満）から受ける剰余金の配当等の額がある場合（孫→子→親）に、合算所得を原資とする部分については、間接的に生じる二重課税を排除するために、間接特定課税対象金額に達するまでの金額を益金不算入とします。益金不算入額は持分等に応じて計算します。

　　　　　　　　　　　　　　　　　　　　　　　　　　　　（措法66の8⑧）

二重課税の調整のイメージ

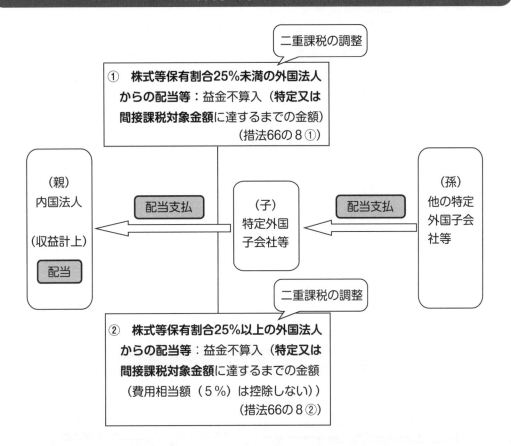

益金不算入となる金額

	特定外国関係会社等の 持分割合等（25％未満）	特定外国関係会社等の 持分割合等（25％以上）
子 ↓ 親	特定課税対象金額 （措法66の８①）	特定課税対象金額 （配当等に係る費用相当額 ５％控除なし） （措法66の８②）
孫 ↓ 子 ↓ 親	間接特定課税対象金額 （措法66の８⑧）	間接特定課税対象金額 （配当等に係る費用相当額 ５％控除なし） （措法66の８⑩）

| 解　説 | 特定課税対象金額とは—— |

特定課税対象金額とは、次のイとロの合計金額をいいます。

イ　外国法人に係る課税対象金額、部分課税対象金額又は金融子会社等部分課税対象金額で、内国法人が当該外国法人から剰余金の配当等を受ける日を含む事業年度の所得金額の計算上益金に算入されるもののうち、内国法人の有する当該外国法人の直接保有の株式等に対応する部分の金額

ロ　外国法人に係る課税対象金額、部分課税対象金額又は金融子会社等部分課税対象金額で、内国法人が当該外国法人から剰余金の配当等を受ける日を含む事業年度開始の日前10年以内に開始した各事業年度（以下「前10年以内の各事業年度」といいます。）の所得金額の計算上益金に算入されたもののうち、その内国法人の有するその外国法人の直接保有の株式等に対応する部分の金額の合計額（前10年以内の各事業年度において当該外国法人から受けた剰余金の配当等の額がある場合には、当該配当等を控除した残額）

（措法66の8④一・二号）

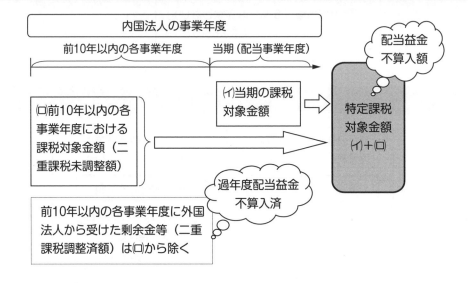

特定課税対象金額のイメージ

解　説　間接特定課税対象金額とは──

　間接特定課税対象金額とは、次のイ及びロのうちいずれか少ない金額をいいます。

イ　内国法人が外国法人から剰余金の配当等の額を受ける日を含む当該内国法人の事業年度（以下「配当事業年度」といいます。）開始の日前2年以内に開始した各事業年度（以下「前2年以内の各事業年度等」といいます。）のうち最も古い事業年度から配当事業年度終了の日までの期間において、当該外国法人が他の外国法人から受けた剰余金の配当等の額のうち、当該内国法人の有する当該外国法人の直接保有の株式等の数に対応する部分の額として政令で定める金額

（措法66の8⑪一号）

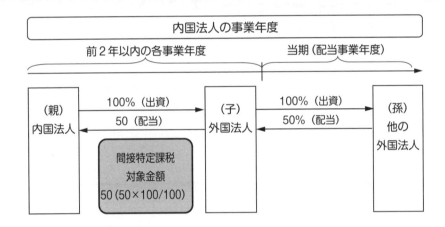

イのイメージ＿子が孫を100%保有・孫から子へ50配当

ロ　次に掲げる(イ)と(ロ)の合計額

　(イ)　他の外国法人に係る課税対象金額、部分課税対象金額又は金融子会社等部分課税対象金額で、配当事業年度において、配当事業年度の所得の金額の計算上益金に算入されるもののうち、内国法人の有する当該他の外国法人の間接保有の株式等に対応する部分の金額

　(ロ)　他の外国法人に係る課税対象金額、部分課税対象金額又は金融子会社等部分課税対象金額で、配当事業年度開始の日前2年以内に開始した各事業年度（以下「前2年以内の各事業年度」といいます。）の所得金額の計算上益金に算入されたもののうち、その内国法人の有するその外国法人の間接保有の株式等に対応する部分の金額の合計額（前2年以内の各事業年度において当該他の外国法人から受けた剰余金の配当等の額がある場合には当該配当等を控除した残額）

（措法66の8⑪二号）

ロのイメージ

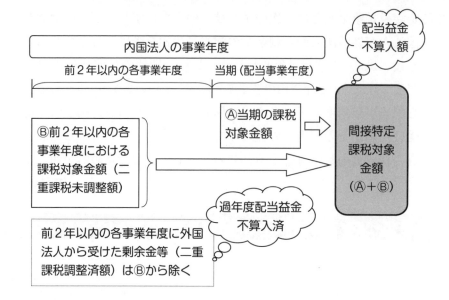

第2部

クロスボーダーの組織再編成に関する国際課税制度

第1章　課税制度制定の背景

1　会社法制定に伴う合併等の対価の柔軟化

　会社法の制定に伴い、平成19年5月からは吸収合併、吸収分割及び株式交換（以下「合併等」といいます。）の組織再編に際し、一方の当事者である吸収合併消滅会社、吸収分割会社及び株式交換完全子会社等の株主等に対して交付する合併等の対価の種類を特に限定しないことになりました。

（会社法749①二号・758①四号・768①二号）

　その結果、組織再編において合併等の対価として吸収合併会社、吸収分割承継会社及び株式交換親会社等の親法人の株式を用いるいわゆる三角合併が可能となりました。

　三角合併を図で示すと次のようになります。

三角合併のイメージ

B社はD社を吸収合併し、合併の対価としてD社の株主であるCに対し、親会社であるA社株式を交付する三角合併です。

2 クロスボーダーの三角合併等

　平成19年1月19日に閣議決定された平成19年度税制改正要綱四の組織再編税制では、クロスボーダー（国境を越えた）の組織再編成に伴う租税回避を防止するための次の関係法令の改正が行われました。

> ①　企業グループ内の法人間で行われる合併等のうち、軽課税国に所在する実体のない外国親法人の株式を対価とし、国内の合併法人等にも事業の実体が認められないものは、適格合併に該当しない。
>
> ②　適格合併等に該当しない合併等が行われる場合、交付される対価が軽課税国に所在する実体のない外国親法人の株式であるときは、その合併の時に株主の旧株の譲渡益に対して課税する。
>
> ③　内国法人が保有する外国子法人の株式を軽課税国に所在する実体のない外国親法人又はその外国親法人に係る外国子法人に現物出資する場合には、その現物出資は適格現物出資に該当しない。
>
> ④　内国法人の株主が、組織再編成により、軽課税国に所在する実体のない外国法人を通じてその内国法人の持分の80%以上を保有することとなった場合には、その外国法人に留保した所得を、その持分に応じて、その外国法人の株主である居住者及び内国法人の所得に合算して課税する。

　クロスボーダーの三角合併を図で示すと次のようになります。

クロスボーダーの三角合併のイメージ

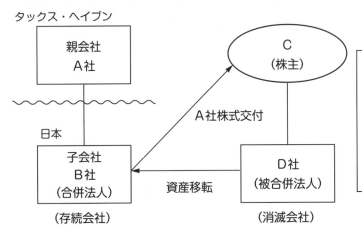

B社はD社を吸収合併し、合併の対価としてD社の株主であるCに対し、親会社であるタックス・ヘイブンのA社株式を交付するクロスボーダーの三角合併です。

第2章　コーポレート・インバージョン対策合算税制
（特殊関係株主等である内国法人に係る特定外国法人の課税の特例）

1　コーポレート・インバージョンとは

　コーポレート・インバージョンとは、三角合併等の組織再編成の手法を用いることにより、内国法人をその経済実態や株主構成を変えずに、外国法人の子会社とすることをいいます。

2　合算課税の趣旨

　本税制は、組織再編成や株式譲渡などの取引を通じて、そもそも少数の株主に支配（80%以上）されていた内国法人とその株主との間に軽課税国に所在する外国法人を介在させる関係（軽課税国の親会社を介して80%以上の支配関係）が生じている場合（以下「特定関係」といいます。）には、所得移転などの租税回避を防止するため、その外国親会社及び他の介在する外国法人に留保された所得を内国法人の株主である居住者又は内国法人株主に課税するものです。

3　計算の概要

　特殊関係株主等（①）と特殊関係内国法人（②）との間に特定関係（その特殊関係株主等がその特殊関係内国法人の発行済株式等の総数又は総額の80%以上の数又は金額を間接に保有する関係）（③）がある場合において、両者の間に株式等の保有を通じて介在する外国関係法人（④）のうち、特定外国関係法人（⑤）又は対象外国関係法人（⑥）に該当するものが、適用対象金額を有するときは、その適用対象金額のうち、特殊関係株主等である内国法人の課税対象金額に相当する金額は、その内国法人の収益の額とみなし課税するというものです。

（措法66の9の2）

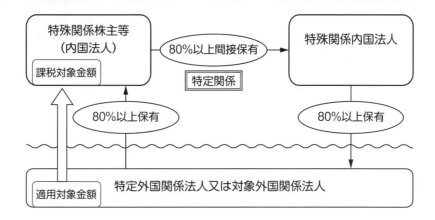

① 特殊関係法人等

　「特殊関係株主等」とは、<u>特定株主等</u>*1に該当する者並びに<u>これらの者と政令で定める特殊の関係のある個人及び法人</u>*2をいいます。

（措法66の９の２①）

　＊１　「特定株主等」とは、特定関係が生ずることとなる直前に<u>特定内国法人</u>*3の株式等を有する個人及び法人をいいます。

（措法66の９の２②一号）

　＊２　「これらの者と政令で定める特殊の関係のある個人及び法人」とは、次のイ～ハに掲げる個人及びニ～ヘに掲げる法人をいいます。

　　　イ　特定株主等に該当する個人と法人税法施行令第４条第１項に規定する<u>特殊の関係のある個人</u>*4

（措令39の20の２①一号）

　　　＊４　特殊の関係のある個人
　　　⑴　株主等の親族
　　　⑵　株主等と婚姻の届出をしていないが事実上婚姻関係と同様の事情にある者
　　　⑶　株主等（個人である株主等に限る）の使用人
　　　⑷　⑴～⑶に掲げる以外の者で株主等から金銭その他の資産によって生計を維持しているもの
　　　⑸　⑵～⑷に掲げる者と生計を一にするこれらの者の親族

ロ　特定株主等に該当する法人の役員（法法2十五に規定する役員）及び当該役員に係る法人税法施行令第72条各号に掲げる者（「特殊関係者*6」）

(措令39の20の2①二号)

ハ　特殊関係内国法人の役員及び当該役員に係る特殊関係者*6

(措令39の20の2①三号)

＊6　特殊関係者
(イ)　役員の親族
(ロ)　役員と事実上婚姻関係と同様の関係にある者
(ハ)　(イ)～(ロ)に掲げる者以外の者で役員から生計の支援を受けているもの
(ニ)　(ロ)～(ハ)に掲げる者と生計を一にするこれらの者の親族

ニ　一の特定株主等（当該特定株主等と上記イ又はロの特殊の関係のある個人を含みます。）又は一の特殊関係内国法人と上記ハの特殊の関係のある個人（以下「判定株主等」といいます。）が他の法人を支配している場合における他の法人

(措令39の20の2②一号)

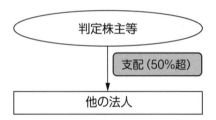

ホ　判定株主等及びこれとニに規定する特殊の関係のある法人が他の法人を支配している場合における当該他の法人

(措令39の20の2②二号)

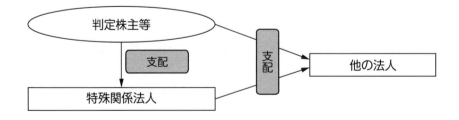

へ　判定株主等及びこれとニ～ホに規定する特殊の関係の関係のある法人が
　　他の法人を支配している場合における当該他の法人

（措令39の20の２②三）

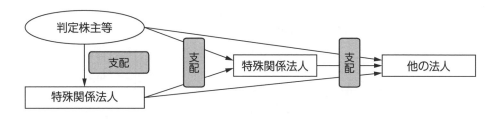

＊３　「特定内国法人」とは、特定関係が生ずることとなる直前に株主等の５人
　　以下並びに<u>これらと政令で定める特殊の関係のある個人及び法人</u>＊7によっ
　　て発行済株式等の総数又は総額の80％以上の数又は金額の株式等を保有され
　　る内国法人をいいます。

（措法66の９の２②一号）

　＊7　「これらと政令で定める特殊の関係のある個人及び法人」とは、次のイ
　　　に掲げる個人及び次のロ～ニに掲げる法人をいいます。

　　　イ　特定株主等に該当する個人と法人税法施行令第４条第１項に規定する
　　　　<u>特殊の関係のある個人</u>（「特殊の関係のある個人」の定義については、上記
　　　　＊５を参照のこと。）

（措令39の20の３①）

　　　ロ　内国法人の株主等（当該内国法人が自己の株式等を有する場合の当該内
　　　　国法人を除きます。以下「判定株主等」といいます。）の一人（個人である
　　　　判定株主等についてはその一人及びこれとイの特殊の関係のある個人。）が
　　　　他の法人を支配している場合における当該他の法人

（措令39の20の３②一号）

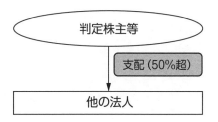

　ハ　判定株主等の一人及びこれとロに規定する特殊の関係のある法人が他
　　の法人を支配している場合における当該他の法人

（措令39の20の3②二号）

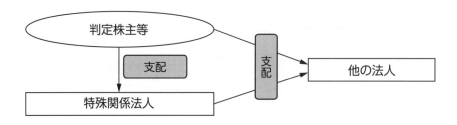

　ニ　判定株主等の一人及びこれとロ、ハに規定する特殊の関係の関係のあ
　　る法人が他の法人を支配している場合における当該他の法人

（措令39の20の3②三号）

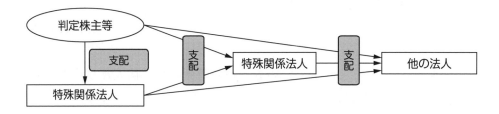

特殊関係株主等の範囲

② 特殊関係内国法人

　「特殊関係内国法人」とは、特定内国法人又は特定内国法人から合併、分割、事業の譲渡その他の事由（「特定事由」といいます。）により、その特定事由の直前の資産及び負債のおおむね全部の移転を受けた内国法人をいいます。

（措法66の9の2②二号・措令39の20の3④）

③　特定関係

　「特定関係」とは、特殊関係株主等と特殊関係内国法人との間に当該特殊関係株主等が当該特殊関係内国法人の発行済株式又は出資（自己が有する自己株式又は出資を除きます。「発行済株式等」といいます。）の総数又は総額の80%以上の数又は金額の株式を間接に保有する関係として政令で定める関係*をいいます。

（措法66の9の2①）

*　「政令で定める関係」とは、特殊関係株主等と特殊関係内国法人との間に特殊関係株主等の特殊関係内国法人に係る間接保有株式等保有割合（次のイ及びロの区分に応じ、イ及びロに定める割合をいい、イ及びロのいずれにも該当する場合には、イ及びロに定める割合の合計をいいます。）が80%以上である関係がある場合における当該関係をいいます。

イ　特殊関係内国法人の株主等である外国法人（特殊関係株主等に該当するものを除きます。）の発行済株式又は出資（自己が有する自己の株式又は出資を除きます。）の総数又は総額の80%以上の数又は金額の株式等が特殊関係株主等によって所有されている場合

　当該株主等である外国法人の有する特殊関係内国法人の株式等の数又は金額が当該特殊関係内国法人の発行済株式等のうちに占める割合（当該株主等である外国法人が二以上ある場合には、当該二以上の株主等である外国法人につきそれぞれ計算した割合の合計割合）

（措令39の20の2④一号）

イに定める特定関係のイメージ

　イに定める特定関係は、特殊関係内国法人の株主である外国法人（Ａ）が特殊関係内国法人の発行済株式等の80%以上を直接保有する関係です。

ロ　特殊関係内国法人の株主等である法人（イに掲げる場合に該当するイの株主等
である外国法人及び特殊関係株主等に該当する法人を除きます。）と特殊関係株主
等との間にこれらの者と株式等の所有を通じて連鎖関係にある一又は二以上の
法人（当該株主等である法人が内国法人であり、かつ、当該一又は二以上の法人の
全てが内国法人である場合の当該一又は二以上の内国法人及び特殊関係株主等に該
当する法人を除きます。以下「出資関連法人」といいます。）が介在している場合
（出資関連法人及び当該株主等である法人がそれぞれその発行済株式等の80％以上の
数又は金額の株式等を特殊関係株主等又は出資関連法人（その発行済株式等の80％
以上の数又は金額の株式等が特殊関係株主等又は他の出資関連法人によって所有さ
れているものに限ります。）によって所有されている場合に限ります。）

当該株主等である法人の有する特殊関係内国法人の株式等の数又は金額が当
該特殊関係内国法人の発行済株式等に占める割合（当該株主等である法人が
二以上ある場合には、当該二以上の株主等である法人につきそれぞれ計算した割
合の合計割合）

（措令39の20の2④二号）

ロに定める特定関係のイメージ

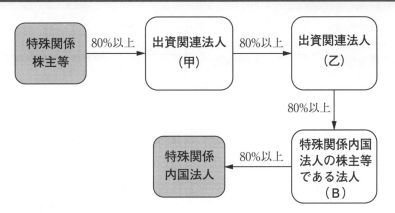

ロに定める特定関係は、特殊関係株主等と特殊関係内国法人との間に複数の
法人が介在し、特殊関係内国法人の株主である法人（Ｂ）が特殊関係内国法人
の株式等を80％以上直接保有する関係です（なお、甲、乙、Ｂの法人のうち
いずれか一つは外国法人であることが必要です。）。

④　外国関係法人

　「外国関係法人」とは、特殊関係株主等と特殊関係内国法人との間に特定関係が
ある場合において、特殊関係株主等と特殊内国法人との間に発行済株式等の保有を
通じて介在するものとして<u>政令で定める外国法人</u>*をいいます。

（措法66の９の２①・措令39の20の２⑤一～四号）

　*　政令で定める外国法人
　　イ　特殊関係株主等が特殊関係内国法人の株主である外国法人の株式を間接に
　　　　保有する関係で、間接保有割合が80％以上である場合における特殊関係内国
　　　　法人の株主である外国法人に該当する外国法人

（措令39の20の２⑤一号）

　　ロ　特殊関係株主等と特殊関係内国法人との間に複数の法人が介在する関係で、
　　　　間接保有割合が80％以上である場合における特殊関係内国法人の株主である
　　　　法人及び出資関連法人に該当する外国法人

（措令39の20の２⑤二号）

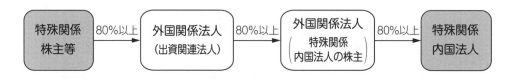

　　ハ　上記イ及びロの外国法人がその発行済株式等の50％を超える数又は金額の
　　　　株式等を直接又は間接に保有する外国法人（上記イ及びロの外国法人に該当す
　　　　るもの及び特殊関係株主等に該当するものを除きます。）

（措令39の20の２⑤三号）

○　イの外国関係法人が直接又は間接に保有する外国関係法人

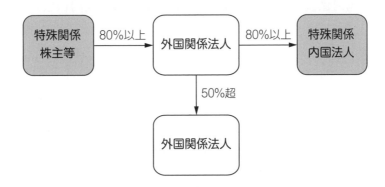

○　ロの外国関係法人が直接又は間接に保有する外国関係法人

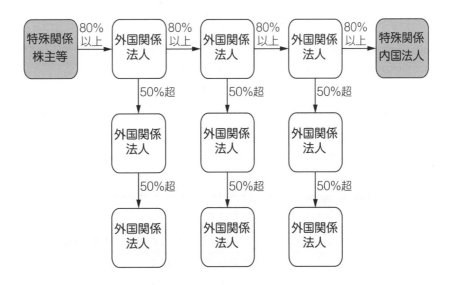

ニ　次の(イ)及び(ロ)に掲げる特定外国金融機関
（イ）　部分対象外国関係会社に係る特定外国金融機関（措令39の17③に規定するもの）
（ロ）　部分対象外国関係会社に係る特定外国金融機関（措令39の17⑨二号に規定するもの）

（措令39の20の２⑤四号）

⑤　特定外国関係法人

「特定外国関係法人」とは、次のイ〜ニに掲げる外国関係法人をいいます。

(措法66の9の2②三)

イ　次のいずれにも該当しない外国関係法人

(措法66の9の2②三イ)

㈤　その主たる事業を行うに必要と認められる事務所、店舗、工場その他の固定施設を有している外国関係法人

㈣　その本店又は主たる事務所の所在する国又は地域（以下「本店所在地国」といいます。）においてその事業の管理、支配及び運営を自ら行っている外国関係法人

㈥　<u>外国子法人</u>*の株式等の保有を主たる事業とする外国関係法人で、その収入金額のうちに占めるその株式等に係る剰余金の配当等の額の割合が著しく高いことその他の政令で定める要件に該当するもの

＊　外国子法人とは、外国関係法人とその本店所在地を同じくする外国法人で、その外国関係法人の有するその外国法人の株式等の保有割合が25％以上であることその他一定の要件を満たすものをいいます。

㈥　<u>特定子法人</u>*の株式等の保有を主たる事業とする外国関係法人で、その本店所在地を同じくする管理支配法人によってその事業の管理、支配及び運営が行われていること、その管理支配法人がその本店所在地国で行う事業の遂行上欠くことのできない機能を果たしていること、その収入金額のうちに占めるその株式等に係る剰余金の配当等の額及びその株式等の譲渡に係る対価の額の割合が著しく高いことその他一定の要件に該当すること

＊　特定子法人とは、特殊関係株主等である内国法人に係る他の外国関係法人で、部分対象外国関係法人に該当するものその他一定のものをいいます。

㈥　その本店所在地国にある不動産の保有、その本店所在地国における石油その他の天然資源の探鉱、開発若しくは採取又はその本店所在地国の社会資本の整備に関する事業の遂行上欠くことのできない機能を果たしている外国関係法人で、その本店所在地国を同じくする管理支配法人によって事業の管理、支配及び運営が行われていることその他一定の要件に該当するもの

ロ　その総資産の額として政令で定める金額*に対する租税特別措置法第66条の
　　9の2第6項第1号から第10号までに掲げる金額に相当する金額の割合が30％
　　を超える外国関係法人（総資産額に対する有価証券、貸付金その他政令で定める
　　資産の合計額として政令で定める金額**の割合が100分の50を超える外国関係法人
　　に限ります。）

（措法66の9の2②三号ロ）

　　*　その総資産の額として政令で定める金額とは、外国関係会社のその事業年
　　　度終了の時における貸借対照表に計上されている総資産の帳簿価額をいいま
　　　す。

（措令39の14の3⑩）

　　**　政令で定める資産の額の合計額として政令で定める金額とは、外国関係
　　　会社のその事業年度終了の時における貸借対照表に計上されている有価証券、
　　　貸付金、固定資産（無形資産等を除くものとし、貸付の用に供しているものに
　　　限ります。）及び無形資産等の帳簿価額の合計額をいいます。

（措令39の14の3⑪）

ハ　次の(イ)及び(ロ)に掲げる要件のいずれにも該当する外国関係法人

（措法66の9の2②三号ハ）

　(イ)　各事業年度の非関連者等収入保険料の合計額の収入保険料の合計額に対す
　　　る割合として政令で定めるところにより計算した割合が10％未満であること
　(ロ)　各事業年度の非関連者等支払再保険料の合計額の関連者等収入保険料の合
　　　計額に対する割合として政令で定めるところにより計算した割合が50％未満
　　　であること

ニ　租税に関する情報の交換に関する国際的な取組への協力が著しく不十分な国
　　又は地域として財務大臣が指定する国又は地域に本店又は主たる事務所を有す
　　る外国関係法人

（措法66の9の2②三号ニ）

129

⑥　対象外国関係法人

　対象外国関係法人とは、次のイ～ニに掲げる経済活動基準のいずれかに該当しない外国関係法人（特定外国関係法人に該当するものを除きます。）をいいます。

（措法66の９の２②四号）

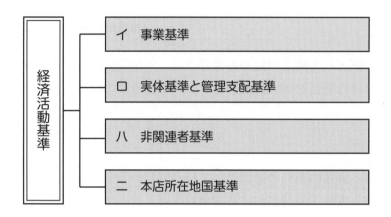

イ　事業基準

　株式等若しくは債券の保有、工業所有権その他の技術に関する権利、特別の技術による生産方式若しくはこれらに準ずるもの若しくは著作権の提供又は船舶の貸付けを主たる事業とするものでないこと。

ロ　実体基準と管理支配基準

　その本店所在地国においてその主たる事業を行うに必要と認められる事務所、店舗、工場その他の固定施設を有していること並びにその本店所在地国においてその事業の管理、支配及び運営を自ら行っていることのいずれにも該当すること。

ハ　非関連基準

　各事業年度においてその行う<u>主たる事業</u>*が次の事業に該当する場合に、その事業を主として納税義務者に該当する居住者、内国法人、連結法人その他これらの者に準ずる者として政令で定めるもの以外の者との間で行っている場合として政令で定める場合

*　卸売業、銀行業、信託業、金融商品取引業、保険業、水運業又は航空運送業の７業種

ニ　本店所在地国基準

上記ハの非関連者基準に掲げる事業以外の事業について、その事業を主として本店所在地国において行っていること。

4 　適用免除

タックス・ヘイブン対策税制は、特定外国関係法人等で、内国法人等により株式等の保有を通じて支配されているものの留保所得を、我が国の株主等の持分に応じてその所得に合算して課税を行うものですが、①特定外国関係法人と、②対象外国関係法人については、次に掲げる租税負担割合に応じて、課税の適用を免除しています。

(措法66の9の2⑤)

① 　特定外国関係法人

特定外国関係法人については、その各事業年度の租税負担割合が30％以上である場合 　（租税負担割合≧30％）

② 　対象外国関係法人

対象外国関係法人については、その各事業年度の租税負担割合が20％以上である場合 　（租税負担割合≧20％）

5 　特定外国法人の部分課税対象金額の益金算入制度

⑴　立法の趣旨

本制度は平成22年度の税制改正で新たに立法されたものです。

株式や債券の運用あるいは、特許権、商標権等の無体財産権の使用許諾などにより生じる資産性所得（以下「特定所得」といいます。）について、我が国より税負担の低い国又は地域において資産運用を行っているケースについては、そのような場所で行う合理的な理由はなく、むしろ、外国子会社への利益の付け替えに利用されることが想定されます。

このような事情を背景として、特定所得を外国子会社に付け替える租税回避行為を防止するために、外国子会社の資産運用による所得を親会社の所得に合算して課税する新しい法律が制定されました。

(2)　基本的な仕組み

　特殊関係株主等である内国法人に係る部分対象関係会社（外国金融子会社等に該当するものを除きます。）が、各事業年度において、配当、利子及び株式譲渡益等の特定所得の金額を有する場合には、その各事業年度の特定所得の金額に係る部分適用対象金額に請求権等勘案合算割合を乗じた金額（以下「部分課税対象金額」といいます。）をその内国法人の収益の額とみなし、部分対象外国関係会社の各事業年度終了の日の翌日から2か月を経過する日を含む内国法人の各事業年度の所得の金額の計算上、益金の額に算入し課税（以下「特定所得合算課税」といいます。）します。

（措法66の9の2⑥）

　ただし、部分対象外国関係会社について、次の①～③のいずれかに該当する事実がある場合には、特定所得合算課税は適用しない（以下「適用除外」といいます。）こととされています。

（措法66の9の2⑩）

①　各事業年度の租税負担割合が20％以上であること
②　各事業年度の部分適用対象金額が2千万円以下であること
③　各事業年度の決算に基づく所得の金額に相当する金額のうちに部分適用対象金額の占める割合が5％以下であること

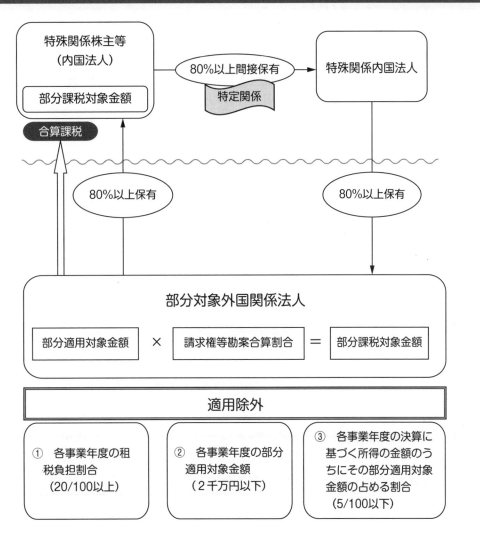

特定所得合算課税のイメージ

(3)　特定所得の金額

特定所得の金額は、主に次の図に掲げる金額をいいます。

（措法66の９の２⑥一～十一号）

主な特定所得の内訳

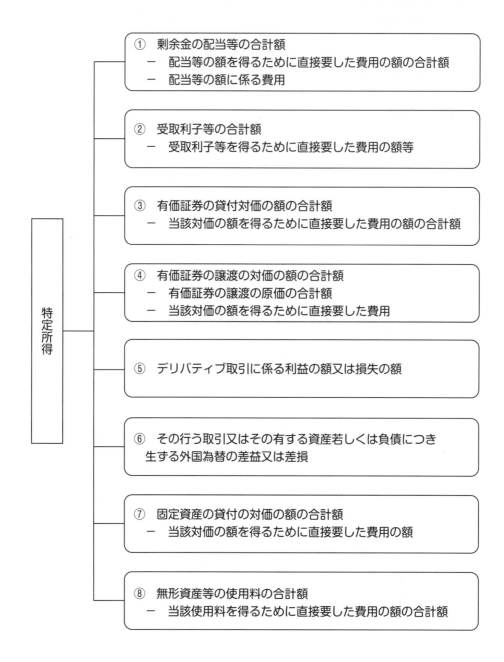

特定所得

① 剰余金の配当等の合計額
　－　配当等の額を得るために直接要した費用の額の合計額
　－　配当等の額に係る費用

② 受取利子等の合計額
　－　受取利子等を得るために直接要した費用の額等

③ 有価証券の貸付対価の額の合計額
　－　当該対価の額を得るために直接要した費用の額の合計額

④ 有価証券の譲渡の対価の額の合計額
　－　有価証券の譲渡の原価の合計額
　－　当該対価の額を得るために直接要した費用

⑤ デリバティブ取引に係る利益の額又は損失の額

⑥ その行う取引又はその有する資産若しくは負債につき
　生ずる外国為替の差益又は差損

⑦ 固定資産の貸付の対価の額の合計額
　－　当該対価の額を得るために直接要した費用の額

⑧ 無形資産等の使用料の合計額
　－　当該使用料を得るために直接要した費用の額の合計額

（4）　部分適用対象金額に係る適用免除

　部分対象外国関係会社について、次の①～③のいずれかに該当する事実がある場合には、特定所得合算課税は適用しないこととされています。

（措法66の９の２⑩）

①　各事業年度の租税負担割合が20％以上であること
②　各事業年度の部分適用対象金額が２千万円以下であること
③　各事業年度の決算に基づく所得の金額に相当する金額のうちに部分適用対象金額の占める割合が５％以下であること

6　確定申告書に添付すべき書類

　特殊関係株主等である内国法人は、当該内国法人に係る次の①と②の外国関係会社の次に掲げる書類その他参考となるべき事項を記載した書類を、確定申告書に添付しなければなりません。

①　各事業年度の租税負担割合が20％未満である外国関係会社（特定外国関係会社を除きます。）
②　各事業年度の租税負担割合が30％未満である特定外国関係会社

（措法66の９の２⑪）

【確定申告書に添付すべき書類】
○　貸借対照表
○　損益計算書
○　株主資本等変動計算書
○　損益金の処分に関する計算書等
○　貸借対照表及び損益計算書に係る勘定科目内訳書
○　本店所在地国の法人所得税に関する法令により課される税に関する申告書の写し
○　企業集団等所得課税規定の適用がないものとした場合に計算される法人所得税の額に関する計算の明細書及びその計算の基礎となる書類
○　特殊関係内国法人の各事業年度終了の日における株主等の氏名及び住所又は名称及び本店若しくは主たる事務所の所在地並びにその有する株式等の数又は金額を記載した書類

（措規22の11の３⑭）

第3部
税制改正の概要

主な改正内容（外国子会社合算税制①）

改正年度	外国関係会社の判定	租税負担割合	適用除外の判定
平成17年度	特殊関係者の範囲拡大（内国法人の役員とその特殊関係使用人が追加）	改正なし	
18年度	改正なし		
19年度	議決権又は請求権の内容が異なる株式を発行している場合の保有割合の計算	改正なし	
20年度	改正なし		内国法人の役員が支配する法人を関連者に追加
21年度	改正なし		
22年度	改正なし	20％以下	統括会社を適用除外
23年度	改正なし	非課税配当を分母の非課税所得から除く	事業持株会社にあっては、統括業務を「主たる事業」として判定
24年度	改正なし		
25年度	改正なし		
26年度	改正なし		
27年度	改正なし	20％未満	被統括会社の範囲を内国法人まで拡大
28年度	改正なし		英国ロイス市場で事業活動を行う企業の適用除外基準の整備
29年度	持分割合50％超の連鎖関係により判定	考慮しない	租税負担割合により適用除外あり
30年度	外国関係会社の追加（外国金融持株会社が経営を行う外国法人	無税国の外国関係会社の租税負担割合	改正なし
令和元年度	改正なし	企業集団等所得課税規定の適用に伴う改正	改正なし
2年度	改正なし		

主な改正内容 (外国子会社合算税制②)

改正年度	基準所得金額の計算	適用対象金額の計算	課税対象金額の計算
平成 17年度	欠損金額の繰越期間を 7年間に延長	改正なし	適用対象金額から 人件費の10％を控除
18年度	改正なし	①支払配当の範囲の明確化 ②支払配当の控除時期	複数配当に対応した計算方法
19年度	改正なし		
20年度	改正なし		
21年度	改正なし	外国子会社配当益金不算入の導入に伴い特定外国子会社等が支払う配当等は適用対象金額の計算上控除しないが、特定外国子会社等が受領する子会社配当等は控除する	
22年度	改正なし		適用対象金額から 人件費の10％控除を廃止
23年度	適格現物分配に関する 規定は適用しない	改正なし	
24年度	改正なし		
25年度	改正なし		
26年度	改正なし		
27年度	改正なし		
28年度	改正なし		
29年度	特定外国関係会社及び対象外国関係会社を対象とする		
30年度	改正なし		
令和 元年度	改正なし		
2年度	改正なし		

主な改正内容（外国子会社合算税制③）

改正年度	適用法人の判定	帳簿書類保存義務	規定の創設
平成17年度	改正なし		
18年度	改正なし		
19年度	議決権又は請求権の内容が異なる株式を発行している場合の保有割合の計算	適用除外の別表添付と書類の保存義務	コーポレート・インバージョン対象合算税制創設
20年度	同族グループの範囲に内国法人の役員が支配する法人を追加	改正なし	
21年度	改正なし		
22年度	内国法人の直接及び間接の外国関係会社の株式等の保有割合10％以上に引上げ	改正なし	資産性所得合算課税創設
23年度	改正なし		
24年度	改正なし		
25年度	改正なし		
26年度	改正なし		
27年度	改正なし		別表添付要件等に関する宥恕規定創設
28年度	改正なし		
29年度	外国法人を実質支配している居住者及び内国法人を追加	改正なし	特定外国関係会社と対象外国関係会社を課税対象
30年度	改正なし		
令和元年度	特定外国関係会社判定時の実体基準 ペーパー・カンパニーの範囲 事実上のキャッシュボックスの範囲	財務諸表等の添付	改正なし
2年度	改正なし		

主な改正内容（コーポレート・インバージョン対策合算税制①）

改正年度	外国関係会社の判定	租税負担割合	適用除外の判定
平成 20年度	改正なし		内国法人の役員が支配する法人を関連者に追加
21年度	改正なし		
22年度	改正なし	20%以下	統括会社を適用除外
23年度	改正なし	非課税配当を分母の非課税所得から除く	事業持株会社にあっては、統括業務を「主たる事業」として判定
24年度	改正なし		
25年度	改正なし		
26年度	改正なし		
27年度	改正なし	20%未満	被統括会社の範囲を内国法人まで拡大
28年度	改正なし		英国ロイズ市場で事業活動を行う企業の適用除外基準の整備
29年度	持分割合50%超の連鎖関係により判定	考慮しない	租税負担割合により適用除外あり
30年度	外国関係会社の追加（外国金融持株会社が経営管理を行う外国法人）	無税国の外国関係会社の租税負担割合	改正なし
令和 元年度	改正なし	企業集団等所得課税規定の適用に伴う改正	改正なし
2年度	改正なし		

主な改正内容（コーポレート・インバージョン対策合算税制②）

改正年度	基準所得金額の計算	適用対象金額の計算	課税対象金額の計算
平成20年度	改正なし	改正なし	改正なし
21年度	改正なし	外国子会社配当益金不算入の導入に伴い特定外国子会社等が支払う配当等は適用対象金額の計算上控除しないが、特定外国子会社等が受領する子会社配当等は控除する	
22年度	改正なし	改正なし	適用対象金額から人件費の10%控除を廃止
23年度	適格現物分配に関する規定は適用しない	改正なし	
24年度	改正なし		
25年度	改正なし		
26年度	改正なし		
27年度	改正なし		
28年度	改正なし		
29年度	特定外国関係法人及び対象外国関係法人を対象とする		
30年度	改正なし		
令和元年度	改正なし		
2年度	改正なし		

主な改正内容 （コーポレート・インバージョン対策合算税制③）

改正年度	適用法人の判定	帳簿書類保存義務	規定の創設
平成 20年度	同族グループの範囲に内国法人の役員が支配する法人を追加	改正なし	
21年度	改正なし		
22年度	改正なし		資産性所得合算課税創設
23年度	改正なし		
24年度	改正なし		
25年度	改正なし		
26年度	改正なし		
27年度	改正なし	改正なし	別表添付要件等に関する宥恕規定創設
28年度	改正なし		
29年度	外国法人を実質支配している居住者及び内国法人を追加	改正なし	特定外国関係法人と対象外国関係法人を課税対象
30年度	改正なし		
令和 元年度	特定外国関係会社判定時の実体基準 ペーパー・カンパニーの範囲 事実上のキャッシュボックスの範囲	財務諸表等の添付	改正なし
2年度	改正なし		

平成17年度の主な改正事項

1　適用対象留保金額からの人件費の控除

2　課税済留保金額の損金算入期間の延長

3　未処分所得の金額から控除する欠損金額の繰越期間の延長

4　外国関係会社等の判定の際の特殊関係者の範囲拡大

1　適用対象留保金額からの人件費の控除

　特定外国子会社等で、非関連者基準又は所在地国基準を満たさないものが、事業基準、実体基準及び管理支配基準を満たす場合の適用対象留保金額の計算に際しては、特定外国子会社等の事業に従事する者の人件費の10％を適用対象留保金額から控除し、課税対象金額を減額することになりました。

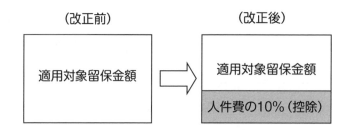

2　課税済留保金額の損金算入期間の延長

　親会社である内国法人が子会社である特定外国子会社等から課税済配当を受領した場合には、二重課税を排除するために、当該特定外国子会社等の課税済留保金額について課税済配当等を5年間損金としていましたが、景気や業績の変動等の実態を踏まえ、この期間を10年に延長することになりました。

3　未処分所得の金額から控除する欠損金額の繰越期間の延長

　特定外国子会社等の未処分所得の金額から控除する欠損金額の繰越期間は、内国法人の欠損金の繰越期間を考慮し、7年に延長されました。

【改正後のイメージ】

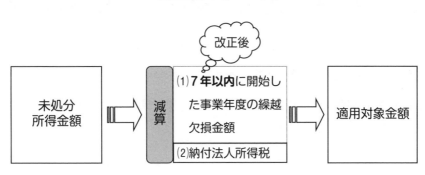

4　外国関係会社等の判定の際の特殊関係者の範囲拡大

　外国関係会社と合算課税を受ける内国法人等の判定に際し、内国法人の役員とその特殊関係使用人（非居住者を含みます。）の有する株式等が加えられました。

【改正後のイメージ】

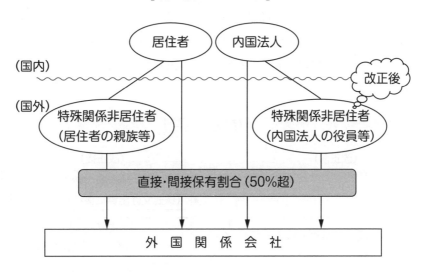

平成18年度の主な改正事項

1　適用対象留保金額の計算上控除する支払配当の範囲の確定

2　適用対象留保金額の計算上の支払配当の控除時期

3　複数配当に対応した適用対象留保金額、課税対象留保金額及び課税済留保金額の損金算入額の計算方法の改正

1　適用対象留保金額の計算上控除する支払配当の範囲の確定

　特定外国子会社等が「利益の配当又は剰余金の分配」を行った場合には、合算対象所得から控除し、また、合算課税後に「利益の配当又は剰余金の分配」が行われた場合には、過年度の合算課税相当額の損金算入を行うこととされています。

　平成18年に改正された会社法により、同法では株式等の発行法人から株主等への金銭その他の資産交付は全て「剰余金の配当」として整理されましたが、税務では株主等への金銭等の交付については株主拠出の返還部分と株主への利益の分配から構成されるとの立場から、平成18年度税制改正では、配当等を、「利益の配当又は剰余金の分配」との表現から、利益剰余金部分を払い戻しの原資とした表現である「剰余金の配当、利益の分配、剰余金の分配」と整理し、表現することにより、支払配当の範囲を明確にしました。

【配当の範囲】

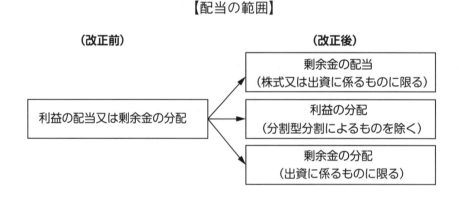

2　適用対象留保金額の計算上の支払配当の控除時期

　特定外国子会社等の適用対象留保金額の計算においては、支払配当を控除することになりますが、改正前は、その配当の計算基礎となった事業年度の適用対象留保金額の計算上控除することとされていました。

　改正後は、実質的に従来の処理と変わりませんが、配当の支払に係る基準日の属する事業年度の適用対象留保金額の計算上控除することになりました。

【支払配当の控除時期】

（改正前）　　　　　　　　　　　　　　　（改正後）

（改正前）	（改正後）
特定外国子会社等の各事業年度に係るもので、その各事業年度終了の日の翌日から2月を経過する日を含む内国法人の事業年度終了の日までに配当等の額として確定しているもの	特定外国子会社等の各事業年度を基準事業年度（配当の支払に係る基準日の属する事業年度）とする配当の額で、その各事業年度終了の日の翌日から2月を経過する日を含む内国法人の事業年度終了の日までに支払義務が確定したもの

配当の計算の基礎となった事業年度の適用対象留保金額の計算上控除する	配当の支払に係る基準日の属する事業年度の適用対象留保金額の計算上控除する

3　複数配当に対応した適用対象留保金額、課税対象留保金額及び課税済留保金額の損金算入額の計算方法の改正

　会社法で配当の支払制限が撤廃されたことに伴い、適用対象留保金額、課税対象留保金額及び課税済留保金額の損金算入額の計算は、配当の支払制限がないということを踏まえ改正が行われました。

平成19年度の主な改正事項

> 1　外国法人の実質的な支配者を補足するための外国関係会社の判定の算式の改正
>
> 2　外国子会社合算税制の適用除外を受けるための帳簿書類保存義務

1　外国法人の実質的な支配者を補足するための外国関係会社の判定の算式の改正

(1)　外国関係会社の判定

　　外国関係会社の判定に際しては、居住者及び内国法人並びに特殊関係非居住者が有する直接及び間接保有の株式等の数の合計数又は合計額により判定していましたが、議決権又は請求権の内容が異なる株式を発行している場合は実質的に外国法人を支配しているにもかかわらず、外国関係会社に該当しないことになり、外国子会社合算課税を免れているケースが発生していました。

　　したがって、議決権又は請求権の内容が異なる株式を発行することによる租税回避を防止するため、改正後は、次の①と②〜④の最も高い割合を比較し、その結果、①〜④のうち最も高い割合を保有割合とし外国関係会社を判定することになりました。

【改正後の外国関係会社の判定の算式】

〔通常の場合〕

$$① \quad \frac{\text{内国法人等が直接及び間接に保有する株式等の数}}{\text{外国法人の発行済株式又は出資の総数又は総額}}$$

〔議決権の数が1個でない株式等又は請求権の内容が異なる株式を発行している場合〕

② 議決権が1個でない株式等を発行している外国法人の持分割合

$$\frac{\text{内国法人等が直接及び間接に保有する議決権の数}}{\text{外国法人の議決権の総数}}$$

③ 請求権の内容が異なる株式を発行している外国法人の持株割合

$$\frac{\text{内国法人等が直接及び間接に有する請求権に基づく剰余金の配当等}}{\text{外国法人の株式等の請求権に基づき受けることができる剰余金の配当等の総額}}$$

④　議決権の数が１個でない株式等及び請求権の内容が異なる株式等を発行している外国法人の持株割合

　　　上記①又は②のいずれか高い割合

(2)　外国子会社合算税制の適用法人の判定

　　外国子会社合算課税の適用法人の判定の際の持株割合の計算においても、外国関係会社の判定と同様の計算によることとされました。

(3)　直接及び間接保有の議決権の数、直接及び間接保有の請求権に基づく剰余金の配当等の額の計算方法

①　直接及び間接保有の議決権の数

　　「直接及び間接保有の議決権の数」とは、個人又は内国法人が直接有する外国の議決権の数及び他の外国法人を通じて間接的に有する議決権の数の合計数をいいます。

　　この場合の「他の外国法人を通じて間接に有する外国法人の議決権の数」とは、内国法人等と外国法人との間に一又は二以上の他の外国法人が議決権の所有を通じて連鎖関係にある場合に、それぞれ全ての段階の議決権割合を順次乗じて計算した割合を、判定対象となる外国法人の議決権の総数に乗じて計算した議決権の数となります。

【議決権割合】

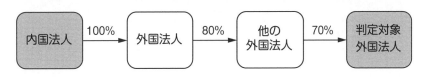

　　内国法人の判定対象法人に対する間接保有割合は、56％となります。
　　　100％×80％×70％＝56％

②　直接及び間接保有の請求権に基づく剰余金の配当等の額

　　「直接及び間接保有の請求権に基づく剰余金の額」とは、個人又は内国法人が直接に有する外国法人の株式等の請求権に基づき受けることができる配当等の額及び他の外国法人を通じて間接的に有する外国法人の株式等の請求権に基づき受けることができる剰余金の配当等の合計額をいいます。

　　この場合の「他の外国法人を通じて間接に有する外国法人の株式等の請求権に

基づき受けることができる剰余金の配当等の額」とは、内国法人等と外国法人との間に一又は二以上の他の外国法人が株式等の請求権の所有を通じて連鎖関係にある場合に、それぞれ全ての段階の請求権割合を順次乗じて計算した割合を、判定対象となる外国法人の株式等の請求権に基づき受けることができる剰余金の配当等の総額に乗じて得た金額をいいます。

【請求権割合】

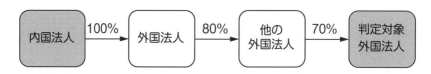

内国法人の判定対象法人に対する間接保有割合は、56％となります。
　100％×80％×70％＝56％

2　外国子会社合算税制の適用除外を受けるための帳簿書類の保存義務

　外国子会社合算税制の適用除外を受けるためには、確定申告書にその旨を記載した書面を添付し、かつ、適用除外の適用があることを明らかにする書類を保存しなければならないことと規定されました。

平成20年度の主な改正事項

1　外国子会社合算課税の適用法人の判定時の同族株主等の見直し等

2　コーポレート・インバージョン対策合算課税の適用法人の判定時の同族株主等の見直し

1　外国子会社合算課税の適用法人の判定時の同族株主等の見直し等

(1)　外国子会社合算課税の適用法人の判定時の同族株主グループの見直し

　　本制度の対象となる内国法人は、単独で外国関係会社の発行済株式等の５％以上を有する内国法人又は同族グループとして５％以上を有する同族グループに属する内国法人と規定されており、内国法人の役員が支配する法人は含まれていませんでした。

　　内国法人の役員が支配する*法人は、内国法人の支配が及び、内国法人が支配する法人と同等であるため、同族株主グループの範囲に内国法人の役員が支配する法人が追加されました。

　　＊　「内国法人の役員が支配する」とは、役員が法人の発行済株式等の50％超の株式等を有することをいいます。

(2)　外国子会社合算課税の適用除外の判定時（非関連者基準）の関連者の見直し

　　内国法人の役員が支配する法人との間の取引を非関連者取引とすることにより、合算課税を免れていたケースがあったことから、内国法人の役員が支配する法人を関連者に追加する等の関連者の見直しがされました。

２　コーポレート・インバージョン対策合算課税の適用法人の判定時の同族株主等の見直し

(1)　コーポレート・インバージョン対策合算課税の適用法人の判定時の特殊関係株主等の範囲の見直し

　　外国子会社合算課税の同族株主グループと同様に、特殊関係株主等の範囲に、特定株主等に該当する法人の役員等が支配する法人及び特殊関係法人の役員等が支配する法人が追加されました。

(2)　コーポレート・インバージョン対策合算課税の適用除外の判定時（非関連者基準）の関連者の見直し

　　外国子会社合算課税の関連者の範囲の見直しと同様に、関連者の範囲に次の者を追加しました。

　イ　特定外国法人、特殊関係内国法人及び特殊関係株主等に該当する法人の役員等

　ロ　上記イの役員等が支配する法人（その法人が支配する法人等を含みます。）

平成21年度の主な改正事項

1　外国子会社配当益金不算入制度の導入に伴う外国子会社合算税制の改正

2　外国子会社配当益金不算入制度の導入に伴うコーポレート・インバージョン
　対策合算税制の改正

1　外国子会社配当益金不算入制度の導入に伴う外国子会社合算税制の改正
(1)　適用対象金額及び課税対象金額の計算
①　特定外国子会社等が支払う剰余金の配当等

　　改正により、内国法人が一定の外国子会社から受ける剰余金の配当等は、益
金不算入となりましたので、特定外国子会社が支払う剰余金の配当等の額は、
適用対象金額及び課税対象金額の計算上控除しないことになりました。

【改正のイメージ】

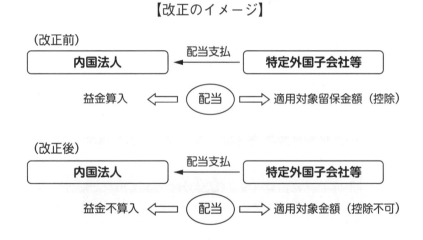

②　特定外国子会社等が受ける剰余金の配当等

　　特定外国子会社等がその子会社から受ける剰余金の配当等が適用対象留保金
額に含まれていると、結果的に内国法人の課税対象となることから、内国法人
が直接、剰余金を受ける場合とのバランスを考慮して、①特定外国子会社等の
子会社＊から受ける剰余金の配当等と、②外国子会社が他の特定外国子会社等
から受ける配当等の額のうち合算対象とされた金額から充てられたものは、適
用対象金額の計算上控除することになりました。

　＊　「特定外国子会社等の子会社」とは、次の要件を満たす他の法人をいいます。
　　イ　他の法人の発行済株式等のうちに特定子会社等が保有している株式等の

占める割合又は他の法人の発行済株式等のうちの議決権のある株式等のうちに特定外国子会社等が保有している議決権のある株式等の占める割合のいずれかが25％以上であること。

ロ　イの状態が、特定外国子会社等が他の法人から受ける剰余金の配当等の支払義務が確定する日以前6か月以上継続していること。

【改正のイメージその1＿改正前後】

（改正前）

①　特定外国子会社等以外の法人からの剰余金の配当等

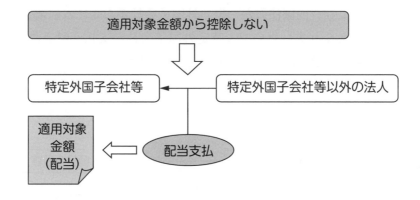

②　他の特定外国子会社等からの剰余金の配当等

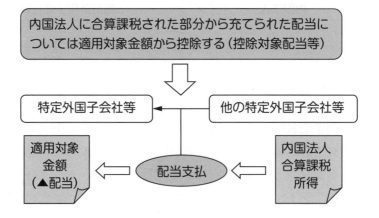

（改正後）
　①　特定外国子会社等以外の法人からの剰余金の配当等
　　　イ　持株割合25％以上の場合

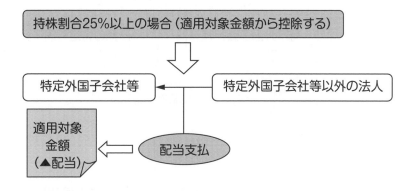

　　　ロ　持株割合25％未満の場合

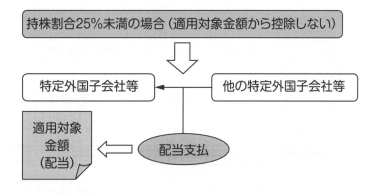

　②　他の特定外国子会社等からの剰余金の配当等
　　　イ　持株割合25％以上の場合

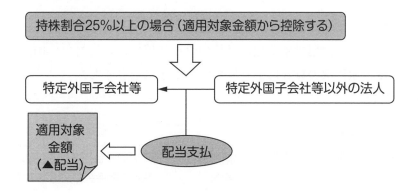

ロ　持株割合25％未満の場合

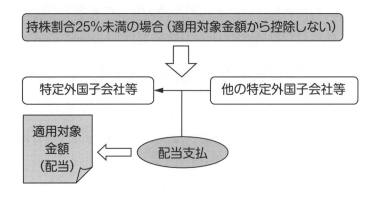

【改正のイメージその２＿改正後の概観】

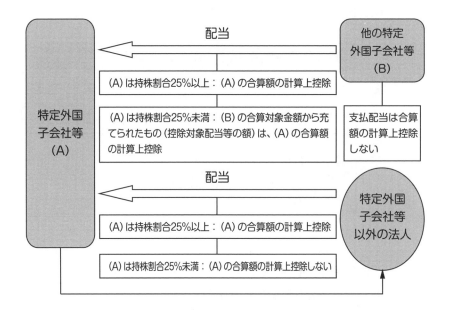

(2)　課税対象金額に係る外国税額控除

上記(1)の適用対象金額の計算の改正に伴い、控除対象外国法人税の額とみなされる金額は次の算式により計算することになりました。

(算式)

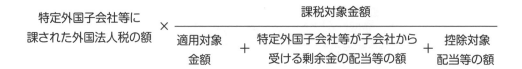

⑶ 内国法人が特定外国子会社等から受ける剰余金の配当等の益金不算入
　① 持株割合25％以上等の要件を満たさない特定子会社等から受ける剰余金の配当等
　　　その剰余金の配当等の額のうち当該特定外国子会社等に係る特定課税対象金額に達するまでの金額は、内国法人の益金に算入しないことにになりました。

　② 持株割合25％以上等の要件を満たす特定子会社等から受ける剰余金の配当等
　　　その剰余金の配当等の額のうち当該特定外国子会社等に係る特定課税対象金額に達するまでの金額については、剰余金の配当等の額に達するまでの金額についての益金不算入額の計算は、剰余金の配当等の額に係る費用相当額（剰余金の配当等の５％）の控除をしないで計算することになりました。

　㊟ その剰余金の配当等に対して課される外国源泉税の額については、法人税法第39条の２（外国子会社から受ける配当等に係る外国源泉税等の損金不算入）の規定は適用せず、損金の額に算入します。

【改正のイメージ】

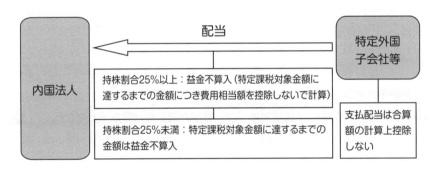

2　外国子会社配当益金不算入制度の導入に伴うコーポレート・インバージョン対策合算税制の改正

⑴　適用対象金額及び課税対象金額の計算

①　特定外国法人が支払う剰余金の配当等

　　改正により、内国法人が一定の外国子会社から受ける剰余金の配当等は、益金不算入となり、特定外国法人の適用対象金額において配当に対する課税との調整を行いません。そこで特定外国法人が支払う剰余金の配当等の額は、適用対象金額及び課税対象金額の計算上控除しないことになりました。

②　特定外国法人が受ける剰余金の配当等

　　特定外国法人がその子会社から受ける剰余金の配当等が適用対象留保金額に含まれていると、結果的に内国法人の課税対象となることから、特定子会社合算課税における特定外国子会社等の適用対象金額の計算と同様に、特定外国法人が子会社から受ける剰余金の配当等の額は、適用対象金額の計算上控除することになりました。

⑵　課税対象金額に係る外国税額控除

　　特殊関係株主等である内国法人が納付する控除対象外国法人税の額とみなされる金額は、次の算式により計算することになりました。

（算式）

$$
\text{特定外国子会社等に課された外国法人税の額} \times \frac{\text{課税対象金額}}{\text{適用対象金額} + \text{特定外国子会社等が子会社から受ける剰余金の配当等の額} + \text{控除対象配当等の額}}
$$

⑶　特殊関係株主等である内国法人が特定外国法人から受ける剰余金の配当等の益金不算入

①　持株割合25％以上等の要件を満たさない特定外国法人から受ける剰余金の配当等

　　その剰余金の配当等の額のうち当該特定外国子会社等に係る特定課税対象金額に達するまでの金額は、内国法人の益金に算入しないことになりました。

②　持株割合25％以上等の要件を満たす特定外国法人から受ける剰余金の配当等

　　その剰余金の配当等の額のうち当該特定外国法人に係る特定課税対象金額に達するまでの金額については、剰余金の配当等の額に達するまでの金額につい

ての益金不算入額の計算は、剰余金の配当等の額に係る費用相当額（剰余金の配当等の５％）の控除をしないで計算することになりました。

【改正のイメージ】

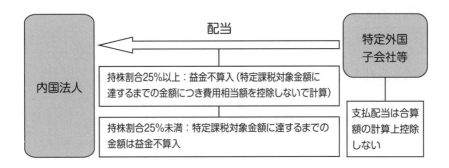

平成22年度の主な改正事項

> 1　特定外国子会社等判定の際のトリガー税率の20%以下への引き下げ
>
> 2　企業の実体を伴っている統括会社（事業持株会社・物流会社）の所得について合算課税の対象外

1　特定外国子会社の判定

（1）　特定外国子会社等の判定

①　外国関係会社の租税負担割合の基準の引き下げ

　我が国企業の進出先国においては、近年、法人税率の引き下げが行われ、これに伴う各国の外国子会社の負担税率の計算や、適用除外基準の立証がより一層困難であることの指摘がありました。これらの進出国の法人税率の引き下げの動向や、企業の事務負担の軽減、さらには国際競争力維持などを総合勘案し、租税負担割合を引き下げることになりました。

　本税制導入当初においては、我が国の法人税負担のおよそ半分を目安に、対象国・地域を指定した経緯を斟酌し、租税負担割合の基準を20%以下に引き下げました。

②　租税負担割合の計算における非課税所得の範囲の拡大

　租税負担割合の計算においては、分母の所得金額は、本店所在地国の法令に従い計算し、さらに、非課税所得の加算等の調整が必要とされています。

　しかし、諸外国の中には、親子会社間の経済的な二重課税を回避するために、海外子会社からの受取配当を非課税としている国があることから、我が国においても、持株割合が一定以上であることを要件として、非課税とされる配当等は、分母の所得金額に加算すべき非課税所得から除いています。

　平成22年度税制改正においては、非課税所得となる配当等に海外子会社から受ける配当が、本店所在地国の法令に定められた外国法人税の負担を減少させる仕組みに係るものでないもの（租税回避スキームの一部として支払われたものでないこと）が追加されました。

（2）　外国子会社合算税制の適用法人の判定方法

　本制度の適用の現状においては、小口の株主については、租税回避のリスクは小さく、また、申告に必要な書類等の入手が困難であるとの指摘がありました。また、平成22年度税制改正により「部分課税対象金額の益金算入制度」が創設さ

れることになりました。

　これらを総合勘案して、本制度の適用法人となる内国法人の直接及び間接の外国関係会社の保有割合が、5％から10％に引き上げられました。

(3)　適用除外基準の見直し

　外国子会社合算課税は、外国法人のうち内国法人等が発行済株式等の50％超を保有している外国法人で、本店等の所在地における所得に対して課される税の負担が我が国における法人の所得に対して課される税の負担に比較して著しく低いものについて、留保した所得のうち内国法人の持分に対応する部分の金額を収益の額とみなし課税する規定です。

　ただし、正常な海外投資活動を阻害しないようにするために、特定外国子会社等が独立企業の実体を備える等所定の要件を満たす場合には、この合算課税は行われません。

　株式等の保有の事業などの特定事業を行う特定外国子会社は適用除外とならず、外国子会社合算税制の対象となるのですが、株式等の保有を主たる事業とする特定外国子会社のうち当該特定外国子会社が他の外国法人の事業活動の総合的な管理及び調整を通じてその収益性の向上に資する業務（「統括業務」といいます。）を行う特定外国子会社（「統括会社」といいます。）は、我が国のグローバル企業の経営実態をみると、地域ごとの海外拠点を統合する統括会社を活用した経営形態に変化しています。

　このような統括会社は、その設立目的が租税回避ではないことから、今回の改正では、適用除外とならない株式等の保有を主たる事業とする特定外国子会社等から、被統括会社の株式等の保有を行う統括会社を除外することになりました。

①　統括会社とは

　統括会社とは、一の内国法人によってその発行済株式等の全部を直接又は間接に保有されている特定外国子会社等で次に掲げる要件を満たすもののうち、株式等の保有を主たる事業とするものをいいます。

　　イ　二以上の被統括会社に対して統括業務を行っている。

　　ロ　本店所在地国に統括業務に係る事務所、店舗、工場その他の固定施設を有する。

　　ハ　統括業務に従事する者を有する。

②　統括業務とは

　統括業務とは、被統括会社との間の契約に基づき行う業務のうちその被統括

　　会社の事業の方針の決定又は調整に係るもの（事業の遂行上欠くことのできない
　　ものに限ります。）で、その特定外国子会社が二以上の被統括会社に係る業務を
　　一括して行うことによりこれらの被統括会社の収益性の向上に資する業務です。

③　被統括会社とは
　　被統括会社とは、次のイからハまでに該当する外国法人で、その外国法人の
　発行済株式等の25％以上を統括業務を行う特定外国子会社等が保有し、本店所
　在地国の事業を行うのに必要と認められるその事業に従事する者を有するもの
　です。
　イ　「判定株主等」（特定外国子会社等、当該特定外国子会社等の発行済株式等の
　　　10％以上を直接及び間接に有する内国法人及び当該内国法人と当該特定外国法人
　　　等との間に株式等の所有を通じて介在する外国法人）が外国法人を支配してい
　　　る場合における当該外国法人（次のロ及びハにおいて「子会社」といいます。）
　ロ　判定株主等及び子会社が外国法人を支配している場合における当該外国法
　　　人（次のハにおいて「孫会社」といいます。）
　ハ　判定株主等並びに子会社及び孫会社が外国法人を支配している場合におけ
　　　る当該外国法人

　　㊟　「支配している」とは、発行済株式等の過半数等を有する場合をいいます。

④　非関連者基準
　　卸売業を主たる事業とする統括会社については、その統括会社に係る被統括
　会社を関連者の範囲から除外して、各事業年度の販売取扱金額又は仕入取扱金
　額の50％超が非関連者との取引から成るかどうかを判定することになりました。

⑤　人件費の10％相当額の控除の廃止

【統括会社及び被統括会社のイメージ】

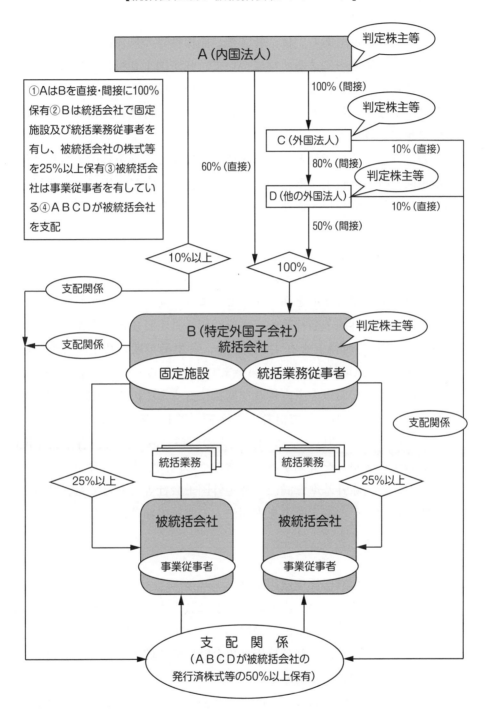

(4)　特定外国子会社等の部分課税対象金額の益金算入制度の創設

①　制度創設の背景

　　株式や債券の運用あるいは、特許権、商標権等の無体財産権の使用許諾など
のいわゆる資産運用による所得について、我が国より税負担の低い国又は地域
において資産運用を行っているケースについては、そのような場所で行う合理
的な理由はなく、むしろ、外国子会社への利益の付け替えに利用されることが
十分に想定されます。

　　このような事情を背景として、資産運用による所得を外国子会社に付け替え
る租税回避行為を防止するために、外国子会社の資産運用による所得を親会社
の所得に合算して課税する新しい法律が制定されました。

②　基本的な仕組み

　　タックス・ヘイブン税制の対象となる内国法人に係る特定外国子会社等の判
定の結果、適用除外基準を満たすことにより、同税制を適用しない適用対象金
額を有する特定外国子会社等が、平成22年4月1日以後に開始する各事業年度
において、「特定所得」を有するときは、各事業年度の特定所得の金額の合計
額（以下「部分適用対象金額」といいます。）のうち、その特定外国子会社等の
発行済株式等の10％以上を直接及び間接に有するその内国法人の保有の株式等
の数に対応するものとして計算した金額（以下「部分課税対象金額」といいま
す。）に相当する金額は、その内国法人の収益とみなして、各事業年度終了の
日の翌日から2か月を経過する日を含むその内国法人の益金の額に算入します。

　　つまり、適用除外基準を満たす特定外国子会社等であっても、特定所得を有
する場合には、その特定所得を内国法人の収益の額とみなして、益金の額に算
入することになります。

③　部分適用対象金額に係る適用除外

　　特定外国子会社等につき次のいずれかに該当する事実がある場合には、その、
該当する事業年度においては、適用しない（非課税）ことになります。

イ　各事業年度における部分適用対象金額に係る収入金額として政令で定める
　金額が1千万円以下であること

ロ　各事業年度の決算に基づく所得の金額に相当する金額として政令で定める
　金額のうちに当該各事業年度における部分対象金額の占める割合が5％以下
　であること。

2　コーポレート・インバージョン対策合算税制の改正
　⑴　特定外国法人の判定方法
　　①　外国関係会社の租税負担割合の基準の引き下げ
　　　　外国子会社合算税制の改正と同様に、租税負担割合の基準が20％以下に引き下げられました。

　　②　租税負担割合の計算における非課税所得の範囲の拡大
　　　　外国子会社合算税制の改正と同様に、今回の改正においては、海外子会社から受ける配当が、本店所在地の法令に定められた外国法人税の負担を減少させる仕組みに係るものでないもの（租税回避スキームの一部として支払われたものでないこと）を非課税所得に追加し、租税負担割合を計算することになりました。

　⑵　人件費の10％相当額の控除の廃止
　　　事業基準、実体基準及び管理支配基準を満たすものが、非関連者基準又は所在地基準を満たさない場合の人件費の10％の相当額を適用対象額から控除する措置は廃止されました。

　⑶　特定外国子会社等の部分課税対象金額の益金算入制度の創設
　　　各事業年度において、「特定所得」を有するときは、各事業年度の特定所得の金額の合計額（「部分適用対象金額」）のうち、その特定外国子会社等の発行済株式等の10％以上を直接及び間接に有するその内国法人の保有の株式等の数に対応するものとして計算した金額（「部分課税対象金額」）に相当する金額は、その内国法人の収益とみなして、益金の額に算入します。

　⑷　特定課税対象金額を有する特殊関係株主等である内国法人が受ける剰余金の配当等の益金不算入制度の拡充
　　　外国子会社合算税制における改正と同様に、海外孫会社から海外子会社を経由して内国法人に支払われる剰余金のうち合算額を原資とする部分について、間接的に生じる二重課税を排除するための改正が行われました。

平成23年度の主な改正事項

1　特定外国子会社等の判定方法

2　資産性所得合算課税制度の改正

3　コーポレート・インバージョン対策合算税制の改正

1　特定外国子会社合算税制の改正

(1)　特定外国子会社等の判定方法

①　租税負担割合の計算における非課税配当の取扱い

　　租税負担割合を計算する際の分母には、非課税所得を加算することになります。

　　改正前は、諸外国での親子会社間の二重課税を排除する措置等を踏まえ、その特定外国子会社が海外から受ける配当については一定の要件を満たすもの（持株割合が一定のもの又は外国法人税を減少させる仕組みに係るものでないこと。）は分母の加算すべき非課税所得から除外することとされていました。

　　しかし、諸外国においては、受取配当の非課税は一般的であること、また、非課税要件は国によって異なることから、これまでの一定の条件を満たしたもののみを非課税所得から除くことは適当でないことから、改正後は、外国関係会社の本店所在地国で非課税とされる配当等は、要件を問わず、全て、分母の加算すべき非課税所得から除くことになりました。

②　所得の金額がない場合における特定外国子会社等の判定

　　租税負担割合の計算に際し、分母の所得がない場合又は欠損の金額になった場合には、その外国関係会社の行う主たる事業に係る収入金額から所得が生じたとした場合にその所得に対して適用されるその本店所在地国の外国法人税の税率により判定することが、法令で規定されました。

(2)　基準所得金額の計算

　　我が国の法人税法等に準じて基準所得金額を計算する際のその準じる規定については、政令に掲げられています。

　　平成23年度税制改正においては、法人税法の組織再編成に係る規定のうち適格現物分配に関する規定は、100％グループ内の内国法人間のみの適用となりました。このことを踏まえ、外国法人である特定外国子会社等の基準所得金額においては、適格現物分配に関する規定が適用されないことが、法令で規定されました。

(3)　事業持株会社に係る適用除外基準の判定

　　統括業務を行う事業持株会社については、その設立が租税回避目的ではないことから、適用除外とならない株式等の保有を主たる事業とする特定外国子会社等から除外されており、外国子会社合算税制の事業基準を満たしています。

　　しかし、同税制の適用除外基準を満たすためには、さらに、実体基準及び所在地国基準を満たす必要があります。

　　平成23年度税制改正において、事業持株会社については、統括業務を「主たる事業」として判定することになりました。

2　特定外国子会社等の部分課税対象金額の益金算入制度（資産性所得の合算課税制度）の改正

(1)　株式等の持株割合に係る判定時期

　　特定所得に該当する株式等の剰余金の配当等及び株式等の譲渡に係る対価の額は、持分割合が10％未満である他の法人の株式等から生じるものに限られています。

　　平成23年度税制改正では、この持分割合10％未満の判定時期について次のように定められました。

【持分割合10％未満の判定時期】

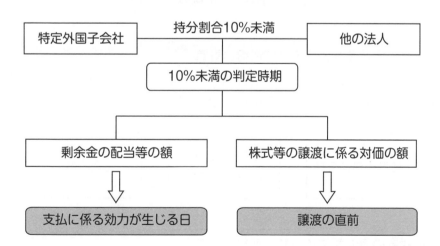

(2)　特定所得の金額の計算

　　特定所得の計算方法の変更及び新たな計算方法が、次のとおり定められました。

① 剰余金の配当等に係る特定所得

（改正前）

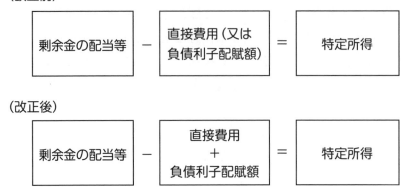

（改正後）

② 債券の利子に係る特定所得

（改正前）

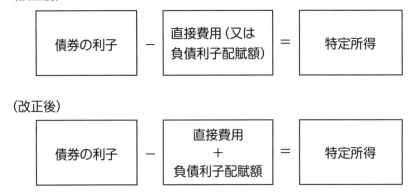

（改正後）

③ 債券の償還差益に係る特定所得の計算

　債券の償還金額は、債券の取得価額を基礎として移動平均法により算出した帳簿価額を超える部分を特定所得とすることが法令で定められました。

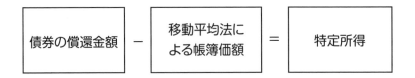

④ 株式等の譲渡益に係る特定所得の計算

　株式等の譲渡に係る原価の額は、株式等の取得価額を基礎として移動平均法に準じて算出した帳簿価額とすることが法令で定められました。

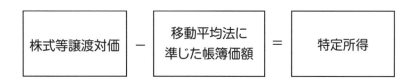

⑤ 債券の譲渡益に係る特定所得の計算

　　債券の譲渡に係る原価の額は、債券の取得価額を基礎として移動平均法に準じて算出した帳簿価額とすることが法令で定められました。

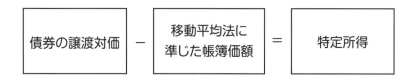

⑥ 特許権等の使用料等に係る特定所得の計算

　　特許権等の使用料又は船舶等の貸付の対価の額から控除する特定外国子会社等が有する特許権等又は船舶等の償却費の額の計算については、我が国の法人税法の規定の例に準じた償却費の額の計算又は外国子会社等の本店所在地国の法令の規定による償却費の額の計算を選択できることが法令で定められました。

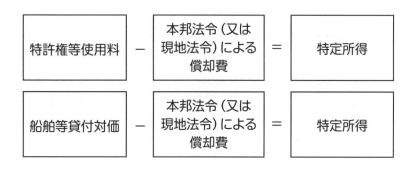

(3) 部分適用対象金額に係る適用除外

　　資産性所得の合算課税は、各事業年度の特定所得の金額の合計額（以下「部分適用対象金額」といいます。）に係る収入金額が1千万円以下の場合又は資産性所得の割合が5％以下である場合には適用されません。

　　今回の改正において、収入金額基準及び資産性所得の割合について、次の改正が行われました。

① 収入金額基準

　　部分適用対象金額に係る収入金額が1千万円以下であるかどうかの判定時の

収入金額は、次に掲げる金額の合計額で判定することが法令で定められました。
　したがって、次に掲げる金額から直接費用等を控除した結果、特定所得が算出されない場合には、収入金額基準の判定における収入金額に含まれないことになります。

　　イ　株式等の剰余金の配当等の額の合計額
　　ロ　債券の利子の額の合計額
　　ハ　差益の額の合計額
　　ニ　株式等の譲渡に係る対価の額の合計額
　　ホ　債券の譲渡に係る対価の額の合計額
　　ヘ　特許権等の使用料の合計額
　　ト　船舶又は航空機の貸付けによる対価の額の合計額

　② 資産性所得割合基準
　　資産性所得割合の計算における分母の所得の金額に含まれることとされる法人所得税の額から、源泉税等の額を除外することとされました。

3　コーポレート・インバージョン対策合算税制の改正
(1)　特定外国法人の判定方法
　①　租税負担割合の計算における非課税配当の取扱い
　　外国子会社合算税制と同様に、租税負担割合を計算する際の分母の計算においては、外国関係会社の本店所在地国で非課税とされる配当等は、要件を問わず、全て、分母の加算すべき非課税所得から除くこととされました。

　②　所得の金額がない場合における特定外国子会社等の判定
　　外国子会社合算税制と同様に、租税負担割合の計算に際し、分母の所得がない場合又は欠損の金額になった場合には、その外国関係会社の行う主たる事業に係る収入金額から所得が生じたとした場合にその所得に対して適用されるその本店所在地国の外国法人税の税率により判定することが、法令に規定されました。

(2)　基準所得金額の計算
　　外国子会社合算税制と同様に、今回の改正においては、法人税法の組織再編成に係る規定のうち適格現物分配に関する規定は、100％グループ内の内国法人間のみの適用となりました。

　このことを踏まえ、外国法人である特定外国子会社等の基準所得金額においては、適格現物分配に関する規定が適用されないことが法令に規定されました。

4　コーポレート・インバージョン対策合算税制（資産性所得の合算課税制度）の改正
　(1)　株式等の持株割合に係る判定時期
　　　上記2(1)と同様の改正

　(2)　特定所得の金額の計算
　　　上記2(2)と同様の改正

　(3)　部分適用対象金額に係る適用除外
　　　上記2(3)と同様の改正

平成25年度の主な改正事項

> ○　外国子会社合算税制の改正

　無税国の特定外国子会社等が本店所在地国以外の国で課される場合には、外国税額控除の適用上、その合算所得は、非課税国外所得に該当しないことになり、二重課税を排除することになりました。

（措令39の18⑨）

（改正前）

　無税国の特定外国子会社等に係る合算所得については、非課税国外所得として外国税額控除の限度額の設定がないため二重課税が発生する。

【外国税額の控除限度額】

$$法人税額 \times \frac{国外所得}{全世界所得} \rightarrow 法人税額\ 50 \times \frac{国外所得\ 0}{全世界所得\ 500} = 外税控除\ 0$$

（改正後）

　無税国の特定外国子会社であっても、他国で課される税がある場合には、外国税額控除の限度額を設定することにより二重課税を排除する。

【外国税額の控除限度額】

$$法人税額 \times \frac{国外所得}{全世界所得} \rightarrow 法人税額\ 50 \times \frac{国外所得\ 500}{全世界所得\ 500} = 外税控除\ 50$$

1　特定外国子会社判定の際のトリガー税率の20％未満への引き下げ

2　統括会社等の適用除外基準の見直し

3　適用除外基準の手続きに関する宥恕規定を法制化

4　統括会社の統括業務に係る書類に関する宥恕規定を法制化

5　外国子会社配当益金不算入制度の見直しに伴う改正

1　特定外国子会社等に係る所得の課税の特例

(1)　外国関係会社の租税負担割合の基準の引き下げ

①　改正の背景

　　英国で事業を展開する場合には、英国法に従って業務を2つに分けて子会社を設立していましたが、英国が2015年度から法人税率を21％から20％に引き下げた結果、タックス・ヘイブン税制の適用除外基準を満たさない法人が把握される可能性があることから、外国関係会社の租税負担割合の基準（いわゆるトリガー税率）を引き下げることになりました。

②　改正の内容

　　外国関係会社の租税負担割合の基準が「20％以下」から「20％未満」とされました。

（措令39の14①二号）

(2)　統括会社等に係る適用除外基準の見直し

①　改正の背景

　　改正前は、被統括会社に該当するのは、外国法人に限られていましたが、買収した企業グループの中に日本企業が含まれている場合などには、その組織形態をそのまま活用することが有効であること、また他方では、内国法人である被統括会社については、特定外国子会社等に我が国の課税ベースを移転することが可能であり、かつ、所得移転を受けた特定子会社等について本税制の適用対象から除外すると、我が国の税源浸食リスクが高まることから、そのような所得移転に対し移転価格税制を発動するための一定の持株割合要件が措置されました。

②　改正の内容

イ　事業基準における「被統括会社」の範囲が見直され、内国法人も被統括会社に該当することになりました。

【改正後】　被統括会社とは、次の㈪から㈮までに該当する法人で、その法人の発行済株式等の25％以上（当該法人が内国法人である場合には50％以上）を統括業務を行う特定外国子会社等が保有し、本店所在地国に事業を行うに必要と認められるその事業に従事する者を有するものです。

（措令39の17②）

㈪　特定外国子会社等、当該特定外国子会社等の発行済株式等の10％以上を直接及び間接に有する内国法人及び当該内国法人と当該特定外国法人等との間に株式等の所有を通じて介在する外国法人（次の㈫及び㈮において「子会社」といいます。）

㈫　判定株主等及び子会社が法人を支配している場合における当該法人（次の㈮において「孫会社」といいます。）

㈮　判定株主等並びに子会社及び孫会社が法人を支配している場合における当該法人

㈳　「支配している」とは、発行済株式等の過半数等を有する場合をいいます。

ロ　事業基準における「統括会社」の範囲が見直されました。

【改正後】　統括会社とは、一の内国法人によってその発行済株式等の全部を直接又は間接に保有されている特定外国子会社等で、次の㈪から㈮に掲げる要件を満たすもののうち、株式等の保有を主たる事業とするものをいいます。

（措令39の17④）

㈪　複数の被統括会社に対して統括業務を行っていること。

㈫　本店所在地国に統括業務に係る事務所、店舗、工場その他の固定施設を有すること。

㈮　統括業務に従事する者を有すること。

【統括会社及び被統括会社のイメージ】

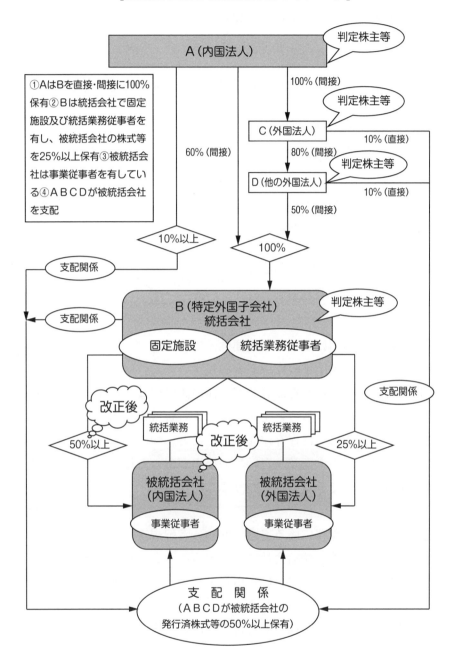

ハ　事業基準における「事業持株会社」の要件に、次の(イ)又は(ロ)の割合のいずれかが50％を超えていることが加えられました。

(措令39の17④)

(イ)　統括会社の被統括会社の株式保有割合は50％超であること。

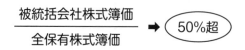

(ロ)　統括会社の全ての外国法人である被統括会社に対して行う統括業務の対価の割合は50％超であること。

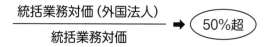

(3)　適用除外基準の適用に関する手続要件

①　適用除外基準の適用手続に係る宥恕規定

　適用除外に該当する旨を記載した書面の添付がない確定申告書の提出があり、又は適用除外に該当することを明らかにする資料等を保存していない場合でも、税務署長がその添付又は保存がなかったことにつきやむを得ない事情があると認めるときは、その書面及び資料等の提出があった場合に限り、適用除外基準を適用することができることとなりました。

②　統括会社の統括業務に係る書類に関する宥恕規定

　特定外国子会社等が統括会社に該当することを明らかにするためには、統括業務の内容を記載した書類を確定申告書に添付するとともにその統括業務に係る契約書を保存する必要があります。

　この場合にも、①と同様に宥恕規定が置かれました。

(4)　外国子会社配当益金不算入制度の改正に伴う見直し

①　基準所得金額の計算

　外国子会社配当益金不算入制度の改正により、内国法人が外国子会社から受ける剰余金の配当等の額で、その剰余金の配当等の全部又は一部がその外国子会社の本店所在地国の法令によりその外国子会社の所得の計算上損金の額に算入することとされている剰余金の配当等の額に該当する場合には、その剰余金

の配当等の額は、益金不算入の対象から除外する（益金算入）ことになりました。

【改正のイメージ】

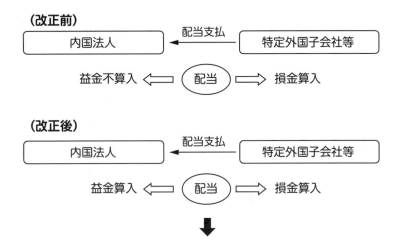

基準所得金額を計算する場合には、本店所在地国の法令によりその子会社の所得の金額の計算上損金の額に算入することとされている配当の額（損金算入配当等の額）については、基準所得金額の計算上控除する配当等の額から除外することになりました。

【改正のイメージ】

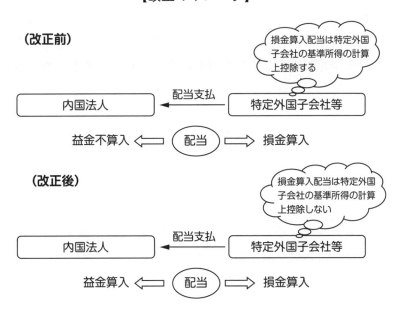

② 控除対象配当等の額

　特定外国子会社等が他の特定外国子会社等から受ける損金算入配当等の額のうち、当該他の特定外国子会社等の合算対象とされた金額から充てられた部分の金額は、基準所得金額の計算上控除することになりました。

　具体的には、次のイ及びロの金額が控除対象配当の額に加えられました。

イ　配当等が出資対応可能額を超えない場合

　特定外国子会社等が各事業年度において内国法人の他の特定外国子会社等から受ける損金算入配当等の額が、当該他の特定外国子会社等の当該配当等の額の支払の基準日の属する事業年度（基準事業年度）の配当可能金額のうち、その特定外国子会等の出資対応配当可能金額を超えない場合であって、その基準事業年度が課税対象金額が生ずる事業年度である場合

　➡　当該配当等の額

ロ　配当等が出資対応可能額を超える場合

　特定外国子会社等が各事業年度において内国法人に係る他の特定外国子会社等から受ける損金算入配当等の額が当該配当等の額に係る基準事業年度の出資対応配可能金額を超える場合

　➡　当該他の特定外国子会社等の基準事業年度以前の各事業年度の出資対応配当可能金額をそれぞれ最も新しい事業年度のものから順次当該配当等の額に充てるものとして当該配当等の額を当該各事業年度の出資対応可能金額に応じ、それぞれの事業年度ごとに区分した場合において課税対象金額の生じる事業年度の出資対応可能金額から充てるものとされた配当等の額の合計額

③ 特定課税対象金額等を有する内国法人が受ける剰余金の配当等の額の益金不算入

　内国法人が特定外国子会社等から受ける損金算入配当等の額のうち、特定課税対象金額に達するまでの金額は、その内国法人に対する受取配当課税と外国子会社合算課税による課税の重複を排除するために益金不算入とされました。また、間接特定課税対象金額を有する場合も同様の改正が行われました。

【控除対象配当等減算の改正のイメージ】

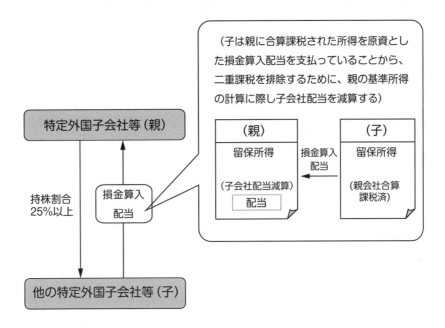

2 コーポレート・インバージョン対策合算税制（会社単位の合算課税制度）の改正
(1) 外国関係法人の租税負担割合の基準

外国関係会社の租税負担割合の基準を「20％以下」から「20％未満」とすることとされました。

（措令39の20の2⑦ニ）

(2) 適用除外基準の適用に関する手続要件

適用除外基準の適用手続に係る宥恕規定適用除外に該当する旨を記載した書面の添付がない確定申告書の提出があり、又は適用除外に該当することを明らかにする資料等を保存していない場合でも、税務署長がその添付又は保存がなかったことにつきやむを得ない事情があると認めるときは、その書面及び資料等の提出があった場合に限り、適用除外基準を適用することができることとなりました。

(3) 外国子会社配当益金不算入制度の改正に伴う見直し

(4) 特定課税対象金額等を有する特殊関係株主等である内国法人が受ける剰余金の配当等の額の益金不算入

平成28年度の主な改正事項

> 1　適用除外基準の適用方法の見直し
>
> 2　外国子会社等合算税制の適用に係る外国税額控除の見直し

1　適用除外基準の適用方法の見直し

（1）　改正の趣旨

我が国の損害保険会社が英国ロイズ市場で事業を行うためには、英国ロイズに基づく組織形態を構築する必要があります。同ロイズ法に従えば、保険引受会社と管理運営会社の2つの法人を設立することになります。しかし、英国ロイズ市場では、保険引受会社と管理運営会社が一体となり事業を行っているのが実態でした。

一方、タックス・ヘイブンの適用除外基準の判定に際し、この2つの会社を個別に判定した場合には、適用除外の要件を満たさない可能性が従来から指摘されていました。

（2）　改正の内容

平成28年度税制改正においては、英国ロイズ市場では保険引受会社と管理運営会社が一体となり事業を行っているの実態に着目し、適用除外基準の判定に際しては、保険引受会社と管理運営会社を一体として判定することになりました。また、管理運営会社の非関連者の判定上、資金提供者は非関連者として判定することになりました。

2　外国子会社等合算税制の適用に係る外国税額控除の見直し

（1）　趣旨

内国法人が納付する控除対象外国法人税の額とみなされる金額を計算する際に、適用金額に加算する子会社配当等と控除対象配当等について外国法人税が課されていない場合には、二重課税が十分に調整されない可能性がありました。

（2）　改正の内容

適用金額に加算する子会社配当等と控除対象配当等については、外国法人税（法人税と源泉所得税）の課税標準に含まれるものに限ることとされました。

【適用除外基準の見直しのイメージ】

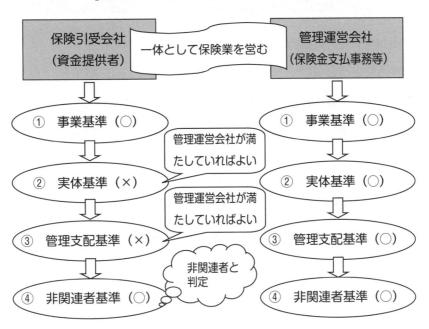

【外国税額控除の見直しのイメージ】

特定外国子会社等が合算所得について外国法人税を納付している場合

⬇

外国税額控除により二重課税を調整します。　（措法66の7）

⬇

（説明）	（算式）
外国子会社等の所得に対して課される外国法人税の額のうち、その特定外国子会社等の課税対象金額に対応する金額は、二重課税を調整するために、その内国法人が納付する控除対象外国法人税の額とみなして、外国税額控除（法法69）を適用します。控除額は右記の算式により計算します。	特定外国子会社等に課された外国法人税の額 $\times \dfrac{\text{課税対象金額}}{\text{適用対象金額＋子会社配当等＋控除対象配当等の額}}$ 外国法人税の課税標準に含まれるものに限る （措令39の18）

平成29年度の主な改正事項

1　外国関係会社の範囲の見直し

2　納税義務者の追加

3　特定外国関係会社又は対象外国関係会社の適用対象金額に対する合算課税

4　特定外国関係会社又は対象外国関係会社の適用対象金額に対する合算課税の適用免除

5　部分適用対象金額に対する合算課税

6　金融子会社等部分適用対象金額に対する合算課税

7　部分適用対象金額に対する合算課税の適用免除

1　外国関係会社の範囲の見直し

改正前は、外国関係会社の判定に際し、居住者・内国法人等の間接の持株割合等を算定するに際し「掛け算方式」を採用しており、各段階での持株割合等を乗じて（掛け算）計算し、その割合が50％を超える場合には、「外国関係会社と判定していました。

しかし、その結果、50％超の持分による支配関係が連続している場合にも間接支配はしていないとされていました。

平成29年度税制改正では、外国関係会社の判定に際し、50％超の連鎖関係があれば、支配関係は連続していると判定することになりました。

2　納税義務者の追加

居住者又は内国法人と外国法人との間に、その居住者又は内国法人がその外国法人の残余財産の全部について分配を請求する権利を有するなど、その外国法人を実質的に支配している場合には、その居住者又は内国法人が納税義務者に追加されました。

3　特定外国関係会社又は対象外国関係会社の適用対象金額に対する合算課税

特定外国関係会社及び対象外国関係会社を新たに規定し、これらに対する合算課税に関する規定の整備を行いました。

4　特定外国関係会社又は対象外国関係会社の適用対象金額に対する合算課税の適用免除

特定外国関係会社及び対象外国関係会社を新たに規定し、これらに対する合算課税に関する規定の整備を行い、また、これらに対し、本店所在地国の次の租税負担割合

に応じ、合算課税の適用の免除を行うこととしました。

⑴　特定外国関係会社
　　特定外国関係会社については、その各事業年度の租税負担割合が30％以上である
　場合　　（租税負担割合≧30％）

⑵　対象外国関係会社
　　対象外国関係会社については、その各事業年度の租税負担割合が20％以上である
　場合　　（租税負担割合≧20％）

5　部分適用対象金額に対する合算課税
　特定所得の金額を「非損益通算グループ所得の金額」と「損益通算グループ所得の
金額」に区分し、「損益通算グループの所得の金額」について生じた損失額を7年間
繰り越す制度が創設されました。

6　金融子会社等部分適用対象金額に対する合算課税
　外国金融子会社等に対する部分合算課税が新設され、合算対象となる特定所得から
金融所得を課税対象外とするとともに、異常な水準の資本に係る所得について、部分
合算課税の対象とすることになりました。

7　部分適用対象金額に対する合算課税の適用免除
　部分対象外国関係会社について、次のいずれかに該当する事実がある場合には、特
定所得合算課税は適用しないこととしました。

　①　各事業年度の租税負担割合が20％以上であること
　②　各事業年度の部分適用対象金額が2千万円以下であること
　③　各事業年度の決算に基づく所得の金額に相当する金額のうちに部分適用対象金
　　額の占める割合が5％以下であること

平成30年度の主な改正事項

> 1　外国関係会社の追加
>
> 2　租税負担割合の計算
>
> 3　二重課税の調整

1　外国関係会社の追加

　外国金融機関に該当する外国法人で外国金融持株会社等との間に、その外国金融持株会社等がその外国法人の経営管理を行っている関係その他の特殊の関係がある外国法人が、外国関係会社の範囲に追加されました、

2　租税負担割合の計算

　無税国に所在する外国関係会社の租税負担割合は、その外国関係会社に係る各事業年度の租税の額（本店所在地国以外の国において課される外国法人税の額）の所得の金額に対する割合とすることとされました。

3　二重課税の調整

　内国法人が合算課税の適用を受ける場合に、その外国関係会社に対して課された所得税、法人税、復興所得税、地方法人税及び法人住民税の合計額のうち合算対象とされた金額に対応する部分をその内国法人の法人税及び地方法人税から控除することとされました。

令和元年度の主な改正事項

1 納税義務者の判定（同族グループに属する内国法人について）

2 会社単位の合算課税制度

3 基準所得金額に関する改正

4 適用対象金額に関する改正

5 部分合算課税制度に関する改正

6 租税負担割合の計算に関する改正

7 外国関係会社に係る財務諸表等の添付に関する改正

8 二重課税の調整に関する改正

1 納税義務者の判定（同族グループに属する内国法人について）

　改正前は、一の同族株主グループに属する内国法人とは外国関係会社に係る持株割合等が零を超えるものに限るとされていました。

　この場合において、内国法人がその内国法人との間に実質支配関係がある被支配外国法人を通じて外国関係会社の持分を保有している場合についても持株割合等が零となっていました。

【改正前のイメージ】

（内国法人の保有割合＝0%×a%＝0%……内国法人Xは納税義務者に該当せず）

　改正後は、内国法人がその内国法人との間に実質支配関係がある被支配外国法人を通じて外国関係会社の持分を保有している場合の持分割合等が零を超えるかの判定は、その被支配外国法人の外国関係会社に係る持分割合等が零を超えるかどうかによって行われることになりました。

【改正後のイメージ】

（内国法人の保有割合＝a%……内国法人Xは納税義務者に該当）

2　特定外国関係会社（ペーパー・カンパニー）判定時の実体基準適用に関する改正

　リスクマネジメント等の観点から本邦保険持株会社が直接外国保険子会社を100%保有するケースや、本邦保険グループ内の現地事業の統合により一の本邦保険持株会社の傘下の複数の本邦保険会社が外国保険会社を100%保有するケースがありました。

　これらを踏まえ、保険業を行う外国関係会社の実体基準判定の際のその株主である内国法人にその内国法人と特定資本関係のある内国法人が加えられました。

（改正前）

　　　一の内国法人（保険業を主たる事業とするものに限ります。）によってその発行済株式等の全部を直接又は外国法人を通じて間接に保有されている外国関係会社

（改正後）

　　　一の内国法人（保険業を主たる事業とするもの又は保険持会社に限ります。）及び当該内国法人との間に特定資本関係のある内国法人（保険業を主たる事業とするもの又は保険持会社に限ります。）によってその発行済株式等の全部を直接又は外国法人を通じて間接に保有されている外国関係会社

3　特定保険協議者及び特定保険受託者の要件の改正

　管理運営子会社である特定保険協議者及び特定保険受託者の要件に、その役員又は使用人がその本店所在地国において保険業を的確に遂行するために通常必要と認められる業務の全てに従事していることが追加されました。

4　ペーパーカンパニーの範囲の改正

　米国（トランプ政権）の連邦法人税率の引き下げ（35%から21%）を契機として、米国内のビジネス実態の見直しが行われました。

　その結果、倒産隔離や不動産登記等の事務コストの軽減等の事務上の理由から、固定施設や人員を有さない法人を活用する実務が一般的に行われており、このような法人について租税回避リスクが高いとみなすことは適当ではないとの結論に至りました。

　このため、合算対象とならない子会社配当等の収益が大部分である外国関係会社や、実体のあるビジネスに用いられる本店所在地国の不動産や資源等を源泉とするものが収益の大部分である次の外国関係会社をペーパーカンパニーに該当しないこととされました。

(1)　外国子会社の株式等の保有を主たる事業とする等の一定の外国関係会社

> **ペーパーカンパニーに該当しない理由**
>
> 　外国子会社合算税制においては、外国関係会社が得る持株割合25%以上等の子会社からの剰余金の配当等は合算課税の対象としないことから、この配当等が収入の大部分である外国関係会社については租税回避リスクが少ないと考えられることからペーパーカンパニーに該当しないこととされました。

【外国子会社の株式等の保有を主たる事業とする外国関係会社のイメージ】

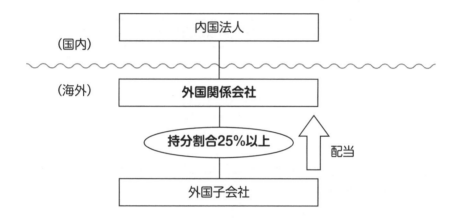

(2)　特定子会社の株式等の保有を主たる事業とする等の一定の外国関係会社

> **ペーパーカンパニーに該当しない理由**
>
> 　持株会社が、現地の経済活動実体のある会社と一体となって活動し、その経済活動実体のある会社の事業にとって必要不可欠な機能を果たすものと認められ（現地の経済活動実体のあるビジネスの一部であると認められること。）、その保有する資産や生ずる所得の状況から、租税回避リスクが限定的である場合に限ってペーパーカンパニーに該当しないこととされました。

【特定子会社の株式等の保有を主たる事業とする外国関係会社のイメージ】

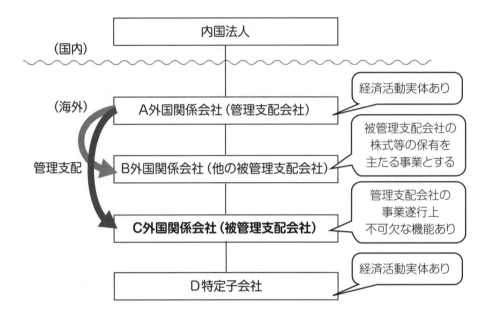

(3)　不動産会社である管理支配会社の事業に必要な不動産の保有を主たる事業とする等の一定の外国関係会社

> ペーパーカンパニーに該当しない理由
>
> 　米国等のビジネスでは、事業コストやリスク管理上の便宜等から、企業が不動産を保有する場合に、直接に不動産を保有せず、保有の機能のみを有する一定の不動産保有会社を通じて保有することが行われています。
>
> 　この場合に、これら不動産保有会社を租税リスクの高いペーパーカンパニーとして合算対象とすれば、その事業活動に支障が生じる可能性が考えられます。
>
> 　そこで、不動産保有会社が、現地の経済活動実体のある会社と一体となって活動し、その経済活動実体のある不動産会社の事業の遂行上欠くことのできない機能を果たし（現地の経済活動実体のあるビジネスの一部である）、その経済活動の実体のある不動産会社の事業にとって必要不可欠な現地の不動産を保有するものと認められる場合であって、その不動産から生ずる譲渡益・賃貸料等がその収益のほとんどを占めるなど、租税回避リスクが限定的である場合に限ってペーパーカンパニーに該当しないこととされました。

【不動産の保有を主たる事業とする外国関係会社のイメージ】

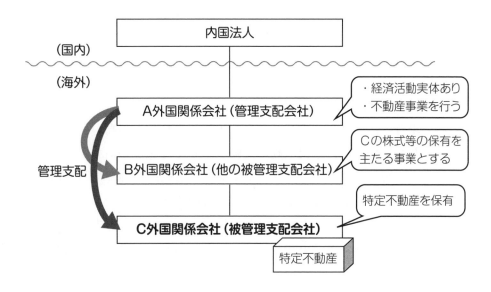

(4) 管理支配会社が自ら使用する不動産を保有する一定の外国関係会社

> ペーパーカンパニーに該当しない理由
> 現地の経済活動実体のある事業活動を行う会社が自ら使用する自社ビルをその子会社が保有するような場合のその子会社が収入割合や資産割合の要件等の一定の要件を満たす場合にはペーパーカンパニーに該当しないこととされました。

【管理支配会社が自ら使用する不動産の保有を主たる事業とする外国関係会社のイメージ】

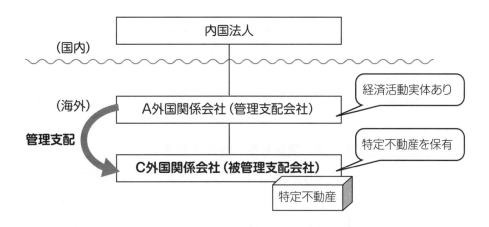

⑸　資源開発等プロジェクトに係る一定の外国関係会社

ペーパーカンパニーに該当しない理由

　現地の資源開発やインフラ投資等のビジネスにおいては、投資規模が巨額にのぼることから、リスク管理及び資金調達の観点から一定の持株会社等が設立されることが一般的です。

　この場合に、これら持株会社を全て租税回避リスクの高いペーパーカンパニーとした場合には、事業活動に支障が生じる可能性があります。

　そこで、現地の資源開発等プロジェクトに能動的に関与する経済活動実体のある会社と一体となって活動し、その資源開発等プロジェクトに遂行上必要不可欠な機能を果たすと認められる場合で、その収入の大部分が同一国内の資源開発等プリジェクトから生ずる収益であることなど、租税回避リスクが限定的である場合には、ペーパーカンパニーに該当しないこととされました。

5　事実上のキャッシュボックスの範囲の改正

　保険関係の税制改正として、関連者からの収入保険料が大部分を占めているためにその引き受ける保険リスクの大部分が関係者の有するリスクであり、かつ、引き受けた保険リスクの多くを自ら抱えこんでいるために、保険におけるリスク移転や分散など、重要な機能を果たしていると考えにくいような次の要件のいずれにも該当する外国関係会社について、特に租税回避リスクが高い事実上のキャッシュボックスとして、会社単位の合算課税の対象とされました。

①　外国関係会社の各事業年度の非関連者等収入保険料の合計額の収入保険料の合計額に対する割合として計算した割合が10％未満であること。

②　外国関係会社の各事業年度の非関連者等支払保険料合計額の関連者等収入保険料の合計額に対する割合として計算した割合が50％未満であること。

6　対象外国関係会社判定の際の実体基準・管理支配基準

　特定保険外国子会社等、特定保険協議者、特定保険委託者及び特定保険受託者に該当する外国関係会社の範囲について改正が行われたことに伴い、「固定施設を保有している状況」及び「その事業の管理、支配及び運営を自ら行っている状況」については、改正後の範囲による特定保険外国子会社等、特定保険協議者、特定保険委託者及び特定保険受託者により判定することとなりました。

7　保険業を主たる事業とする外国関係会社に係る非関連者基準の適用に関する改正

　現地で保険業を営む外国関係会社が、グループの資本の効率化等の観点から、グループ内再保険を通じて引き受けたリスクの再配分を行うことがあります。

　他方でグループ内の再保険取引については、保険引き受けによる所得を保険リスクの所在地から別の国に容易に移転できるという点で、租税回避リスクが高いという側面があります。

　したがって、一定の要件を満たす再保険取引に係る再保険料に限り、関連者から収入する保険料に該当しないこととするなど、非関連者基準の適用について改正が行われました。

8　基準所得金額に関する改正

　外国子会社合算税制の合算所得の計算は外国関係会社ごとに計算することとされています。

　ところが、現地法令に基づいて合算所得を計算する場合に、外国関係会社について連結納税やパススルー課税が行われている場合には、外国関係会社ごとに計算されていないことになります。

　令和元年度税制改正において、現地法令基準による基準所得金額の計算に際しては、企業集団等所得税課税規定＊を適用しないものとして計算することとされました。

　　＊　企業集団等所得課税規定とは、次の規定をいいます。
　　①　本店所在地国における連結納税規定
　　②　第三国における連結納税規定
　　③　本店所在地国におけるパススルー課税規定

9　適用対象金額に関する改正

　現地法令基準による基準所得金額の計算に際し、企業集団等所得税課税規定を適用しないものとして計算することとされたことに伴い、適用対象金額の計算の際の過去の欠損金額及び納付法人所得税の計算についても企業集団等所得税規定の適用がないものとして計算することとされました。

10　部分合算課税制度に関する改正
　(1)　特定所得の金額
　　①　仮想通貨の価額の変動に伴って生ずるおそれのある損失を減少させるために行われるデリバテイブ取引に係る損益について特定所得の金額から除外するこ

とととされました。
② 　保険所得が特定所得の金額に追加されました。

(2)　部分適用対象金額

　　保険所得が特定所得の金額に追加されたことに伴い、部分適用対象所得金額の計算に際し追加されました。

11　租税負担割合の計算に関する改正

　現地法令基準による基準所得金額の計算に際し、企業集団等所得税課税規定を適用しないものとして計算することとされたことに伴い、租税負担割合の計算に際し所得の金額と租税の額について次のように改正が行われました。

(1)　所得の金額について

　　無税国に所在する外国関係会社以外の外国関係会社の所得の金額の計算に際しては、企業集団等所得課税規定の規定を適用しないで計算することとされました。

(2)　租税の額について

　　租税の額の計算に際しては、外国関係会社の各事業年度の決算に基づく所得の金額に、企業集団等所得課税規定の規定を適用しないで計算した外国法人税の額とすることとされました。

12　外国関係会社に係る財務諸表等の添付に関する改正

　納税義務者に該当する内国法人は、その内国法人に係る次の外国関係会社の各事業年度の貸借対照表及び損益計算書その他の財務省令で定める書類をその各事業年度終了の日の翌日から2か月を経過する日を含む各事業年度の確定申告書に添付しなければならないこととされています。

　令和元年度税制改正では、企業集団等所得税課税規定の適用がないものとした場合に計算される法人所得税の額に関する計算の明細を記載した書類及びその法人所得税の額に関する計算の基礎となる書類等を確定申告書に添付することとされました。

① 　当該各事業年度の租税負担割合が20%未満である外国関係会社（特定外国関係会社を除きます。）
② 　当該各事業年度の租税負担割合が30%未満である外国関係会社

13　二重課税の調整に関する改正

(1)　外国子会社合算税制の適用に係る外国税額の控除

　　内国法人が納付する控除対象外国法人税の額とみなされる金額は、企業集団等所得税課税規定の適用がないものとした場合に計算される外国法人税の額とされました。

(2)　外国関係会社からの配当等に係る二重課税調整の適用要件の改正

　　改正後は、最も古い事業年度以後の各事業年度において確定申告書の提出があること（確定申告の連続提出要件）、また、二重課税の調整の適用をしようとする事業年度の確定申告書等、修正申告書又は更正請求書に計算明細書類の添付がある場合に限り、二重課税の調整を適用することとされました。

　　これにより、当初の確定申告で合算課税の適用がなく、その後の修正申告で合算課税が適用されることとなった場合には、配当等に係る二重課税調整の適用ができることになりました。

令和２年度の主な改正事項

> 1　特定所得の金額（受取利子等の額）に関する改正
>
> 2　二重課税の調整に関する改正

1　特定所得の金額（受取利子等の額）に関する改正

　外国金融子会社に該当しない部分対象外国関係会社が有する受取利子等のうち、次に掲げる利子等は、その本店所在地国において活動するための十分な合理性があることから、部分合算課税の対象となる受取利子等の額から除外することとされました。

① 　その行う業務の通常の過程で生ずる預金又は貯金の利子の額
② 　現地で貸付業の免許を取得し、金銭の貸付を業として行う場合の利子の額
③ 　割賦販売等から生ずる利子の額
④ 　関連者等に対して行う金銭の貸付けに係る利子の額

2　二重課税の調整に関する改正

　特定目的会社に該当する内国法人が会社単位の合算課税又は部分合算課税の適用を受ける場合には、その内国法人の外国関係会社の所得に対して課される外国法人税の額のうちその合算課税の対象とされた金額に対応する部分の金額は、その内国法人が納付した外国法人税の額とみなし、特定目的会社の利益の配当に係る源泉徴収義務等の特例の規定を適用することとされました。

第 4 部

質疑応答事例

問1　タックス・ヘイブン対策税制の概要

> タックス・ヘイブン対策税制の概要について教えてください。

回　答

　タックス・ヘイブン対策税制は、内国法人が株式等を有する特定外国子会社等が、昭和53年4月1日以後に開始する各事業年度において留保している所得を有する場合には、その留保している所得のうち、その内国法人の株式等の持分相当部分を内国法人の収益とみなし、特定外国関係会社等の各事業年度終了の日の翌日から2か月を経過する日を含む内国法人の各事業年度の収益とし課税するものです。

　つまり、外国の会社をまるごと課税することになりますので、いわゆる会社単位の課税を行うことになります。ただし、その特定外国子会社等が、ペーパーカンパニーではなく、独立企業の実体を備える等所定の要件を満たす場合には課税は行われません。

　ただし、特定外国関係会社については各事業年度の租税負担割合が30%以上である場合、対象外国関係会社については各事業年度の租税負担割合が20%以上である場合には、合算課税は免除されます。

（措法66の6①）

【会社単位の合算税制のイメージ】

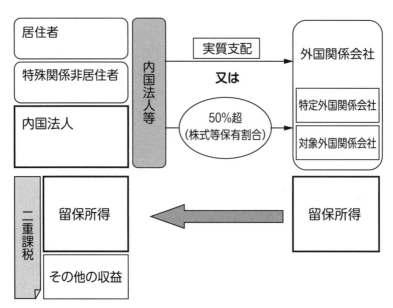

問２　特定外国関係会社と対象外国関係会社

> タックス・ヘイブン対策税制の適用対象となる特定外国関係会社又は対象外国関係会社について教えてください。

回　答

外国関係会社のうち、特定外国関係会社又は対象外国関係会社とは、次の(1)又は(2)に該当する外国関係会社をいいます。

（措法66の６②二・三号）

解　説

(1)　特定外国関係会社

特定外国関係会社とは、次に掲げる外国関係会社をいいます。

（措法66の６②二号）

① 　事業を行うに必要な事務所等の固定的施設等の実体がなく、かつ、事業の管理支配を自ら行っていない外国関係会社（いわゆるペーパーカンパニー）
② 　キャッシュボックスといわれる事業体で、受動的所得の占める割合が極めて高い外国関係会社
③ 　租税に関する情報の交換に関する国際的な協力が著しく不十分な国又は地域（ブラック・リスト国）に本店等を有する外国関係会社

(2)　対象外国関係会社

対象外国関係会社とは、次に掲げる経済活動基準のいずれかを満たさない外国関係会社をいいます。

（措法66の６②三号）

経済活動基準──

① 　事業基準
② 　実体基準
③ 　管理支配基準
④ 　本店所在地国基準又は非関連者基準

問3　「外国関係会社」の判定

> タックス・ヘイブン対策税制の適用対象となる「外国関係会社」は、どのように判定するのか教えてください。

回答

　外国関係会社とは外国法人で、その発行済株式又は出資の総数又は総額のうちに居住者及び内国法人並びに特殊関係非居住者が有する直接及び間接保有の株式等の数の合計数又は合計額の占める割合（保有割合）が50%を超えるものをいいます。

　つまり、オールジャパンで株式等の50%超を所有している外国法人をいいます。

（租法66の6②一号）

【外国関係会社のイメージ】

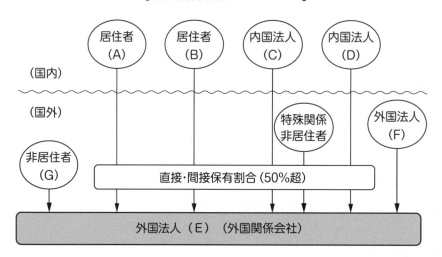

解説

　上の図は、居住者（A）、居住者（B）、内国法人（C）、（D）及び特殊関係非居住者が、外国法人（E）の発行済株式等の50%超を直接有する事例ですが、保有割合が50%を超えるとは、居住者（A）と居住者（B）、内国法人（C）と（D）は、何ら特殊な関係や同族関係がなくとも、オールジャパンで、外国法人（E）の発行済株式等を50%を超えて有していればよいのです（なお、特殊関係非居住者は、居住者の親族等あるいは、内国法人の役員及び親族等であることが要件ですので、この意味でも、オール

ジャパンであると言えます。）)。

　㈲　実際の外国法人（E）の外国関係会社の判定に際しては、外国法人（E）の株
　　主名簿等から判定することになりますが、非居住者（G）については、特殊関係
　　非居住者に該当しないのか、また、外国法人（F）については、株主等に居住者
　　又は内国法人がいないか確認することが必要になります。

問4　合算課税の適用法人

内国法人甲社、乙社及び米国法人Ｘ社は、香港法人Ａ社の株式を有していますが、発行済株式等の保有割合は次のとおりです。また、香港の法人税率は16.5%です。

この場合に、甲社と乙社は、合算課税の適用法人となりますか。

なお、甲社と乙社は同族関係にありません。

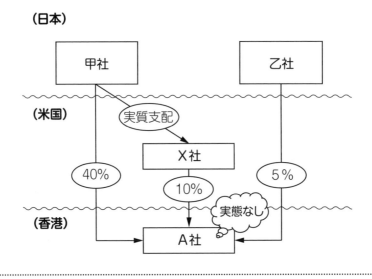

回　答

Ａ社は特定外国関係会社に該当し、甲社はＡ社の発行済株式等の50%を保有していますので、合算課税の適用法人となります。

解　説

①　甲社はＡ社の発行済株式等を40%（直接保有）と実質支配する米国のＸ社を通じて10%の合計50%を保有しています。

乙社はＡ社の発行済株式等を5%保有しています。

甲社と乙社の保有割合の合計は55%となり、Ａ社の発行済株式等の50%超を保有していますので、Ａ社は外国関係会社に該当し、さらに、香港のＡ社は実態がなく特定外国関係会社に該当します。

②　甲社はＡ社の発行済株式等を50%（10%以上）保有していますので、甲社は合

算課税の適用法人となります。

　乙社のＡ社の発行済株式等の保有割合は５％ですので、合算課税の適用法人と
はなりません。

（措法66の６①一号・②一〜二号）

問5　租税負担割合の計算

租税回避リスクの把握に際しては、租税負担割合から、所得や事業の内容により把握することになったと聞いています、また、特定外国関係会社又は対象外国関係会社の合算課税は租税負担割合によって免除される場合があると聞いております。租税負担割合はどのように計算するのか教えてください。

回答

租税負担割合は、外国関係会社の各事業年度ごとに、以下の算式により計算することになります。

（措令39の17の2①・②）

解説

租税負担割合は長年、租税回避リスクの把握に用いられ、平成26年度の税制改正で、25％から20％に、平成27年度の税制改正で20％から20％未満に引き下げられてきました。

しかし、平成29年度税制改正において、租税回避リスクの把握は所得や事業の内容により行うこととされ、改正後は特定外国関係会社又は対象外国関係会社の合算課税の適用免除の判定等に用いられています。

【外国関係会社のイメージ】

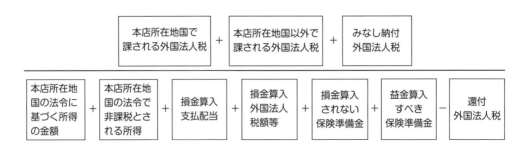

㊟1　租税負担割合の算定の際に、分母の所得がない場合又は欠損となる場合には、その行う主たる事業に係る収入金額から所得が生じたとした場合にその所得に

対し適用される外国法人税の税率により租税負担割合を判定することになります。

（措令39の17の2②五号）

㊟2　租税負担割合を計算する際の分母の「本店所在地国の法令で非課税とされる所得」については措通達66の6－25に例示がありますので、各国の取扱いを検討し、実際の計算を行うことになります。

（措通66の6-25）

㊟3　分子の外国法人税等についても注意が必要です。

（措通66の6-26）

問6 租税負担割合と合算課税の適用免除

> X国の法人A社は、内国法人甲社の特定外国関係会社に該当します。
>
> X国の法人税の課税標準額は$10,000、法人税は$3,000で、法人税の負担割合は30%となりますが、合算課税の適用除外となるのでしょうか。
>
> なお、法人税申告書と損益計算書の総収入金額に差額$20,000がありますが、これはX国ではX国内に送金されない限り法人税の課税標準に含めなくてよい国外源泉所得です。

回 答

　A社の租税負担割合10%ですので、A社は合算課税の免除の対象となりません。

解 説

　租税負担割合は現地の法人税申告書の課税標準や実際の納付法人税額で計算するのではなく、非課税所得を加算して計算することになります。

　したがって、租税負担割合を計算する際には、ご質問の国外源泉所得$20,000を加算しますので、租税負担割合は次のようになります。

① 所得金額＝10,000$＋20,000$＝30,000$

② 法人税額＝3,000$

③ 租税負担割合＝②÷①＝3,000／30,000＝10%

（措令39の17の２①・②）

問7　内国法人（納税義務者）の判定及び時期

> 　タックス・ヘイブン対策税制の適用を受ける内国法人（納税義務者）と判定の時期について教えてください。

回　答

(1)　納税義務者となる内国法人

　内国法人は、特定外国関係会社又は対象外国関係会社に対する持株割合等が10%を超える場合には、特定外国関係会社又は対象外国関係会社の留保金額を収入として申告しなければなりません。

（措法66の6①一～四号）

【納税義務者となる内国法人】

> ①　特定外国関係会社又は対象外国関係会社の発行済株式等の10%以上を保有する内国法人
> ②　特定外国関係会社又は対象外国関係会社との間に実質支配関係がある内国法人
> ③　特定外国関係会社又は対象外国関係会社の発行済株式等の10%以上を保有する一の同族グループに属する内国法人（①に掲げる内国法人を除きます。）

　(注)　特定外国関係会社又は対象外国関係会社を実質支配する内国法人、発行済株式等の保有割合が10%以上である同族グループに属している内国法人も対象となります。

(2)　判定時期

　内国法人がタックス・ヘイブン対策税制の適用を受けるかは、外国関係会社の各事業年度の終了の時の現況により判定*します。

（措法39の20①）

　＊　「現況により判定」するとは、一般的には、各事業年度終了時の株主名簿等により株主の持株状況等を確認することになります。したがって、事業年度の途中に、保有株式の譲渡等の事由により保有割合が10%未満となった場合は、納税義務者とはなりません。

問８　「一の同族グループ」に属する内国法人

　タックス・ヘイブン対策税制の適用を受ける特定外国関係会社又は対象外国関係会社の発行済株式等の10％以上を保有する一の同族株主グループに属する内国法人とは、どのような法人でしょうか。

回　答

　「一の同族株主グループ」とは、外国関係会社の株式等を直接又は間接に有する者及びその株式等を直接又は間接に有する者との間に実質支配関係がある者のうち、一の居住者又は内国法人、当該一の居住者又は内国法人との間に実質支配関係がある者及び当該一の居住者又は内国法人と政令で定める特殊の関係のある者＊（外国法人を除きます。）をいいます。

　　＊　「政令で定める特殊の関係のある者」とは、居住者の親族等又は一の居住者（又は内国法人）が他の法人を支配している場合の他の法人をいいます。

（措令39の14⑥・⑦）

　次図の事例では、内国法人（A）社と（C）社が10％以上を保有する一の同族株主グループに属する内国法人となります。

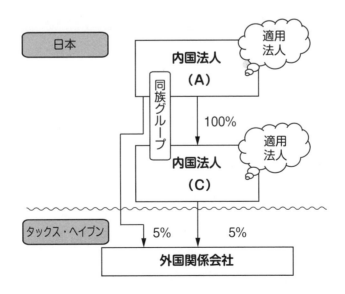

解　説

　事例では、内国法人（Ａ）及び（Ｃ）は、外国関係会社の持分がそれぞれ５％ですが、内国法人（Ａ）は内国法人（Ｃ）を支配しており（50%超保有）、同族グループを形成しています。

　したがって、同族グループで10%以上有しており、内国法人（Ａ）と（Ｃ）は10%以上を保有する一の同族株主グループに属する内国法人となります。

問9　間接保有の意味

　タックス・ヘイブン対策税制の適用を受ける内国法人を判定する際の「間接に株式等の数又は議決権の数を保有する」とは、どのような保有形態なのでしょうか。また、間接保有割合はどのように計算するのでしょうか。

回　答

　間接保有とは、外国関係会社の株式等の数又は議決権の数を他の外国法人を通じて間接に保有することをいいます。

　また、間接保有割合とは、内国法人と判定の対象となる外国法人との間に介在する他の外国法人の持株割合をそれぞれ掛算し算定します。

（措令39の14③・④・⑤）

　間接保有割合の計算例は、次のようになります。

【事例1】

　間接保有とは、他の外国法人を通じて間接に保有することをいいますので、内国法人（A）は、外国法人の間接保有者とはなりません。内国法人（B）が間接保有者となります。

　したがって、内国法人の外国法人（C）に対する保有割合は100%×90%×80%=72%となります。

【事例2】

　内国法人（C）の間接保有割合は、内国法人（C）から外国法人（D）までの保有割合を掛算します。

　したがって、間接保有割合は、100%×80%×70%×60%=33.6%となります。

問10　適用除外の要件と判定の過程

> 　タックス・ヘイブン対策税制が適用される対象外国関係会社と、適用されない部分対象外国関係会社の判定過程を教えてください。

回　答

　対象外国関係会社と部分対象外国関係会社は、経済活動基準（事業基準、実体基準、管理支配基準及び非関連者基準又は所在地国基準）を順番に検討し判定します。

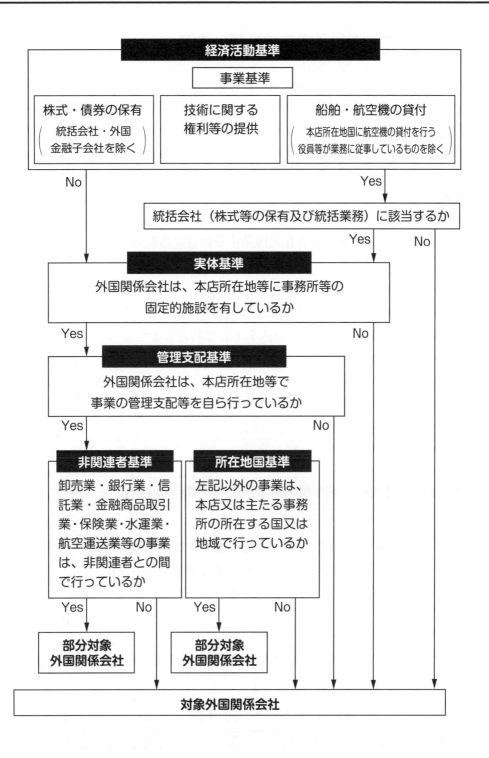

問11　事業基準における事業の種類の決定

　適用除外の要件として事業基準がありますが、事業の種類は、どのように決定するのか教えてください。また、複数の事業を営む場合の主たる事業は、どのように決定するのでしょうか。

回　答

　事業基準、非関連者基準及び所在地国基準を検討する際の主たる事業は、次の基準により決定することになります。

(1)　特定外国関係会社又は対象外国関係会社の事業の種類の決定は、原則として、日本標準産業分類（総務省）の分類を基準として判定します。

（措通66の6-17）

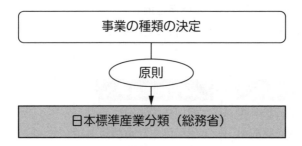

(2)　特定子会社等が二以上の事業を営んでいるときは、そのいずれが主たる事業であるかは、それぞれの事業に属する収入金額又は所得金額の状況、使用人の数、固定の施設の状況等を総合勘案して判定します。

（措通66の6-5）

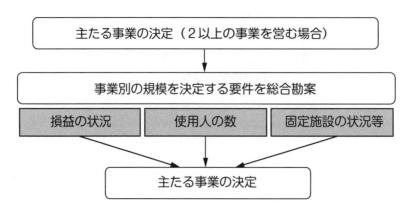

問12　実体基準の判定（固定施設の意義）

> 　経済活動基準の一つである実体基準の「固定施設を有する」とは、どのように判定するのでしょうか。

回　答

　特定外国関係会社又は対象外国関係会社を判定する際には、経済活動基準の一つである実体基準の要件に該当するか否かを検討することになります。

　この場合、事務所、店舗、工場その他の固定施設に該当するか否かは、具体的には、業種、業態、事業の活動内容から、その固定施設が主たる事業活動のために使用されるものか否かにより判定することになります。

（措通66の6-6）

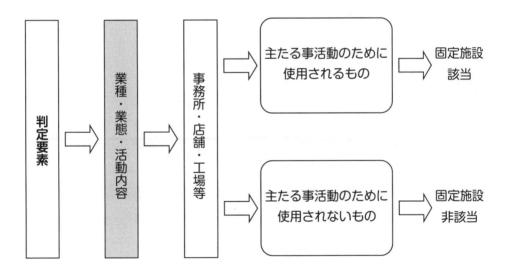

(注)　外国関係会社が主たる事業を行うに必要と認められる事務所等を賃借により使用している場合であっても、事務所等を有していることに含まれます。

問13　管理支配基準の判定（事業の管理、支配等を本店所在地国で行うとは）

　経済活動基準の一つである管理支配基準の「事業の管理、支配等を本店所在地国において行う」とは、どのように判定するのでしょうか。

回　答

　特定外国関係会社又は対象外国関係会社を判定する際には、経済活動基準の一つである管理支配基準の要件に該当するか否かを検討することになります。

　この場合の、「事業の管理、支配等を本店所在地国において行う」とは、具体的には、次の事実関係を基に判定することになります。

（措通66の6-8）

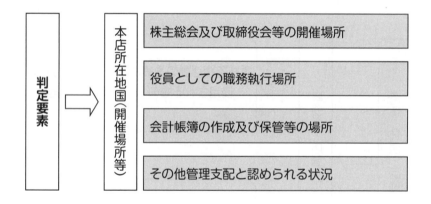

（注）　管理支配基準の事業の管理、支配及び運営とは、外国関係会社の主体的かつ実質的な役割を念頭に置いているものです。

　　　したがって、特定外国子会社等の株主総会の開催が本店所在地国以外の場所で行われていること、特定外国子会社等の現地における事業計画の策定にあたり、内国法人と協議し、意見を求めていることなどの事実があるとしても、特定外国子会社等が主体的かつ実質的な役割を果たしている場合には、これらの事実をもって、管理支配基準を満たさないことにはなりません。

問14　管理支配基準の判定（自ら事業の管理、支配等を行う意義）

> 　経済活動基準の一つである管理支配基準の「自ら事業の管理、支配等を行う」とは、どのように判定するのでしょうか。

回　答

　特定外国関係会社又は対象外国関係会社を判定する際には、経済活動基準の一つである管理支配基準の要件に該当するか否かを検討することになります。

　この場合の、「自らの事業の管理、支配等を行う」とは、具体的には、次の事実関係を基に判定することになります。

（措通66の6-7）

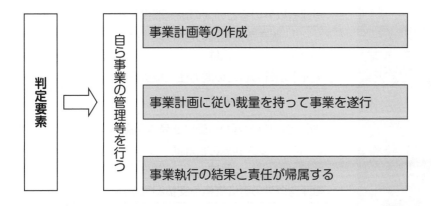

(注)　管理支配基準の事業の管理、支配及び運営とは、外国関係会社の主体的かつ実質的な役割を念頭に置いているものです。

　　したがって、次の事実があったとしても、管理支配基準を満たさないことにはなりません。

　①　その外国関係会社の役員が他の法人の役員又は使用人を兼務していること。

　②　その事業計画の策定等に当たり、親会社等と協議し、その意見を求めていること。

　③　その事業計画等に基づきその外国関係会社の業務の一部を委託していること。

問15　非関連者基準とは

> 対象外国関係会社を判定する際の非関連者基準について教えてください。

回　答

　非関連者基準とは、次の8業種について、業種別に、関連者以外の者（非関連者）との間の取引高（収入金額等の50%超）により対象外国関係会社判定の要件とするものです。具体的な業種と取引高は次のとおりです。

（措法66の6②三号ハ(1)・措令39の14の3㉗㉘）

業種目	取引高		
卸売業	$\dfrac{\text{関連者以外の者との間の販売取扱金額}}{\text{販売取扱金額の合計額}}$	>	50%
	又は		
	$\dfrac{\text{関連者以外の者との間の仕入取扱金額}}{\text{仕入取扱金額の合計額}}$	>	50%
銀行業	$\dfrac{\text{関連者以外の者から受ける受入利息}}{\text{受入利息の合計額}}$	>	50%
	又は		
	$\dfrac{\text{関連者以外の者に支払う支払利息金額}}{\text{仕入利息の合計額}}$	>	50%
信託業	$\dfrac{\text{関連者以外の者から受ける信託報酬}}{\text{信託報酬の合計額}}$	>	50%
金融商品取引業	$\dfrac{\text{関連者以外の者から受ける受入手数料}}{\text{受入手数料の合計額}}$	>	50%
保険業	$\dfrac{\text{関連者以外の者から受ける収入保険料}}{\text{収入保険料}}$	>	50%
水運業又は航空運送業	$\dfrac{\text{関連者以外の者から収入するもの}}{\substack{\text{船舶又は航空機の運航又は貸付による}\\\text{収入金額の合計額}}}$	>	50%
物品賃貸業	$\dfrac{\text{関連者以外の者から収入するもの}}{\text{貸付収入金額の合計額}}$	>	50%

（左端に「非関連者基準」と縦書き表記）

問16　本店所在地国基準とは

> 対象外国関係会社を判定する際の本店所在地国基準について教えてください。

回　答

　本店所在地国基準とは、本店所在地国において事業行うことにより経済的合理性を判断し、対象外国関係会社判定の要件とするものです。

（措法66の６②三号ハ⑵・措令39の14の３㉜）

業　　種	事業の要件
不動産業	主として本店所在地国にある不動産の売買又は貸付け、当該不動産の売買又は貸付けの代理又は媒介及び当該不動産の管理を行っている場合
物品賃貸業	主として本店所在地国において使用される物品の貸付けを行っている場合
製造業	主として本店所在地国において製品の製造を行っている場合（製造における重要な業務を通じて製造に主体的に関与していると認められる場合として財務省令で定める場合を含む。）
七業種、不動産業、物品賃貸業及び製造業以外の事業	主として本店所在地国において行っている場合

㊟　七業種：卸売業、銀行業、信託業、金融商品取引業、保険業、水運業又は航空運送業

問17　非関連者基準の判定事例（卸売業）

当社の香港の外国関係会社Ｘ社は、電気製品卸売業を営んでいます。令和２年12月期の仕入と売上が以下の状況の場合、Ｘ社は対象外国関係会社の判定に際し、非関連者基準を満たすのでしょうか。

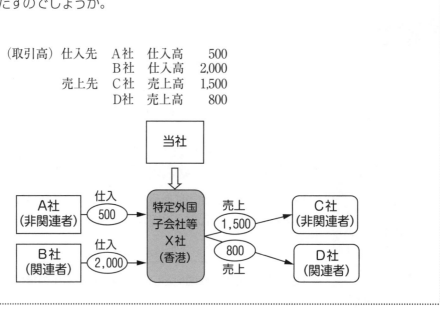

（取引高）　仕入先　Ａ社　仕入高　　500
　　　　　　　　　　　Ｂ社　仕入高　2,000
　　　　　　　売上先　Ｃ社　売上高　1,500
　　　　　　　　　　　Ｄ社　売上高　　800

回　答

外国関係会社Ｘ社は、売上の取引において非関連者との取引が50%超であることから対象外国関係会社判定の要件の一つである非関連者基準を満たします。

（措法66の６②三号ハ⑴・措令39の14の３㉗・㉘）

解　説

卸売業については、販売取扱金額（売上高）又は取得した棚卸資産の取得金額（仕入高）のどちらか一方の合計額の50%超が非関連者との取引であれば、非関連者基準を満たすことになります。

本事例の場合は、仕入の非関連者との取引割合は500（非関連者）／2,500（仕入総額）＝20%となり、50%超の要件を満たしていませんが、売上の非関連者との取引割合は1,500（非関連者）／2,300（売上総額）＝65.2%となり、50%超の非関連者基準の要件を満たしています。

問18　統括業務を行う外国関係会社

対象外国関係会社の判定に際しては、株式等の保有等を主たる事業とする外国関係会社のうち他の外国法人の「統括業務」を行う外国関係会社（統括会社）は、事業基準の対象外とされていますが、その趣旨を教えてください。

回　答

　対象外国関係会社の判定に際しては経済活動基準（事業基準、実体基準、管理支配基準、非関連者基準又は所在地国基準）を検討することになります。

　我が国のグローバル企業の経営実態をみると、地域ごとの海外拠点を統合する統括会社（株式等の保有等を主たる事業とする外国関係会社うち他の外国法人の「統括業務」を行う外国関係会社をいいます。）を活用した経営形態に変化しています。具体的には、統括会社を活用したグループ企業の商流の一本化や間接部門（経理・人事・システム・事業管理等）の合理化など、企業収益の向上に著しく貢献している現状があります。

　このように、統括会社はその設立目的が租税回避ではないことから、平成29年の税制改正では、事業基準を判定する際の株式等の保有等を主たる事業とする外国関係会社から除くこととされました。

（措法66の6②三号イ⑴・措令39の14の3⑰・⑱・⑳）

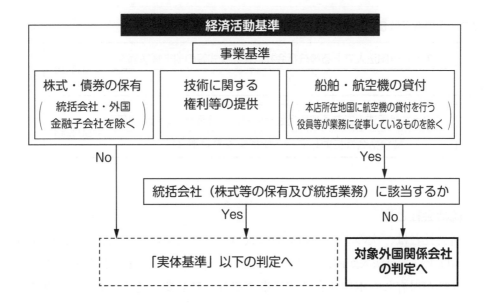

問19　統括会社、被統括会社と統括業務

> 統括会社、被統括会社及び統括業務について教えてください。

回　答

(1)　統括会社

　統括会社とは、一の内国法人によってその発行済株式等の全部を直接又は間接に保有されている外国関係会社で次の①～③に掲げる要件を満たすもののうち、株式等の保有を主たる事業とするものをいいます。

（措令39の14の3⑳）

①　複数の被統括会社に対して統括業務を行っていること。

②　本店所在地国に統括業務に係る事務所、店舗、工場その他の固定施設を有すること。

③　統括業務に従事する者（専ら当該業務に従事する者に限ります。）を有すること。

株式等の保有を主たる事業とする判定基準――

$$\frac{①のうち被統括会社に係る株式等の期末帳簿価額（②）}{統括会社の株式等の期末帳簿価額（①）}＝50\%超$$

かつ　次のA又はBが50%超であること

A	$\dfrac{②のうち外国法人である被統括会社に係る株式等の期末帳簿価額}{②}$	＝50%超
B	$\dfrac{③のうち外国法人である被統括会社に対して行う統括業務の対価}{被統括会社に対して行う統括業務の対価（③）}$	＝50%超

(2)　被統括会社とは

　被統括会社とは、次の①から③までに該当する法人で、その外国法人の発行済株式等の25%以上（当該法人が内国法人である場合には50%以上）を統括業務を行う特定外国子会社等が保有し、本店所在地国に事業を行うに必要と認められるその事業に従事

する者を有するものです。

（措令39の14の3⑱）

① 判定株主等（当該外国関係会社及び当該外国関係会社に係る納税義務者となる内国法人並びに当該内国法人が間接保有する他の外国法人又は出資関連法人等）が法人を支配している*場合における当該法人（次の②及び③において「子会社」といいます。）

② 判定株主等及び子会社が法人を支配している*場合における当該法人（次の③において「孫会社」といいます。）

③ 判定株主等並びに子会社及び孫会社が法人を支配している*場合における当該法人

　＊ 「支配している」とは、発行済株式等の過半数等を有する場合をいいます。

(3) 統括業務とは

統括業務とは、次の業務をいいます。

（措令39の14の3⑰）

① 被統括会社の事業方針の決定又は調整に係る業務（業務の遂行上欠くことのできないものに限ります。）

② 二以上の被統括会社に係る業務を一括して行うこと

③ 被統括会社の収益性の向上に資する業務

問20　「被統括会社の事業方針の決定又は調整に係るもの」の意義

> 　租税特別措置法施行令第39条の14の3第17項に規定する統括業務の定義のうち「被統括会社の事業の方針の決定又は調整に係るもの（当該事業の遂行上欠くことのできないものに限る。）」について教えてください。

回答

　「被統括会社の事業の方針の決定又は調整に係るもの（当該事業の遂行上欠くことのできないものに限る。）」とは、被統括会社の事業方針の策定及び指示並びに業務執行の管理及び事業方針の調整の業務で、当該事業の遂行上欠くことのできないものをいいます。

（措通66の6-11）

解説

(1)　「事業方針の策定及び指示」とは

　「事業方針の策定及び指示」とは、具体的には、統括会社が被統括会社の企業活動の現状に関する情報の収集及び分析を行い、さらなる効率的かつ企業収益に貢献する事業活動のための事業方針の策定を行い、この策定に基づいた指示を与える状況を想定しているものと考えられます。

(2)　「業務執行の管理」とは

　「業務執行の管理」とは、指示した事業方針に沿って、被統括会社において企業活動が行われているかを継続的に管理するとともに、活動状況に応じた的確なアドバイスを行うことを想定しているものと考えられます。

(3)　「事業方針の調整」とは

　「事業方針の調整」とは、例えば、企業活動地域における政治基盤及び市況の変化等により、当初の事業方針に変更あるいは調整を加える事態を想定しているものと考えられます。

㈲　統括会社が、被統括会社の事業方針の策定のために補完的に行う広告宣伝及び情報収集等の業務は、「被統括会社の事業の方針の決定又は調整に係るもの」には、該当しません。

（措通66の6－11注書）

問21　「その本店所在地にその業務を行うに必要と認められる当該事業に従事するものを有する」の意義

> 租税特別措置法施行令第39条の14の3第18項に規定する被統括会社の定義のうち「その本店所在地国にその事業を行うに必要と認められる当該事業に従事するものを有する」について教えてください。

回　答

「その本店所在地国にその事業を行うに必要と認められる当該事業に従事するものを有する」とは、外国法人がその事業の内容、規模等に応じて必要な従事者を本店所在地国に有していることをいいます。ですから、当該事業に従事する者は、当該外国法人の事業に専従しているものに限りません。

（措通66の6-13）

　㊟　この要件は、外国法人がその本店所在地国に事業実体があるか否かを判断するために規定されたものであり、その外国法人の事業に専属的に従事する必要はなく、他の外国法人の事業に従事している者も含まれることを明らかにしているものです。

問22　「専ら当該業務に従事する者」の意義

> 　租税特別措置法施行令第39条の14の３第20項第２号に規定する統括会社の要件の
> うち統括業務に従事する者のかっこ書きの「専ら当該統括業務に従事する者……を有
> している」について教えてください。

回　答

　「専ら当該業務に従事する者……を有している」とは、統括業務を行う専門部署
（以下「統括部署」といいます。）がある場合には当該統括部署で当該統括業務に従事し
ている者を有していることをいい、当該統括部署がない場合には当該統括業務に専属
的に従事している者を有していることをいいます。

（措通66の６-14）

(注)　「専ら」とは、物理的・時間的に専属していることではなく、機能的な面で専
　　属していることとされています。

　　　したがって、外国関係会社が統括業務を専担で行う部署を設けている場合には、
　　もちろん、「専ら当該業務に従事している者を有している」ということになりま
　　す。

　　　また、統括業務に従事する者が統括業務以外の他の業務も兼務している場合も、
　　その従事する者が、統括業務の機能を果たしている場合には、「専ら当該業務に
　　従事している者を有している」ことになります。

問23　統括会社と被統括会社の関係

統括会社と被統括会社との関係を事例で教えてください。

【図解】

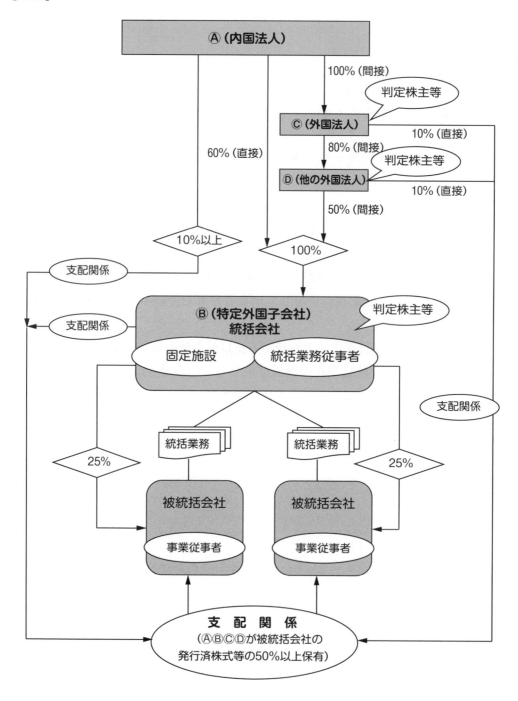

回　答

① 　AはBを直接・間接に100%保有

② 　Bは統括会社で固定施設及び統括業務従事社を有し、被統括会社の株式等を 25％以上（被統括会社が内国法人である場合は50％以上）保有

③ 　被統括会社は事業従事者を有している

④ 　ABCDが被統括会社を支配

問24　調整後所得金額の計算事例

X国の法人A社は、内国法人甲社の100%子会社であり、特定外国関係会社に該当します。調整後所得金額は、本邦法令に準じて計算するのですが、A社の損益計算書が以下の場合、本邦法令に準じて計算する調整後所得金額はいくらになるのでしょうか。

```
               A社　損益計算書
                  (US$)

    総収入（利息収入）        50,000


    総費用

          役員給与          10,000
          給与             5,000
          弁護士費用         5,000
          雑費用            2,000
    総費用合計             22,000
    税引前利益             28,000
    法人税引当金            4,200
    税引後利益             23,800
```

(注)　役員給与の内訳は役員報酬＄5,000と賞与＄5,000である。

回　答

　調整後所得金額＝＄23,800（税引後利益）＋＄5,000（役員賞与）＋＄4,200（法人税引当金）

　＝＄33,000　となります。

（措令39の15①一～五号・②一～十八号）

問25　調整後所得金額と基準所得金額の計算事例

Ｘ国の法人Ａ社は、内国法人甲社の100％子会社であり、特定外国関係会社に該当します。調整後所得金額は、本邦法令に準じて計算するのですが、Ａ社の損益計算書が以下の場合、本邦法令に準じて計算する場合の調整後所得金額と基準所得金額はいくらになるのでしょうか。

Ａ社　損益計算書
(US$)

利息収入	50,000
配当収入	50,000
収入合計	100,000
支出費用	
役員給与	10,000
給与	5,000
弁護士費用	5,000
雑費用	2,000
費用合計	22,000
税引前利益	78,000
法人税引当金	11,700
税引後利益	66,300

㈿1　配当収入＄50,000はＸ国に本店を有する子会社からのものである。
㈿2　役員給与の内訳は役員報酬＄5,000と賞与＄5,000である。

回　答

①　調整後所得金額＝＄66,300（税引後利益）＋＄5,000（役員賞与）＋＄11,700（法人税引当金）
＝＄83,000　となります。

②　基準所得金額＝＄83,000（調整後所得金額）－＄50,000（子会社配当等）
＝＄33,000　となります。

（措令39の15①一～五号・②一～十八号）

問26　調整後所得金額、基準所得金額、適用対象金額の計算事例

　X国の法人A社は、内国法人甲社の100%子会社であり、特定外国関係会社に該当します。調整後所得金額は、本邦法令に準じて計算するのですが、A社の損益計算書が以下の場合、本邦法令に準じて計算する場合の調整後所得金額、基準所得金額、適用対象金額はいくらになるのでしょうか。

```
        A社　損益計算書
             (US$)

利息収入            50,000
配当収入            50,000
収入合計           100,000
支出費用
    役員給与        10,000
    給与             5,000
    弁護士費用        4,000
    租税公課         5,000
費用合計            24,000
税引前利益          76,000
法人税引当金        11,400
税引後利益          57,000
```

(注)1　配当収入＄50,000はX国に本店を有する子会社からのものである。
(注)2　役員給与の内訳は役員報酬＄5,000と賞与＄5,000である。
(注)3　前期から繰り越した欠損金額が＄20,000ある。
(注)4　当期中に納付が確定した法人所得税が＄3,000ある。

回　答

①　調整後所得金額＝＄57,000（税引後利益）＋＄5,000（役員賞与）＋＄11,400（法人税引当金）

　　＝＄73,400　となります。

②　基準所得金額＝＄73,400（調整後所得金額）－＄50,000（子会社配当等）

　　＝＄23,400　となります。

③ 適用対象金額＝基準所得金額（＄23,400）－（（繰越欠損金額（＄20,000）＋納付
確定法人所得税（$3,000））
＝$400 となります。

（措令39の15①一～五号・②一～十八号）

問27　特定外国関係会社を譲り受けた場合の繰越欠損金の控除

内国法人Ｓ社は、特定外国関係会社（甲社）の株式を所有していましたが、この度、事業再編成のために内国法人Ｔ社に譲渡することになりました。

内国法人Ｔ社は令和３年３月期の申告に際し、甲社の過年度の特定外国関係社の該当の有無と欠損金額の状況を確認したところ次の状況が判明しました。

内国法人Ｔ社は、内国法人Ｓ社が株主の期間に生じた甲社の欠損金を全て、甲社の平成29年12月期の適用対象金額を計算する際に控除できるでしょうか。

（特定外国子会社等と欠損金の状況）

甲社事業年度	29/12	30/12	R1/12	R2/12
特定外国子会社等	該当	非該当	非該当	該当
欠損金額の有無	有	有	有	無

回答

29/12月期の欠損金額は、内国法人Ｔ社の税務申告に際し、特定外国関係会社（甲社）の適用金額の計算上控除することができます。

解説

控除できる欠損金額は、各事業年度開始前7年以内に開始した事業年度に生じた欠損金の合計額とされています。

ただし、特定外国関係会社に該当しなかった事業年度に生じた欠損金額は控除できません。

したがって、ご質問の場合は、甲社が特定外国関係会社に該当する事業年度に生じた29/12月期の欠損金額は、内国法人Ｔ社の税務申告に際し、特定外国関係会社（甲社）の適用金額の計算上控除することができます。

（控除できる欠損金額）

① 各事業年度開始前７年以内に開始した各事業年度の欠損金額

② 特定外国関係会社の事業年度に生じた欠損金額

（措法66の6②四号・措令39の15⑤）

問28　特定外国関係会社の株式を取得した場合の繰越欠損金の控除

　　内国法人Ｓ社は、ブラックリスト国Ｘに本店を有する特定外国関係会社Ａ社の株式の30%を所有していましたが、この度、残りの70%をＹ国のＴ社から取得しました。
　　Ａ社は欠損金額を有していますが、欠損金額が発生した事業年度においては、特定外国関係会社に該当していなかったということです。
　　今回、Ｓ社の税務申告に際し、Ａ社の当期（R2/1/1 ～ R2/12/31）の適用対象金額の計算上、Ａ社の欠損金額は控除できるでしょうか。

　㊟1　Ａ社の当期事業年度　　　　　　R2/1/1 ～ R2/12/31
　㊟2　Ａ社の欠損金額発生事業年度　　R1/1/1 ～ R1/12/31
　㊟3　Ｔ社からの株式取得日　　　　　R2/8/20

回　答

　Ｓ社は、Ａ社のR2/1 ～ R2/12の事業年度の適用金額を計算するに際し、R1/1 ～ R1/12の事業年度の欠損金額は控除できません。

解　説

　控除できる欠損金額は、各事業年度開始前7年以内に開始した事業年度に生じた欠損金の合計額とされています。ただし、Ａ社が特定外国関係会社に該当しなかった事業年度の欠損金額は控除できません。
　ご質問の場合は、Ｓ社がＡ社の株式をR2/8/20に70%取得したことにより、内国法人等が50%超を取得したことになり、R2/12/31の事業年度終了時点においてＡ社はＳ社の特定外国関係会社等に該当します。

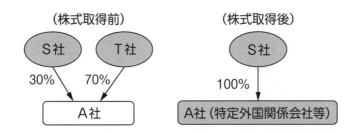

　しかし、Ａ社の欠損金額発生事業年度（R1/1/1 ～ R1/12/31）は、特定外国関係会

社に該当しなかった事業年度（内国法人等がＡ社の発行済株式等の50%超を保有していない）になります。

　したがって、Ｓ社は、Ａ社のR2/1 ～ R2/12の事業年度の適用対象金額を計算するに際し、R1/1 ～ R1/12の事業年度の欠損金額は控除できないことになります。

（措法66の6②四号・措令39の15⑤）

問29　特定外国関係会社が２社以上ある場合の損益の不通算

　内国法人Ｓ社は、Ｘ国に本店を有する特定外国関係会社Ａ社とＹ国に本店を有する特定外国関係会社Ｂ社を所有していましたが、この度、Ａ社とＢ社を合併し、Ａ社を合併法人として存続させることを考えています。その際に被合併法人であるＢ社の合併前の事業年度に生じた欠損金額を、Ａ社の適用対象金額を計算する際に控除できるのでしょうか。

回　答

　Ｂ社の合併前に生じた欠損金額は、Ａ社の適用対象金額の計算上控除できません。

（措通66の６－３）

解　説

　特定外国関係会社の課税対象金額は特定外国関係会社ごとに計算しますので、特定外国外国関係会社が二以上ある場合に、そのうちに欠損金額があっても損益通算はできません。

　ご質問の場合には、合併法人Ａ社の適用対象金額の計算上、被合併法人Ｂ社の欠損金額を控除することは、二以上の特定外国関係会社の損益を通算することになりますので、Ｂ社の欠損金額は、Ａ社の課税対象金額の計算上控除はできません。

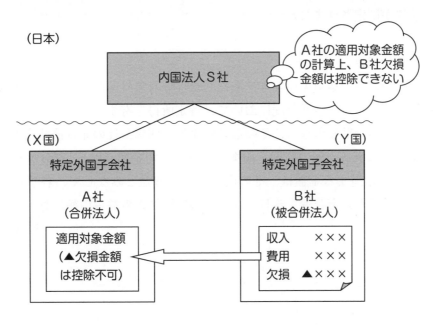

問30　部分対象外国関係会社の部分課税対象金額の益金算入制度

> 部分対象外国関係会社の部分課税対象金額の益金算入制度について教えて下さい。

回　答

(1)　部分対象外国関係会社の部分課税対象金額の益金算入制度

　特定外国関係会社又は対象外国関係会社に該当せず、合算課税の対象とならない場合でも、株式、債券、特許権及び商標権等の資産の運用等から生じる所得は課税の対象となります。

　これは、平成22年度の税制改正で新たに立法されたもので、「部分対象外国関係会社の部分課税対象金額の益金算入制度」といいます。

(2)　立法の趣旨

　株式や債券の運用あるいは、特許権、商標権等の無体財産権の使用許諾などにより生じる資産性所得（以下「特定所得」といいます。）について、我が国より税負担の低い国又は地域において資産運用を行っているケースについては、そのような場所で行う合理的な理由はなく、むしろ、外国子会社への利益の付け替えに利用されることが想定されます。

　このような事情を背景として、特定所得を外国子会社に付け替える租税回避行為を防止するために、外国子会社の資産運用による所得を親会社の所得に合算して課税する新しい法律が制定されました。

(3)　基本的な仕組み

　会社単位の合算課税適用免除要件を満たした部分対象外国関係会社が、平成22年4月1日以後に開始する各事業年度において、特定所得を有するときは、各事業年度の特定所得の金額の合計額のうち、その部分対象外国関係会社の発行済株式等の内国法人の保有割合又は実質支配の状況を勘案して計算した金額（以下「部分課税対象金額」といいます。）に相当する金額は、その内国法人の収益とみなして、各事業年度終了の日の翌日から2か月を経過する日を含むその内国法人の益金の額に算入します。

（措法66の6⑥）

⑷　部分適用対象金額に係る適用免除

　　次に掲げる場合には、部分対象外国関係会社のその該当する各事業年度については、本税制は適用されません。

(措法66の6⑩)

①　各事業年度の租税負担割合が20％以上であること。

②　各事業年度における部分適用対象金額に係る収入金額が2千万円以下であること。

③　各事業年度の決算に基づく所得の金額のうちに当該各事業年度における部分適用対象金額の占める割合が5％以下であること。

問31　特定所得

> 特定所得について教えてください。

回　答

　特定所得の金額とは、次のAの金額からBの金額を控除した残額をいいます。特定外国子会社等が行う特定事業以外の事業の性質上重要で欠くことのできない業務から生じたものは除外されています。

（措法66の6⑥一～十一号）

主な特定所得

A		B
剰余金の配当等（特定外国子会社等の有する他の法人の発行済株式の総数又は総額のうちに占める割合が10%に満たないものに限る）の合計額	－	剰余金の配当等の額を得るために直接要した費用の額の合計額 ＋ 剰余金の配当に係る費用の額
債権の利子の合計額	－	債権の利子の額を得るために直接要した費用の額の合計額 ＋ 利子の額に係る費用の額
債券の償還金額がその取得価額を超える場合におけるその差益の額の合計額	－	償還差益の額を得るために直接要した費用の額の合計額 ＋ 差益の額に係る費用の額
株式等の譲渡に係る対価の額（特定外国子会社等の有する他の法人の発行済株式の総数又は総額のうちに占める割合が10%に満たないものに限る）の合計額	－	株式等の譲渡に係る原価の額の合計額 ＋ 対価の額を得るために直接要した費用の額の合計額
債券の譲渡に係る対価の額の合計額	－	債券の譲渡に係る原価の合計額 ＋ 対価の額を得るために直接要した費用の額の合計額
特許権等の使用料の合計額	－	使用料等を得るために直接要した費用の額の合計額
船舶又は航空機の貸付けによる対価の額の合計額	－	対価の額を得るために直接要した費用の額の合計額

問32　外国子会社配当益金不算入制度

> 外国子会社配当益金不算入制度とはどのような制度でしょうか。

回　答

(1)　制度の趣旨

　平成21年度の税制改正により、間接外国税額控除が廃止されたことに伴い創設された規定です。

　内国法人が外国子会社の課税済の所得を原資とした剰余金の配当等を受け、課税が行われた場合には、国際的な二重課税が生じることから、その剰余金の配当等を内国法人の益金に算入しないものです。

　益金不算入となる金額は、剰余金の配当等から剰余金の配当等の５％を控除した金額となります。

（法法23の２）

【算式】

　剰余金の配当等の額－（剰余金の配当等の額×５％）＝配当金益金不算入額

　㊟１　５％部分については、剰余金の配当に係る経費として認めることから、結果的に剰余金の配当等の額の95％を益金不算入とするものです。

　㊟２　本制度の適用を受ける場合には、外国会社から受ける配当等に係る外国源泉税等は損金不算入となります。

（法法39の２）

　㊟３　外国源泉税等の額については、外国税額控除制度の対象となる控除対象外国法人税の額から除かれますので、外国税額控除はできません。

（法法69・法令142の２⑦三）

(2)　外国子会社の要件

　①　内国法人が発行済株式又は出資の総数又は総額の25%以上を保有している場合のその外国法人

　②　25%以上の保有の状態が、剰余金の配当等の支払義務が確定する日以前６月以上継続していること

問33　特定課税対象金額

外国子会社の合算課税済所得を原資とする剰余金の配当等を受ける場合の益金不算入額である特定課税対象金額について教えてください。

回　答

特定課税対象金額は次の①と②の合計額となります。

（措法66の8④一・二号）

①　外国法人に係る課税対象金額（又は部分課税対象金額）で、内国法人が当該外国法人から剰余金の配当等を受ける日を含む事業年度の所得金額の計算上益金に算入されるもののうち、内国法人の有する当該外国法人の直接保有の株式等に対応する部分の金額

②　外国法人に係る課税対象金額（又は部分課税対象金額）で、内国法人が当該外国法人から剰余金の配当等を受ける日を含む事業年度開始の日前10年以内に開始した各事業年度（以下「前10年以内の各事業年度」といいます。）の所得金額の計算上益金に算入されたもののうち、その内国法人の有するその外国法人の直接保有の株式等に対応する部分の金額の合計額（前10年以内の各事業年度において当該外国法人から受けた剰余金の配当等の額がある場合には当該配当等を控除した残額）

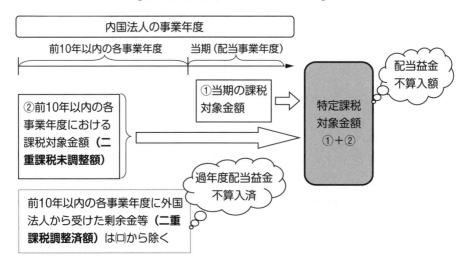

【特定課税対象金額のイメージ】

問34　間接特定課税対象金額

外国子会社等の合算課税済所得を原資とする剰余金の配当等を受ける場合の益金不算入額である間接特定課税対象金額について教えてください。

回　答

間接特定課税対象金額とは、次の①及び②のうちいずれか少ない金額をいいます。

（措法66の８⑪）

① 内国法人が外国法人から剰余金の配当等の額を受ける日を含む当該内国法人の事業年度（以下「配当事業年度」といいます。）開始の日前２年以内に開始した各事業年度（以下「前２年以内の各事業年度」といいます。）のうち最も古い事業年度から配当事業年度終了の日までの期間において、当該外国法人が他の外国法人から受けた剰余金の配当等の額のうち、当該内国法人の有する当該外国法人の直接保有の株式等の数に対応する部分の額として政令で定める金額

（措法66の８⑪一号）

② 次に掲げるイとロの合計額

イ　他の外国法人に係る課税対象金額（又は部分課税対象金額）で、配当事業年度において、配当事業年度の所得の金額の計算上益金に算入されるもののうち、内国法人の有する当該他の外国法人の間接保有の株式等に対応する部分の金額

ロ　他の外国法人に係る課税対象金額（又は部分課税対象金額）で、配当事業年度開始の日前２年以内の各事業年度の所得金額の計算上益金に算入されたもののうち、その内国法人の有するその外国法人の間接保有の株式等に対応する部分の金額の合計額（前２年以内の各事業年度において当該他の外国法人から受けた剰余金の配当等の額がある場合には当該配当等を控除した残額）

（措法66の８⑪二号）

【②ロのイメージ】

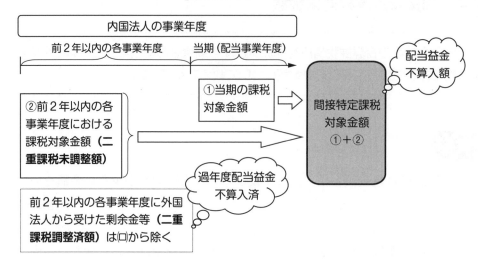

第**5**部

別表記載例

別表記載例１　租税負担割合を計算する事例

　内国法人Ｓ社（令和３年３月決算）はＸ国に子会社Ａ社（株式等保有割合100%）を設立し、電子部品の卸売業を営んでいます。

　Ａ社の決算が確定し、法人税申告書を計算したところ、課税標準は500,000ドルで、法人税は100,000ドルとなりました。

　法人税率が20%であることから、Ａ社の租税負担割合は20%と思っていますが、法人税申告書の作成に際し、まだ、Ｘ国に送金されていないＹ国のＢ社に対する売上80,000ドルとコンサルタント料50,000ドルがあります。これらは、Ｘ国の法令により非課税ですので、法人税の課税標準に含めていません。租税負担割合の計算は正しいのでしょうか。別表の記載も含めて教えてください。

Ａ社 損益計算書 （令和２/1～2/12）		Ａ社 法人税申告書 （令和２/1～2/12）	
収入		課税標準	500,000
売上	4,580,000ドル	売上	4,500,000ドル
コンサルタント料	50,000	経費	−4,000,000
	4,630,000		500,000
経費	4,000,000	法人税率（20%）	
税引前利益	630,000	法人税	100,000
法人税	100,000	（500,000×20%）	
税引後利益	530,000		

※売上80,000、コンサルタント料50,000は、Ｘ国法令により送金されない限り課税標準に含まれません。

回　答

　租税負担割合は15.8%となります。

$$\frac{100,000（Ｘ国法人税）}{\underset{\text{（Ｘ国課税標準）　（非課税所得）}}{500,000＋（80,000＋50,000）}}＝15.8\%$$

解　説

　租税負担割合の計算は、現地の課税標準額と実際の納付法人税のみで計算するのではなく、課税標準額に非課税所得等（送金されない限りは課税標準に含まれないものを含みます。）を加算するなど一定の調整を行い計算します。

　本事例の場合には分母のＸ国課税標準にＸ国の法令による非課税所得130,000ドルを加算し、租税負担割合を計算します。

添付対象外国関係会社に係る外国関係会社の区分及び所得に対する租税の負担割合の計算に関する明細書	事業年度又は連結事業年度	2・4・1 3・3・31	法人名	S社（　　　　　）

別表十七（三の七）付表二　令二・四・一以後終了事業年度又は連結事業年度分

外 国 関 係 会 社 の 名 称	1	A社	事 業 年 度	2	2・1・1 2・12・31

添 付 対 象 外 国 関 係 会 社 に 係 る 外 国 関 係 会 社 の 区 分 に 関 す る 明 細

特 定 外 国 関 係 会 社 の 判 定

ペーパー・カンパニー	主たる事業を行うに必要と認められる固定施設を有する外国関係会社でないこと	3	該当・非該当・未判定
	本店所在地国において事業の管理、支配及び運営を自ら行う外国関係会社でないこと	4	該当・非該当・未判定
	外国子会社の株式等の保有を主たる事業とする一定の外国関係会社でないこと	5	該当・非該当・未判定
	特定子会社の株式等の保有を主たる事業とする等の一定の外国関係会社でないこと	6	該当・非該当・未判定
	不動産の保有、石油その他の天然資源の探鉱等又は社会資本の整備に関する事業の遂行上欠くことのできない機能を果たしている等の一定の外国関係会社でないこと	7	該当・非該当・未判定
キャッシュ・ボックス	総資産額に対する一定の受動的所得の金額の割合が30％を超える外国関係会社（総資産額に対する一定の資産の額の割合が50％を超えるものに限る。）であること	8	該当・非該当・未判定
	非関連者等収入保険料の合計額の収入保険料の合計額に対する割合が10％未満であり、かつ、非関連者等支払再保険料合計額の関連者等収入保険料の合計額に対する割合が50％未満である外国関係会社であること	9	該当・非該当・未判定

対 象 外 国 関 係 会 社 の 判 定

経済活動基準	事業基準	株式等若しくは債券の保有、無形資産等の提供又は船舶若しくは航空機の貸付けを主たる事業とする外国関係会社でないこと	10	該当・非該当・未判定
	事業基準の特例	統 括 会 社 特 例 の 適 用	11	有 ・ 無
		外 国 金 融 持 株 会 社 特 例 の 適 用	12	有 ・ 無
		航 空 機 リ ー ス 子 会 社 特 例 の 適 用	13	有 ・ 無
	実体基準	本店所在地国において主たる事業を行うに必要と認められる固定施設を有する外国関係会社であること	14	該当・非該当・未判定
	管理支配基準	本店所在地国において事業の管理、支配及び運営を自ら行う外国関係会社であること	15	該当・非該当・未判定
	非関連者基準	非 関 連 者 取 引 割 合 が 50 ％ を 超 え る 外 国 関 係 会 社 で あ る こ と	16	該当・非該当・未判定
	所在地国基準	主 と し て 本 店 所 在 地 国 に お い て 事 業 を 行 う 外 国 関 係 会 社 で あ る こ と	17	該当・非該当・未判定

部 分 対 象 外 国 関 係 会 社 の 判 定

特 定 外 国 関 係 会 社 及 び 対 象 外 国 関 係 会 社 以 外 の 外 国 関 係 会 社 で あ る こ と	18	該当・非該当・未判定
清 算 外 国 金 融 子 会 社 等 で あ る こ と	19	該当・非該当・未判定
(2) の 事 業 年 度 が 特 定 清 算 事 業 年 度 で あ る こ と	20	該当・非該当・未判定
外 国 金 融 子 会 社 等 で あ る こ と	21	該当・非該当・未判定

所 得 に 対 す る 租 税 の 負 担 割 合 の 計 算

所得の金額	当期の所得金額	当 期 の 決 算 上 の 利 益 又 は 欠 損 の 額	22	630,000ドル	租税の額	本店所在地国の外国法人税の額	本店所在地国において課される外国法人税の額	34	100,000ドル
		本店所在地国における課税所得金額	23	500,000ドル			（　　　　　　％）		
	加算	非 課 税 所 得 の 金 額	24	130,000ドル			所得の額に応じて税率が高くなる場合に納付したものとみなされる税額	35	
		損金の額に算入した支払配当等の額	25				納付したものとみなして本店所在地国の外国法人税の額から控除される額	36	
		損金の額に算入した外国法人税の額	26						
		保険準備金繰入限度額超過額	27				本店所在地国外において課される外国法人税の額	37	
		保険準備金取崩不足額	28						
		小 計	29	130,000ドル			租 税 の 額（(34)から(37)までの合計額）	38	100,000ドル
	減算	(24)のうち配当等の額	30			所 得 に 対 す る 租 税 の 負 担 割 合 $\frac{(38)}{(33)}$		39	15.8％
		益金の額に算入した還付外国法人税の額	31						
		小 計	32			(33)が零又は欠損金額となる場合の租税の負担割合		40	
		所 得 の 金 額 ((22)又は(23))＋(29)－(32)	33	630,000ドル					

別表記載例2　卸売業を営む外国法人が経済活動基準を満たす事例

　　内国法人S社はX国に子会社A社を設立し、電子部品の卸売業を営んでおります。S社とA社の概要から、A社は経済活動基準を満たし、会社単位の合算課税の適用を免除されるでしょうか。

　　別表の記載方法を含め、教えてください。

(1)　S社の概要

　　①　事業年度　令和2年4月1日〜令和3年3月31日

　　②　X国に外国子会社A社（持株割合100%）を設立

(2)　A社の概要

　　①　事業年度　令和2年1月1日〜令和2年12月31日

　　②　資本金　10,000ドル

　　③　事業内容　電子部品の卸売

　　④　本店の施設等　事務所は賃借物件

　　⑤　本店の業務　製品の仕入と販売、管理業務（取締役会開催・会計帳簿の作成保管）

　　⑥　非関連者との取引

　　　　売上高　500,000ドル（非関連者との取引なし）

　　　　仕入高　200,000ドル（非関連者との取引あり160,000ドル）

　　⑦　売上高　1,200,000ドル

　　⑧　営業利益　300,000ドル

　　⑨　当期利益（税引前）　200,000ドル

　　⑩　課税所得200,000ドル

　　⑪　税額（⑩に対する税額）　38,000ドル

　　⑫　基準所得金額の計算は外国法令（本店所在地国法令）に準拠して計算する。

　　⑬　利子及び配当等の資産性所得はない。

　　⑭　為替レートは1ドル120円

回　答

　A社は、経済活動基準（①事業基準、②実体基準、③管理支配基準、④非関連者基準）の全てを満たしていますので、部分対象外国関係会社に該当し、会社単位の合算課税は免除されます。

解　説

(1)　会社単位の合算課税の適用免除の検討（経済活動基準の検討）

　次の①〜④の経済活動基準の要件を全て満たしていますので、会社単位の合算課税は適用免除となります。

　①　事業基準
　　→　卸売業は特定事業に該当しないため要件を満たす。

　②　実体基準
　　→　本店所在地において賃借により事務所等の固定的施設を有するため要件を満たす。

　③　管理支配基準
　　→　本店所在地国において製品の仕入販売、管理業務等を行っており要件を満たす。

　④　非関連者基準
　　→　非関連者からの仕入れが50％を超えているので要件を満たす。

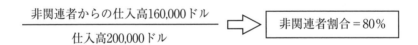

$$\frac{\text{非関連者からの仕入高160,000ドル}}{\text{仕入高200,000ドル}} \Longrightarrow \boxed{\text{非関連者割合＝80％}}$$

(2)　部分適用対象金額に係る適用免除の判定

　会社単位の合算課税の適用免除の要件を満たしている場合には、次に、部分適用対象金額（利子、配当等の資産性所得）の適用免除の判定を行います。

　本事例の場合は、利子、配当等の特定所得がありませんので、課税は免除となります。

添付対象外国関係会社の名称等に関する明細書			事業年度又は連結事業年度	2・4・1 3・3・31	法人名	S社 ( )		

	名　　　　　　　　称	1	A社		
外国関係会社の名称等	本店の所在する国又は地域名	2	X国		
	所　　在　　地	3			
	事　　業　　年　　度	4	2・1・1 2・12・31	・　・ ・　・	・　・ ・　・
	主　た　る　事　業	5	電子部品の卸売		
	外国関係会社の区分	6	特定外国関係会社 ・ 対象外国関係会社 ・ 外国金融子会社等以外の部分対象外国関係会社 ・ 外国金融子会社等	特定外国関係会社 ・ 対象外国関係会社 ・ 外国金融子会社等以外の部分対象外国関係会社 ・ 外国金融子会社等	特定外国関係会社 ・ 対象外国関係会社 ・ 外国金融子会社等以外の部分対象外国関係会社 ・ 外国金融子会社等
	資本金の額又は出資金の額	7	(1,200,000 円) 10,000ドル	(円)	(円)
	株式等の保有割合	8	% 100	%	%
	営業収益又は売上高	9	(144,000,000 円) 1,200,000ドル	(円)	(円)
	営　　業　　利　　益	10	(36,000,000 円) 300,000ドル	(円)	(円)
	税引前当期利益	11	(24,000,000 円) 200,000ドル	(円)	(円)
	利　益　剰　余　金	12	(円)	(円)	(円)
	所得に対する租税の負担割合 (別表十七(三の七)付表二「39」又は「40」)	13	% 19	%	%
	企業集団等所得課税規定の適用を受ける外国関係会社の該当・非該当	14	該当・非該当	該当・非該当	該当・非該当
	添　　付　　書　　類	15	貸借対照表、損益計算書、株主資本等変動計算書、損益金処分表、勘定科目内訳明細書、本店所在地国の法人所得税に関する法令により課される税に関する申告書の写し、企業集団等所得課税規定の適用がないものとした場合に計算される法人所得税の額に関する計算の明細書及びその計算の基礎となる書類	貸借対照表、損益計算書、株主資本等変動計算書、損益金処分表、勘定科目内訳明細書、本店所在地国の法人所得税に関する法令により課される税に関する申告書の写し、企業集団等所得課税規定の適用がないものとした場合に計算される法人所得税の額に関する計算の明細書及びその計算の基礎となる書類	貸借対照表、損益計算書、株主資本等変動計算書、損益金処分表、勘定科目内訳明細書、本店所在地国の法人所得税に関する法令により課される税に関する申告書の写し、企業集団等所得課税規定の適用がないものとした場合に計算される法人所得税の額に関する計算の明細書及びその計算の基礎となる書類
課税対象金額等の状況	適用対象金額、部分適用対象金額又は金融子会社等部分適用対象金額 (別表十七(三の八)「26」、別表十七(三の九)「7」又は別表十七(三の十)「9」)	16			
	請求権等勘案合算割合 (別表十七(三の八)「27」、別表十七(三の九)「8」又は別表十七(三の十)「10」)	17	%	%	%
	課税対象金額、部分課税対象金額若しくは金融子会社等部分課税対象金額又は個別課税対象金額、個別部分課税対象金額若しくは個別金融子会社等部分課税対象金額 (別表十七(三の八)「28」、別表十七(三の九)「9」又は別表十七(三の十)「11」)	18	(円)	(円)	(円)

添付対象外国関係会社に係る株式等の保有割合等に関する明細書

事業年度又は連結事業年度	2・4・1　3・3・31	法人名	S社（　　　　　）

別表十七三の七付表一　令二・四・一以後終了事業年度又は連結事業年度分

外国関係会社の名称	1	A社	事 業 年 度	2	2・1・1　2・12・31

居住者等株主等の株式等保有割合等

	氏名又は名称 3	住所又は本店所在地 4	株式等保有割合 直接 5	株式等保有割合 間接 6	議決権保有割合 直接 7	議決権保有割合 間接 8	請求権保有割合 直接 9	請求権保有割合 間接 10	実質支配関係 11
居住者・内国法人等	本　人		100 %	%	%	%	%	%	有・無
	同族株主グループ（本人を除く。）								
	そ の 他								
合　　計			100 %		%		%		

同族株主グループの株式等保有割合等

氏 名 又 は 名 称 12	住所又は本店所在地 13	株式等保有割合 14	議決権保有割合 15	請求権保有割合 16	実質支配関係 17
本　人		%	%	%	有・無
そ の 他					
合　　計					

別表十七(三)の七付表二　令二・四・一以後終了事業年度又は連結事業年度分

添付対象外国関係会社に係る外国関係会社の区分及び所得に対する租税の負担割合の計算に関する明細書	事業年度又は連結事業年度	2・4・1 3・3・31	法人名	S社（　　　　　）

外　国　関　係　会　社　の　名　称	1	A社	事　業　年　度	2	2・1・1 2・12・31

添　付　対　象　外　国　関　係　会　社　に　係　る　外　国　関　係　会　社　の　区　分　に　関　す　る　明　細

特　定　外　国　関　係　会　社　の　判　定

ペーパー・カンパニー	主たる事業を行うに必要と認められる固定施設を有する外国関係会社でないこと	3	該当・(非該当)・未判定
	本店所在地において事業の管理、支配及び運営を自ら行う外国関係会社でないこと	4	該当・(非該当)・未判定
	外国子会社の株式等の保有を主たる事業とする一定の外国関係会社でないこと	5	(該当)・非該当・未判定
	特定子会社の株式等の保有を主たる事業とする等の一定の外国関係会社でないこと	6	(該当)・非該当・未判定
	不動産の保有、石油その他の天然資源の探鉱等又は社会資本の整備に関する事業の遂行上欠くことのできない機能を果たしている等の一定の外国関係会社でないこと	7	(該当)・非該当・未判定
キャッシュ・ボックス	総資産額に対する一定の受動的所得の金額の割合が30％を超える外国関係会社（総資産額に対する一定の資産の額の割合が50％を超えるものに限る。）であること	8	該当・(非該当)・未判定
	非関連者等収入保険料の合計額の収入保険料の合計額に対する割合が10％未満であり、かつ、非関連者等支払再保険料合計額の関連者等収入保険料の合計額に対する割合が50％未満である外国関係会社であること	9	該当・(非該当)・未判定

対　象　外　国　関　係　会　社　の　判　定

経済活動基準	事業基準	株式等若しくは債券の保有、無形資産等の提供又は船舶若しくは航空機の貸付けを主たる事業とする外国関係会社でないこと	10	(該当)・非該当・未判定
	事業基準の特例	統　括　会　社　特　例　の　適　用	11	有・(無)
		外　国　金　融　持　株　会　社　特　例　の　適　用	12	有・(無)
		航　空　機　リ　ー　ス　子　会　社　特　例　の　適　用	13	有・(無)
	実体基準	本店所在地国において主たる事業を行うに必要と認められる固定施設を有する外国関係会社であること	14	(該当)・非該当・未判定
	管理支配基準	本店所在地国において事業の管理、支配及び運営を自ら行う外国関係会社であること	15	(該当)・非該当・未判定
	非関連者基準	非関連者取引割合が50％を超える外国関係会社であること	16	(該当)・非該当・未判定
	所在地国基準	主として本店所在地国において事業を行う外国関係会社であること	17	該当・非該当・未判定

部　分　対　象　外　国　関　係　会　社　の　判　定

特定外国関係会社及び対象外国関係会社以外の外国関係会社であること	18	(該当)・非該当・未判定
清　算　外　国　金　融　子　会　社　等　で　あ　る　こ　と	19	該当・(非該当)・未判定
(2)の事業年度が特定清算事業年度であること	20	該当・(非該当)・未判定
外　国　金　融　子　会　社　等　で　あ　る　こ　と	21	該当・(非該当)・未判定

所　得　に　対　す　る　租　税　の　負　担　割　合　の　計　算

所得の金額の計算	当期の所得金額	当期の決算上の利益又は欠損の額	22	200,000ドル	租税の額の計算	本店所在地国の外国法人税の額	本店所在地国において課される外国法人税の額	34	38,000ドル
		本店所在地国における課税所得金額	23	200,000ドル					(　　　　　　％)
	加算	非課税所得の金額	24				所得の額に応じて税率が高くなる場合に納付したものとみなされる税額	35	
		損金の額に算入した支払配当等の額	25				納付したものとみなして本店所在地国の外国法人税の額から控除される額	36	
		損金の額に算入した外国法人税の額	26						
		保険準備金繰入限度超過額	27				本店所在地国外において課される外国法人税の額	37	
		保険準備金取崩不足額	28						
		小計	29				租税の額（(34)から(37)までの合計額）	38	38,000ドル
	減算	(24)のうち配当等の額	30				所得に対する租税の負担割合　(38)／(33)	39	19 ％
		益金の額に算入した還付外国法人税の額	31						
		小計	32				(33)が零又は欠損金額となる場合の租税の負担割合	40	
		所得の金額　((22)又は(23))＋(29)－(32)	33	200,000ドル					

別表記載例３　卸売業を営む外国法人が経済活動基準を満たさず合算課税が行われる事例

　内国法人Ｓ社はＸ国に子会社Ａ社を設立し、電子部品の卸売業を営んでいます。

　Ｓ社とＡ社の概要から、Ａ社は経済活動基準を満たし、会社単位の合算課税の適用を免除されるでしょうか。

　別表の記載方法を含め、教えてください。

(1)　Ｓ社の概要

①　事業年度　令和２年４月１日～令和３年３月31日

②　Ｘ国に外国子会社Ａ社（持株割合100％）を設立

(2)　Ａ社の概要

①　事業年度　令和２年１月１日～令和２年12月31日

②　資本金　50,000ドル

③　事業内容　電子部品の卸売

④　本店の施設等　事務所は賃借物件

⑤　本店の業務　製品の仕入と販売、管理業務（取締役会開催・会計帳簿の作成保管）

⑥　非関連者との取引

　　売上高　500,000ドル（非関連者との取引なし）

　　仕入高　200,000ドル（非関連者との取引なし）

⑦　売上高　2,400,000ドル

⑧　営業利益　600,000ドル

⑨　当期利益（税引前）　400,000ドル

⑩　課税所得　400,000ドル

⑪　税額（⑩に対する税額）　76,000ドル

⑫　基準所得金額の計算は外国法令（本店所在地国法令）に準拠して計算する。

⑬　利子及び配当等の資産性所得はない。

⑭　為替レートは１ドル120円

回　答

　Ａ社は、経済活動基準（①事業基準、②実体基準、③管理支配基準、④非関連者基準）のうち非関連者基準の要件を満たしていませんので、対象外国関係会社に該当し、会社単位の合算課税が行われます。

解　説

○　会社単位の合算課税の適用免除の検討（経済活動基準の検討）

　次の①～④の経済活動基準の要件のうち、④の非関連者基準の要件を満たしていませんので、会社単位の合算課税が行われます。

①　事業基準

　　→　卸売業は特定事業に該当しないため要件を満たす。

②　実体基準

　　→　本店所在地において賃借により事務所等の固定的施設を有するため要件を満たす。

③　管理支配基準

　　→　本店所在地国において製品の仕入販売、管理業務等を行っており要件を満たす。

④　非関連者基準

　　→　非関連者に対する売上と非関連者からの仕入れがないことから要件を満たさない。

添付対象外国関係会社の名称等に関する明細書		事業年度 又は連結 事業年度	2・4・1 3・3・31	法人名		S社 （　　　　　　　　　　）		

	名　　　　　　称	1	A社		
外 国 関 係 会 社 の 名 称 等	本 店た の 所る 在事 地務 又所 は	国名又は地域名	2	X国		
		所　在　地	3			
	事　業　年　度	4	2・1・1 2・12・31	・　・ ・　・	・　・ ・　・
	主　た　る　事　業	5	電子部品の卸売		
	外　国　関　係　会　社　の　区　分	6	特定外国関係会社 ・ 対象外国関係会社 外国金融子会社等以外の 部分対象外国関係会社 外国金融子会社等	特定外国関係会社 ・ 対象外国関係会社 外国金融子会社等以外の 部分対象外国関係会社 外国金融子会社等	特定外国関係会社 ・ 対象外国関係会社 外国金融子会社等以外の 部分対象外国関係会社 外国金融子会社等
	資本金の額又は出資金の額	7	（　6,000,000 円） 50,000ドル	（　　　　　円）	（　　　　　円）
	株　式　等　の　保　有　割　合	8	％ 100	％	％
	営　業　収　益　又　は　売　上　高	9	（　280,000,000 円） 2,400,000ドル	（　　　　　円）	（　　　　　円）
	営　　業　　利　　益	10	（　72,000,000 円） 600,000ドル	（　　　　　円）	（　　　　　円）
	税　引　前　当　期　利　益	11	（　48,000,000 円） 400,000ドル	（　　　　　円）	（　　　　　円）
	利　　益　　剰　　余　　金	12	（　　　　　円）	（　　　　　円）	（　　　　　円）
	所得に対する租税の負担割合 （別表十七（三の七）付表二「39」又は「40」）	13	％ 19	％	％
	企業集団等所得課税規定の適用を 受ける外国関係会社の該当・非該当	14	該当・非該当	該当・非該当	該当・非該当
	添　　付　　書　　類	15	貸借対照表、損益計算書、株主 資本等変動計算書、損益金処分 表、勘定科目内訳明細書、本店 所在地国の法人所得税に関する 法令により課される税に関する 申告書の写し、企業集団等所得 課税規定の適用がないものとし た場合に計算される法人所得税 の額に関する計算の明細書及び その計算の基礎となる書類	貸借対照表、損益計算書、株主 資本等変動計算書、損益金処分 表、勘定科目内訳明細書、本店 所在地国の法人所得税に関する 法令により課される税に関する 申告書の写し、企業集団等所得 課税規定の適用がないものとし た場合に計算される法人所得税 の額に関する計算の明細書及び その計算の基礎となる書類	貸借対照表、損益計算書、株主 資本等変動計算書、損益金処分 表、勘定科目内訳明細書、本店 所在地国の法人所得税に関する 法令により課される税に関する 申告書の写し、企業集団等所得 課税規定の適用がないものとし た場合に計算される法人所得税 の額に関する計算の明細書及び その計算の基礎となる書類
課 税 対 象 金 額 等 の 状 況	適用対象金額、部分適用対象金額又 は金融子会社等部分適用対象金額 （別表十七（三の八）「26」、別表十七（三の 九）「7」又は別表十七（三の十）「9」）	16			
	請　求　権　等　勘　案　合　算　割　合 （別表十七（三の八）「27」、別表十七（三の 九）「8」又は別表十七（三の十）「10」）	17	％	％	％
	課税対象金額、部分課税対象金額 若しくは金融子会社等部分課税対 象金額又は個別課税対象金額、個 別部分課税対象金額若しくは個別 金融子会社等部分課税対象金額 （別表十七（三の八）「28」、別表十七（三の 九）「9」又は別表十七（三の十）「11」）	18	（　　　　　円）	（　　　　　円）	（　　　　　円）

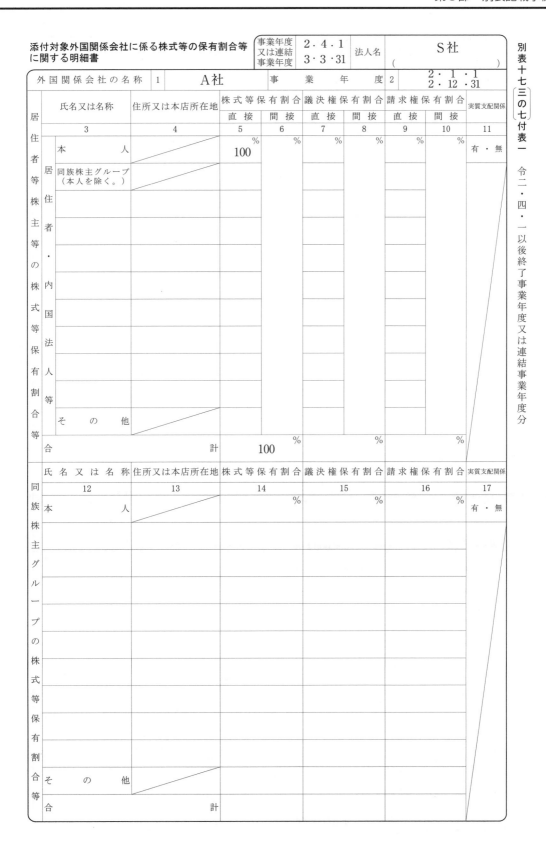

添付対象外国関係会社に係る株式等の保有割合等に関する明細書

			事業年度又は連結事業年度	2・4・1 3・3・31	法人名	S社 ( )

外国関係会社の名称	1	A社	事業年度	2	2・1・1 2・12・31

居住者等株主等の株式等保有割合等

	氏名又は名称	住所又は本店所在地	株式等保有割合		議決権保有割合		請求権保有割合		実質支配関係
			直接	間接	直接	間接	直接	間接	
	3	4	5	6	7	8	9	10	11
居住者・内国法人等 本人			100 %	%	%	%	%	%	有・無
同族株主グループ（本人を除く。）									
その他									
合計			100 %		%		%		

	氏名又は名称	住所又は本店所在地	株式等保有割合	議決権保有割合	請求権保有割合	実質支配関係
	12	13	14	15	16	17

同族株主グループの株式等保有割合等

本人			%	%	%	有・無
その他						
合計						

別表十七（三）の七付表一　令二・四・一以後終了事業年度又は連結事業年度分

添付対象外国関係会社に係る外国関係会社の区分及び所得に対する租税の負担割合の計算に関する明細書	事業年度又は連結事業年度	2・4・1 3・3・31	法人名	S社（　　　　　　　）

外　国　関　係　会　社　の　名　称	1	A社	事　　業　　年　　度	2	2・1・1 2・12・31

添付対象外国関係会社に係る外国関係会社の区分に関する明細

特定外国関係会社の判定

ペーパー・カンパニー	主たる事業を行うに必要と認められる固定施設を有する外国関係会社でないこと	3	該当・**非該当**・未判定
	本店所在地国において事業の管理、支配及び運営を自ら行う外国関係会社でないこと	4	該当・**非該当**・未判定
	外国子会社の株式等の保有を主たる事業とする一定の外国関係会社でないこと	5	**該当**・非該当・未判定
	特定子会社の株式等の保有を主たる事業とする等の一定の外国関係会社でないこと	6	**該当**・非該当・未判定
	不動産の保有、石油その他の天然資源の探鉱等又は社会資本の整備に関する事業の遂行上欠くことのできない機能を果たしている等の一定の外国関係会社でないこと	7	**該当**・非該当・未判定
キャッシュ・ボックス	総資産額に対する一定の受動的所得の金額の割合が30％を超える外国関係会社（総資産額に対する一定の資産の額の割合が50％を超えるものに限る。）であること	8	該当・**非該当**・未判定
	非関連者等収入保険料の合計額の収入保険料の合計額に対する割合が10％未満であり、かつ、非関連者等支払再保険料合計額の関連者等収入保険料の合計額に対する割合が50％未満である外国関係会社であること	9	該当・**非該当**・未判定

対象外国関係会社の判定

経済活動基準	事業基準	株式等若しくは債券の保有、無形資産等の提供又は船舶若しくは航空機の貸付けを主たる事業とする外国関係会社でないこと	10	**該当**・非該当・未判定
		統括会社特例の適用	11	有・**無**
	事業基準の特例	外国金融持株会社特例の適用	12	有・**無**
		航空機リース子会社特例の適用	13	有・**無**
	実体基準	本店所在地国において主たる事業を行うに必要と認められる固定施設を有する外国関係会社であること	14	**該当**・非該当・未判定
	管理支配基準	本店所在地国において事業の管理、支配及び運営を自ら行う外国関係会社であること	15	**該当**・非該当・未判定
	非関連者基準	非関連者取引割合が50％を超える外国関係会社であること	16	該当・**非該当**・未判定
	所在地国基準	主として本店所在地国において事業を行う外国関係会社であること	17	**該当**・非該当・未判定

部分対象外国関係会社の判定

特定外国関係会社及び対象外国関係会社以外の外国関係会社であること	18	該当・非該当・未判定
清算外国金融子会社等であること	19	該当・非該当・未判定
(2)の事業年度が特定清算事業年度であること	20	該当・非該当・未判定
外国金融子会社等であること	21	該当・非該当・未判定

所得に対する租税の負担割合の計算

所得の金額	当期の所得金額	当期の決算上の利益又は欠損の額	22	400,000ドル	租税の額	本店所在地国の外国法人税の額	本店所在地国において課される外国法人税の額	34	76,000ドル
		本店所在地国における課税所得金額	23	400,000ドル			所得の額に応じて税率が高くなる場合に納付したものとみなされる税額	35	(　　　％)
	加算	非課税所得の金額	24				納付したものとみなして本店所在地国の外国法人税の額から控除される額	36	
		損金の額に算入した支払配当等の額	25						
		損金の額に算入した外国法人税の額	26				本店所在地国外において課される外国法人税の額	37	
		保険準備金繰入限度超過額	27						
		保険準備金取崩不足額	28			租税の額((34)から(37)までの合計額)	38	76,000ドル
		小計	29					
	減算	(24)のうち配当等の額	30		所得に対する租税の負担割合 $\frac{(38)}{(33)}$	39	19%
		益金の額に算入した還付外国法人税の額	31				
		小計	32				
	所得の金額((22)又は(23))+(29)-(32)	33	400,000ドル	(33)が零又は欠損金額となる場合の租税の負担割合	40	

特定外国関係会社又は対象外国関係会社の適用対象金額等の計算に関する明細書		事業年度又は連結事業年度	2・4・1 3・3・31	法人名	S社

外国関係会社の名称	1	A社	事業年度	2	2・1・1 2・12・31

適用対象金額及び課税対象金額等の計算

所得計算上の適用法令	3	本邦法令・外国法令		16	
当期の利益若しくは欠損の額又は所得金額	4	400,000ドル	減	17	
損金の額に算入した法人所得税の額	5			18	
加算	6		算	19	
	7			20	
	8		小　計	21	
	9		基準所得金額 (4)＋(11)－(21)	22	400,000ドル
	10		繰越欠損金の当期控除額 ((30)の計)	23	
小　計	11		当期中に納付することとなる法人所得税の額	24	
減算 益金の額に算入した法人所得税の還付額	12		当期中に還付を受けることとなる法人所得税の額	25	
子会社から受ける配当等の額	13		適用対象金額 (22)－(23)－(24)＋(25)	26	400,000ドル
特定部分対象外国関係会社株式等の特定譲渡に係る譲渡利益額	14		請求権等勘案合算割合	27	100 %
控除対象配当等の額	15		課税対象金額又は個別課税対象金額 (26)×(27)	28	(48,000,000円) 400,000ドル

欠損金額の内訳

事業年度	控除未済欠損金額 29	当期控除額 30	翌期繰越額 (29)－(30) 31
・・			
・・			
・・			
・・			
・・			
・・			
計			
当期分			
合計			

257

外国関係会社の課税対象金額等に係る控除対象外国法人税額等の計算に関する明細書	事業年度又は連結事業年度	2・4・1 3・3・31	法人名	（　　S社　　）

別表十七(三の十一)　令二・四・一以後終了事業年度又は連結事業年度分

項目	No	金額	項目	No	金額
外国関係会社の名称	1	A社	特定外国関係会社又は対象外国関係会社に係る控除対象外国法人税額等の計算 — 適用対象金額（別表十七(三の八)「26」)	8	400,000ドル
本店又は主たる事務所の所在地 — 国名又は地域名	2	X国	子会社から受ける配当等の額（別表十七(三の八)「13」のうち(6)の外国法人税の課税標準に含まれるもの)	9	
本店又は主たる事務所の所在地 — 所在地	3		控除対象配当等の額（別表十七(三の八)「15」のうち(6)の外国法人税の課税標準に含まれるもの)	10	
事業年度	4	2・1・1　2・12・31	調整適用対象金額 (8)+(9)+(10)	11	400,000ドル
外国法人税 — 税種目	5	法人税	課税対象金額又は個別課税対象金額（別表十七(三の八)「28」)	12	400,000ドル
外国法人税 — 外国法人税額	6	76,000ドル	$\dfrac{(12)}{(11)}$	13	100 %
外国法人税 — 増額又は減額前の事業年度又は連結事業年度の(6)の金額	7		(6)×(13)	14	76,000ドル

外国金融子会社等以外の部分対象外国関係会社に係る控除対象外国法人税額等の計算	No	金額	外国金融子会社等に係る控除対象外国法人税額等の計算	No	金額
適用対象金額 (55)	15		適用対象金額 (55)	24	
子会社から受ける配当等の額((46)のうち(6)の外国法人税の課税標準に含まれるもの)	16		子会社から受ける配当等の額((46)のうち(6)の外国法人税の課税標準に含まれるもの)	25	
控除対象配当等の額((47)のうち(6)の外国法人税の課税標準に含まれるもの)	17		控除対象配当等の額((47)のうち(6)の外国法人税の課税標準に含まれるもの)	26	
調整適用対象金額 (15)+(16)+(17)	18		調整適用対象金額 (24)+(25)+(26)	27	
部分適用対象金額（別表十七(三の九)「7」)	19		金融子会社等部分適用対象金額（別表十七(三の十)「9」)	28	
部分課税対象金額又は個別部分課税対象金額（別表十七(三の九)「9」)	20		金融子会社等部分課税対象金額又は個別金融子会社等部分課税対象金額（別表十七(三の十)「11」)	29	
(20)≦(18)の場合 $\dfrac{(20)}{(18)}$	21	%	(29)≦(27)の場合 $\dfrac{(29)}{(27)}$	30	%
(20)>(18)の場合 $\dfrac{(20)}{(19)}$	22	%	(29)>(27)の場合 $\dfrac{(29)}{(28)}$	31	%
(6)×((21)又は(22))	23		(6)×((30)又は(31))	32	

(12)と(14)のうち少ない金額、(20)と(23)のうち少ない金額又は(29)と(32)のうち少ない金額	33	76,000ドル
外国法人税額が異動した場合 — 増額又は減額前の事業年度又は連結事業年度の(33)の金額	34	
(33)≧(34)の場合 (33)−(34)	35	
(33)<(34)の場合 (34)−(33)	36	(　　　　円)
課税対象金額等に係る控除対象外国法人税額又は個別課税対象金額等に係る個別控除対象外国法人税額 ((33)又は(35))	37	(9,120,000円) 76,000ドル

特定外国関係会社又は対象外国関係会社に該当するものとした場合の適用対象金額の計算

項目	No	金額	項目	No	金額
所得計算上の適用法令	38	本邦法令・外国法令	控除対象配当等の額	47	
当期の利益若しくは欠損の額又は所得金額	39		減算	48	
加算 — 損金の額に算入した法人所得税の額	40		減算	49	
加算	41		小計	50	
加算	42		基準所得金額 (39)+(44)−(50)	51	
加算	43		繰越欠損金の当期控除額	52	
加算 — 小計	44		当期中に納付することとなる法人所得税の額	53	
減算 — 益金の額に算入した法人所得税の還付額	45		当期中に還付を受けることとなる法人所得税の額	54	
減算 — 子会社から受ける配当等の額	46		適用対象金額 (51)−(52)−(53)+(54)	55	

258

所得の金額の計算に関する明細書（簡易様式）

事業年度	2・4・1 3・3・31	法人名	S社

御注意

2　1
例、沖縄の認定法人の課税の特例、国家戦略特別区域における指定法人の課税の特例、農業経営基盤強化準備金の課税の特例、組合事業等に係る損失がある場合の課税の特例、対外船舶運航事業を営む法人の日本船舶による収入金額の課税の特例、関西国際空港用地整備準備金の課税の特例、中部国際空港整備準備金の課税の特例、再投資等準備金の課税の特例又は特別新事業開拓事業者に対し特定事業活動として出資をした場合の課税の特例、特定目的会社等若しくは特定目的信託に係る課税の特例若しくは特定目的信託に係る受託法人の課税の特例の適用を受ける法人にあっては、別様式による別表四を御整理

例、使用準備金の特定目的会社等の特例、再投資等準備金の特例

「48」の①欄の金額は、「②」欄の金額に「③」欄の本書の金額を加算し、これから「※」の金額を加減算した額と符合することになりますから留意してください。

区　　　　　分		総　　額	処　　　　　　　分		
			留　保	社　外　流　出	
		①	②	③	
当期利益又は当期欠損の額	1	円	円	配当	円
				その他	
加	損金経理をした法人税及び地方法人税（附帯税を除く。）	2			
	損金経理をした道府県民税及び市町村民税	3			
	損金経理をした納税充当金	4			
	損金経理をした附帯税（利子税を除く。）、加算金、延滞金（延納分を除く。）及び過怠税	5		その他	
	減価償却の償却超過額	6			
	役員給与の損金不算入額	7		その他	
	交際費等の損金不算入額	8		その他	
算	外国子会社合算所得金額	9	48,000,000		48,000,000
		10			
	小　　　計	11			
減	減価償却超過額の当期認容額	12			
	納税充当金から支出した事業税等の金額	13			
	受取配当等の益金不算入額（別表八（一）「13」又は「26」）	14		※	
	外国子会社から受ける剰余金の配当等の益金不算入額（別表八（二）「26」）	15		※	
	受贈益の益金不算入額	16		※	
	適格現物分配に係る益金不算入額	17		※	
	法人税等の中間納付額及び過誤納に係る還付金額	18			
	所得税額等及び欠損金の繰戻しによる還付金額等	19		※	
算		20			
	小　　　計	21		外※	
仮　　　計 (1)+(11)-(21)		22		外※	
関連者等に係る支払利子等又は対象純支払利子等の損金不算入額（別表十七（二の二）「24」若しくは「29」又は別表十七（二の三）「27」若しくは「32」）		23		その他	
超過利子額の損金算入額（別表十七（二の三）「10」）		24	△	※	△
仮　　　計 (22)から(24)までの計		25		外※	
寄附金の損金不算入額（別表十四（二）「24」又は「40」）		27		その他	
法人税額から控除される所得税額（別表六（一）「6の③」）		29		その他	
税額控除の対象となる外国法人税の額（別表六（二の二）「7」）		30	9,120,000	その他	9,120,000
分配時調整外国税相当額及び外国関係会社等に係る控除対象所得税額等相当額（別表六（五の二）「5の②」+別表十七（三の六）「1」）		31		その他	
合　　　計 (25)+(27)+(29)+(30)+(31)		34		外※	
契約者配当の益金算入額（別表九（一）「13」）		35			
中間申告における繰戻しによる還付に係る災害損失欠損金額の益金算入額		37		※	
非適格合併又は残余財産の全部分配等による移転資産等の譲渡利益額又は譲渡損失額		38		※	
差　　引　　計 (34)+(35)+(37)+(38)		39		外※	
欠損金又は災害損失金等の当期控除額（別表七（一）「4の計」+（別表七（二）「9」若しくは「21」又は別表七（三）「10」））		40	△	※	△
総　　　計 (39)+(40)		41		外※	
新鉱床探鉱費又は海外新鉱床探鉱費の特別控除額（別表十（三）「43」）		42	△	※	△
残余財産の確定の日の属する事業年度に係る事業税の損金算入額		47	△	△	
所得金額又は欠損金額		48			外※

㊡

内国法人の外国税額の控除に関する明細書	事業年度等	2・4・1 3・3・31	法人名	S社

Ⅰ　法人税に係る外国税額の控除に関する明細書

区分		国外所得対応分 ①	①のうち非課税所得分 ②
当期の控除対象外国法人税額（別表六（二の二）「21」）	1	9,120,000 円	

	区　分		国外所得対応分 ①	①のうち非課税所得分 ②
当期の法人税額の控除限度額の計算	当期の法人税額（別表一「4」－別表六（五の二）「5の③」－別表十七（三の十二）「1」）（マイナスの場合は0）	2		
	所得金額又は欠損金額（別表四「48の①」）	3		
	繰越欠損金又は災害損失金の当期控除額（別表七（一）「4の計」）	4		
	被合併法人等の最終の事業年度の欠損金の損金算入額（別表四「26の①」）	5		
	組合等損失額の損金不算入額（別表九（二）「6」）	6		
	組合等損失超過合計額の損金算入額（別表九（二）「9」）	7		
	計 (3)＋(4)＋(5)－(6)＋(7)（マイナスの場合は0）	8		
	国外事業所等帰属所得に係る所得の金額（別表六（二）付表一「25」）	9		
	その他の国外源泉所得に係る所得の金額（43の①）	10		
	(9)＋(10)（マイナスの場合は0）	11		
	非課税国外所得の金額（(43の②)＋別表六（二）付表一「26」）（マイナスの場合は0）	12		
	(11)－(12)（マイナスの場合は0）	13		
	(8)×90%	14		
	調整国外所得金額（(13)と(14)のうち少ない金額）	15		
	法人税の控除限度額 (2)×(15)/(8)	16		
当期に控除できる金額の計算	法第69条第1項により控除できる金額（(1)と(16)のうち少ない金額）	17		
	法第69条第2項により控除できる金額（別表六（三）「30の②」）	18		
	法第69条第3項により控除できる金額（別表六（三）「34の②」）	19		
	当期に控除できる金額 (17)＋(18)＋(19)	20		

	区　分		①	②
当期のその他の国外源泉所得に係る所得の金額の計算	その他の国外源泉所得に係る当期利益又は当期欠損の額	21	円	円
	加算	納付した控除対象外国法人税額	22		
		交際費等の損金不算入額	23		
		貸倒引当金の戻入額	24		
			25		
			26		
			27		
			28		
			29		
			30		
			31		
		小　計	32		
	減算	貸倒引当金の繰入額	33		
			34		
			35		
			36		
			37		
			38		
			39		
			40		
			41		
		小　計	42		
	計 (21)＋(32)－(42)	43		

Ⅱ　地方法人税に係る外国税額の控除に関する明細書

当期の控除対象外国法人税額 (1)	44	円	課税標準法人税額（別表一「4」）	47	円 000
法人税の控除限度額 (16)	45		地方法人税額（(47)×4.4%又は10.3%）－(((別表六（五の二）「5の③」）＋（別表十七（三の十二）「1」）－(47)と0のうち多い金額)（マイナスの場合は0）	48	
差引控除対象外国法人税額 (44)－(45)	46		地方法人税控除限度額 (48)×(15)/(8)	49	
			外国税額の控除額（(46)と(49)のうち少ない金額）	50	

③ 当期の控除対象外国法人税額又は個別控除対象外国法人税額に関する明細書

事業年度又は連結事業年度	2.4.1　3.3.31	法人名	S社

当期に納付する控除対象外国法人税額又は個別控除対象外国法人税額の計算				当期に減額された控除対象外国法人税額又は個別控除対象外国法人税額		
納付分	控除対象外国法人税額又は個別控除対象外国法人税額（別表六（四）「29」＋別表六（四の二）「17」）	1		納付分に係る減額分（別表六（四）「31」）	10	
	利子等に係る控除対象外国法人税額又は個別控除対象外国法人税額（別表六（五）「14」）	2		みなし納付分に係る減額分（別表六（四）「32」）	11	
みなし納付分	控除対象外国法人税額又は個別控除対象外国法人税額（別表六（四）「30」＋別表六（四の二）「18」）	3		特定外国子会社等又は外国関係会社に係る減額分（別表十七（三の三）「17」＋別表十七（三の十一）「36」）	12	
	利子等に係る控除対象外国法人税額又は個別控除対象外国法人税額（別表六（五）「15」）	4		計（10）＋（11）＋（12）	13	0
	計（1）＋（2）＋（3）＋（4）	5		前期までに減額された控除対象外国法人税額又は個別控除対象外国法人税額のうち未充当分　　・　・　期分	14	
	特定外国子会社等又は外国関係会社に係る控除対象外国法人税額又は個別控除対象外国法人税額（別表十七（三の三）「18」＋別表十七（三の十一）「37」）	6	9,120,000	・　・　期分	15	
	納付した控除対象外国法人税額計又は個別控除対象外国法人税額計（1）＋（2）＋（6）	7	9,120,000	・　・　期分	16	
	納付したとみなされる控除対象外国法人税額計又は個別控除対象外国法人税額計（3）＋（4）	8		・　・　期分	17	
	計（7）＋（8）	9	9,120,000	計（14）＋（15）＋（16）＋（17）	18	
				合　　計（13）＋（18）	19	0

（19）　－　（9）	20	0
当期の控除対象外国法人税額又は個別控除対象外国法人税額（9）　－　（19）	21	9,120,000

別表記載例4　統括会社の判定事例

　　内国法人S社はX国に事業持株会社A社を設立し、A社はM社（Y国）とN社（Z国）の統括業務を行っています。

　　S社、A社、M社、N社の概要から、統括会社の判定と別表の記載方法を教えてください。なお、A社のM社及とN社の持株割合はともに100%です。

(1)　S社の概要
　　①　事業年度　令和2年4月1日〜令和3年3月31日
　　②　X国に外国子会社A社（持株割合100%）を設立

(2)　統括会社A社の概要
　　①　事業年度　令和2年1月1日〜令和2年12月31日
　　②　資本金　10,000ドル（S社持分100%）
　　③　事業内容　株式等保有業
　　④　本店の施設等　事務所は賃借物件
　　⑤　本店の業務　事業持株会社としてM社（Y国）とN社（Z国）の事業方針の決定又は調整作業
　　⑥　売上高　250,000ドル
　　⑦　営業利益　50,000ドル
　　⑧　当期利益（税引前）　50,000ドル
　　⑨　課税所得　50,000ドル
　　⑩　税額（⑧に対する税額）　9,500ドル（税率19%）
　　⑪　令和2年1月1日〜12月31日の期のA国の法人税の納付なし。
　　⑫　基準所得金額の計算は外国法令（本店所在地国法令）に準拠して計算する。
　　⑬　利子及び配当等の資産性所得はない。
　　⑭　M社とN社の株式等の期末帳簿価格の合計額は20,000ドル（A社持分100%）
　　⑮　M社とN社の統括業務の対価の総額は250,000ドル
　　⑯　円換算レート1ドル120円

(3)　被統括会社M社とN社の概要

	（事業年度）	（事業内容）	（従業者）	（A社業務対価）	（株式帳簿価額）
M社	2/1〜2/12	電子部品製造	50名	15万ドル	10,000ドル
N社	2/1〜2/12	電子部品製造	30名	10万ドル	5,000ドル

回答

　A社は、次の①～④の経済活動基準を全て満たしていますので、会社単位の合算課税の適用は免除となります。

解説

○　会社単位の合算課税の適用免除の検討（経済活動基準の検討）

①　事業基準
　→　主たる事業は地域統括事業である。

②　実体基準
　→　本店所在地において賃借により事務所等の固定的施設を有するため要件を満たす。

③　管理支配基準
　→　本店所在地国において、統括会社として被統括会社の事業方針の決定及び調整作業を行うので要件を満たす。

④　株式等の保有を主たる事業とする統括会社の事業基準の判定の次の割合がいずれも50%を超え、要件を満たしている。

　イ　株式等の期末帳簿価額のうち外国法人である被統括会社に係る株式等の期末帳簿価額の割合

$$\frac{15,000\text{ドル}}{15,000\text{ドル}} \Rightarrow \boxed{100\%}$$

　ロ　被統括会社に対して行う統括業務の対価の額のうち外国法人である被統括会社に対して行う統括業務に係る対価の額の割合

$$\frac{250,000\text{ドル}}{250,000\text{ドル}} \Rightarrow \boxed{100\%}$$

添付対象外国関係会社の名称等に関する明細書

事業年度又は連結事業年度	2・4・1　3・3・31	法人名	S社 ( )

外国関係会社の名称等	名　称	1	A社		
	本店又は主たる事務所の所在地	国名又は地域名	2	X国		
		所在地	3			
	事業年度	4	2・1・1　2・12・31	・　・　・　・	・　・　・　・
	主たる事業	5	地域統括事業		
	外国関係会社の区分	6	特定外国関係会社　対象外国関係会社　外国金融子会社等以外の部分対象外国関係会社　外国金融子会社等	特定外国関係会社　対象外国関係会社　外国金融子会社等以外の部分対象外国関係会社　外国金融子会社等	特定外国関係会社　対象外国関係会社　外国金融子会社等以外の部分対象外国関係会社　外国金融子会社等
	資本金の額又は出資金の額	7	(1,200,000 円)　10,000ドル	(円)	(円)
	株式等の保有割合	8	100 %	%	%
	営業収益又は売上高	9	(30,000,000 円)　250,000ドル	(円)	(円)
	営業利益	10	(6,000,000 円)　50,000ドル	(円)	(円)
	税引前当期利益	11	(6,000,000 円)　50,000ドル	(円)	(円)
	利益剰余金	12	(円)	(円)	(円)
	所得に対する租税の負担割合（別表十七(三の七)付表二「39」又は「40」）	13	19 %	%	%
	企業集団等所得課税規定の適用を受ける外国関係会社の該当・非該当	14	該当・非該当	該当・非該当	該当・非該当
	添付書類	15	貸借対照表、損益計算書、株主資本等変動計算書、損益金処分表、勘定科目内訳明細書、本店所在地の法人所得税に関する法令により課される税に関する申告書の写し、企業集団等所得課税規定の適用がないものとした場合に計算される法人所得税の額に関する計算の明細書及びその計算の基礎となる書類	貸借対照表、損益計算書、株主資本等変動計算書、損益金処分表、勘定科目内訳明細書、本店所在地の法人所得税に関する法令により課される税に関する申告書の写し、企業集団等所得課税規定の適用がないものとした場合に計算される法人所得税の額に関する計算の明細書及びその計算の基礎となる書類	貸借対照表、損益計算書、株主資本等変動計算書、損益金処分表、勘定科目内訳明細書、本店所在地の法人所得税に関する法令により課される税に関する申告書の写し、企業集団等所得課税規定の適用がないものとした場合に計算される法人所得税の額に関する計算の明細書及びその計算の基礎となる書類
課税対象金額等の状況	適用対象金額、部分適用対象金額又は金融子会社等部分適用対象金額（別表十七(三の八)「26」、別表十七(三の九)「7」又は別表十七(三の十)「9」）	16			
	請求権等勘案合算割合（別表十七(三の八)「27」、別表十七(三の九)「8」又は別表十七(三の十)「10」）	17	%	%	%
	課税対象金額、部分課税対象金額若しくは金融子会社等部分課税対象金額又は個別課税対象金額、個別部分課税対象金額若しくは個別金融子会社等部分課税対象金額（別表十七(三の八)「28」、別表十七(三の九)「9」又は別表十七(三の十)「11」）	18	(円)	(円)	(円)

添付対象外国関係会社に係る株式等の保有割合等に関する明細書		事業年度又は連結事業年度	2 . 4 . 1 3 . 3 . 31	法人名	S社 (　　　　　　　)					
外国関係会社の名称	1	A社		事　業　年　度	2	2 . 1 . 1 2 . 12 . 31				

居住者等株主等の株式等保有割合等		氏名又は名称	住所又は本店所在地	株式等保有割合		議決権保有割合		請求権保有割合		実質支配関係
				直　接	間　接	直　接	間　接	直　接	間　接	
			3	4	5	6	7	8	9	10	11
	居住者・内国法人等	本　　人		100 %	%	%	%	%	%	有・無
		同族株主グループ（本人を除く。）								
		そ　の　他								
合　　計				100	%		%		%	

同族株主グループの株式等保有割合等	氏　名　又　は　名　称	住所又は本店所在地	株式等保有割合	議決権保有割合	請求権保有割合	実質支配関係
	12	13	14	15	16	17
	本　　人		%	%	%	有・無
	そ　の　他					
	合　　計					

添付対象外国関係会社に係る外国関係会社の区分及び所得に対する租税の負担割合の計算に関する明細書	事業年度又は連結事業年度	2・4・1 3・3・31	法人名	S社（　　　　　）	別表十七(三)の七付表二　令二・四・一以後終了事業年度又は連結事業年度分

外　国　関　係　会　社　の　名　称	1	A社	事　業　年　度	2	2・1・1 2・12・31

添付対象外国関係会社に係る外国関係会社の区分に関する明細

特　定　外　国　関　係　会　社　の　判　定

ペーパー・カンパニー	主たる事業を行うに必要と認められる固定施設を有する外国関係会社でないこと	3	該当・**非該当**・未判定	
	本店所在地国において事業の管理、支配及び運営を自ら行う外国関係会社でないこと	4	該当・**非該当**・未判定	
	外国子会社の株式等の保有を主たる事業とする一定の外国関係会社でないこと	5	**該当**・非該当・未判定	
	特定子会社の株式等の保有を主たる事業とする等の一定の外国関係会社でないこと	6	**該当**・非該当・未判定	
	不動産の保有、石油その他の天然資源の探鉱等又は社会資本の整備に関する事業の遂行上欠くことのできない機能を果たしている等の一定の外国関係会社でないこと	7	**該当**・非該当・未判定	
キャッシュ・ボックス	総資産額に対する一定の受動的所得の金額の割合が30％を超える外国関係会社（総資産額に対する一定の資産の額の割合が50％を超えるものに限る。）であること	8	該当・**非該当**・未判定	
	非関連者等収入保険料の合計額の収入保険料の合計額に対する割合が10％未満であり、かつ、非関連者等支払再保険料合計額の関連者等収入保険料の合計額に対する割合が50％未満である外国関係会社であること	9	該当・**非該当**・未判定	

対　象　外　国　関　係　会　社　の　判　定

経済活動基準	事業基準	株式等若しくは債券の保有、無形資産等の提供又は船舶若しくは航空機の貸付けを主たる事業とする外国関係会社でないこと		10	該当・**非該当**・未判定
		事業基準の特例	統　括　会　社　特　例　の　適　用	11	**有**・無
			外　国　金　融　持　株　会　社　特　例　の　適　用	12	有・**無**
			航　空　機　リ　ー　ス　子　会　社　特　例　の　適　用	13	有・**無**
	実体基準	本店所在地国において主たる事業を行うに必要と認められる固定施設を有する外国関係会社であること		14	**該当**・非該当・未判定
	管理支配基準	本店所在地国において事業の管理、支配及び運営を自ら行う外国関係会社であること		15	**該当**・非該当・未判定
	非関連者基準	非関連者取引割合が50％を超える外国関係会社であること		16	該当・**非該当**・未判定
	所在地国基準	主として本店所在地国において事業を行う外国関係会社であること		17	**該当**・非該当・未判定

部　分　対　象　外　国　関　係　会　社　の　判　定

特定外国関係会社及び対象外国関係会社以外の外国関係会社であること	18	**該当**・非該当・未判定	
清　算　外　国　金　融　子　会　社　等　で　あ　る　こ　と	19	該当・**非該当**・未判定	
(2)の事業年度が特定清算事業年度であること	20	該当・**非該当**・未判定	
外　国　金　融　子　会　社　等　で　あ　る　こ　と	21	該当・**非該当**・未判定	

所　得　に　対　す　る　租　税　の　負　担　割　合　の　計　算

所得の金額の計算	当期の所得金額	当期の決算上の利益又は欠損の額	22	50,000ドル	租税の額の計算	本店所在地国の外国法人税の額	本店所在地国において課される外国法人税の額	34	9,500ドル
		本店所在地国における課税所得金額	23	50,000ドル			（　　　　　%)	
	加算	非課税所得の金額	24				所得の額に応じて税率が高くなる場合に納付したものとみなされる税額	35	
		損金の額に算入した支払配当等の額	25				納付したものとみなして本店所在地国の外国法人税の額から控除される額	36	
		損金の額に算入した外国法人税の額	26					
		保険準備金繰入限度超過額	27				本店所在地国外において課される外国法人税の額	37	
		保険準備金取崩不足額	28					
		小　　計	29			租税の額（(34)から(37)までの合計額）		38	9,500ドル
	減算	(24)のうち配当等の額	30			所得に対する租税の負担割合 $\frac{(38)}{(33)}$		39	19 %
		益金の額に算入した還付外国法人税の額	31					
		小　　計	32					
	所得の金額 ((22)又は(23))＋(29)－(32)		33	50,000ドル		(33)が零又は欠損金額となる場合の租税の負担割合		40	

266

統括会社及び被統括会社の状況等に関する明細書	事業年度又は連結事業年度	2 · 4 · 1 3 · 3 · 31	法人名	（　　　S社　　　）

統括会社の状況等

統括会社の名称	1	A社	株主等の状況	名称	所在地	直接間接の区分 8	発行済株式等の保有割合 9
本店又は主たる事務所の所在 国名又は地域名	2	X国		本人		直接・間接	100%
所在地	3					直接・間接	
主たる事業	4	地域統括				直接・間接	
事業年度	5	2 · 1 · 1 2 · 12 · 31				直接・間接	
本店所在地国における統括業務に係る固定施設及びその業務に従事する者の有無	6	有 · 無				直接・間接	
株式等の所有を通じた関係を記載した書類の添付	7	有 · 無				直接・間接	

被統括会社の状況

被統括会社の名称	10	M社	株主等の状況	名称等	所在地等	直接間接の区分	発行済株式等の保有割合 18	議決権株式等の保有割合 19 20
本店又は主たる事務所の所在 国名又は地域名	11	Y国		統括会社		直接・間接	100%	100%
所在地	12					直接・間接		
事業年度	13	2 · 1 · 1 2 · 12 · 31				直接・間接		
事業内容	14	電子部品製造				直接・間接		
事業に従事する者の有無	15	有 · 無				直接・間接		
統括業務 業務の内容	16	事業方針の決定等				直接・間接		
支払対価	17	（　　円） $150,000				直接・間接		

被統括会社の名称	21	N社	株主等の状況	名称等	所在地等	直接間接の区分	発行済株式等の保有割合 29	議決権株式等の保有割合 30 31
本店又は主たる事務所の所在 国名又は地域名	22	Z国		統括会社		直接・間接	100%	100%
所在地	23					直接・間接		
事業年度	24	2 · 1 · 1 2 · 12 · 31				直接・間接		
事業内容	25	電子部品製造				直接・間接		
事業に従事する者の有無	26	有 · 無				直接・間接		
統括業務 業務の内容	27	事業方針の決定等				直接・間接		
支払対価	28	（　　円） $100,000				直接・間接		

統括会社に係る事業基準及び非関連者基準の判定

株式等の保有を主たる事業とする基準の判定	統括会社の事業基準の判定	株式等の期末帳簿価額	32	$20,000	卸売業を主たる事業とする統括会社の判定	非関連者基準の判定	卸売業に係る販売取扱金額又は仕入取扱金額	40	
		(32)のうち被統括会社に係る株式等の期末帳簿価額	33	$15,000					
		$\frac{(33)}{(32)}$	34	75%			(40)のうち非関連者取引に係る販売取扱金額又は仕入取扱金額	41	
		(33)のうち外国法人である被統括会社に係る株式等の期末帳簿価額	35	$15,000					
		$\frac{(35)}{(33)}$	36	100%			(41)のうち外国法人である被統括会社との取引に係る販売取扱金額又は仕入取扱金額	42	
		被統括会社に対して行う統括業務に係る対価の額	37	$250,000					
		(37)のうち外国法人である被統括会社に対して行う統括業務に係る対価の額	38	$250,000					
		$\frac{(38)}{(37)}$	39	100%			$\frac{(41)}{(40)}$	43	%

別表記載例5　外国子会社から配当を受けた場合の二重課税を調整する事例

　　内国法人Ｓ社はＸ国に外国子会社Ａ社（持分割合30%）を有しています。この度、Ａ社から配当を受けました。

　　外国子会社からの配当は益金不算入と聞いていますが、別表の記載方法を教えてください。

(1)　Ｓ社の概要
　　①　事業年度　令和2年4月1日〜令和3年3月31日
　　②　Ａ社からの受取配当　US$240,000（28,800,000円）
　　　　配当に係る外国源泉税　　US$24,000（2,880,000円）
　　③　当期利益　150,000,000円

(2)　Ａ社の概要（平成31年1月1日設立）
　　①　事業年度　令和2年1月1日〜令和2年12月31日
　　②　配当基準日等
　　　　配当基準日　令和2年12月31日
　　　　支払義務確定日　令和3年2月28日
　　　　支払日　令和3年3月10日
　　③　配当支払金額等
　　　　配当支払額　US$240,000
　　　　源泉所得税（税率10%）　US$24,000
　　④　当社のＡ社株式の配当支払義務確定日までの保有期間は26か月（31/1〜3/2）
　　⑤　配当換算レート　1US$＝120円

回　答

　　内国法人が外国子会社（保有割合25%以上・支払義務確定日以前6か月以上保有）から剰余金の配当等（以下「配当」といいます。）を受ける場合には、二重課税を調整するために、配当の95%は益金不算入となります。

（法法23の2①）

　　ご質問の場合は、貴社がＡ社から受けた配当US$228,000（240,000×95%）を益金不算入とすることで二重課税を調整することになります。なお、源泉所得税US$24,000は損金不算入となります。

（法法39の2）

所得の金額の計算に関する明細書(簡易様式)

事業年度	2・4・1 3・3・31	法人名	S社

別表四(簡易様式) 令二・四・一以後終了事業年度分

区　　分		総　　額 ①	処　　分 留　保 ②	処　　分 社　外　流　出 ③
当期利益又は当期欠損の額	1	150,000,000 円	150,000,000 円	配当
				その他 円
損金経理をした法人税及び地方法人税(附帯税を除く。)	2			
損金経理をした道府県民税及び市町村民税	3			
損金経理をした納税充当金	4			
損金経理をした附帯税(利子税を除く。)、加算金、延滞金(延納分を除く。)及び過怠税	5			その他
減価償却の償却超過額	6			
役員給与の損金不算入額	7			その他
交際費等の損金不算入額	8			その他
外国源泉税	9	2,880,000		2,880,000
	10			
小　　計	11	2,880,000		2,880,000
減価償却超過額の当期認容額	12			
納税充当金から支出した事業税等の金額	13			
受取配当等の益金不算入額(別表八(一)「13」又は「26」)	14			※
外国子会社から受ける剰余金の配当等の益金不算入額(別表八(二)「26」)	15	27,360,000		27,360,000
受贈益の益金不算入額	16			※
適格現物分配に係る益金不算入額	17			※
法人税等の中間納付額及び過誤納に係る還付金額	18			
所得税額等及び欠損金の繰戻しによる還付金額等	19			※
	20			
小　　計	21	27,360,000		外※ 27,360,000
仮　　計 (1)+(11)-(21)	22	125,520,000		外※ △24,480,000
関連者等に係る支払利子等又は対象純支払利子等の損金不算入額(別表十七(二の二)「24」若しくは「29」又は別表十七(二の五)「27」若しくは「32」)	23			その他
超過利子額の損金算入額(別表十七(二の三)「10」)	24	△		※ △
仮　　計 (22)から(24)までの計	25			外※
寄附金の損金不算入額(別表十四(二)「24」又は「40」)	27			その他
法人税額から控除される所得税額(別表六(一)「6の③」)	29			その他
税額控除の対象となる外国法人税の額(別表六(二の二)「7」)	30			その他
分配時調整外国税相当額及び外国関係会社等に係る控除対象所得税額等相当額(別表六(五の二)「5の②」+別表十七(三の十二)「1」)	31			その他
合　　計 (25)+(27)+(29)+(30)+(31)	34			外※
契約者配当の益金算入額(別表九(一)「13」)	35			
中間申告における繰戻しによる還付に係る災害損失欠損金額の益金算入額	37			※
非適格合併又は残余財産の全部分配等による移転資産等の譲渡利益額又は譲渡損失額	38			※
差　　引　　計 (34)+(35)+(37)+(38)	39			外※
欠損金又は災害損失等の当期控除額(別表七(一)「4の計」+別表七(二)「9」若しくは「21」又は別表七(三)「10」)	40	△		※ △
総　　計 (39)+(40)	41			外※
新鉱床探鉱費又は海外新鉱床探鉱費の特別控除額(別表十(三)「43」)	42	△		※ △
残余財産の確定の日の属する事業年度に係る事業税の損金算入額	47	△	△	
所得金額又は欠損金額	48	125,520,000	150,000,000	外※ △24,480,000

① 外国子会社から受ける配当等の益金不算入等に関する明細書

事業年度又は連結事業年度	2・4・1 3・3・31	法人名	S社 （　　）

別表八(二)　令二・四・一以後終了事業年度又は連結事業年度分

区分	項目	番号				
外国子会社の名称等	名称	1	A社			
	本店又は主たる事務所の所在 国名又は地域名	2	X国			
	本店又は主たる事務所の所在 所在地	3				
	主たる事業	4				
	発行済株式等の保有割合	5	30 %	%	%	%
	発行済株式等の連結保有割合	6	%	%	%	%
益金不算入額等の計算	支払義務確定日	7	3・2・28	・・	・・	・・
	支払義務確定日までの保有期間	8	26か月			
	剰余金の配当等の額	9	（$240,000） 28,800,000円	（　）円	（　）円	（　）円
	(9)の剰余金の配当等の額に係る外国源泉税等の額	10	（$24,000） 2,880,000円	（　）円	（　）円	（　）円
	法第23条の2第2項第1号に掲げる剰余金の配当等の額の該当の有無	11	有・(無)	有・無	有・無	有・無
	益金不算入の対象とならない損金算入配当等の額の計算 法第23条の2第3項又は第4項の適用の有無	12	有・無	有・無	有・無	有・無
	損金算入対応受取配当等の額の計算 (9)の元本である株式又は出資の総数又は総額につき外国子会社により支払われた剰余金の配当等の額	13	（　）円	（　）円	（　）円	（　）円
	(13)のうち外国子会社の所得の金額の計算上損金の額に算入された金額	14	（　）円	（　）円	（　）円	（　）円
	損金算入対応受取配当等の額 $(9)\times\frac{(14)}{(13)}$	15	（　）円	（　）円	（　）円	（　）円
	益金不算入の対象とならない損金算入配当等の額 ((9)又は(15))	16	（　）円	（　）円	（　）円	（　）円
	(16)に対応する外国源泉税等の額 ((10)又は$(10)\times\frac{(14)}{(13)}$)	17	（　）円	（　）円	（　）円	（　）円
	剰余金の配当等の額に係る費用相当額 ((9)−(16))×5％	18	1,440,000			
	法第23条の2の規定により益金不算入とされる剰余金の配当等の額 (9)−(16)−(18)	19	27,360,000			
	措法第66条の8第2項前段若しくは第9項前段又は第68条の92第2項前段若しくは第9項前段の規定により益金不算入とされる剰余金の配当等の額 (別表十七(三の四)「23」+「25」)	20				
	(16)のうち措法第66条の8第3項若しくは第10項又は第68条の92第3項若しくは第10項の規定により益金不算入とされる損金算入配当等の額 (別表十七(三の四)「24」)	21				
	(9)のうち益金不算入とされる剰余金の配当等の額 (19)+(20)+(21)	22	27,360,000			
	法第39条の2の規定により損金不算入とされる外国源泉税等の額 (10)−(17)	23	2,880,000			
	(23)のうち措法第66条の8第2項後段若しくは第9項後段又は第68条の92第2項後段若しくは第9項後段の規定により損金不算入の対象外とされる外国源泉税等の額 (別表十七(三の四)「28」)	24				
	(10)のうち損金不算入とされる外国源泉税等の額 (23)−(24) (マイナスの場合は0)	25	2,880,000			
	益金不算入とされる剰余金の配当等の額の合計 ((22)欄の合計)	26	27,360,000円			
	損金不算入とされる外国源泉税等の額の合計 ((25)欄の合計)	27	2,880,000			

別表記載例6　合算課税を受けた特定外国関係会社から配当を受けた事例＿その①（特定課税対象金額がある場合）

　内国法人Ｓ社はＸ国に特定外国関係会社Ａ社（持分割合100%）を有しています。この度、Ａ社から配当を受けました。

　Ｓ社は毎年、Ａ社の留保所得について毎年、合算課税を受けています。今回、Ａ社からの配当を収益に計上しますので、二重課税を調整しなければなりませんが、別表の記載方法を教えてください。

(1)　Ｓ社の概要
　①　事業年度　令和2年1月1日～令和2年12月31日
　②　Ａ社からの受取配当　US$400,000（48,000,000円）
　　　配当に係る外国源泉税　なし
　③　当期利益　100,000,000円

(2)　Ａ社の概要（平成28年1月1日設立）
　①　事業年度　令和元年1月1日～令和元年12月31日
　②　配当基準日等
　　　配当基準日　令和元年12月31日
　　　支払義務確定日　令和2年2月28日
　　　支払日　令和2年2月28日
　③　配当支払金額等
　　　支払配当　US$400,000
　　　源泉所得税　なし
　④　内国法人Ｓ社の当期と過年度の合算課税の状況

事業年度	適用対象金額	課税対象金額
令和2年12月期（当期）	US$200,000	US$200,000
令和元年12月期（前年度）	US$300,000	US$200,000
平成30年12月期（前々年度）	US$100,000	US$100,000

　(注)1　当社のＡ社株式の配当支払義務確定日までの保有期間は50か月（28/1～2/2）
　(注)2　配当換算レート　1US$＝120円

回　答

　特定外国関係会社から配当を受ける場合には、二重課税を調整するために、配当のうち特定課税対象金額までは、益金不算入とすることができます。

（措法66の8②）

　ご質問の場合は、Ｓ社が前年度と前々年度において益金に算入した課税対象金額の合計額$400,000が特定課税対象金額となりますので、受取配当（US＄400,000）は全額益金不算入となります。

所得の金額の計算に関する明細書（簡易様式）

事業年度	2・1・1 ～ 2・12・31	法人名	S社

別表四（簡易様式）令二・四・一以後終了事業年度分

区分		総額①	留保②	社外流出③	
当期利益又は当期欠損の額	1	100,000,000 円	100,000,000 円	配当	円
				その他	
加算	損金経理をした法人税及び地方法人税（附帯税を除く。）	2			
	損金経理をした道府県民税及び市町村民税	3			
	損金経理をした納税充当金	4			
	損金経理をした附帯税（利子税を除く。）、加算金、延滞金（延納分を除く。）及び過怠税	5		その他	
	減価償却の償却超過額	6			
	役員給与の損金不算入額	7		その他	
	交際費等の損金不算入額	8		その他	
		9			
		10			
	小　計	11			
減算	減価償却超過額の当期認容額	12			
	納税充当金から支出した事業税等の金額	13			
	受取配当等の益金不算入額（別表八（一）「13」又は「26」）	14		※	
	外国子会社から受ける剰余金の配当等の益金不算入額（別表八（二）「26」）	15	48,000,000		※	48,000,000
	受贈益の益金不算入額	16		※	
	適格現物分配に係る益金不算入額	17		※	
	法人税等の中間納付額及び過誤納に係る還付金額	18			
	所得税額等及び欠損金の繰戻しによる還付金額等	19		※	
		20			
	小　計	21	48,000,000		外※	48,000,000
仮　計 (1)+(11)-(21)	22	52,000,000	100,000,000	外※	△48,000,000
関連者等に係る支払利子等又は対象純支払利子等の損金不算入額（別表十七（二の二）「24」若しくは「29」又は別表十七（二の三）「27」若しくは「32」）	23			その他	
超過利子額の損金算入額（別表十七（二の三）「10」）	24	△		※	△
仮　計 (22)から(24)までの計	25			外※	
寄附金の損金不算入額（別表十四（二）「24」又は「40」）	27			その他	
法人税額から控除される所得税額（別表六（一）「6の③」）	29			その他	
税額控除の対象となる外国法人税の額（別表六（二の二）「7」）	30			その他	
分配時調整外国税相当額及び外国関係会社等に係る控除対象所得税額等相当額（別表六（五の二）「5の②」＋別表十七（三の六）「1」）	31			その他	
合　計 (25)+(27)+(29)+(30)+(31)	34			外※	
契約者配当の益金算入額（別表九（一）「13」）	35				
中間申告における繰戻しによる還付に係る災害損失欠損金額の益金算入額	37			※	
非適格合併又は残余財産の全部分配等による移転資産等の譲渡利益額又は譲渡損失額	38			※	
差　引　計 (34)+(35)+(37)+(38)	39			外※	
欠損金又は災害損失金等の当期控除額（別表七（一）「4の計」＋（別表七（二）「9」若しくは「21」又は別表七（三）「10」）	40	△		※	△
総　計 (39)+(40)	41			外※	
新鉱床探鉱費又は海外新鉱床探鉱費の特別控除額（別表十（三）「43」）	42	△		※	△
残余財産の確定の日の属する事業年度に係る事業税の損金算入額	47	△	△		
所得金額又は欠損金額	48	52,000,000	100,000,000	外※	△48,000,000

① 外国子会社から受ける配当等の益金不算入等に関する明細書

事業年度又は連結事業年度	2・1・1　2・12・31	法人名	S社（　　　　　）

外国子会社の名称等							
名　　称	1	A社			
本たる事務所の所在地	国　名　又　は　地　域　名	2	X国			
	所　　在　　地	3				
主　　た　　る　　事　　業		4				
発 行 済 株 式 等 の 保 有 割 合		5	100 %	%	%	%
発 行 済 株 式 等 の 連 結 保 有 割 合		6	%	%	%	%

益金不算入等の額の計算								
	支　払　義　務　確　定　日	7	2・2・28	・　・	・　・	・　・
	支 払 義 務 確 定 日 ま で の 保 有 期 間	8	50か月			
	剰　余　金　の　配　当　等　の　額	9	($400,000) 48,000,000 円	(　　　) 円	(　　　) 円	(　　　) 円
	(9)の剰余金の配当等の額に係る外国源泉税等の額	10	(　　　) 0 円	(　　　) 円	(　　　) 円	(　　　) 円
益金不算入の対象とならない損金算入配当等の額の計算	法第23条の2第2項第1号に掲げる剰余金の配当等の額の該当の有無	11	有　・　無	有　・　無	有　・　無	有　・　無
	法第23条の2第3項又は第4項の適用の有無	12	有　・　無	有　・　無	有　・　無	有　・　無
	(9)の元本である株式又は出資の総数又は総額につき外国子会社により支払われた剰余金の配当等の額	13	(　　　) 円	(　　　) 円	(　　　) 円	(　　　) 円
	(13)のうち外国子会社の所得の金額の計算上損金の額に算入された金額	14	(　　　) 円	(　　　) 円	(　　　) 円	(　　　) 円
	損金算入対応受取配当等の額 $(9) \times \frac{(14)}{(13)}$	15	(　　　) 円	(　　　) 円	(　　　) 円	(　　　) 円
	益金不算入の対象とならない損金算入配当等の額 ((9)又は(15))	16	(　　　) 円	(　　　) 円	(　　　) 円	(　　　) 円
	(16)に対応する外国源泉税等の額 $((10)$又は$(10) \times \frac{(14)}{(13)})$	17	(　　　) 円	(　　　) 円	(　　　) 円	(　　　) 円
益金不算入額等の計算	剰 余 金 の 配 当 等 の 額 に 係 る 費 用 相 当 額 ((9)－(16))×5%	18				
	法第23条の2の規定により益金不算入とされる剰 余 金 の 配 当 等 の 額 (9)－(16)－(18)	19				
	措法第66条の8第2項前段若しくは第9項前段又は第68条の92第2項前段若しくは第9項前段の規定により益金不算入とされる剰余金の配当等の額（別表十七(三の四)「23」＋「25」）	20	48,000,000			
	(16)のうち措法第66条の8第3項若しくは第10項又は第68条の92第3項若しくは第10項の規定により益金不算入とされる損金算入配当等の額（別表十七(三の四)「24」）	21				
	(9)のうち益金不算入とされる剰余金の配当等の額 (19)＋(20)＋(21)	22	48,000,000			
	法第39条の2の規定により損金不算入とされる外　国　源　泉　税　等　の　額 (10)－(17)	23				
	(23)のうち措法第66条の8第2項後段若しくは第9項後段又は第68条の92第2項後段若しくは第9項後段の規定により損金不算入の対象外とされる外国源泉税等の額（別表十七(三の四)「28」）	24				
	(10)のうち損金不算入とされる外国源泉税等の額 (23)－(24)（マイナスの場合は0）	25				
益金不算入とされる剰余金の配当等の額の合計 ((22)欄の合計)		26			48,000,000 円
損金不算入とされる外国源泉税等の額の合計 ((25)欄の合計)		27			

① 特定課税対象金額等又は特定個別課税対象金額等がある場合の外国法人から受ける配当等の益金不算入額等の計算に関する明細書

| 事業年度又は連結事業年度 | 2 . 1 . 1
2 . 12・31 | 法人名 | S社 ( ) |

別表十七（三の四）　令二・四・一以後終了事業年度又は連結事業年度分

外 国 法 人 の 名 称	1	A社	本店又は主たる事務所の所在地は	国 名 又 は 地 域 名	3	
外 国 法 人 の 事 業 年 度	2	30 ・ 1 ・ 1 1 ・ 12 ・ 31		所 在 地	4	

						計
支 払 義 務 確 定 日	5	2・ 2・28	・ ・	・ ・	・ ・	
支払義務確定日までの保有期間	6	50か月				
発 行 済 株 式 等 の 保 有 割 合	7	100 %	%	%	%	
発行済株式等の連結保有割合	8	%	%	%	%	
剰 余 金 の 配 当 等 の 額	9	$ 400,000				
(9)に係る外国源泉税等の額	10	0				
(9)配るが当場損に合金該算当入す	(9)のうち外国子会社配当益金不算入の対象とならない損金算入配当等の額（別表八(二)「16」）	11				
	外国子会社配当益金不算入の対象となる剰余金の配当等の額 (9)－(11)	12				
特定課税対象金額又は特定個別課税対象金額	13	(31)の合計 $ 600,000	(17)の①	(17)の②	(17)の③	
((9)又は(11))と(13)のうち少ない金額	14	$ 400,000				
差 引 (13)－(14)	15	$ 200,000				
(12)と(15)のうち少ない金額	16					
差 引 (15)－(16)	17	① $ 200,000	②	③		
間接特定課税対象金額又は間接特定個別課税対象金額	18	(別表十七(三の五)「23」)	(22)の①	(22)の②	(22)の③	
((9)又は(11))と(18)のうち少ない金額	19					
差 引 (18)－(19)	20					
(12)と(20)のうち少ない金額	21					
差 引 (20)－(21)	22	①	②	③		

益金不算入額の計算	損金算入配当以外の外国子会社配当に係る益金不算入額 (14)×5％＋(19)×5％	23	(48,000,000 円) $ 400,000	(円)	(円)	(円)	
	損金算入配当	(14)＋(19)	24	(円)	(円)	(円)	(円)	
		(16)×5％＋(21)×5％	25	(円)	(円)	(円)	(円)	
		益 金 不 算 入 額 (24)＋(25)	26	(円)	(円)	(円)	(円)	
	上記以外の配当に係る益金不算入額 (14)＋(19)	27	(円)	(円)	(円)	(円)	円
	(23)及び(25)に係る外国源泉税等の額 (10)	28	(円)	(円)	(円)	(円)	

特定課税対象金額又は特定個別課税対象金額の明細	請求権勘案直接保有株式等又は請求権等勘案直接保有株式等の保有割合	29	100 %	当 期 発 生 額 （別表十七(三)「33」、別表十七(三の二)「17」、別表十七(三の八)「26」、別表十七(三の九)「7」又は別表十七(三の十)「9」）×(29)	30	$ 200,000

事業年度又は連結事業年度	前期繰越額又は当期発生額 31	当 期 控 除 額 32	翌 期 繰 越 額 (31)－(32) 33
・ ・			
・ ・			
・ ・			
・ ・			
・ ・			
・ ・			
・ ・			
・ ・			
30・ 1 ・ 1 30・ 12 ・ 31	$ 100,000	$ 100,000	0
31・ 1 ・ 1 1 ・ 12 ・ 31	$ 300,000	$ 300,000	0
計	$ 400,000	$ 400,000	0
当 期 分 (30)	$ 200,000	0	$ 200,000
合 計	$ 600,000	$ 400,000	$ 200,000

別表記載例7　合算課税対象の特定外国関係会社（孫会社）から配当を受けた事例＿その②（特定課税対象金額がない場合）

　　内国法人S社はX国に特定外国関係会社A社（持分割合100%）及びY国に孫会社B社（A社持分割合60%）を有しています。今回A社経由でB社から配当を受けました。

　　B社は毎年、合算課税を受けていますので、二重課税を調整しなければなりません。別表の記載方法を教えてください。

(1)　S社の概要

　　①　事業年度　令和2年1月1日～令和2年12月31日

　　②　A社からの受取配当　US$500,000

　　　　配当に係る外国源泉税　なし

　　③　当期利益　50,000,000円

(2)　外国法人の状況

	A社 （平成22年1月1日設立）	B社 （平成22年8月1日設立）
①　事業年度	平30/1/1 ～令1/12/31	平30/1/1 ～令1/12/31
②　配当基準日等	配当基準日　令1/12/31 支払義務確定日　令2/4/28 支払日　令2/4/28	配当基準日　令1/12/31 支払義務確定日　令2/4/10 支払日　令2/4/10
③　配当支払金額等	支払配当　US$500,000 源泉所得税　なし	支払配当　US$500,000 源泉所得税　なし
④　内国法人S社過年度の合算課税の状況	合算課税なし	適用対象金額 　平29/12期　US$300,000 　平30/12期　US$400,000 課税対象金額（持分割合60%） 　平29/12期　US$180,000 　平30/12期　US$240,000
⑤　内国法人S社当期（2/12期）の合算課税の状況	合算課税なし	適用対象金額 　令1/12期　US$200,000 課税対象金額（持分割合60%） 　令1/12期　US$120,000

　㊟1　当社のA社株式の配当支払義務確定日までの保有期間は50か月（28/1～2/2）

　㊟2　配当換算レート　1US$＝120円

回　答

　内国法人が会社単位の合算課税を受けた外国孫会社から外国子会社を経由して配当を受けた場合、その配当に対する課税とその配当の原資である外国孫会社の所得に対する合算課税との二重課税が生じることから、その二重課税を調整するために、その配当のうち間接特定課税対象金額に達するまでの金額は益金不算入とすることができます。

（措法66の8⑧⑨⑩）

【措法66の8の配当の益金不算入額のイメージ】

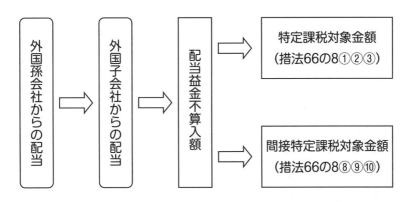

　ご質問の場合は、孫会社であるB社の配当を原資（貴社においてB社の平成29年12月期及び平成30年12月期の課税対象金額を合算課税済）としてA社は、貴社に配当をしています。

　特定課税対象金額はありませんので、間接特定課税対象金額を限度として配当を益金不算入とすることができますので、受取配当（US＄500,000）は全額益金不算入となります。

　なお、申告書別表の記載は次のとおりとなります。

所得の金額の計算に関する明細書（簡易様式）

事業年度	法人名
2・1・1　2・12・31	S社

区　　分			総　額①	処　　　　分		
				留　保②	社　外　流　出③	
当期利益又は当期欠損の額		1	50,000,000 円	50,000,000 円	配　当	円
					その他	
加算	損金経理をした法人税及び地方法人税(附帯税を除く。)	2				
	損金経理をした道府県民税及び市町村民税	3				
	損金経理をした納税充当金	4				
	損金経理をした附帯税(利子税を除く。)、加算金、延滞金(延納分を除く。)及び過怠税	5			その他	
	減価償却の償却超過額	6				
	役員給与の損金不算入額	7			その他	
	交際費等の損金不算入額	8			その他	
		9				
		10				
	小　　　計	11				
減算	減価償却超過額の当期認容額	12				
	納税充当金から支出した事業税等の金額	13				
	受取配当等の益金不算入額(別表八(一)「13」又は「26」)	14			※	
	外国子会社から受ける剰余金の配当等の益金不算入額(別表八(二)「26」)	15	60,000,000		※	60,000,000
	受贈益の益金不算入額	16			※	
	適格現物分配に係る益金不算入額	17			※	
	法人税等の中間納付額及び過誤納に係る還付金額	18				
	所得税額等及び欠損金の繰戻しによる還付金額等	19			※	
		20				
	小　　　計	21	60,000,000		外※	
仮　　　計 (1)+(11)-(21)		22	△ 10,000,000	50,000,000	外※	△ 60,000,000
関連者等に係る支払利子等又は対象純支払利子等の損金不算入額(別表十七(二の二)「24」若しくは「29」又は別表十七(二の三)「27」若しくは「31」)		23			その他	
超過利子額の損金算入額(別表十七(二の三)「10」)		24	△		※	△
仮　　計 ((22)から(24)までの計)		25			外※	
寄附金の損金不算入額(別表十四(二)「24」又は「40」)		27			その他	
法人税額から控除される所得税額(別表六(一)「6の③」)		29			その他	
税額控除の対象となる外国法人税額(別表六(二の二)「7」)		30			その他	
分配時調整外国税相当額及び外国関係会社等に係る控除対象所得税額等相当額(別表六(五の二)「5の②」+別表十七(三の十二)「1」)		31			その他	
合　　　計 (25)+(27)+(29)+(30)+(31)		34			外※	
契約者配当の益金算入額(別表九(一)「13」)		35				
中間申告における繰戻しによる還付に係る災害損失欠損金額の益金算入額		37			※	
非適格合併又は残余財産の全部分配等による移転資産等の譲渡利益額又は譲渡損失額		38			※	
差　引　計 (34)+(35)+(37)+(38)		39			外※	
欠損金又は災害損失金等の当期控除額(別表七(一)「4の計」+別表七(二)「9」若しくは「21」又は別表七(三)「10」)		40	△		※	△
総　　　計 (39)+(40)		41			外※	
新鉱床探鉱費又は海外新鉱床探鉱費の特別控除額(別表十(三)「43」)		42	△		※	△
残余財産の確定の日の属する事業年度に係る事業税の損金算入額		47	△	△		
所得金額又は欠損金額		48	△ 10,000,000	△ 50,000,000	外※	△ 60,000,000

御注意

1　沖縄の認定法人の課税の特例、国家戦略特別区域における指定法人の課税の特例、農業経営基盤強化準備金の課税の特例、関西国際空港用地整備準備金の課税の特例、中部国際空港整備準備金の課税の特例、再投資等準備金の課税の特例又は特別新事業開拓事業者に対し特定事業活動として出資をした場合の課税の特例、対外船舶運航事業を営む法人の日本船舶による収入金額に係る所得の金額の課税の特例、特定船舶の特別償却準備金の課税の特例、組合事業等に係る損失がある場合の課税の特例、農用地等を取得した場合の課税の特例、農用地等を取得した場合の課税の特例の規定の適用を受ける法人にあっては、別様式による別表四を御覧ください。

2　備考の特定目的会社等若しくは特定目的信託に係る受託法人又は特定目的信託の利益の分配若しくは再投資等準備金に係る法人の課税の特例の規定の適用を受ける法人については、「用48」の①欄の金額は、「②」欄の金額に「③」欄の本書の金額を加算し、これから「※」の金額を加減算した額と符合することになりますから留意してください。

① **外国子会社から受ける配当等の益金不算入等に関する明細書**

			事業年度又は連結事業年度	2・1・1 2・12・31	法人名	S社（　　　）					別表八㈡ 令二・四・一以後終了事業年度又は連結事業年度分

外国子会社の名称等	名　　　称	1	A社			
	たる事務所又は主たる事務所の所在地 ＜本店又は＞ 国名又は地域名	2	X国			
	所在地	3				
	主たる事業	4				
	発行済株式等の保有割合	5	100 %	%	%	%
	発行済株式等の連結保有割合	6	%	%	%	%

益金不算入額等の計算	支払義務確定日	7	2・4・28	・・	・・	・・
	支払義務確定日までの保有期間	8	50か月			
	剰余金の配当等の額	9	（$500,000） 60,000,000 円	（　）円	（　）円	（　）円
	(9)の剰余金の配当等の額に係る外国源泉税等の額	10	（　）円	（　）円	（　）円	（　）円
	法第23条の2第2項第1号に掲げる剰余金の配当等の額の該当の有無	11	有・無	有・無	有・無	有・無
	法第23条の2第3項又は第4項の適用の有無	12	有・無	有・無	有・無	有・無
	益金不算入の対象とならない損金算入配当等の額の計算 損金算入対応受取配当等の額の計算 (9)の元本である株式又は出資の総数又は総額につき外国子会社により支払われた剰余金の配当等の額	13	（　）円	（　）円	（　）円	（　）円
	(13)のうち外国子会社の所得の金額の計算上損金の額に算入された金額	14	（　）円	（　）円	（　）円	（　）円
	損金算入対応受取配当等の額 (9)×(14)/(13)	15	（　）円	（　）円	（　）円	（　）円
	益金不算入の対象とならない損金算入配当等の額 ((9)又は(15))	16	（　）円	（　）円	（　）円	（　）円
	(16)に対応する外国源泉税等の額 ((10)又は(10)×(14)/(13))	17	（　）円	（　）円	（　）円	（　）円
	剰余金の配当等の額に係る費用相当額 ((9)−(16))×5%	18				
	法第23条の2の規定により益金不算入とされる剰余金の配当等の額 (9)−(16)−(18)	19				
益金不算入とされる剰余金の配当等の額の計算	措法第66条の8第2項前段若しくは第9項前段又は第68条の92第2項前段若しくは第9項前段の規定により益金不算入とされる剰余金の配当等の額 (別表十七(三の四)「23」+「25」)	20	60,000,000			
	(16)のうち措法第66条の8第3項若しくは第10項又は第68条の92第3項若しくは第10項の規定により益金不算入とされる損金算入配当等の額 (別表十七(三の四)「24」)	21				
	(9)のうち益金不算入とされる剰余金の配当等の額 (19)+(20)+(21)	22	60,000,000			
	法第39条の2の規定により損金不算入とされる外国源泉税等の額 (10)−(17)	23				
	(23)のうち措法第66条の8第2項後段若しくは第9項後段又は第68条の92第2項後段若しくは第9項後段の規定により損金不算入の対象外とされる外国源泉税等の額 (別表十七(三の四)「28」)	24				
	(10)のうち損金不算入とされる外国源泉税等の額 (23)−(24) (マイナスの場合は0)	25				

益金不算入とされる剰余金の配当等の額の合計 ((22)欄の合計)	26	60,000,000 円
損金不算入とされる外国源泉税等の額の合計 ((25)欄の合計)	27	

① 特定課税対象金額等又は特定個別課税対象金額等がある場合の外国法人から受ける配当等の益金不算入額等の計算に関する明細書

事業年度又は連結事業年度	2・1・1 〜 2・12・31	法人名	S社 （　　　　　）

別表十七(三の四)　令二・四・一以後終了事業年度又は連結事業年度分

外国法人の名称	1	A社			本店又は主たる事務所の所在	国名又は地域名	3				
外国法人の事業年度	2	30・1・1 〜 1・12・31				所在地	4				
支払義務確定日	5	2・4・28	・・	・・	・・	計					
支払義務確定日までの保有期間	6	50か月									
発行済株式等の保有割合	7	100 %	%	%	%						
発行済株式等の連結保有割合	8	%	%	%	%						
剰余金の配当等の額	9	$ 500,000				$ 500,000					
(9)に係る外国源泉税等の額	10										
(9)のうち外国子会社配当益金不算入の対象とならない損金算入配当等の額（別表八(二)「16」）	11										
外国子会社配当益金不算入の対象となる剰余金の配当等の額 (9)−(11)	12										
特定課税対象金額又は特定個別課税対象金額	13	(31)の合計	(17)の①	(17)の②	(17)の③						
((9)又は(11))と(13)のうち少ない金額	14										
差引 (13)−(14)	15										
(12)と(15)のうち少ない金額	16										
差引 (15)−(16)	17	①	②	③							
間接特定課税対象金額又は間接特定個別課税対象金額	18	(別表十七(三の五)「23」) $ 500,000	(22)の①	(22)の②	(22)の③						
((9)又は(11))と(18)のうち少ない金額	19	$ 500,000									
差引 (18)−(19)	20	$ 500,000									
(12)と(20)のうち少ない金額	21										
差引 (20)−(21)	22	①	②	③							
益金不算入額の計算：損金算入配当以外の外国子会社配当に係る益金不算入額 (14)×5%+(19)×5%	23	60,000,000 円 $ 500,000	(円)	(円)	(円)						
損金算入配当 (14)+(19)	24	(円)	(円)	(円)	(円)						
(16)×5%+(21)×5%	25	(円)	(円)	(円)	(円)						
益金不算入額 (24)+(25)	26	(円)	(円)	(円)	(円)						
上記以外の配当に係る益金不算入額 (14)+(19)	27	(円)	(円)	(円)	(円)	円					
(23)及び(25)に係る外国源泉税等の額 (10)	28	(円)	(円)	(円)	(円)						

特定課税対象金額又は特定個別課税対象金額の明細	請求権勘案直接保有株式等又は請求権等勘案直接保有株式等の保有割合	29	%	当期発生額（別表十七(三)「33」、別表十七(三の二)「17」、別表十七(三の八)「26」、別表十七(三の九)「7」又は別表十七(三の十)「9」）×(29)	30	

事業年度又は連結事業年度	前期繰越額又は当期発生額 31	当期控除額 32	翌期繰越額 (31)−(32) 33
・・			
・・			
・・			
・・			
・・			
・・			
・・			
・・			
計			
当期分 (30)			
合計			

① 間接特定課税対象金額又は間接特定個別課税対象金額の計算に関する明細書

| 事業年度又は連結事業年度 | 2・1・1 2・12・31 | 法人名 | （　　　S社　　　） |

外国法人の名称	1	A社	他の外国法人の名称	4	B社
本店又は主たる事務所の所在する国名又は地域名	2	X国	本店又は主たる事務所の所在する国名又は地域名	5	Y国
所在地	3		所在地	6	

間接特定課税対象金額又は間接特定個別課税対象金額の明細

| 配当事業年度又は配当連結事業年度 | 7 | 2・1・1 2・12・31 | 前二年以内の各事業年度等又は前二年以内の各連結事業年度等のうち最も古いもの | 8 | 30・1・1 30・12・31 |

外国法人が他の外国法人から剰余金の配当等を受けた日	外国法人が他の外国法人から受けた剰余金の配当等の額	請求権勘案直接保有株式等の保有割合	(9)×(10)	(11)のうち適用済金額（前二年以内の各事業年度等又は前二年以内の各連結事業年度等の(14)の金額）	間接配当等又は個別間接配当等 (11)－(12)	(別表十七(三の四)「19の計」＋「21の計」)のうち(13)に対応する部分の金額	残額 (13)－(14)
	9	10	11	12	13	14	15
2・4・10	$500,000	100%	$500,000	0	$500,000	$500,000	0
・・							
・・							
・・							
・・							
合　計	$500,000		$500,000		$500,000	$500,000	0

事業年度又は連結事業年度	他の外国法人に係る課税対象金額等又は個別課税対象金額等	間接保有割合	(16)×(17)	(18)のうち適用済金額（前二年以内の各事業年度等又は前二年以内の各連結事業年度等の(21)の金額）	(18)－(19)	(別表十七(三の四)「19の計」＋「21の計」)のうち(20)に対応する部分の金額	残額 (20)－(21)
	16	17	18	19	20	21	22
29・1・1 29・12・31	$300,000	60%	$180,000	0	$180,000	$180,000	0
30・1・1 30・12・31	$400,000	60	$240,000	0	$240,000	$240,000	0
計	$700,000		$420,000	0	$420,000	$420,000	0
当期分	$200,000	60	$120,000		$120,000	$80,000	$40,000
合　計	$900,000		$540,000	0	$540,000	$500,000	$40,000

間接特定課税対象金額又は間接特定個別課税対象金額（(13)の合計と(20)の合計のうち少ない金額）	23	$500,000

参考資料：申告書別表17（3）

添付対象外国関係会社の名称等に関する明細書		事業年度又は連結事業年度	・　・	法人名	(	)

外国関係会社の名称等	名称	1				
	外国関係会社の本店又は主たる事務所の所在する国又は地域名 国名又は地域名	2				
	所在地	3				
	事業年度	4	・　・ ・　・	・　・ ・　・	・　・ ・　・	
	主たる事業	5				
	外国関係会社の区分	6	特定外国関係会社 ・ 対象外国関係会社 ・ 外国金融子会社等以外の部分対象外国関係会社 ・ 外国金融子会社等	特定外国関係会社 ・ 対象外国関係会社 ・ 外国金融子会社等以外の部分対象外国関係会社 ・ 外国金融子会社等	特定外国関係会社 ・ 対象外国関係会社 ・ 外国金融子会社等以外の部分対象外国関係会社 ・ 外国金融子会社等	
	資本金の額又は出資金の額	7	(　　　　　円)	(　　　　　円)	(　　　　　円)	
	株式等の保有割合	8	％	％	％	
	営業収益又は売上高	9	(　　　　　円)	(　　　　　円)	(　　　　　円)	
	営業利益	10	(　　　　　円)	(　　　　　円)	(　　　　　円)	
	税引前当期利益	11	(　　　　　円)	(　　　　　円)	(　　　　　円)	
	利益剰余金	12	(　　　　　円)	(　　　　　円)	(　　　　　円)	
	所得に対する租税の負担割合 （別表十七(三)付表二「39」又は「40」）	13	％	％	％	
	企業集団等所得課税規定の適用を受ける外国関係会社の該当・非該当	14	該当・非該当	該当・非該当	該当・非該当	
	添付書類	15	貸借対照表、損益計算書、株主資本等変動計算書、損益金処分表、勘定科目内訳明細書、本店所在地国の法人所得税に関する法令により課される税に関する申告書の写し、企業集団等所得課税規定の適用がないものとした場合に計算される法人所得税の額に関する計算の明細書及びその計算の基礎となる書類	貸借対照表、損益計算書、株主資本等変動計算書、損益金処分表、勘定科目内訳明細書、本店所在地国の法人所得税に関する法令により課される税に関する申告書の写し、企業集団等所得課税規定の適用がないものとした場合に計算される法人所得税の額に関する計算の明細書及びその計算の基礎となる書類	貸借対照表、損益計算書、株主資本等変動計算書、損益金処分表、勘定科目内訳明細書、本店所在地国の法人所得税に関する法令により課される税に関する申告書の写し、企業集団等所得課税規定の適用がないものとした場合に計算される法人所得税の額に関する計算の明細書及びその計算の基礎となる書類	
課税対象金額等の状況	適用対象金額、部分適用対象金額又は金融子会社等部分適用対象金額（別表十七(三の二)「26」、別表十七(三の三)「7」又は別表十七(三の四)「9」）	16				
	請求権等勘案合算割合（別表十七(三の二)「27」、別表十七(三の三)「8」又は別表十七(三の四)「10」）	17	％	％	％	
	課税対象金額、部分課税対象金額若しくは金融子会社等部分課税対象金額又は個別課税対象金額、個別部分課税対象金額若しくは個別金融子会社等部分課税対象金額（別表十七(三の二)「28」、別表十七(三の三)「9」又は別表十七(三の四)「11」）	18	(　　　　　円)	(　　　　　円)	(　　　　　円)	

別表十七(三)　令三・四・一以後終了事業年度又は連結事業年度分

参考資料：申告書別表17（3）付表1

添付対象外国関係会社に係る株式等の保有割合等
に関する明細書

事業年度 又は連結 事業年度	・　・	法人名	（　　　　　）

別表十七㈢付表一　令三・四・一以後終了事業年度又は連結事業年度分

外国関係会社の名称	1		事　業　年　度	2	・　・

居住者等株主等の株式等保有割合等

	氏名又は名称	住所又は本店所在地	株式等保有割合		議決権保有割合		請求権保有割合		実質支配関係
			直接	間接	直接	間接	直接	間接	
	3	4	5	6	7	8	9	10	11
居住者・内国法人等 本人			%	%	%	%	%	%	有・無
同族株主グループ（本人を除く。）									
その他									
合計			%		%		%		

	氏名又は名称	住所又は本店所在地	株式等保有割合	議決権保有割合	請求権保有割合	実質支配関係
	12	13	14	15	16	17
同族株主グループの株式等保有割合等 本人			%	%	%	有・無
その他						
合計						

参考資料：申告書別表17（3）付表2

添付対象外国関係会社に係る外国関係会社の区分及び所得に対する租税の負担割合の計算に関する明細書	事業年度又は連結事業年度	・　・ ・　・	法人名	（　　　　　　　　　）

外 国 関 係 会 社 の 名 称	1			事　　　業　　　年　　　度	2	・　・ ・　・

添 付 対 象 外 国 関 係 会 社 に 係 る 外 国 関 係 会 社 の 区 分 に 関 す る 明 細

特 定 外 国 関 係 会 社 の 判 定

ペーパー・カンパニー	主たる事業を行うに必要と認められる固定施設を有する外国関係会社でないこと	3	該 当・非 該 当・未 判 定
	本店所在地国において事業の管理、支配及び運営を自ら行う外国関係会社でないこと	4	該 当・非 該 当・未 判 定
	外国子会社の株式等の保有を主たる事業とする一定の外国関係会社でないこと	5	該 当・非 該 当・未 判 定
	特定子会社の株式等の保有を主たる事業とする等の一定の外国関係会社でないこと	6	該 当・非 該 当・未 判 定
	不動産の保有、石油その他の天然資源の探鉱等又は社会資本の整備に関する事業の遂行上欠くことのできない機能を果たしている等の一定の外国関係会社でないこと	7	該 当・非 該 当・未 判 定
キャッシュ・ボックス	総資産額に対する一定の受動的所得の金額の割合が30％を超える外国関係会社（総資産額に対する一定の資産の額の割合が50％を超えるものに限る。）であること	8	該 当・非 該 当・未 判 定
	非関連者等収入保険料の合計額の収入保険料の合計額に対する割合が10％未満であり、かつ、非関連者等支払再保険料合計額の関連者等収入保険料の合計額に対する割合が50％未満である外国関係会社であること	9	該 当・非 該 当・未 判 定

対 象 外 国 関 係 会 社 の 判 定

経済活動基準	事業基準	株式等若しくは債券の保有、無形資産等の提供又は船舶若しくは航空機の貸付けを主たる事業とする外国関係会社でないこと	10	該 当・非 該 当・未 判 定
	事業基準の特例	統 括 会 社 特 例 の 適 用	11	有　・　無
		外 国 金 融 持 株 会 社 特 例 の 適 用	12	有　・　無
		航 空 機 リ ー ス 子 会 社 特 例 の 適 用	13	有　・　無
	実体基準	本店所在地国において主たる事業を行うに必要と認められる固定施設を有する外国関係会社であること	14	該 当・非 該 当・未 判 定
	管理支配基準	本店所在地国において事業の管理、支配及び運営を自ら行う外国関係会社であること	15	該 当・非 該 当・未 判 定
	非関連者基準	非 関 連 者 取 引 割 合 が 50 ％ を 超 え る 外 国 関 係 会 社 で あ る こ と	16	該 当・非 該 当・未 判 定
	所在地国基準	主 と し て 本 店 所 在 地 国 に お い て 事 業 を 行 う 外 国 関 係 会 社 で あ る こ と	17	該 当・非 該 当・未 判 定

部 分 対 象 外 国 関 係 会 社 の 判 定

特 定 外 国 関 係 会 社 及 び 対 象 外 国 関 係 会 社 以 外 の 外 国 関 係 会 社 で あ る こ と	18	該 当・非 該 当・未 判 定
清 算 外 国 金 融 子 会 社 等 で あ る こ と	19	該 当・非 該 当・未 判 定
(2) の 事 業 年 度 が 特 定 清 算 事 業 年 度 で あ る こ と	20	該 当・非 該 当・未 判 定
外 国 金 融 子 会 社 等 で あ る こ と	21	該 当・非 該 当・未 判 定

所 得 に 対 す る 租 税 の 負 担 割 合 の 計 算

所得の金額の計算	当期の所得金額	当 期 の 決 算 上 の 利 益 又 は 欠 損 の 額	22		租税の額の計算	本店所在地国の外国法人税の額	本店所在地国において課される外国法人税の額	34	
		本 店 所 在 地 国 に お け る 課 税 所 得 金 額	23				所得の額に応じて税率が高くなる場合に納付したものとみなされる税額	35	（　　　　　　　　　　％）
	加算	非 課 税 所 得 の 金 額	24						
		損 金 の 額 に 算 入 し た 支 払 配 当 等 の 額	25				納付したものとみなして本店所在地国の外国法人税の額から控除される額	36	
		損 金 の 額 に 算 入 し た 外 国 法 人 税 の 額	26						
		保 険 準 備 金 繰 入 限 度 超 過 額	27				本店所在地国外において課される外国法人税の額	37	
		保 険 準 備 金 取 崩 不 足 額	28			租 税 の 額 の 計 算			
		小 計	29				租 税 の 額 （(34)から(37)までの合計額）	38	
	減算	(24) の う ち 配 当 等 の 額	30				所 得 に 対 す る 租 税 の 負 担 割 合 $\frac{(38)}{(33)}$	39	％
		益 金 の 額 に 算 入 し た 還 付 外 国 法 人 税 の 額	31						
		小 計	32				(33)が零又は欠損金額となる場合の租税の負担割合	40	
		所 得 の 金 額 ((22) 又 は (23)) ＋ (29) － (32)	33						

参考資料：申告書別表17（3の2）

特定外国関係会社又は対象外国関係会社の適用対象金額等の計算に関する明細書	事業年度又は連結事業年度	・　・	法人名	（　　　　　　　）

外国関係会社の名称	1		事　業　年　度	2	・　・

適用対象金額及び課税対象金額等の計算

所得計算上の適用法令	3	本邦法令・外国法令	減算		16	
当期の利益若しくは欠損の額又は所得金額	4				17	
加算	損金の額に算入した法人所得税の額	5			18	
		6			19	
		7		算	20	
		8		小　計	21	
		9		基準所得金額 (4)＋(11)－(21)	22	
算		10		繰越欠損金の当期控除額 ((30)の計)	23	
	小　計	11		当期中に納付することとなる法人所得税の額	24	
減算	益金の額に算入した法人所得税の還付額	12		当期中に還付を受けることとなる法人所得税の額	25	
	子会社から受ける配当等の額	13		適用対象金額 (22)－(23)－(24)＋(25)	26	
	特定部分対象外国関係会社株式等の特定譲渡に係る譲渡利益額	14		請求権等勘案合算割合	27	％
	控除対象配当等の額	15		課税対象金額又は個別課税対象金額 (26)×(27)	28	（　　　　円）

欠損金額の内訳

事業年度	控除未済欠損金額 29	当期控除額 30	翌期繰越額 (29)－(30) 31
・　・			
・　・			
・　・			
・　・			
・　・			
・　・			
・　・			
計			
当　期　分			
合　計			

参考資料：申告書別表17（3の3）

外国金融子会社等以外の部分対象外国関係会社に係る部分適用対象金額及び特定所得の金額等の計算に関する明細書	事業年度又は連結事業年度	： ：	法人名	（　　　　）

外国金融子会社等以外の部分対象外国関係会社の名称	1		事 業 年 度	2	： ：

部 分 適 用 対 象 金 額 及 び 部 分 課 税 対 象 金 額 等 の 計 算

(21) ＋ (30) ＋ (33) ＋（別表十七（三の三）付表「11」＋「21」＋「39」）	3		(4) － (5)	6	
(40) ＋ (48) ＋ (51) ＋ (54) ＋ (62) ＋（別表十七（三の三）付表「31」）（マイナスの場合は0）	4		部 分 適 用 対 象 金 額 (3) ＋ (6)	7	
部 分 適 用 対 象 損 失 額 の 当 期 控 除 額（別表十七（三の三）付表「41の計」）	5		請 求 権 等 勘 案 合 算 割 合	8	％
			部分課税対象金額又は個別部分課税対象金額 (7) × (8)	9	（　　　　円）

特 定 所 得 の 金 額 の 計 算

剰余金の配当等	剰 余 金 の 配 当 等 の 額 の 合 計 額	10		有価証券の譲渡損益	(34) に 係 る 原 価 の 額 の 合 計 額	37	
	(10)のうち持株割合25％以上等の子法人から受ける剰余金の配当等の額（(12)に該当するものを除く。）	11			(37)のうち持株割合25％以上の法人の株式等の譲渡に係る対価の額の合計額に係る原価の額の合計額	38	
	(10)のうち持株割合10％以上等の資源関連外国子法人から受ける剰余金の配当等の額	12			(36) に 係 る 直 接 費 用 の 額 の 合 計 額	39	
	(11)及び(12)のうち支払法人において損金算入される剰余金の配当等の額	13			(36) － (((37) － (38)) ＋ (39))	40	
	(10) － ((11) ＋ (12) － (13))	14			一 単 位 当 た り の 帳 簿 価 額 の 算 出 の 方 法	41	移動平均法　総平均法
	(14) に 係 る 直 接 費 用 の 額 の 合 計 額	15		デリバティブ取引に係る損益	デ リ バ テ ィ ブ 取 引 に 係 る 損 益 の 額	42	
負債利子配賦額	当 期 に 支 払 う 負 債 利 子 の 額 の 合 計 額	16			(42)のうちヘッジ取引として行った一定のデリバティブ取引に係る損益の額	43	
	(16) の う ち (15) に 含 ま れ る 金 額	17			(42)のうち短期売買商品等損失額を減少させるために行った一定のデリバティブ取引に係る損益の額（(43)に該当するものを除く。）	44	
	総 資 産 の 帳 簿 価 額	18			(42)のうち先物外国為替契約等に相当する契約に基づくデリバティブ取引に係る損益の額（(44)に該当するものを除く。）	45	
	(14) に 係 る 株 式 等 の 帳 簿 価 額	19			(42)のうち一定の金利スワップ等に係る損益の額（(44)に該当するものを除く。）	46	
	(16) × (19)/(18) － (17)（マイナスの場合は0）	20			(42)のうち一定の商品先物取引業者等が行う一定の商品先物取引に係る損益の額（(43)から(46)までに該当するものを除く。）	47	
	(14) － (15) － (20)（マイナスの場合は0）	21			(42) － ((43) ＋ (44) ＋ (45) ＋ (46) ＋ (47))	48	
受取利子等	受 取 利 子 等 の 額 の 合 計 額	22		外国為替差損益	外 国 為 替 差 損 益 の 額	49	
	(22)のうち業務の通常の過程において生ずる預貯金利子の額	23			(49)のうちその行う事業（投機的な取引を行う事業を除く。）に係る業務の通常の過程において生ずる外国為替差損益の額	50	
	(22)のうち一定の貸金業者が行う金銭の貸付けに係る利子の額	24			(49) － (50)	51	
	(22)のうち一定の割賦販売等に係る利子の額	25		その他の金融所得	その他の金融所得に係る損益の額（(21)、(30)、(33)、(40)、(48)又は(51)に該当するものを除く。）	52	
	(22)のうち一定の棚卸資産の販売から生ずる利子の額（(25)に該当するものを除く。）	26			(52)のうちヘッジ取引として行った一定の取引に係る損益の額	53	
	(22)のうち一定のグループファイナンスに係る利子の額（(24)に該当するものを除く。）	27			(52) － (53)	54	
	(22) － ((23) ＋ (24) ＋ (25) ＋ (26) ＋ (27))	28		保険所得	当期に収入した、又は収入すべきことの確定した収入保険料（当該収入保険料のうち払い戻した、又は払い戻すべきものを除く。）	55	
	(28) に 係 る 直 接 費 用 の 額 の 合 計 額	29			当期に収入した、又は収入すべきことの確定した再保険返戻金	56	
	(28) － (29)（マイナスの場合は0）	30			当期に支払った、又は支払うべきことの確定した再保険料及び解約返戻金の額の合計額	57	
有価証券の貸付けに係る収益	有価証券の貸付けによる対価の額の合計額	31			(55) ＋ (56) － (57)（マイナスの場合は0）	58	
	(31) に 係 る 直 接 費 用 の 額 の 合 計 額	32			当期に支払った、又は支払うべきことの確定した支払保険金の額の合計額	59	
	(31) － (32)（マイナスの場合は0）	33			当期に収入した、又は収入すべきことの確定した再保険金の額の合計額	60	
有価証券の譲渡損益	有価証券の譲渡に係る対価の額の合計額	34			(59) － (60)（マイナスの場合は0）	61	
	(34)のうち持株割合25％以上の法人の株式等の譲渡に係る対価の額の合計額	35			(58) － (61)	62	
	(34) － (35)	36					

参考資料：申告書別表17（3の5）

外国関係会社の課税対象金額等に係る控除対象外国法人税額等の計算に関する明細書

事業年度又は連結事業年度	・　・	法人名	（　　　　　　）

外国関係会社の名称	1		特定外国関係会社又は対象外国関係会社に係る控除対象外国法人税額等の計算	適用対象金額 （別表十七（三の二）「26」）	8		
本店又は主たる事務所の所在地	国名又は地域名	2			子会社から受ける配当等の額 （別表十七（三の二）「13」のうち(6)の外国法人税の課税標準に含まれるもの）	9		
	所在地	3			控除対象配当等の額 （別表十七（三の二）「15」のうち(6)の外国法人税の課税標準に含まれるもの）	10		
事業年度	4	・　・		調整適用対象金額 (8)＋(9)＋(10)	11		
外国法人税	税種目	5			課税対象金額又は個別課税対象金額 （別表十七（三の二）「28」）	12		
	外国法人税額	6			$\frac{(12)}{(11)}$	13		％
	増額又は減額前の事業年度又は連結事業年度の(6)の金額	7			(6)×(13)	14		

外国金融子会社等以外の部分対象外国関係会社に係る控除対象外国法人税額等の計算	特定外国関係会社又は対象外国関係会社に該当するものとした場合も	適用対象金額 (55)	15		外国金融子会社等に係る控除対象外国法人税額等の計算	特定外国関係会社又は対象外国関係会社に該当するものとした場合も	適用対象金額 (55)	24	
		子会社から受ける配当等の額 ((46)のうち(6)の外国法人税の課税標準に含まれるもの)	16				子会社から受ける配当等の額 ((46)のうち(6)の外国法人税の課税標準に含まれるもの)	25	
		控除対象配当等の額 ((47)のうち(6)の外国法人税の課税標準に含まれるもの)	17				控除対象配当等の額 ((47)のうち(6)の外国法人税の課税標準に含まれるもの)	26	
	調整適用対象金額 (15)＋(16)＋(17)		18			調整適用対象金額 (24)＋(25)＋(26)		27	
	部分適用対象金額 （別表十七（三の三）「7」）		19			金融子会社等部分適用対象金額 （別表十七（三の四）「9」）		28	
	部分課税対象金額又は個別部分課税対象金額 （別表十七（三の三）「9」）		20			金融子会社等部分課税対象金額又は個別金融子会社等部分課税対象金額 （別表十七（三の四）「11」）		29	
	(20)≦(18)の場合 $\frac{(20)}{(18)}$		21	％		(29)≦(27)の場合 $\frac{(29)}{(27)}$		30	％
	(20)＞(18)の場合 $\frac{(20)}{(19)}$		22	％		(29)＞(27)の場合 $\frac{(29)}{(28)}$		31	％
	(6)×((21)又は(22))		23			(6)×((30)又は(31))		32	

(12)と(14)のうち少ない金額、(20)と(23)のうち少ない金額又は(29)と(32)のうち少ない金額	33	
外国法人税額が異動した場合	増額又は減額前の事業年度又は連結事業年度の(33)の金額	34	
	(33)≧(34)の場合 (33)－(34)	35	
	(33)＜(34)の場合 (34)－(33)	36	（　　　　円）
課税対象金額等に係る控除対象外国法人税額又は個別課税対象金額等に係る個別控除対象外国法人税額 (33)又は(35)	37	（　　　　円）

特定外国関係会社又は対象外国関係会社に該当するものとした場合の適用対象金額の計算

所得計算上の適用法令	38	本邦法令・外国法令		控除対象配当等の額	47	
当期の利益若しくは欠損の額又は所得金額	39		減算		48	
加算	損金の額に算入した法人所得税の額	40			49	
		41		小計	50	
		42		基準所得金額 (39)＋(44)－(50)	51	
		43		繰越欠損金の当期控除額	52	
	小計	44		当期中に納付することとなる法人所得税の額	53	
減算	益金の額に算入した法人所得税の還付額	45		当期中に還付を受けることとなる法人所得税の額	54	
	子会社から受ける配当等の額	46		適用対象金額 (51)－(52)－(53)＋(54)	55	

287

参考資料：申告書別表17（3の7）

特定課税対象金額等又は特定個別課税対象金額等がある場合の外国法人から受ける配当等の益金不算入額等の計算に関する明細書		事業年度 又は連結 事業年度	・　・		法人名	

<table>
<tr><td>外　国　法　人　の　名　称</td><td>1</td><td colspan="4"></td><td>本主務在
店たた所
又るの
は事所</td><td>国　名　又　は　地　域　名</td><td>3</td><td></td><td></td></tr>
<tr><td>外　国　法　人　の　事　業　年　度</td><td>2</td><td colspan="4">・　　・</td><td></td><td>所　　　　　在</td><td>地</td><td>4</td><td></td></tr>
<tr><td>支　払　義　務　確　定　日</td><td>5</td><td>・　・</td><td>・　・</td><td>・　・</td><td>・　・</td><td colspan="4">計</td></tr>
<tr><td>支払義務確定日までの保有期間</td><td>6</td><td></td><td></td><td></td><td></td><td colspan="4"></td></tr>
<tr><td>発 行 済 株 式 等 の 保 有 割 合</td><td>7</td><td>%</td><td>%</td><td>%</td><td>%</td><td colspan="4"></td></tr>
<tr><td>発行済株式等の連結保有割合</td><td>8</td><td>%</td><td>%</td><td>%</td><td>%</td><td colspan="4"></td></tr>
<tr><td>剰　余　金　の　配　当　等　の　額</td><td>9</td><td></td><td></td><td></td><td></td><td colspan="4"></td></tr>
<tr><td>(9) に係る外国源泉税等の額</td><td>10</td><td></td><td></td><td></td><td></td><td colspan="4"></td></tr>
<tr><td rowspan="2">(9)配る場
が当合
損に該
金当
算す
入る</td><td>(9)のうち外国子会社配当益金不算入の対象とならない損金算入配当等の額
（別表八（二）「16」）</td><td>11</td><td></td><td></td><td></td><td></td><td colspan="3"></td></tr>
<tr><td>外国子会社配当益金不算入の対象となる剰余金の配当等の額
(9) － (11)</td><td>12</td><td></td><td></td><td></td><td></td><td colspan="3"></td></tr>
<tr><td>特定課税対象金額又は特定個別課税対象金額</td><td>13</td><td>(31)の合計</td><td>(17)の①</td><td>(17)の②</td><td>(17)の③</td><td colspan="4"></td></tr>
<tr><td>((9)又は(12))と(13)のうち少ない金額</td><td>14</td><td></td><td></td><td></td><td></td><td colspan="4"></td></tr>
<tr><td>差　　　　　引
(13) － (14)</td><td>15</td><td></td><td></td><td></td><td></td><td colspan="4"></td></tr>
<tr><td>(11) と (15) のうち少ない金額</td><td>16</td><td></td><td></td><td></td><td></td><td colspan="4"></td></tr>
<tr><td>差　　　　　引
(15) － (16)</td><td>17</td><td>①</td><td>②</td><td>③</td><td></td><td colspan="4"></td></tr>
<tr><td>間接特定課税対象金額又は間接特定個別課税対象金額</td><td>18</td><td>（別表十七（三の八）「23」）</td><td>(22)の①</td><td>(22)の②</td><td>(22)の③</td><td colspan="4"></td></tr>
<tr><td>((9)又は(12))と(18)のうち少ない金額</td><td>19</td><td></td><td></td><td></td><td></td><td colspan="4"></td></tr>
<tr><td>差　　　　　引
(18) － (19)</td><td>20</td><td></td><td></td><td></td><td></td><td colspan="4"></td></tr>
<tr><td>(11) と (20) のうち少ない金額</td><td>21</td><td></td><td></td><td></td><td></td><td colspan="4"></td></tr>
<tr><td>差　　　　　引
(20) － (21)</td><td>22</td><td>①</td><td>②</td><td>③</td><td></td><td colspan="4"></td></tr>
<tr><td rowspan="6">益金不算入額の計算</td><td>損金算入配当以外の外国子会社配当に係る益金不算入額
(14)×5% + (19)×5%</td><td>23</td><td>(　　　　円)</td><td>(　　　　円)</td><td>(　　　　円)</td><td>(　　　　円)</td><td colspan="3"></td></tr>
<tr><td rowspan="2">損金算入配当
(14)×5% + (19)×5%</td><td>24</td><td>(　　　　円)</td><td>(　　　　円)</td><td>(　　　　円)</td><td>(　　　　円)</td><td colspan="3"></td></tr>
<tr><td>(16) + (21)</td><td>25</td><td>(　　　　円)</td><td>(　　　　円)</td><td>(　　　　円)</td><td>(　　　　円)</td><td colspan="2"></td></tr>
<tr><td>益　金　不　算　入　額
(24) + (25)</td><td>26</td><td>(　　　　円)</td><td>(　　　　円)</td><td>(　　　　円)</td><td>(　　　　円)</td><td colspan="3"></td></tr>
<tr><td>上記以外の配当に係る益金不算入額
(14) + (19)</td><td>27</td><td>(　　　　円)</td><td>(　　　　円)</td><td>(　　　　円)</td><td>(　　　　円)</td><td>円</td></tr>
<tr><td>(23)及び(24)に係る外国源泉税等の額
(10)又は((10)×(14)+(19)/(9))</td><td>28</td><td>(　　　　円)</td><td>(　　　　円)</td><td>(　　　　円)</td><td>(　　　　円)</td><td colspan="3"></td></tr>
</table>

特定課税対象金額又は特定個別課税対象金額の明細	請求権等勘案直接保有株式等の保有割合	29	%	当　期　発　生　額 （別表十七（三の二）「26」、別表十七（三の三）「7」又は別表十七（三の四）「9」）×(29)		30	

特定課税対象金額又は特定個別課税対象金額の明細	事業年度又は連結事業年度	前期繰越額又は当期発生額 31	当　期　控　除　額 32	翌期繰越額 (31) － (32) 33
	・　・			
	・　・			
	・　・			
	・　・			
	・　・			
	・　・			
	・　・			
	・　・			
	・　・			
	計			
	当　期　分	(30)		
	合　計			

参考資料：申告書別表17（3の8）

間接特定課税対象金額又は間接特定個別課税対象金額の計算に関する明細書	事業年度又は連結事業年度	・　　・	法人名	

外　国　法　人　の　名　称	1		他　の　外　国　法　人　の　名　称	4	
本店又は主たる事務所の所在 国　名　又　は　地　域　名	2		本店又は主たる事務所の所在 国　名　又　は　地　域　名	5	
所　　　在　　　地	3		所　　　　在　　　　地	6	

間　接　特　定　課　税　対　象　金　額　又　は　間　接　特　定　個　別　課　税　対　象　金　額　の　明　細

配当事業年度又は配当連結事業年度	7	・　　・	前二年以内の各事業年度等又は前二年以内の各連結事業年度等のうち最も古いもの	8	・　　・

外国法人が他の外国法人から剰余金の配当等を受けた日	外国法人が他の外国法人から受けた剰余金の配当等の額	請求権勘案直接保有株式等の保有割合	(9)×(10)	(11)のうち適用済金額（前二年以内の各事業年度等又は前二年以内の各連結事業年度等の(14)の金額）	間接配当等又は個別間接配当等 (11)－(12)	（別表十七（三の七）「19の計」＋「21の計」）のうち(13)に対応する部分の金額	残　額 (13)－(14)
	9	10	11	12	13	14	15
・　・		%					
・　・							
・　・							
・　・							
・　・							
合　　　計							

事業年度又は連結事業年度	他の外国法人に係る課税対象金額等又は個別課税対象金額等	間　接　保　有　割　合	(16)×(17)	(18)のうち適用済金額（前二年以内の各事業年度等又は前二年以内の各連結事業年度等の(21)の金額）	(18)－(19)	（別表十七（三の七）「19の計」＋「21の計」）のうち(20)に対応する部分の金額	残　額 (20)－(21)
	16	17	18	19	20	21	22
・　・		%					
・　・							
計							
当　　期　　分							
合　　　計							

間　接　特　定　課　税　対　象　金　額　又　は　間　接　特　定　個　別　課　税　対　象　金　額 ((13)の合計と(20)の合計のうち少ない金額)	23	

参考法令・通達

第六十六条の六　次に掲げる内国法人に係る外国関係会社のうち、特定外国関係会社又は対象外国関係会社に該当するものが、昭和五十三年四月一日以後に開始する各事業年度において適用対象金額を有する場合には、その適用対象金額のうちその内国法人が直接及び間接に有する当該特定外国関係会社又は対象外国関係会社の株式等（株式又は出資をいう。以下この条において同じ。）の数又は金額につきその請求権（剰余金の配当等〔法人税法第二十三条第一項第一号に規定する剰余金の配当、利益の配当又は剰余金の分配をいう。以下この項及び次項において同じ。〕を請求する権利をいう。以下この条において同じ。）の内容を勘案した数又は金額並びにその内国法人と当該特定外国関係会社又は対象外国関係会社との間の実質支配関係の状況を勘案して政令で定めるところにより計算した金額（次条及び第六十六条の八において「課税対象金額」という。）に相当する金額は、その内国法人の収益の額とみなして当該各事業年度終了の日の翌日から二月を経過する日を含むその内国法人の各事業年度の所得の金額の計算上、益金の額に算入する。　｜令39の14①②

一　内国法人の外国関係会社に係る次に掲げる割合のいずれかが百分の十以上である場合における当該内国法人

　イ　その有する外国関係会社の株式等の数又は金額（当該外国関係会社と居住者〔第二条第一項第一号の二に規定する居住者をいう。以下この項及び次項において同じ。〕又は内国法人との間に実質支配関係がある場合には、零）及び他の外国法人を通じて間接に有するものとして政令で定める当該外国関係会社の株式等の数　｜令39の14③　又は金額の合計数又は合計額が当該外国関係会社の発行済株式又は出資（自己が有する自己の株式等を除く。同項、第六項及び第八項において「発行済株式等」という。）の総数又は総額のうちに占める割合

　ロ　その有する外国関係会社の議決権（剰余金の配当等に関する決議に係るものに限る。ロ及び次項第一号イ(2)において同じ。）の数（当該外国関係会社と居住者又は内国法人との間に実質支配関係がある場合には、零）及び他の外国法人を通じて間接に有するものとして政令で定める当該外国関係会社の議決権の数の合　｜令39の14④

　　　　計数が当該外国関係会社の議決権の総数のうちに占める割合
　　ハ　その有する外国関係会社の株式等の請求権に基づき受けることができる剰余金の配当等の額（当該外国関係会社と居住者又は内国法人との間に実質支配関係がある場合には、零）及び他の外国法人を通じて間接に有する当該外国関係会社の株式等の請求権に基づき受けることができる剰余金の配当等の額として政令で定めるものの合計額が当該外国関係会社の株式等の請求権に基づき受けることができる剰余金の配当等の総額のうちに占める割合　　　　　　　　　　　　　　令39の14⑤

　二　外国関係会社との間に実質支配関係がある内国法人
　三　外国関係会社（内国法人との間に実質支配関係があるものに限る。）の他の外国関係会社に係る第一号イからハまでに掲げる割合のいずれかが百分の十以上である場合における当該内国法人（同号に掲げる内国法人を除く。）
　四　外国関係会社に係る第一号イからハまでに掲げる割合のいずれかが百分の十以上である一の同族株主グループ（外国関係会社の株式等を直接又は間接に有する者及び当該株式等を直接又は間接に有する者との間に実質支配関係がある者〔当該株式等を直接又は間接に有する者を除く。〕のうち、一の居住者又は内国法人、当該一の居住者又は内国法人との間に実質支配関係がある者及び当該一の居住者又は内国法人と政令で定める特殊の関係のある者〔外国法人を除く。〕をいう。）に属する内国法人（外国関係会社に係る同号イからハまでに掲げる割合又は他の外国関係会社〔内国法人との間に実質支配関係があるものに限る。〕の当該外国関係会社に係る同号イからハまでに掲げる割合のいずれかが零を超えるものに限るものとし、同号及び前号に掲げる内国法人を除く。）　　　　　　　　　令39の14⑥

2　この条において、次の各号に掲げる用語の意義は、当該各号に定めるところによる。
　一　外国関係会社　次に掲げる外国法人をいう。
　　イ　居住者及び内国法人並びに特殊関係非居住者（居住者又は内国法人と政令で定める特殊の関係のある第二条第一項第一号の二に規定する非居住者をいう。）及びロに掲げる外国法人（イにおいて「居住者等株主等」という。）の外国法人に係る次に掲げる割合のいずれかが百分の五十を超える場合における当該外国法人　　　　　　令39の14の2①
　　　（1）　居住者等株主等の外国法人（ロに掲げる外国法人を除く。）に係る直接保有株式等保有割合（居住者等株主等の有する当該外国法人の株式等の数又は金額がその発行済株式等の総数又は総額のうちに占める割合をいう。）及び居住者等株主等の当

該外国法人に係る間接保有株式等保有割合（居住者等株主等の他の外国法人を通じて間接に有する当該外国法人の株式等の数又は金額がその発行済株式等の総数又は総額のうちに占める割合として政令で定める割合をいう。）を合計した割合　　　　　令39の14の2②

（2）　居住者等株主等の外国法人（ロに掲げる外国法人を除く。）に係る直接保有議決権保有割合（居住者等株主等の有する当該外国法人の議決権の数がその総数のうちに占める割合をいう。）及び居住者等株主等の当該外国法人に係る間接保有議決権保有割合（居住者等株主等の他の外国法人を通じて間接に有する当該外国法人の議決権の数がその総数のうちに占める割合として政令で定める割合をいう。）を合計した割合　　　　　令39の14の2③

（3）　居住者等株主等の外国法人（ロに掲げる外国法人を除く。）に係る直接保有請求権保有割合（居住者等株主等の有する当該外国法人の株式等の請求権に基づき受けることができる剰余金の配当等の額がその総額のうちに占める割合をいう。）及び居住者等株主等の当該外国法人に係る間接保有請求権保有割合（居住者等株主等の他の外国法人を通じて間接に有する当該外国法人の株式等の請求権に基づき受けることができる剰余金の配当等の額がその総額のうちに占める割合として政令で定める割合をいう。）を合計した割合　　　　　令39の14の2④

ロ　居住者又は内国法人との間に実質支配関係がある外国法人

ハ　第六号中「外国関係会社（特定外国関係会社に該当するものを除く。）」とあるのを「外国法人」として同号及び第七号の規定を適用した場合に同号に規定する外国金融機関に該当することとなる外国法人で、同号に規定する外国金融機関に準ずるものとして政令で定める部分対象外国関係会社との間に、当該部分対象外国関係会社が当該外国法人の経営管理を行つている関係その他の特殊の関係がある外国法人として政令で定める外国法人　　　　　令39の14の2⑤

二　特定外国関係会社　次に掲げる外国関係会社をいう。

イ　次のいずれにも該当しない外国関係会社

（1）　その主たる事業を行うに必要と認められる事務所、店舗、工場その他の固定施設を有している外国関係会社（これらを有している外国関係会社と同様の状況にあるものとして政令で定める外国関係会社を含む。）　　　　　令39の14の3①

（2）　その本店又は主たる事務所の所在する国又は地域（以下この項、第六項及び第八項において「本店所在地国」という。）においてその事業の管理、支配及び運営を自ら行つている

外国関係会社（これらを自ら行つている外国関係会社と同様の状況にあるものとして政令で定める外国関係会社を含む。）	令39の14の3④
（3） 外国子会社（当該外国関係会社とその本店所在地国を同じくする外国法人で、当該外国関係会社の有する当該外国法人の株式等の数又は金額のその発行済株式等の総数又は総額のうちに占める割合が百分の二十五以上であることその他の政令で定める要件に該当するものをいう。）の株式等の保有を主たる事業とする外国関係会社で、その収入金額のうちに占める当該株式等に係る剰余金の配当等の額の割合が著しく高いことその他の政令で定める要件に該当するもの	令39の14の3⑤ 令39の14の3⑥
（4） 特定子会社（前項各号に掲げる内国法人に係る他の外国関係会社で、部分対象外国関係会社に該当するものその他の政令で定めるものをいう。）の株式等の保有を主たる事業とする外国関係会社で、その本店所在地国を同じくする管理支配会社（当該内国法人に係る他の外国関係会社のうち、部分対象外国関係会社に該当するもので、その本店所在地国において、その役員〔法人税法第二条第十五号に規定する役員をいう。次号及び第七号並びに第六項において同じ。〕又は使用人がその主たる事業を的確に遂行するために通常必要と認められる業務の全てに従事しているものをいう。（4）及び（5）において同じ。）によつてその事業の管理、支配及び運営が行われていること、当該管理支配会社がその本店所在地国で行う事業の遂行上欠くことのできない機能を果たしていること、その収入金額のうちに占める当該株式等に係る剰余金の配当等の額及び当該株式等の譲渡に係る対価の額の割合が著しく高いことその他の政令で定める要件に該当するもの	令39の14の3⑦ 令39の14の3⑧
（5） その本店所在地国にある不動産の保有、その本店所在地国における石油その他の天然資源の探鉱、開発若しくは採取又はその本店所在地国の社会資本の整備に関する事業の遂行上欠くことのできない機能を果たしている外国関係会社で、その本店所在地国を同じくする管理支配会社によつてその事業の管理、支配及び運営が行われていることその他の政令で定める要件に該当するもの	令39の14の3⑨
ロ その総資産の額として政令で定める金額（ロにおいて「総資産額」という。）に対する第六項第一号から第七号まで及び第八号から第十号までに掲げる金額に相当する金額の合計額の割合（第六号中「外国関係会社（特定外国関係会社に該当するものを除く。）」とあるのを「外国関係会社」として同号及び第七号の規定	令39の14の3⑩

を適用した場合に外国金融子会社等に該当することとなる外国関係会社にあつては総資産額に対する第八項第一号に掲げる金額に相当する金額又は同項第二号から第四号までに掲げる金額に相当する金額の合計額のうちいずれか多い金額の割合とし、第六号中「外国関係会社（特定外国関係会社に該当するものを除く。）」とあるのを「外国関係会社」として同号及び第六項の規定を適用した場合に同項に規定する清算外国金融子会社等に該当することとなる外国関係会社の同項に規定する特定清算事業年度にあつては総資産額に対する同項に規定する特定金融所得金額がないものとした場合の同項第一号から第七号まで及び第八号から第十号までに掲げる金額に相当する金額の合計額の割合とする。）が百分の三十を超える外国関係会社（総資産額に対する有価証券〔法人税法第二条第二十一号に規定する有価証券をいう。同項において同じ。〕、貸付金その他政令で定める資産の額の合計額として政令で定める金額の割合が百分の五十を超える外国関係会社に限る。）　　　　　　　　　　　令39の14の3⑪

八　次に掲げる要件のいずれにも該当する外国関係会社

（1）　各事業年度の非関連者等収入保険料（関連者〔当該外国関係会社に係る第四十条の四第一項各号に掲げる居住者、前項各号に掲げる内国法人、第六十八条の九十第一項各号に掲げる連結法人その他これらの者に準ずる者として政令で定めるもの　　　　　　令39の14の3⑫
をいう。（2）において同じ。〕以外の者から収入するものとして政令で定める収入保険料をいう。（2）において同じ。）の合計　　　令39の14の3⑬
額の収入保険料の合計額に対する割合として政令で定める　　　　　令39の14の3⑭
ところにより計算した割合が百分の十未満であること。

（2）　各事業年度の非関連者等支払再保険料合計額（関連者以外の者に支払う再保険料の合計額を関連者等収入保険料〔非関連者等収入保険料以外の収入保険料をいう。（2）において同じ。〕の合計額の収入保険料の合計額に対する割合で按分した金額として政令で定める金額をいう。）の関連者等収入保険料の　　　令39の14の3⑮
合計額に対する割合として政令で定めるところにより計算　　　　　令39の14の3⑯
した割合が百分の五十未満であること。

ニ　租税に関する情報の交換に関する国際的な取組への協力が著しく不十分な国又は地域として財務大臣が指定する国又は地域に本店又は主たる事務所を有する外国関係会社

三　対象外国関係会社　次に掲げる要件のいずれかに該当しない外国関係会社（特定外国関係会社に該当するものを除く。）をいう。

イ　株式等若しくは債券の保有、工業所有権その他の技術に関する権利、特別の技術による生産方式若しくはこれらに準ずるも

の（これらの権利に関する使用権を含む。）若しくは著作権（出版権及び著作隣接権その他これに準ずるものを含む。）の提供又は船舶若しくは航空機の貸付けを主たる事業とするもの（次に掲げるものを除く。）でないこと。

（1）　株式等の保有を主たる事業とする外国関係会社のうち当該外国関係会社が他の法人の事業活動の総合的な管理及び調整を通じてその収益性の向上に資する業務として政令で定めるもの（ロにおいて「統括業務」という。）を行う場合における当該他の法人として政令で定めるものの株式等の保有を行うものとして政令で定めるもの　　令39の14の3⑰　令39の14の3⑱　令39の14の3⑳

（2）　株式等の保有を主たる事業とする外国関係会社のうち第七号中「部分対象外国関係会社」とあるのを「外国関係会社」として同号の規定を適用した場合に外国金融子会社等に該当することとなるもの（同号に規定する外国金融機関に該当することとなるもの及び（1）に掲げるものを除く。）

（3）　航空機の貸付けを主たる事業とする外国関係会社のうちその役員又は使用人がその本店所在地国において航空機の貸付けを的確に遂行するために通常必要と認められる業務の全てに従事していることその他の政令で定める要件を満たすもの　　令39の14の3㉓

ロ　その本店所在地国においてその主たる事業（イ（1）に掲げる外国関係会社にあつては統括業務とし、イ（2）に掲げる外国関係会社にあつては政令で定める経営管理とする。ハにおいて同じ。）を行うに必要と認められる事務所、店舗、工場その他の固定施設を有していること（これらを有していることと同様の状況にあるものとして政令で定める状況にあることを含む。）並びにその本店所在地国においてその事業の管理、支配及び運営を自ら行つていること（これらを自ら行つていることと同様の状況にあるものとして政令で定める状況にあることを含む。）のいずれにも該当すること。　　令39の14の3㉔　令39の14の3㉕　令39の14の3㉖

ハ　各事業年度においてその行う主たる事業が次に掲げる事業のいずれに該当するかに応じそれぞれ次に定める場合に該当すること。

（1）　卸売業、銀行業、信託業、金融商品取引業、保険業、水運業、航空運送業又は物品賃貸業（航空機の貸付けを主たる事業とするものに限る。）　その事業を主として当該外国関係会社に係る第四十条の四第一項各号に掲げる居住者、前項各号に掲げる内国法人、第六十八条の九十第一項各号に掲

げる連結法人その他これらの者に準ずる者として政令で定　　令39の14の3㉗
めるもの以外の者との間で行つている場合として政令で定　　令39の14の3㉘
める場合
（2）（1）に掲げる事業以外の事業　その事業を主としてその
本店所在地国（当該本店所在地国に係る水域で政令で定めるも　　令39の14の3㉛
のを含む。）において行つている場合として政令で定める場　　令39の14の3㉜
合
四　適用対象金額　特定外国関係会社又は対象外国関係会社の各事
業年度の決算に基づく所得の金額につき法人税法及びこの法律に
よる各事業年度の所得の金額の計算に準ずるものとして政令で定　　令39の15①
める基準により計算した金額（以下この号において「基準所得金
額」という。）を基礎として、政令で定めるところにより、当該　　令39の15②〜
各事業年度開始の日前七年以内に開始した各事業年度において生
じた欠損の金額及び当該基準所得金額に係る税額に関する調整を
加えた金額をいう。
五　実質支配関係　居住者又は内国法人が外国法人の残余財産のお
おむね全部を請求する権利を有している場合における当該居住者
又は内国法人と当該外国法人との間の関係その他の政令で定める　　令39の16①
関係をいう。
六　部分対象外国関係会社　第三号イからハまでに掲げる要件の全
てに該当する外国関係会社（特定外国関係会社に該当するものを除
く。）をいう。
七　外国金融子会社等　その本店所在地国の法令に準拠して銀行業、
金融商品取引業（金融商品取引法第二十八条第一項に規定する第一
種金融商品取引業と同種類の業務に限る。）又は保険業を行う部分
対象外国関係会社（これらの事業を行う部分対象外国関係会社と同　　令39の17①
様の状況にあるものとして政令で定める部分対象外国関係会社を含
む。）でその本店所在地国においてその役員又は使用人がこれら
の事業を的確に遂行するために通常必要と認められる業務の全て
に従事しているもの（その本店所在地国においてその役員又は使用
人が当該業務の全てに従事している部分対象外国関係会社と同様の状　　令39の17②
況にあるものとして政令で定めるものを含む。）（以下この号において
「外国金融機関」という。）及び外国金融機関に準ずるものとして　　令39の17③
政令で定める部分対象外国関係会社をいう。
3　国税庁の当該職員又は内国法人の納税地の所轄税務署若しくは所
轄国税局の当該職員は、内国法人に係る外国関係会社が前項第二号
イ（1）から（5）までのいずれかに該当するかどうかを判定するため
に必要があるときは、当該内国法人に対し、期間を定めて、当該外

国関係会社が同号イ（1）から（5）までに該当することを明らかにする書類その他の資料の提示又は提出を求めることができる。この場合において、当該書類その他の資料の提示又は提出がないときは、同項（同号イに係る部分に限る。）の規定の適用については、当該外国関係会社は同号イ（1）から（5）までに該当しないものと推定する。

4 　国税庁の当該職員又は内国法人の納税地の所轄税務署若しくは所轄国税局の当該職員は、内国法人に係る外国関係会社が第二項第三号イからハまでに掲げる要件に該当するかどうかを判定するために必要があるときは、当該内国法人に対し、期間を定めて、当該外国関係会社が同号イからハまでに掲げる要件に該当することを明らかにする書類その他の資料の提示又は提出を求めることができる。この場合において、当該書類その他の資料の提示又は提出がないときは、同項（同号又は第六号に係る部分に限る。）の規定の適用については、当該外国関係会社は同項第三号イからハまでに掲げる要件に該当しないものと推定する。

5 　第一項の規定は、同項各号に掲げる内国法人に係る次の各号に掲げる外国関係会社につき当該各号に定める場合に該当する事実があるときは、当該各号に掲げる外国関係会社のその該当する事業年度に係る適用対象金額については、適用しない。

一　特定外国関係会社　特定外国関係会社の各事業年度の租税負担割合（外国関係会社の各事業年度の所得に対して課される租税の額の当該所得の金額に対する割合として政令で定めるところにより計算した割合をいう。次号、第十項及び第十一項において同じ。）が百分の三十以上である場合 令39の17の2①

二　対象外国関係会社　対象外国関係会社の各事業年度の租税負担割合が百分の二十以上である場合

6 　第一項各号に掲げる内国法人に係る部分対象外国関係会社（外国金融子会社等に該当するものを除く。以下この項及び次項において同じ。）が、平成二十二年四月一日以後に開始する各事業年度において、当該各事業年度に係る次に掲げる金額（解散により外国金融子会社等に該当しないこととなつた部分対象外国関係会社〔以下この項及び次項において「清算外国金融子会社等」という。〕のその該当しないこととなつた日から同日以後三年を経過する日〔当該清算外国金融子会社等の残余財産の確定の日が当該三年を経過する日前である場合には当該残余財産の確定の日とし、その本店所在地国の法令又は慣行その他やむを得ない理由により当該残余財産の確定の日が当該三年を経過する日後である場合には政令で定める日とする。〕までの期間内の日を含む事業年度〔次項において「特定清算事業年度」という。〕にあつては、 令39の17の3①

第一号から第七号の二までに掲げる金額のうち政令で定める金額〔次項において「特定金融所得金額」という。〕がないものとした場合の次に掲げる金額。以下この項において「特定所得の金額」という。）を有する場合には、当該各事業年度の特定所得の金額に係る部分適用対象金額のうちその内国法人が直接及び間接に有する当該部分対象外国関係会社の株式等の数又は金額につきその請求権の内容を勘案した数又は金額並びにその内国法人と当該部分対象外国関係会社との間の実質支配関係の状況を勘案して政令で定めるところにより計算した金額（次条及び第六十六条の八において「部分課税対象金額」という。）に相当する金額は、その内国法人の収益の額とみなして当該各事業年度終了の日の翌日から二月を経過する日を含むその内国法人の各事業年度の所得の金額の計算上、益金の額に算入する。

一　剰余金の配当等（第一項に規定する剰余金の配当等をいい、法人税法第二十三条第一項第二号に規定する金銭の分配を含む。以下この号及び第十一号イにおいて同じ。）の額（次に掲げる法人から受ける剰余金の配当等の額〔当該法人の所得の金額の計算上損金の額に算入することとされている剰余金の配当等の額として政令で定める剰余金の配当等の額を除く。〕を除く。以下この号において同じ。）の合計額から当該剰余金の配当等の額を得るために直接要した費用の額の合計額及び当該剰余金の配当等の額に係る費用の額として政令で定めるところにより計算した金額を控除した残額

　イ　当該部分対象外国関係会社の有する他の法人の株式等の数又は金額のその発行済株式等の総数又は総額のうちに占める割合が百分の二十五以上であることその他の政令で定める要件に該当する場合における当該他の法人（ロに掲げる外国法人を除く。）

　ロ　当該部分対象外国関係会社の有する他の外国法人（原油、石油ガス、可燃性天然ガス又は石炭〔ロにおいて「化石燃料」という。〕を採取する事業〔自ら採取した化石燃料に密接に関連する事業を含む。〕を主たる事業とする外国法人のうち政令で定めるものに限る。）の株式等の数又は金額のその発行済株式等の総数又は総額のうちに占める割合が百分の十以上であることその他の政令で定める要件に該当する場合における当該他の外国法人

二　受取利子等（その支払を受ける利子〔これに準ずるものとして政令で定めるものを含む。以下この号において同じ。〕をいう。以下この号及び第十一号ロにおいて同じ。）の額（その行う事業に係る業務の通常の過程において生ずる預金又は貯金〔所得税法第二条第一項第十号に規定する政令で定めるものに相当するものを含む。〕の利子の額、金銭の貸付けを主たる事業とする部分対象外国関係会社〔金銭の

	令39の17の3②
	令39の17の3③
	令39の17の3④
	令39の17の3⑤
	令39の17の3⑥
	令39の17の3⑦
	令39の17の3⑧
	令39の17の3⑨

貸付けを業として行うことにつきその本店所在地国の法令の規定により
りその本店所在地国において免許又は登録その他これらに類する処分
を受けているものに限る。〕でその本店所在地国においてその役員又
は使用人がその行う金銭の貸付けの事業を的確に遂行するために通常
必要と認められる業務の全てに従事しているものが行う金銭の貸付け
に係る利子の額その他政令で定める利子の額を除く。以下この号にお
いて同じ。）の合計額から当該受取利子等の額を得るために直接
要した費用の額の合計額を控除した残額

令39の17の3⑩

三　有価証券の貸付けによる対価の額の合計額から当該対価の額を
得るために直接要した費用の額の合計額を控除した残額

四　有価証券の譲渡に係る対価の額（当該部分対象外国関係会社の有
する他の法人の株式等の数又は金額のその発行済株式等の総数又は総
額のうちに占める割合が、当該譲渡の直前において、百分の二十五以
上である場合における当該他の法人の株式等の譲渡に係る対価の額を
除く。以下この号において同じ。）の合計額から当該有価証券の譲
渡に係る原価の額として政令で定めるところにより計算した金額
の合計額及び当該対価の額を得るために直接要した費用の額の合
計額を減算した金額

令39の17の3⑪

五　デリバティブ取引（法人税法第六十一条の五第一項に規定するデ
リバティブ取引をいう。以下この号及び第十一号ホにおいて同じ。）
に係る利益の額又は損失の額として財務省令で定めるところによ
り計算した金額（同法第六十一条の六第一項各号に掲げる損失を減
少させるために行つたデリバティブ取引として財務省令で定めるデリ
バティブ取引に係る利益の額又は損失の額、その本店所在地国の法令
に準拠して商品先物取引法第二条第二十二項各号に掲げる行為に相当
する行為を業として行う部分対象外国関係会社〔その本店所在地国に
おいてその役員又は使用人がその行う当該行為に係る事業を的確に遂
行するために通常必要と認められる業務の全てに従事しているものに
限る。〕が行う財務省令で定めるデリバティブ取引に係る利益の額又
は損失の額その他財務省令で定めるデリバティブ取引に係る利益の額
又は損失の額を除く。）

則22の11㉙

則22の11㉚

則22の11㉝

則22の11㉞

六　その行う取引又はその有する資産若しくは負債につき外国為替
の売買相場の変動に伴つて生ずる利益の額又は損失の額として財
務省令で定めるところにより計算した金額（その行う事業〔政令
で定める取引を行う事業を除く。〕に係る業務の通常の過程において
生ずる利益の額又は損失の額を除く。）

則22の11㊱

令39の17の3⑮

七　前各号に掲げる金額に係る利益の額又は損失の額（これらに類
する利益の額又は損失の額を含む。）を生じさせる資産の運用、保

有、譲渡、貸付けその他の行為により生ずる利益の額又は損失の額（当該各号に掲げる金額に係る利益の額又は損失の額及び法人税法第六十一条の六第一項各号に掲げる損失を減少させるために行つた取引として財務省令で定める取引に係る利益の額又は損失の額を除く。）　則22の11㊳

七の二　イに掲げる金額からロに掲げる金額を減算した金額

　　イ　収入保険料の合計額から支払つた再保険料の合計額を控除した残額に相当するものとして政令で定める金額　令39の17の3⑰

　　ロ　支払保険金の額の合計額から収入した再保険金の額の合計額を控除した残額に相当するものとして政令で定める金額　令39の17の3⑱

八　固定資産（政令で定めるものを除く。以下この号及び第十一号リにおいて同じ。）の貸付け（不動産又は不動産の上に存する権利を使用させる行為を含む。）による対価の額（主としてその本店所在地国において使用に供される固定資産〔不動産及び不動産の上に存する権利を除く。〕の貸付けによる対価の額、その本店所在地国にある不動産又は不動産の上に存する権利の貸付け〔これらを使用させる行為を含む。〕による対価の額及びその本店所在地国においてその役員又は使用人が固定資産の貸付け〔不動産又は不動産の上に存する権利を使用させる行為を含む。以下この号及び第十一号リにおいて同じ。〕を的確に遂行するために通常必要と認められる業務の全てに従事していることその他の政令で定める要件に該当する部分対象外国関係会社が行う固定資産の貸付けによる対価の額を除く。以下この号において同じ。）の合計額から当該対価の額を得るために直接要した費用の額（その有する固定資産に係る償却費の額として政令で定めるところにより計算した金額を含む。）の合計額を控除した残額　令39の17の3⑲　令39の17の3⑳　令39の17の3㉑

九　工業所有権その他の技術に関する権利、特別の技術による生産方式若しくはこれらに準ずるもの（これらの権利に関する使用権を含む。）又は著作権（出版権及び著作隣接権その他これに準ずるものを含む。）（以下この項において「無形資産等」という。）の使用料（自ら行つた研究開発の成果に係る無形資産等の使用料その他の政令で定めるものを除く。以下この号において同じ。）の合計額から当該使用料を得るために直接要した費用の額（その有する無形資産等に係る償却費の額として政令で定めるところにより計算した金額を含む。）の合計額を控除した残額　令39の17の3㉒　令39の17の3㉓

十　無形資産等の譲渡に係る対価の額（自ら行つた研究開発の成果に係る無形資産等の譲渡に係る対価の額その他の政令で定める対価の額を除く。以下この号において同じ。）の合計額から当該無形資産等の譲渡に係る原価の額の合計額及び当該対価の額を得るために直接要した費用の額の合計額を減算した金額　令39の17の3㉖

十一　イからルまでに掲げる金額がないものとした場合の当該部分
　　対象外国関係会社の各事業年度の所得の金額として政令で定める
　　金額から当該各事業年度に係るヲに掲げる金額を控除した残額　　　　令39の17の3㉗
　　イ　支払を受ける剰余金の配当等の額
　　ロ　受取利子等の額
　　ハ　有価証券の貸付けによる対価の額
　　ニ　有価証券の譲渡に係る対価の額の合計額から当該有価証券の
　　　譲渡に係る原価の額として政令で定めるところにより計算した　　　令39の17の3㉘
　　　金額の合計額を減算した金額
　　ホ　デリバティブ取引に係る利益の額又は損失の額として財務省　　　則22の11㊟
　　　令で定めるところにより計算した金額
　　ヘ　その行う取引又はその有する資産若しくは負債につき外国為
　　　替の売買相場の変動に伴つて生ずる利益の額又は損失の額とし
　　　て財務省令で定めるところにより計算した金額　　　　　　　　　　則22の11㊵
　　ト　第一号から第六号までに掲げる金額に係る利益の額又は損失
　　　の額（これらに類する利益の額又は損失の額を含む。）を生じさせ
　　　る資産の運用、保有、譲渡、貸付けその他の行為により生ずる
　　　利益の額又は損失の額（当該各号に掲げる金額に係る利益の額又
　　　は損失の額を除く。）
　　チ　第七号の二に掲げる金額
　　リ　固定資産の貸付けによる対価の額
　　ヌ　支払を受ける無形資産等の使用料
　　ル　無形資産等の譲渡に係る対価の額の合計額から当該無形資産
　　　等の譲渡に係る原価の額の合計額を減算した金額
　　ヲ　総資産の額として政令で定める金額に人件費その他の政令で　　　令39の17の3㉚㉛
　　　定める費用の額を加算した金額に百分の五十を乗じて計算した
　　　金額

7　前項に規定する部分適用対象金額とは、部分対象外国関係会社の
　各事業年度の同項第一号から第三号まで、第八号、第九号及び第十
　一号に掲げる金額の合計額（清算外国金融子会社等の特定清算事業年
　度にあつては、特定金融所得金額がないものとした場合の当該各号に掲
　げる金額の合計額）と、当該各事業年度の同項第四号から第七号の
　二まで及び第十号に掲げる金額の合計額（当該合計額が零を下回る
　場合には零とし、清算外国金融子会社等の特定清算事業年度にあつては
　特定金融所得金額がないものとした場合の当該各号に掲げる金額の合計
　額〔当該合計額が零を下回る場合には、零〕とする。）を基礎として当
　該各事業年度開始の日前七年以内に開始した各事業年度において生
　じた同項第四号から第七号の二まで及び第十号に掲げる金額の合計

303

額（当該各事業年度のうち特定清算事業年度に該当する事業年度にあつては、特定金融所得金額がないものとした場合の当該各号に掲げる金額の合計額）が零を下回る部分の金額につき政令で定めるところにより調整を加えた金額とを合計した金額をいう。 令39の17の3㉜

8　第一項各号に掲げる内国法人に係る部分対象外国関係会社（外国金融子会社等に該当するものに限る。以下この項及び次項において同じ。）が、平成二十二年四月一日以後に開始する各事業年度において、当該各事業年度に係る次に掲げる金額（以下この項において「特定所得の金額」という。）を有する場合には、当該各事業年度の特定所得の金額に係る金融子会社等部分適用対象金額のうちその内国法人が直接及び間接に有する当該部分対象外国関係会社の株式等の数又は金額につきその請求権の内容を勘案した数又は金額並びにその内国法人と当該部分対象外国関係会社との間の実質支配関係の状況を勘案して政令で定めるところにより計算した金額（次条及び第六十六条の八において「金融子会社等部分課税対象金額」という。）に相当する金額は、その内国法人の収益の額とみなして当該各事業年度終了の日の翌日から二月を経過する日を含むその内国法人の各事業年度の所得の金額の計算上、益金の額に算入する。 令39の17の4①

一　一の内国法人及び当該一の内国法人との間に特定資本関係（いずれか一方の法人が他方の法人の発行済株式等の全部を直接又は間接に保有する関係その他の政令で定める関係をいう。）のある内国法人によつてその発行済株式等の全部を直接又は間接に保有されている部分対象外国関係会社で政令で定める要件を満たすもの（その純資産につき剰余金その他に関する調整を加えた金額として政令で定める金額〔以下この号において「親会社等資本持分相当額」という。〕の総資産の額として政令で定める金額に対する割合が百分の七十を超えるものに限る。）の親会社等資本持分相当額がその本店所在地国の法令に基づき下回ることができない資本の額を勘案して政令で定める金額を超える場合におけるその超える部分に相当する資本に係る利益の額として政令で定めるところにより計算した金額 令39の17の4②
令39の17の4③
令39の17の4⑥
令39の17の4⑦
令39の17の4⑧
令39の17の4⑨

二　部分対象外国関係会社について第六項第八号の規定に準じて計算した場合に算出される同号に掲げる金額に相当する金額

三　部分対象外国関係会社について第六項第九号の規定に準じて計算した場合に算出される同号に掲げる金額に相当する金額

四　部分対象外国関係会社について第六項第十号の規定に準じて計算した場合に算出される同号に掲げる金額に相当する金額

五　部分対象外国関係会社について第六項第十一号の規定に準じて

計算した場合に算出される同号に掲げる金額に相当する金額

9　前項に規定する金融子会社等部分適用対象金額とは、部分対象外国関係会社の各事業年度の次に掲げる金額のうちいずれか多い金額をいう。

一　前項第一号に掲げる金額

二　前項第二号、第三号及び第五号に掲げる金額の合計額と、同項第四号に掲げる金額（当該金額が零を下回る場合には、零）を基礎として当該各事業年度開始の日前七年以内に開始した各事業年度において生じた同号に掲げる金額が零を下回る部分の金額につき政令で定めるところにより調整を加えた金額とを合計した金額　　　令39の17の4⑩

10　第六項及び第八項の規定は、第一項各号に掲げる内国法人に係る部分対象外国関係会社につき次のいずれかに該当する事実がある場合には、当該部分対象外国関係会社のその該当する事業年度に係る部分適用対象金額（第七項に規定する部分適用対象金額をいう。以下この項において同じ。）又は金融子会社等部分適用対象金額（前項に規定する金融子会社等部分適用対象金額をいう。以下この項において同じ。）については、適用しない。

一　各事業年度の租税負担割合が百分の二十以上であること。

二　各事業年度における部分適用対象金額又は金融子会社等部分適用対象金額が二千万円以下であること。

三　各事業年度の決算に基づく所得の金額に相当する金額として政令で定める金額のうちに当該各事業年度における部分適用対象金額又は金融子会社等部分適用対象金額の占める割合が百分の五以下であること。　　　令39の17の5①

11　第一項各号に掲げる内国法人は、当該内国法人に係る次に掲げる外国関係会社の各事業年度の貸借対照表及び損益計算書その他の財務省令で定める書類を当該各事業年度終了の日の翌日から二月を経過する日を含む各事業年度の法人税法第二条第三十一号に規定する確定申告書に添付しなければならない。　　　則22の11㊸

一　当該各事業年度の租税負担割合が百分の二十未満である外国関係会社（特定外国関係会社を除く。）

二　当該各事業年度の租税負担割合が百分の三十未満である特定外国関係会社

12　内国法人が外国信託（投資信託及び投資法人に関する法律第二条第二十四項に規定する外国投資信託のうち第六十八条の三の三第一項に規定する特定投資信託に類するものをいう。以下この項において同じ。）の受益権を直接又は間接に有する場合（当該内国法人に係る第二項第一号ロに掲げる外国法人を通じて間接に有する場合を含む。）及び当該

外国信託との間に実質支配関係がある場合には、当該外国信託の受託者は、当該外国信託の信託資産等（信託財産に属する資産及び負債並びに当該信託財産に帰せられる収益及び費用をいう。以下この項において同じ。）及び固有資産等（外国信託の信託資産等以外の資産及び負債並びに収益及び費用をいう。）ごとに、それぞれ別の者とみなして、この条から第六十六条の九までの規定を適用する。

13　法人税法第四条の六第二項及び第四条の七の規定は、前項の規定を適用する場合について準用する。

14　財務大臣は、第二項第二号ニの規定により国又は地域を指定したときは、これを告示する。

第六十六条の七　前条第一項各号に掲げる内国法人（資産の流動化に関する法律第二条第三項に規定する特定目的会社、投資信託及び投資法人に関する法律第二条第十二項に規定する投資法人、法人税法第二条第二十九号の二ホに掲げる特定目的信託に係る同法第四条の七に規定する受託法人又は特定投資信託〔投資信託及び投資法人に関する法律第二条第三項に規定する投資信託のうち、法人課税信託に該当するものをいう。〕に係る法人税法第四条の七に規定する受託法人〔第三項及び第四項において「特定目的会社等」という。〕を除く。以下この項及び次項において同じ。）が、前条第一項、第六項又は第八項の規定の適用を受ける場合には、当該内国法人に係る外国関係会社（同条第二項第一号に規定する外国関係会社をいう。以下この項、第三項から第五項まで及び第七項において同じ。）の所得に対して課される外国法人税（同法第六十九条第一項に規定する外国法人税をいう。以下この項、次項及び第四項において同じ。）の額（政令で定める外国法人税にあつては、政令で定める金額）のうち、当該外国関係会社の課税対象金額に対応するものとして政令で定めるところにより計算した金額（当該金額が当該課税対象金額を超える場合には、当該課税対象金額に相当する金額）、当該外国関係会社の部分課税対象金額に対応するものとして政令で定めるところにより計算した金額（当該金額が当該部分課税対象金額を超える場合には、当該部分課税対象金額に相当する金額）又は当該外国関係会社の金融子会社等部分課税対象金額に対応するものとして政令で定めるところにより計算した金額（当該金額が当該金融子会社等部分課税対象金額を超える場合には、当該金融子会社等部分課税対象金額に相当する金額）は、政令で定めるところにより、当該内国法人が納付する控除対象外国法人税の額（同法第六十九条第一項に規定する控除対象外国法人税の額をいう。第三項において同じ。）とみなして、同法第六十九条及び地方法人税法第十二条の

令39の18①

令39の18③

令39の18④

令39の18⑤

規定を適用する。この場合において、法人税法第六十九条第十三項中「外国法人税の額につき」とあるのは、「外国法人税の額（租税特別措置法第六十六条の七第一項（内国法人の外国関係会社に係る所得の課税の特例）又は第六十八条の九十一第一項（連結法人の外国関係会社に係る所得の課税の特例）に規定する外国関係会社の所得に対して課される外国法人税の額のうちこれらの規定により当該内国法人が納付するものとみなされる部分の金額を含む。以下この項において同じ。）につき」とする。

2　内国法人が、各連結事業年度において、当該内国法人に係る第六十八条の九十第二項第一号に規定する外国関係会社の同条第一項に規定する個別課税対象金額に相当する金額につき同項の規定の適用を受けた場合、当該外国関係会社の同条第六項に規定する個別部分課税対象金額に相当する金額につき同項の規定の適用を受けた場合又は当該外国関係会社の同条第八項に規定する個別金融子会社等部分課税対象金額に相当する金額につき同項の規定の適用を受けた場合において、その適用を受けた連結事業年度終了の日後に開始する各事業年度の期間において当該外国関係会社の所得に対して外国法人税が課されるとき（前項に規定する政令で定める外国法人税にあつては、政令で定めるとき）は、当該外国関係会社の当該個別課税対象金額、当該個別部分課税対象金額又は当該個別金融子会社等部分課税対象金額は前項に規定する外国関係会社の課税対象金額、部分課税対象金額又は金融子会社等部分課税対象金額と、同号に規定する外国関係会社の所得に対して課される当該外国法人税の額（同項に規定する政令で定める外国法人税にあつては、政令で定める金額）は同項に規定する外国関係会社の所得に対して課される外国法人税の額とそれぞれみなして、同項の規定を適用する。 ……令39の18⑯ ……令39の18⑰

3　前条第一項各号に掲げる内国法人（特定目的会社等を除き、前項の内国法人を含む。以下この項において同じ。）が、同条第一項の規定の適用に係る外国関係会社の課税対象金額に相当する金額につき同項の規定の適用を受ける場合、同条第六項の規定の適用に係る外国関係会社の部分課税対象金額に相当する金額につき同項の規定の適用を受ける場合又は同条第八項の規定の適用に係る外国関係会社の金融子会社等部分課税対象金額に相当する金額につき同項の規定の適用を受ける場合において、第一項の規定により法人税法第六十九条第一項から第三項までの規定の適用を受けるときは、第一項の規定により控除対象外国法人税の額とみなされた金額は、当該内国法人の政令で定める事業年度の所得の金額の計算上、益金の額に算入する。 ……令39の18⑱

4　前条第一項各号に掲げる内国法人（特定目的会社等に限る。以下こ
の項において同じ。）が、同条第一項又は第六項の規定の適用を受け
る場合には、当該内国法人に係る外国関係会社の所得に対して課さ
れる外国法人税の額（第一項に規定する政令で定める外国法人税にあ
つては、政令で定める金額）のうち、当該外国関係会社の課税対象
金額に対応するものとして政令で定めるところにより計算した金額　　　　　令39の18⑲
（当該金額が当該課税対象金額を超える場合には、当該課税対象金額に
相当する金額）又は当該外国関係会社の部分課税対象金額に対応す
るものとして政令で定めるところにより計算した金額（当該金額が　　　　　令39の18⑳
当該部分課税対象金額を超える場合には、当該部分課税対象金額に相当
する金額）は、政令で定めるところにより、当該内国法人が納付し
た外国法人税の額（第九条の三の二第三項第二号又は第九条の六第一
項に規定する外国法人税の額をいう。）とみなして、第九条の三の二
及び第九条の六から第九条の六の四までの規定を適用する。

5　前条第一項各号に掲げる内国法人が、同項又は同条第六項若しく
は第八項の規定の適用を受ける場合には、次に掲げる金額の合計額
（次項及び第十二項において「所得税等の額」という。）のうち、当該
内国法人に係る外国関係会社の課税対象金額に対応するものとして
政令で定めるところにより計算した金額に相当する金額、当該外国　　　　　令39の18㉕
関係会社の部分課税対象金額に対応するものとして政令で定めると　　　　　令39の18㉖
ころにより計算した金額に相当する金額又は当該外国関係会社の金
融子会社等部分課税対象金額に対応するものとして政令で定めると　　　　　令39の18㉗
ころにより計算した金額に相当する金額（第七項及び第十一項にお
いて「控除対象所得税額等相当額」という。）は、当該内国法人の
政令で定める事業年度の所得に対する法人税の額（この項並びに法　　　　　令39の18㉘
人税法第六十八条、第六十九条及び第七十条の規定を適用しないで計算
した場合の法人税の額とし、附帯税〔国税通則法第二条第四号に規定す
る附帯税をいう。第一号において同じ。〕の額を除く。第十一項におい
て同じ。）から控除する。

　一　当該外国関係会社に対して課される所得税の額（附帯税の額を
　　除く。）、法人税（退職年金等積立金に対する法人税を除く。）の額
　　（附帯税の額を除く。）及び地方法人税（地方法人税法第六条第四号
　　に定める基準法人税額に対する地方法人税を除く。）の額（附帯税の
　　額を除く。）

　二　当該外国関係会社に対して課される地方税法第二十三条第一項
　　第三号に掲げる法人税割（同法第一条第二項において準用する同法
　　第四条第二項〔第一号に係る部分に限る。〕又は同法第七百三十四条
　　第二項〔第二号に係る部分に限る。〕の規定により都が課するものを

含むものとし、退職年金等積立金に対する法人税に係るものを除く。）
の額及び同法第二百九十二条第一項第三号に掲げる法人税割（同
法第七百三十四条第二項〔第二号に係る部分に限る。〕の規定により
都が課するものを含むものとし、退職年金等積立金に対する法人税に
係るものを除く。）の額

6　前項の規定は、確定申告書等、修正申告書又は更正請求書に同項
の規定による控除の対象となる所得税等の額、控除を受ける金額及
び当該金額の計算に関する明細を記載した書類の添付がある場合に
限り、適用する。この場合において、同項の規定により控除される
金額の計算の基礎となる所得税等の額は、当該書類に当該所得税等
の額として記載された金額を限度とする。

7　前条第一項各号に掲げる内国法人が、同項の規定の適用に係る外
国関係会社の課税対象金額に相当する金額につき同項の規定の適用
を受ける場合、同条第六項の規定の適用に係る外国関係会社の部分
課税対象金額に相当する金額につき同項の規定の適用を受ける場合
又は同条第八項の規定の適用に係る外国関係会社の金融子会社等部
分課税対象金額に相当する金額につき同項の規定の適用を受ける場
合において、第五項の規定の適用を受けるときは、当該内国法人に
係る外国関係会社に係る控除対象所得税額等相当額は、当該内国法
人の政令で定める事業年度の所得の金額の計算上、益金の額に算入
する。　　　　　　　　　　　　　　　　　　　　　　令39の18㉘

8　第五項の規定の適用がある場合には、法人税法第二編第一章第二
節第二款の規定による法人税の額からの控除及び同項の規定による
法人税の額からの控除については、同項の規定による控除は、同法
第六十九条の二の規定による控除をした後に、かつ、同法第七十条
の規定による控除をする前に行うものとする。

9　第五項の規定の適用がある場合における法人税法第二編第一章
（第二節第二款を除く。）の規定の適用については、次に定めるとこ
ろによる。

一　法人税法第六十七条第三項に規定する計算した金額の合計額は、
当該計算した金額の合計額から第五項の規定による控除をされる
べき金額を控除した金額とする。

二　法人税法第七十二条第一項第二号に掲げる金額は、同項に規定
する期間を一事業年度とみなして同項第一号に掲げる所得の金額
につき同法第二編第一章第二節（第六十七条、第六十八条第三項及
び第七十条を除く。）の規定及び第五項の規定を適用するものとし
た場合に計算される法人税の額とする。

三　法人税法第七十四条第一項第二号に掲げる金額は、同項第一号

に掲げる所得の金額につき同法第二編第一章第二節の規定及び第
五項の規定を適用して計算した法人税の額とする。

10　第五項の規定の適用がある場合における第四十二条の四第十二項
（第四十二条の六第十項、第四十二条の九第七項、第四十二条の十第六
項、第四十二条の十一第七項、第四十二条の十一の二第六項、第四十二
条の十一の三第六項、第四十二条の十二第十項、第四十二条の十二の二
第三項、第四十二条の十二の四第十項、第四十二条の十二の五第七項又
は第四十二条の十二の五の二第六項において準用する場合を含む。）及
び地方法人税法の規定の適用については、第四十二条の四第十二項
中「又は第三編第二章第二節（第百四十三条を除く。）の規定」とあ
るのは「の規定」と、「控除及び」とあるのは「控除、」と、「控除
に」とあるのは「控除及び第六十六条の七第五項の規定による法人
税の額からの控除に」と、「同法第七十条の二又は第百四十四条の
二の三」とあるのは「同条第八項及び同法第七十条の二」と、「法
人税法税額控除規定に」とあるのは「第六十六条の七第五項の規定
及び法人税法税額控除規定に」と、同法第六条第一号中「まで」と
あるのは「まで及び租税特別措置法第六十六条の七第五項」とする。

11　内国法人が各課税事業年度（地方法人税法第七条に規定する課税事
業年度をいう。以下この項において同じ。）において第五項の規定の
適用を受ける場合において、当該課税事業年度の控除対象所得税額
等相当額が同項に規定する政令で定める事業年度の所得に対する法
人税の額を超えるときは、その超える金額を当該課税事業年度の所
得地方法人税額（同法第十一条に規定する所得地方法人税額をいう。
第十三項において同じ。）から控除する。

12　前項の規定は、地方法人税法第二条第十五号に規定する地方法人
税中間申告書で同法第十七条第一項各号に掲げる事項を記載したも
の、同法第二条第十六号に規定する地方法人税確定申告書、修正申
告書又は更正請求書に前項の規定による控除の対象となる所得税等
の額、控除を受ける金額及び当該金額の計算に関する明細を記載し
た書類の添付がある場合に限り、適用する。この場合において、同
項の規定により控除される金額の計算の基礎となる所得税等の額は、
当該書類に当該所得税等の額として記載された金額を限度とする。

13　第十一項の規定の適用がある場合には、地方法人税法第十二条か
ら第十四条までの規定による所得地方法人税額からの控除及び同項
の規定による所得地方法人税額からの控除については、同項の規定
による控除は、同法第十二条の二の規定による控除をした後に、か
つ、同法第十二条の規定による控除をする前に行うものとする。

14　第十一項の規定の適用がある場合における地方法人税法の規定の

適用については、次に定めるところによる。

一　地方法人税法第十七条第一項第二号に掲げる金額は、同項第一
号に掲げる課税標準法人税額につき同法第三章（第十一条及び第
十三条を除く。）の規定及び第十一項の規定を適用して計算した地
方法人税の額とする。

二　地方法人税法第十九条第一項第二号に掲げる金額は、同項第一
号に掲げる課税標準法人税額につき同法第三章の規定及び第十一
項の規定を適用して計算した地方法人税の額とする。

第六十六条の八　内国法人が外国法人（法人税法第二十三条の二第一項
に規定する外国子会社に該当するものを除く。以下この項において同
じ。）から受ける同法第二十三条第一項第一号に掲げる金額（以下
この条において「剰余金の配当等の額」という。）がある場合には、
当該剰余金の配当等の額のうち当該外国法人に係る特定課税対象金
額に達するまでの金額は、当該内国法人の各事業年度の所得の金額
の計算上、益金の額に算入しない。

2　内国法人が外国法人から受ける剰余金の配当等の額（法人税法第
二十三条の二第一項の規定の適用を受ける部分の金額に限る。以下この
項において同じ。）がある場合には、当該剰余金の配当等の額のうち
当該外国法人に係る特定課税対象金額に達するまでの金額について
の同条第一項の規定の適用については、同項中「剰余金の配当等の
額から当該剰余金の配当等の額に係る費用の額に相当するものとし
て政令で定めるところにより計算した金額を控除した金額」とある
のは、「剰余金の配当等の額」とする。

3　内国法人が外国法人から受ける剰余金の配当等の額（法人税法第
二十三条の二第二項の規定の適用を受ける部分の金額に限る。以下この
項において同じ。）がある場合には、当該剰余金の配当等の額のうち
当該外国法人に係る特定課税対象金額に達するまでの金額は、当該
内国法人の各事業年度の所得の金額の計算上、益金の額に算入しな
い。

4　前三項に規定する特定課税対象金額とは、次に掲げる金額の合計
額をいう。

一　外国法人に係る課税対象金額、部分課税対象金額又は金融子会
社等部分課税対象金額で、内国法人が当該外国法人から剰余金の
配当等の額を受ける日を含む事業年度において第六十六条の六第
一項、第六項又は第八項の規定により当該事業年度の所得の金額
の計算上益金の額に算入されるもののうち、当該内国法人の有す
る当該外国法人の直接保有の株式等の数（内国法人が有する外国

法人の株式の数又は出資の金額をいう。次号、第六項及び第十一項において同じ。）及び当該内国法人と当該外国法人との間の実質支配関係（同条第二項第五号に規定する実質支配関係をいう。次号及び第十一項第二号において同じ。）の状況を勘案して政令で定めるところにより計算した金額

令39の19②

　二　外国法人に係る課税対象金額、部分課税対象金額又は金融子会社等部分課税対象金額で、内国法人が当該外国法人から剰余金の配当等の額を受ける日を含む事業年度開始の日前十年以内に開始した各事業年度（以下この条において「前十年以内の各事業年度」という。）において第六十六条の六第一項、第六項又は第八項の規定により前十年以内の各事業年度の所得の金額の計算上益金の額に算入されたもののうち、当該内国法人の有する当該外国法人の直接保有の株式等の数及び当該内国法人と当該外国法人との間の実質支配関係の状況を勘案して政令で定めるところにより計算した金額（前十年以内の各事業年度において当該外国法人から受けた剰余金の配当等の額〔前三項の規定の適用を受けた部分の金額に限る。以下この号において同じ。〕がある場合には、当該剰余金の配当等の額に相当する金額を控除した残額。以下この条において「課税済金額」という。）

令39の19③

5　内国法人が第一項から第三項までに規定する外国法人から剰余金の配当等の額を受ける日を含む事業年度開始の日前十年以内に開始した連結事業年度がある場合において、当該連結事業年度に係る個別課税済金額（第六十八条の九十二第四項第二号に規定する個別課税済金額をいう。以下この条において同じ。）があるときは、前項の規定の適用については、その個別課税済金額は、当該連結事業年度の期間に対応する前十年以内の各事業年度の課税済金額とみなす。

6　内国法人が適格合併、適格分割、適格現物出資又は適格現物分配（以下この項において「適格組織再編成」という。）により被合併法人、分割法人、現物出資法人又は現物分配法人からその有する外国法人の直接保有の株式等の数の全部又は一部の移転を受けた場合には、当該内国法人の当該適格組織再編成の日（当該適格組織再編成が残余財産の全部の分配である場合には、その残余財産の確定の日の翌日）を含む事業年度以後の各事業年度における第四項の規定の適用については、次の各号に掲げる適格組織再編成の区分に応じ当該各号に定める金額は、政令で定めるところにより、当該内国法人の前十年以内の各事業年度の課税済金額とみなす。

令39の19④

　一　適格合併又は適格現物分配（適格現物分配にあつては、残余財産の全部の分配に限る。以下この号において「適格合併等」という。）

当該適格合併等に係る被合併法人又は現物分配法人の合併等前十年内事業年度（適格合併等の日〔当該適格合併等が残余財産の全部の分配である場合には、その残余財産の確定の日の翌日〕前十年以内に開始した各事業年度又は各連結事業年度をいう。）の課税済金額又は個別課税済金額

二　適格分割、適格現物出資又は適格現物分配（適格現物分配にあつては、残余財産の全部の分配を除く。以下この号及び次項において「適格分割等」という。）　当該適格分割等に係る分割法人、現物出資法人又は現物分配法人（同項において「分割法人等」という。）の分割等前十年内事業年度（適格分割等の日を含む事業年度開始の日前十年以内に開始した各事業年度若しくは各連結事業年度又は適格分割等の日を含む連結事業年度開始の日前十年以内に開始した各連結事業年度若しくは各事業年度をいう。同項において同じ。）の課税済金額又は個別課税済金額のうち、当該適格分割等により当該内国法人が移転を受けた当該外国法人の直接保有の株式等の数に対応する部分の金額として第六十六条の六第一項に規定する請求権の内容を勘案して政令で定めるところにより計算した金額

令39の19⑥

7　適格分割等に係る分割承継法人、被現物出資法人又は被現物分配法人（以下この項において「分割承継法人等」という。）が前項又は第六十八条の九十二第六項の規定の適用を受ける場合には、当該適格分割等に係る分割法人等の当該適格分割等の日を含む事業年度以後の各事業年度における第四項の規定の適用については、当該分割法人等の分割等前十年内事業年度の課税済金額のうち、前項の規定により当該分割承継法人等の前十年以内の各事業年度の課税済金額とみなされる金額及び同条第六項の規定により前十年以内の各連結事業年度（同条第四項第二号に規定する前十年以内の各連結事業年度をいう。）の個別課税済金額とみなされる金額は、ないものとする。

8　内国法人が外国法人（法人税法第二十三条の二第一項に規定する外国子会社に該当するものを除く。以下この項において同じ。）から受ける剰余金の配当等の額がある場合には、当該剰余金の配当等の額（第一項の規定の適用を受ける部分の金額を除く。）のうち当該外国法人に係る間接特定課税対象金額に達するまでの金額は、当該内国法人の各事業年度の所得の金額の計算上、益金の額に算入しない。

9　内国法人が外国法人から受ける剰余金の配当等の額（法人税法第二十三条の二第一項の規定の適用を受ける部分の金額に限る。以下この項において同じ。）がある場合には、当該剰余金の配当等の額（第二項の規定の適用を受ける部分の金額を除く。）のうち当該外国法人に係る間接特定課税対象金額に達するまでの金額についての同条第一

項の規定の適用については、同項中「剰余金の配当等の額から当該剰余金の配当等の額に係る費用の額に相当するものとして政令で定めるところにより計算した金額を控除した金額」とあるのは、「剰余金の配当等の額」とする。

10　内国法人が外国法人から受ける剰余金の配当等の額（法人税法第二十三条の二第二項の規定の適用を受ける部分の金額に限る。以下この項において同じ。）がある場合には、当該剰余金の配当等の額（第三項の規定の適用を受ける部分の金額を除く。）のうち当該外国法人に係る間接特定課税対象金額に達するまでの金額は、当該内国法人の各事業年度の所得の金額の計算上、益金の額に算入しない。

11　前三項に規定する間接特定課税対象金額とは、次に掲げる金額のうちいずれか少ない金額をいう。

一　内国法人が外国法人から剰余金の配当等の額を受ける日を含む当該内国法人の事業年度（以下この項において「配当事業年度」という。）開始の日前二年以内に開始した各事業年度又は各連結事業年度（以下この号において「前二年以内の各事業年度等」という。）のうち最も古い事業年度又は連結事業年度開始の日から配当事業年度終了の日までの期間において、当該外国法人が他の外国法人から受けた剰余金の配当等の額（当該他の外国法人の第六十六条の六第一項、第六項若しくは第八項又は第六十八条の九十第一項、第六項若しくは第八項の規定の適用に係る事業年度開始の日前に受けた剰余金の配当等の額として政令で定めるものを除く。）のうち、当該内国法人の有する当該外国法人の直接保有の株式等の数に対応する部分の金額として政令で定める金額（前二年以内の各事業年度等において当該外国法人から受けた剰余金の配当等の額〔前三項又は第六十八条の九十二第八項から第十項までの規定の適用を受けた金額のうち、当該外国法人が当該他の外国法人から受けた剰余金の配当等の額に対応する部分の金額に限る。以下この号において同じ。〕がある場合には、当該剰余金の配当等の額に相当する金額を控除した残額。第十四項において「間接配当等」という。）　　令39の19⑦　令39の19⑧

二　次に掲げる金額の合計額

イ　前号の他の外国法人に係る課税対象金額、部分課税対象金額又は金融子会社等部分課税対象金額で、配当事業年度において第六十六条の六第一項、第六項又は第八項の規定により配当事業年度の所得の金額の計算上益金の額に算入されるもののうち、同号の内国法人の有する当該他の外国法人の間接保有の株式等の数（内国法人が外国法人を通じて間接に有するものとして政令で定める他の外国法人の株式の数又は出資の金額をいう。ロにおいて　　令39の19⑨

314

同じ。）及び当該内国法人と当該他の外国法人との間の実質支配関係の状況を勘案して政令で定めるところにより計算した金額　令39の19⑩

　　ロ　前号の他の外国法人に係る課税対象金額、部分課税対象金額又は金融子会社等部分課税対象金額で、配当事業年度開始の日前二年以内に開始した各事業年度（以下この号及び次項において「前二年以内の各事業年度」という。）において第六十六条の六第一項、第六項又は第八項の規定により前二年以内の各事業年度の所得の金額の計算上益金の額に算入されたもののうち、前号の内国法人の有する当該他の外国法人の間接保有の株式等の数及び当該内国法人と当該他の外国法人との間の実質支配関係の状況を勘案して政令で定めるところにより計算した金額　令39の19⑪
（前二年以内の各事業年度において同号の外国法人から受けた剰余金の配当等の額〔前三項の規定の適用を受けた金額のうち、当該外国法人が当該他の外国法人から受けた剰余金の配当等の額に対応する部分の金額に限る。以下この号において同じ。〕がある場合には、当該剰余金の配当等の額に相当する金額を控除した残額。次項及び第十四項において「間接課税済金額」という。）

12　内国法人が第八項から第十項までに規定する外国法人から剰余金の配当等の額を受ける日を含む事業年度開始の日前二年以内に開始した連結事業年度がある場合において、当該連結事業年度に係る個別間接課税済金額（第六十八条の九十二第十一項第二号ロに規定する個別間接課税済金額をいう。以下この項において同じ。）があるときは、前項の規定の適用については、その個別間接課税済金額は、当該連結事業年度の期間に対応する前二年以内の各事業年度の間接課税済金額とみなす。

13　第六項及び第七項の規定は、第八項から第十項まで及び第十一項（前項の規定によりみなして適用する場合を含む。）の規定を適用する場合について準用する。この場合において、次の表の上欄に掲げる規定中同表の中欄に掲げる字句は、それぞれ同表の下欄に掲げる字句に読み替えるものとする。　令39の19⑬

第六項	直接保有の株式等の数の	第十一項第二号イに規定する間接保有の株式等の数（以下この項において「間接保有の株式等の数」という。）の
	第四項	第十一項
	前十年以内の各事業年度の課税済金額	前二年以内の各事業年度等（同項第一号に規定する前二年以内の各事業年度等をいう。次項において同じ。）の間接配当等（第十一項第一号に規定する間接配当等をいう。以下この項及び次項において同じ。）又は前二年以内の各事業年

		度（第十一項第二号ロに規定する前二年以内の各事業年度をいう。次項において同じ。）の間接課税済金額（第十一項第二号ロに規定する間接課税済金額をいう。以下この項及び次項において同じ。）
第六項第一号	合併等前十年内事業年度	合併等前二年内事業年度
	前十年以内	前二年以内
	課税済金額又は個別課税済金額	間接配当等若しくは間接課税済金額又は個別間接配当等（第六十八条の九十二第十一項第一号に規定する個別間接配当等をいう。以下この項及び次項において同じ。）若しくは個別間接課税済金額（同条第十一項第二号ロに規定する個別間接課税済金額をいう。以下この項及び次項において同じ。）
第六項第二号	分割等前十年内事業年度	分割等前二年内事業年度
	前十年以内	前二年以内
	課税済金額又は個別課税済金額	間接配当等若しくは間接課税済金額又は個別間接配当等若しくは個別間接課税済金額
	直接保有の株式等の数	間接保有の株式等の数
第七項	前項又は第六十八条の九十二第六項	第十三項において準用する前項又は第六十八条の九十二第十三項において準用する同条第六項
	第四項の	第十一項の
	分割等前十年内事業年度の課税済金額	分割等前二年内事業年度の間接配当等又は間接課税済金額
	前項の	第十三項において準用する前項の
	前十年以内の各事業年度の課税済金額	前二年以内の各事業年度等の間接配当等又は前二年以内の各事業年度の間接課税済金額
	同条第六項	同条第十三項において準用する同条第六項
	前十年以内の各連結事業年度（同条第四項第二号に規定する前十年以内の各連結事業年度	前二年以内の各連結事業年度等（同条第十一項第一号に規定する前二年以内の各連結事業年度等
	個別課税済金額	個別間接配当等又は前二年以内の各連結事業年度（同条第十一項第二号ロに規定する前二年以内の各連結事業年度をいう。）の個別間接課税済金額

14　第一項から第三項まで及び第八項から第十項までの規定は、課税済金額又は間接配当等若しくは間接課税済金額に係る事業年度又は連結事業年度のうち最も古い事業年度又は連結事業年度以後の各事業年度の法人税法第二条第三十一号に規定する確定申告書又は各連結事業年度の同条第三十二号に規定する連結確定申告書の提出があり、かつ、第一項から第三項まで及び第八項から第十項までの規定

の適用を受けようとする事業年度の確定申告書等、修正申告書又は更正請求書にこれらの規定により益金の額に算入されない剰余金の配当等の額及びその計算に関する明細を記載した書類の添付がある場合に限り、適用する。この場合において、これらの規定により益金の額に算入されない金額は、当該金額として記載された金額を限度とする。

15　第一項若しくは第三項又は第八項若しくは第十項の規定の適用がある場合における法人税法の規定の適用については、同法第六十七条第三項第三号中「益金不算入」とあるのは、「益金不算入）又は租税特別措置法第六十六条の八（内国法人の外国関係会社に係る所得の課税の特例）」とするほか、利益積立金額の計算に関し必要な事項は、政令で定める。

16　第二項又は第九項の規定の適用がある場合における法人税法の規定の適用については、同法第三十九条の二中「を除く」とあるのは「並びに租税特別措置法第六十六条の八第二項及び第九項（内国法人の外国関係会社に係る所得の課税の特例）の規定の適用を受ける部分の金額を除く」と、同法第六十七条第三項第三号中「益金不算入）」とあるのは「益金不算入）（租税特別措置法第六十六条の八第二項又は第九項（内国法人の外国関係会社に係る所得の課税の特例）の規定により読み替えて適用する場合を含む。）」とするほか、利益積立金額の計算に関し必要な事項は、政令で定める。

第六十六条の九　内国法人が第六十六条の六第一項各号に掲げる法人に該当するかどうかの判定に関する事項その他前三条の規定の適用に関し必要な事項は、政令で定める。

第二款　特殊関係株主等である内国法人に係る外国関係法人に係る所得の課税の特例

第六十六条の九の二　特殊関係株主等（特定株主等に該当する者並びにこれらの者と政令で定める特殊の関係のある個人及び法人をいう。以下この款において同じ。）と特殊関係内国法人との間に当該特殊関係株主等が当該特殊関係内国法人の発行済株式又は出資（自己が有する自己の株式又は出資を除く。以下この条において「発行済株式等」という。）の総数又は総額の百分の八十以上の数又は金額の株式等（株式又は出資をいう。以下この条において同じ。）を間接に有する関係として政令で定める関係（次項において「特定関係」という。）がある場合において、当該特殊関係株主等と特殊関係内国法人との間

令39の20の2①②

令39の20の2④

317

に発行済株式等の保有を通じて介在するものとして政令で定める外国法人（以下この条において「外国関係法人」という。）のうち、特定外国関係法人又は対象外国関係法人に該当するものが、平成十九年十月一日以後に開始する各事業年度において適用対象金額を有するときは、その適用対象金額のうち当該特殊関係株主等である内国法人の有する当該特定外国関係法人又は対象外国関係法人の直接及び間接保有の株式等の数に対応するものとしてその株式等の請求権（剰余金の配当等〔法人税法第二十三条第一項第一号に規定する剰余金の配当、利益の配当又は剰余金の分配をいう。次項第三号イにおいて同じ。〕を請求する権利をいう。第六項及び第八項において同じ。）の内容を勘案して政令で定めるところにより計算した金額（次条及び第六十六条の九の四において「課税対象金額」という。）に相当する金額は、当該特殊関係株主等である内国法人の収益の額とみなして当該各事業年度終了の日の翌日から二月を経過する日を含む当該内国法人の各事業年度の所得の金額の計算上、益金の額に算入する。

令39の20の2⑤

令39の20の2⑦

2　この款において、次の各号に掲げる用語の意義は、当該各号に定めるところによる。

一　特定株主等　特定関係が生ずることとなる直前に特定内国法人（当該直前に株主等〔法人税法第二条第十四号に規定する株主等をいう。〕の五人以下並びにこれらと政令で定める特殊の関係のある個人及び法人によつて発行済株式等の総数又は総額の百分の八十以上の数又は金額の株式等を保有される内国法人をいう。次号において同じ。）の株式等を有する個人及び法人をいう。

令39の20の3①②

二　特殊関係内国法人　特定内国法人又は特定内国法人からその資産及び負債の大部分の移転を受けたものとして政令で定める内国法人をいう。

令39の20の3④

三　特定外国関係法人　次に掲げる外国関係法人をいう。

イ　次のいずれにも該当しない外国関係法人

（1）　その主たる事業を行うに必要と認められる事務所、店舗、工場その他の固定施設を有している外国関係法人

（2）　その本店又は主たる事務所の所在する国又は地域（以下この項、第六項及び第八項において「本店所在地国」という。）においてその事業の管理、支配及び運営を自ら行つている外国関係法人

（3）　外国子法人（当該外国関係法人とその本店所在地国を同じくする外国法人で、当該外国関係法人の有する当該外国法人の株式等の数又は金額のその発行済株式等の総数又は総額のうちに占める割合が百分の二十五以上であることその他の政令で定

令39の20の3⑤

める要件に該当するものをいう。）の株式等の保有を主たる事業とする外国関係法人で、その収入金額のうちに占める当該株式等に係る剰余金の配当等の額の割合が著しく高いことその他の政令で定める要件に該当するもの　　　　　　令39の20の3⑤

（4）　特定子法人（特殊関係株主等である内国法人に係る他の外国関係法人で、部分対象外国関係法人に該当するものその他の政令で定めるものをいう。）の株式等の保有を主たる事業とする外国関係法人で、その本店所在地国を同じくする管理支配法人（当該内国法人に係る他の外国関係法人のうち、部分対象外国関係法人に該当するもので、その本店所在地国において、その役員〔法人税法第二条第十五号に規定する役員をいう。第八号及び第六項において同じ。〕又は使用人がその主たる事業を的確に遂行するために通常必要と認められる業務の全てに従事しているものをいう。（4）及び（5）において同じ。）によつてその事業の管理、支配及び運営が行われていること、当該管理支配法人がその本店所在地国で行う事業の遂行上欠くことのできない機能を果たしていること、その収入金額のうちに占める当該株式等に係る剰余金の配当等の額及び当該株式等の譲渡に係る対価の額の割合が著しく高いことその他の政令で定める要件に該当するもの　　令39の20の3⑤

（5）　その本店所在地国にある不動産の保有、その本店所在地国における石油その他の天然資源の探鉱、開発若しくは採取又はその本店所在地国の社会資本の整備に関する事業の遂行上欠くことのできない機能を果たしている外国関係法人で、その本店所在地国を同じくする管理支配法人によつてその事業の管理、支配及び運営が行われていることその他の政令で定める要件に該当するもの　　　　　　令39の20の3⑤

ロ　その総資産の額として政令で定める金額（ロにおいて「総資産額」という。）に対する第六項第一号から第七号まで及び第八号から第十号までに掲げる金額に相当する金額の合計額の割合（第七号中「外国関係法人（特定外国関係法人に該当するものを除く。）」とあるのを「外国関係法人」として同号及び第八号の規定を適用した場合に外国金融関係法人に該当することとなる外国関係法人にあつては総資産額に対する第八項第一号に掲げる金額に相当する金額又は同項第二号から第四号までに掲げる金額に相当する金額の合計額のうちいずれか多い金額の割合とし、第七号中「外国関係法人（特定外国関係法人に該当するものを除く。）」とあるのを「外国関係法人」として同号及び第六項の規定を適用した場合に同　　令39の20の3⑥

項に規定する清算外国金融関係法人に該当することとなる外国関係法人の同項に規定する特定清算事業年度にあつては総資産額に対する同項に規定する特定金融所得金額がないものとした場合の同項第一号から第七号まで及び第八号から第十号までに掲げる金額に相当する金額の合計額の割合とする。）が百分の三十を超える外国関係法人（総資産額に対する有価証券〔法人税法第二条第二十一号に規定する有価証券をいう。同項において同じ。〕、貸付金その他政令で定める資産の額の合計額として政令で定める金額の割合が百分の五十を超える外国関係法人に限る。）　　　　　　　　令39の20の3⑥

　八　次に掲げる要件のいずれにも該当する外国関係法人

　　（1）　各事業年度の非関連者等収入保険料（関連者〔当該外国関係法人に係る特殊関係内国法人、特殊関係株主等その他これらの者に準ずる者として政令で定めるものをいう。(2)において同じ。〕以外の者から収入するものとして政令で定める収入保険料をいう。(2)において同じ。）の合計額の収入保険料の合計額に対する割合として政令で定めるところにより計算した割合が百分の十未満であること。　　　　　　　令39の20の3⑦
　　　　　　　　　　　　　　　　　　　　　　令39の20の3⑧
　　　　　　　　　　　　　　　　　　　　　　令39の20の3⑨

　　（2）　各事業年度の非関連者等支払再保険料合計額（関連者以外の者に支払う再保険料の合計額を関連者等収入保険料〔非関連者等収入保険料以外の収入保険料をいう。(2)において同じ。〕の合計額の収入保険料の合計額に対する割合で按分した金額として政令で定める金額をいう。）の関連者等収入保険料の合計額に対する割合として政令で定めるところにより計算した割合が百分の五十未満であること。　　　　　　令39の20の3⑩
　　　　　　　　　　　　　　　　　　　　　　令39の20の3⑪

　ニ　租税に関する情報の交換に関する国際的な取組への協力が著しく不十分な国又は地域として財務大臣が指定する国又は地域に本店又は主たる事務所を有する外国関係法人

四　対象外国関係法人　次に掲げる要件のいずれかに該当しない外国関係法人（特定外国関係法人に該当するものを除く。）をいう。

　イ　株式等若しくは債券の保有、工業所有権その他の技術に関する権利、特別の技術による生産方式若しくはこれらに準ずるもの（これらの権利に関する使用権を含む。）若しくは著作権（出版権及び著作隣接権その他これに準ずるものを含む。）の提供又は船舶若しくは航空機の貸付けを主たる事業とするもの（株式等の保有を主たる事業とする外国関係法人のうち第八号中「部分対象外国関係法人」とあるのを「外国関係法人」として同号の規定を適用した場合に外国金融関係法人に該当することとなるもの〔同号に規定する外国金融機関に該当することとなるものを除く。ロにおいて

「特定外国金融持株会社」という。〕を除く。）でないこと。

ロ　その本店所在地国においてその主たる事業（特定外国金融持
株会社にあつては、政令で定める経営管理。ハにおいて同じ。）
を行うに必要と認められる事務所、店舗、工場その他の固定施
設を有していること並びにその本店所在地国においてその事業
の管理、支配及び運営を自ら行つていることのいずれにも該当
すること。

〔令39の20の3⑫〕

ハ　各事業年度においてその行う主たる事業が次に掲げる事業の
いずれに該当するかに応じそれぞれ次に定める場合に該当する
こと。

（1）　卸売業、銀行業、信託業、金融商品取引業、保険業、水
運業又は航空運送業　その事業を主として当該外国関係法
人に係る特殊関係内国法人、特殊関係株主等その他これら
の者に準ずる者として政令で定めるもの以外の者との間で
行つている場合として政令で定める場合

〔令39の20の3⑬〕
〔令39の20の3⑭〕

（2）　（1）に掲げる事業以外の事業　その事業を主としてその
本店所在地国（当該本店所在地国に係る水域で第六十六条の六
第二項第三号ハ（2）に規定する政令で定めるものを含む。）に
おいて行つている場合として政令で定める場合

〔令39の20の3⑮〕

五　適用対象金額　特定外国関係法人又は対象外国関係法人の各事
業年度の決算に基づく所得の金額につき法人税法及びこの法律に
よる各事業年度の所得の金額の計算に準ずるものとして政令で定
める基準により計算した金額（以下この号において「基準所得金
額」という。）を基礎として、政令で定めるところにより、当該
各事業年度開始の日前七年以内に開始した各事業年度において生
じた欠損の金額及び当該基準所得金額に係る税額に関する調整を
加えた金額をいう。

〔令39の20の3⑯〕
〔令39の20の3⑰〕

六　直接及び間接保有の株式等の数　第二条第一項第一号の二に規
定する居住者又は内国法人が直接に有する外国法人の株式等の数
又は金額及び他の外国法人を通じて間接に有するものとして政令
で定める当該外国法人の株式等の数又は金額の合計数又は合計額
をいう。

〔令39の20の3⑳〕

七　部分対象外国関係法人　第四号イからハまでに掲げる要件の全
てに該当する外国関係法人（特定外国関係法人に該当するものを除
く。）をいう。

八　外国金融関係法人　その本店所在地国の法令に準拠して銀行業、
金融商品取引業（金融商品取引法第二十八条第一項に規定する第一種
金融商品取引業と同種類の業務に限る。）又は保険業を行う部分対象

外国関係法人でその本店所在地国においてその役員又は使用人がこれらの事業を的確に遂行するために通常必要と認められる業務の全てに従事しているもの（以下この号において「外国金融機関」という。）及び外国金融機関に準ずるものとして政令で定める部分対象外国関係法人をいう。

令39の20の3㉑

3　国税庁の当該職員又は内国法人の納税地の所轄税務署若しくは所轄国税局の当該職員は、内国法人に係る外国関係法人が前項第三号イ（1）から（5）までのいずれかに該当するかどうかを判定するために必要があるときは、当該内国法人に対し、期間を定めて、当該外国関係法人が同号イ（1）から（5）までに該当することを明らかにする書類その他の資料の提示又は提出を求めることができる。この場合において、当該書類その他の資料の提示又は提出がないときは、同項（同号イに係る部分に限る。）の規定の適用については、当該外国関係法人は同号イ（1）から（5）までに該当しないものと推定する。

4　国税庁の当該職員又は内国法人の納税地の所轄税務署若しくは所轄国税局の当該職員は、内国法人に係る外国関係法人が第二項第四号イからハまでに掲げる要件に該当するかどうかを判定するために必要があるときは、当該内国法人に対し、期間を定めて、当該外国関係法人が同号イからハまでに掲げる要件に該当することを明らかにする書類その他の資料の提示又は提出を求めることができる。この場合において、当該書類その他の資料の提示又は提出がないときは、同項（同号又は第七号に係る部分に限る。）の規定の適用については、当該外国関係法人は同項第四号イからハまでに掲げる要件に該当しないものと推定する。

5　第一項の規定は、特殊関係株主等である内国法人に係る次の各号に掲げる外国関係法人につき当該各号に定める場合に該当する事実があるときは、当該各号に掲げる外国関係法人のその該当する事業年度に係る適用対象金額については、適用しない。

一　特定外国関係法人　特定外国関係法人の各事業年度の租税負担割合（外国関係法人の各事業年度の所得に対して課される租税の額の当該所得の金額に対する割合として政令で定めるところにより計算した割合をいう。次号、第十項及び第十一項において同じ。）が百分の三十以上である場合

令39の20の3㉒

二　対象外国関係法人　対象外国関係法人の各事業年度の租税負担割合が百分の二十以上である場合

6　特殊関係株主等である内国法人に係る部分対象外国関係法人（外国金融関係法人に該当するものを除く。以下この項及び次項において同じ。）が、平成二十二年四月一日以後に開始する各事業年度におい

て、当該各事業年度に係る次に掲げる金額（解散により外国金融関係法人に該当しないこととなつた部分対象外国関係法人〔以下この項及び次項において「清算外国金融関係法人」という。〕のその該当しないこととなつた日から同日以後三年を経過する日〔当該清算外国金融関係法人の残余財産の確定の日が当該三年を経過する日前である場合には当該残余財産の確定の日とし、その本店所在地国の法令又は慣行その他やむを得ない理由により当該残余財産の確定の日が当該三年を経過する日後である場合には政令で定める日とする。〕までの期間内の日を含む事業年度〔同項において「特定清算事業年度」という。〕にあつては、第一号から第七号の二までに掲げる金額のうち政令で定める金額〔同項において「特定金融所得金額」という。〕がないものとした場合の次に掲げる金額。以下この項において「特定所得の金額」という。）を有する場合には、当該各事業年度の特定所得の金額に係る部分適用対象金額のうち当該特殊関係株主等である内国法人の有する当該部分対象外国関係法人の直接及び間接保有の株式等の数に対応するものとしてその株式等の請求権の内容を勘案して政令で定めるところにより計算した金額（次条及び第六十六条の九の四において「部分課税対象金額」という。）に相当する金額は、当該特殊関係株主等である内国法人の収益の額とみなして当該各事業年度終了の日の翌日から二月を経過する日を含む当該内国法人の各事業年度の所得の金額の計算上、益金の額に算入する。 令39の20の4①　令39の20の4②

一　剰余金の配当等（第一項に規定する剰余金の配当等をいい、法人税法第二十三条第一項第二号に規定する金銭の分配を含む。以下この号及び第十一号イにおいて同じ。）の額（当該部分対象外国関係法人の有する他の法人の株式等の数又は金額のその発行済株式等の総数又は総額のうちに占める割合が百分の二十五以上であることその他の政令で定める要件に該当する場合における当該他の法人から受ける剰余金の配当等の額〔当該他の法人の所得の金額の計算上損金の額に算入することとされている剰余金の配当等の額として政令で定める剰余金の配当等の額を除く。〕を除く。以下この号において同じ。）の合計額から当該剰余金の配当等の額を得るために直接要した費用の額の合計額及び当該剰余金の配当等の額に係る費用の額として政令で定めるところにより計算した金額を控除した残額 令39の20の4④　令39の20の4⑤　令39の20の4⑥

二　受取利子等（その支払を受ける利子〔これに準ずるものとして政令で定めるものを含む。以下この号において同じ。〕をいう。以下この号及び第十一号ロにおいて同じ。）の額（その行う事業に係る業務の通常の過程において生ずる預金又は貯金〔所得税法第二条第一項第十号に規定する政令で定めるものに相当するものを含む。〕の利子の 令39の20の4⑦

額、金銭の貸付けを主たる事業とする部分対象外国関係法人〔金銭の貸付けを業として行うことにつきその本店所在地国の法令の規定によりその本店所在地国において免許又は登録その他これらに類する処分を受けているものに限る。〕でその本店所在地国においてその役員又は使用人がその行う金銭の貸付けの事業を的確に遂行するために通常必要と認められる業務の全てに従事しているものが行う金銭の貸付けに係る利子の額その他政令で定める利子の額を除く。以下この号において同じ。）の合計額から当該受取利子等の額を得るために直接要した費用の額の合計額を控除した残額

三　有価証券の貸付けによる対価の額の合計額から当該対価の額を得るために直接要した費用の額の合計額を控除した残額

四　有価証券の譲渡に係る対価の額（当該部分対象外国関係法人の有する他の法人の株式等の数又は金額のその発行済株式等の総数又は総額のうちに占める割合が、当該譲渡の直前において、百分の二十五以上である場合における当該他の法人の株式等の譲渡に係る対価の額を除く。以下この号において同じ。）の合計額から当該有価証券の譲渡に係る原価の額として政令で定めるところにより計算した金額の合計額及び当該対価の額を得るために直接要した費用の額の合計額を減算した金額　　　令39の20の4⑨

五　デリバティブ取引（法人税法第六十一条の五第一項に規定するデリバティブ取引をいう。以下この号及び第十一号ホにおいて同じ。）に係る利益の額又は損失の額として財務省令で定めるところにより計算した金額（同法第六十一条の六第一項各号に掲げる損失を減少させるために行つたデリバティブ取引として財務省令で定めるデリバティブ取引に係る利益の額又は損失の額、その本店所在地国の法令に準拠して商品先物取引法第二条第二十二項各号に掲げる行為に相当する行為を業として行う部分対象外国関係法人〔その本店所在地国においてその役員又は使用人がその行う当該行為に係る事業を的確に遂行するために通常必要と認められる業務の全てに従事しているものに限る。〕が行う財務省令で定めるデリバティブ取引に係る利益の額又は損失の額その他財務省令で定めるデリバティブ取引に係る利益の額又は損失の額を除く。）　　則22の11の3⑥　　則22の11の3⑦　　則22の11の3⑧　　則22の11の3⑨

六　その行う取引又はその有する資産若しくは負債につき外国為替の売買相場の変動に伴つて生ずる利益の額又は損失の額として財務省令で定めるところにより計算した金額（その行う事業〔政令で定める取引を行う事業を除く。〕に係る業務の通常の過程において生ずる利益の額又は損失の額を除く。）　　則22の11の3⑩　　令39の20の4⑪

七　前各号に掲げる金額に係る利益の額又は損失の額（これらに類

する利益の額又は損失の額を含む。）を生じさせる資産の運用、保
有、譲渡、貸付けその他の行為により生ずる利益の額又は損失の
額（当該各号に掲げる金額に係る利益の額又は損失の額及び法人税法
第六十一条の六第一項各号に掲げる損失を減少させるために行つた取
引として財務省令で定める取引に係る利益の額又は損失の額を除く。） 則22の11の3⑪

七の二　イに掲げる金額から口に掲げる金額を減算した金額

　　イ　収入保険料の合計額から支払つた再保険料の合計額を控除し
　　　た残額に相当するものとして政令で定める金額 令39の20の4⑬

　　ロ　支払保険金の額の合計額から収入した再保険金の額の合計額
　　　を控除した残額に相当するものとして政令で定める金額 令39の20の4⑬

八　固定資産（政令で定めるものを除く。以下この号及び第十一号リ 令39の20の4⑭
　　において同じ。）の貸付け（不動産又は不動産の上に存する権利を使
　　用させる行為を含む。）による対価の額（主としてその本店所在地国
　　において使用に供される固定資産〔不動産及び不動産の上に存する権
　　利を除く。〕の貸付けによる対価の額、その本店所在地国にある不動
　　産又は不動産の上に存する権利の貸付け〔これらを使用させる行為を
　　含む。〕による対価の額及びその本店所在地国においてその役員又は
　　使用人が固定資産の貸付け〔不動産又は不動産の上に存する権利を使
　　用させる行為を含む。以下この号及び第十一号リにおいて同じ。〕を
　　的確に遂行するために通常必要と認められる業務の全てに従事してい
　　ることその他の政令で定める要件に該当する部分対象外国関係法人が 令39の20の4⑮
　　行う固定資産の貸付けによる対価の額を除く。以下この号において同
　　じ。）の合計額から当該対価の額を得るために直接要した費用の
　　額（その有する固定資産に係る償却費の額として政令で定めるところ 令39の20の4⑯
　　により計算した金額を含む。）の合計額を控除した残額

九　工業所有権その他の技術に関する権利、特別の技術による生産
　　方式若しくはこれらに準ずるもの（これらの権利に関する使用権を
　　含む。）又は著作権（出版権及び著作隣接権その他これに準ずるもの
　　を含む。）（以下この項において「無形資産等」という。）の使用料
　　（自ら行つた研究開発の成果に係る無形資産等の使用料その他の政令 令39の20の4⑰
　　で定めるものを除く。以下この号において同じ。）の合計額から当該
　　使用料を得るために直接要した費用の額（その有する無形資産等
　　に係る償却費の額として政令で定めるところにより計算した金額を含 令39の20の4⑱
　　む。）の合計額を控除した残額

十　無形資産等の譲渡に係る対価の額（自ら行つた研究開発の成果に
　　係る無形資産等の譲渡に係る対価の額その他の政令で定める対価の額 令39の20の4⑳
　　を除く。以下この号において同じ。）の合計額から当該無形資産等
　　の譲渡に係る原価の額の合計額及び当該対価の額を得るために直

接要した費用の額の合計額を減算した金額

十一　イからルまでに掲げる金額がないものとした場合の当該部分
　　　対象外国関係法人の各事業年度の所得の金額として政令で定める　　　　令39の20の4㉑
　　　金額から当該各事業年度に係るヲに掲げる金額を控除した残額

　　イ　支払を受ける剰余金の配当等の額

　　ロ　受取利子等の額

　　ハ　有価証券の貸付けによる対価の額

　　ニ　有価証券の譲渡に係る対価の額の合計額から当該有価証券の
　　　　譲渡に係る原価の額として政令で定めるところにより計算した　　　令39の20の4㉒
　　　　金額の合計額を減算した金額

　　ホ　デリバティブ取引に係る利益の額又は損失の額として財務省　　　　則22の11の3⑫
　　　　令で定めるところにより計算した金額

　　ヘ　その行う取引又はその有する資産若しくは負債につき外国為
　　　　替の売買相場の変動に伴つて生ずる利益の額又は損失の額とし
　　　　て財務省令で定めるところにより計算した金額　　　　　　　　　　　則22の11の3⑬

　　ト　第一号から第六号までに掲げる金額に係る利益の額又は損失
　　　　の額（これらに類する利益の額又は損失の額を含む。）を生じさせ
　　　　る資産の運用、保有、譲渡、貸付けその他の行為により生ずる
　　　　利益の額又は損失の額（当該各号に掲げる金額に係る利益の額又　　　令39の20の4㉓
　　　　は損失の額を除く。）

　　チ　第七号の二に掲げる金額

　　リ　固定資産の貸付けによる対価の額

　　ヌ　支払を受ける無形資産等の使用料

　　ル　無形資産等の譲渡に係る対価の額の合計額から当該無形資産
　　　　等の譲渡に係る原価の額の合計額を減算した金額

　　ヲ　総資産の額として政令で定める金額に人件費その他の政令で　　　　令39の20の4㉔
　　　　定める費用の額を加算した金額に百分の五十を乗じて計算した
　　　　金額

7　前項に規定する部分適用対象金額とは、部分対象外国関係法人の
　各事業年度の同項第一号から第三号まで、第八号、第九号及び第十
　一号に掲げる金額の合計額（清算外国金融関係法人の特定清算事業年
　度にあつては、特定金融所得金額がないものとした場合の当該各号に掲
　げる金額の合計額）と、当該各事業年度の同項第四号から第七号の
　二まで及び第十号に掲げる金額の合計額（当該合計額が零を下回る
　場合には零とし、清算外国金融関係法人の特定清算事業年度にあつては
　特定金融所得金額がないものとした場合の当該各号に掲げる金額の合計
　額〔当該合計額が零を下回る場合には、零〕とする。）を基礎として当
　該各事業年度開始の日前七年以内に開始した各事業年度において生

じた同項第四号から第七号の二まで及び第十号に掲げる金額の合計
額（当該各事業年度のうち特定清算事業年度に該当する事業年度にあつ
ては、特定金融所得金額がないものとした場合の当該各号に掲げる金額
の合計額）が零を下回る部分の金額につき政令で定めるところによ
り調整を加えた金額とを合計した金額をいう。 令39の20の4㉕

8　特殊関係株主等である内国法人に係る部分対象外国関係法人（外
国金融関係法人に該当するものに限る。以下この項及び次項において同
じ。）が、平成二十二年四月一日以後に開始する各事業年度におい
て、当該各事業年度に係る次に掲げる金額（以下この項において
「特定所得の金額」という。）を有する場合には、当該各事業年度
の特定所得の金額に係る金融関係法人部分適用対象金額のうち当該
特殊関係株主等である内国法人の有する当該部分対象外国関係法人
の直接及び間接保有の株式等の数に対応するものとしてその株式等
の請求権の内容を勘案して政令で定めるところにより計算した金額　令39の20の5①
（次条及び第六十六条の九の四において「金融関係法人部分課税対象
金額」という。）に相当する金額は、当該特殊関係株主等である内
国法人の収益の額とみなして当該各事業年度終了の日の翌日から二
月を経過する日を含む当該内国法人の各事業年度の所得の金額の計
算上、益金の額に算入する。

一　特殊関係株主等である一の内国法人及び当該一の内国法人との
　間に特定資本関係（いずれか一方の法人が他方の法人の発行済株式
　等の全部を直接又は間接に保有する関係その他の政令で定める関係を　令39の20の5②
　いう。）のある内国法人によつてその発行済株式等の全部を直接
　又は間接に保有されている部分対象外国関係法人で政令で定める　令39の20の5③
　要件を満たすもの（その純資産につき剰余金その他に関する調整を
　加えた金額として政令で定める金額〔以下この号において「親会社　令39の20の5④
　等資本持分相当額」という。〕の総資産の額として政令で定める金額　令39の20の5⑤
　に対する割合が百分の七十を超えるものに限る。）の親会社等資本持
　分相当額がその本店所在地国の法令に基づき下回ることができな　令39の20の5⑥
　い資本の額を勘案して政令で定める金額を超える場合におけるそ　令39の20の5⑦
　の超える部分に相当する資本に係る利益の額として政令で定める
　ところにより計算した金額
二　部分対象外国関係法人について第六項第八号の規定に準じて計
　算した場合に算出される同号に掲げる金額に相当する金額
三　部分対象外国関係法人について第六項第九号の規定に準じて計
　算した場合に算出される同号に掲げる金額に相当する金額
四　部分対象外国関係法人について第六項第十号の規定に準じて計
　算した場合に算出される同号に掲げる金額に相当する金額

五 部分対象外国関係法人について第六項第十一号の規定に準じて計算した場合に算出される同号に掲げる金額に相当する金額

9 前項に規定する金融関係法人部分適用対象金額とは、部分対象外国関係法人の各事業年度の次に掲げる金額のうちいずれか多い金額をいう。

一 前項第一号に掲げる金額

二 前項第二号、第三号及び第五号に掲げる金額の合計額と、同項第四号に掲げる金額（当該金額が零を下回る場合には、零）を基礎として当該各事業年度開始の日前七年以内に開始した各事業年度において生じた同号に掲げる金額が零を下回る部分の金額につき政令で定めるところにより調整を加えた金額とを合計した金額 令39の20の5⑧

10 第六項及び第八項の規定は、特殊関係株主等である内国法人に係る部分対象外国関係法人につき次のいずれかに該当する事実がある場合には、当該部分対象外国関係法人のその該当する事業年度に係る部分適用対象金額（第七項に規定する部分適用対象金額をいう。以下この項において同じ。）又は金融関係法人部分適用対象金額（前項に規定する金融関係法人部分適用対象金額をいう。以下この項において同じ。）については、適用しない。

一 各事業年度の租税負担割合が百分の二十以上であること。

二 各事業年度における部分適用対象金額又は金融関係法人部分適用対象金額が二千万円以下であること。

三 各事業年度の決算に基づく所得の金額に相当する金額として政令で定める金額のうちに当該各事業年度における部分適用対象金額又は金融関係法人部分適用対象金額の占める割合が百分の五以下であること。 令39の20の6

11 特殊関係株主等である内国法人は、当該内国法人に係る次に掲げる外国関係法人の各事業年度の貸借対照表及び損益計算書その他の財務省令で定める書類を当該各事業年度終了の日の翌日から二月を経過する日を含む各事業年度の法人税法第二条第三十一号に規定する確定申告書に添付しなければならない。 則22の11の3⑭

一 当該各事業年度の租税負担割合が百分の二十未満である外国関係法人（特定外国関係法人を除く。）

二 当該各事業年度の租税負担割合が百分の三十未満である特定外国関係法人

12 特殊関係株主等である内国法人に係る外国関係法人が第六十六条の六第二項第一号に規定する外国関係会社に該当し、かつ、当該特殊関係株主等である内国法人が同条第一項各号に掲げる内国法人に該当する場合には、第一項、第六項、第八項及び前項の規定は、適

用しない。

13　特殊関係株主等である内国法人が外国信託（投資信託及び投資法
人に関する法律第二条第二十四項に規定する外国投資信託のうち第六十
八条の三の三第一項に規定する特定投資信託に類するものをいう。以下
この項において同じ。）の受益権を直接又は間接に有する場合には、
当該外国信託の受託者は、当該外国信託の信託資産等（信託財産に
属する資産及び負債並びに当該信託財産に帰せられる収益及び費用をい
う。以下この項において同じ。）及び固有資産等（外国信託の信託資産
等以外の資産及び負債並びに収益及び費用をいう。）ごとに、それぞれ
別の者とみなして、この条から第六十六条の九の五までの規定を適
用する。

14　法人税法第四条の六第二項及び第四条の七の規定は、前項の規定
を適用する場合について準用する。

15　財務大臣は、第二項第三号ニの規定により国又は地域を指定した
ときは、これを告示する。

第六十六条の九の三　特殊関係株主等である内国法人が、前条第一項、
第六項又は第八項の規定の適用を受ける場合には、当該内国法人に
係る外国関係法人（同条第一項に規定する外国関係法人をいう。以下
この項、第三項、第四項及び第六項において同じ。）の所得に対して課
される外国法人税（法人税法第六十九条第一項に規定する外国法人税
をいう。以下この項及び次項において同じ。）の額（政令で定める外国　　令39の20の7①
法人税にあつては、政令で定める金額）のうち、当該外国関係法人の
課税対象金額に対応するものとして政令で定めるところにより計算　　令39の20の7③
した金額（当該金額が当該課税対象金額を超える場合には、当該課税対
象金額に相当する金額）、当該外国関係法人の部分課税対象金額に対
応するものとして政令で定めるところにより計算した金額（当該金　　令39の20の7④
額が当該部分課税対象金額を超える場合には、当該部分課税対象金額に
相当する金額）又は当該外国関係法人の金融関係法人部分課税対象
金額に対応するものとして政令で定めるところにより計算した金額　　令39の20の7⑤
（当該金額が当該金融関係法人部分課税対象金額を超える場合には、当
該金融関係法人部分課税対象金額に相当する金額）は、政令で定める
ところにより、当該内国法人が納付する控除対象外国法人税の額
（同法第六十九条第一項に規定する控除対象外国法人税の額をいう。第
三項において同じ。）とみなして、同法第六十九条及び地方法人税法
第十二条の規定を適用する。この場合において、法人税法第六十九
条第十三項中「外国法人税の額につき」とあるのは、「外国法人税
の額（租税特別措置法第六十六条の九の三第一項（特殊関係株主等であ

る内国法人に係る外国関係法人に係る所得の課税の特例）又は第六十八条の九十三の三第一項（特殊関係株主等である連結法人に係る外国関係法人に係る所得の課税の特例）に規定する外国関係法人の所得に対して課される外国法人税の額のうちこれらの規定により当該内国法人が納付するものとみなされる部分の金額を含む。以下この項において同じ。）につき」とする。

2　特殊関係株主等である内国法人が、各連結事業年度において、当該内国法人に係る第六十八条の九十三の二第一項に規定する外国関係法人の同項に規定する個別課税対象金額に相当する金額につき同項の規定の適用を受けた場合、当該外国関係法人の同条第六項に規定する個別部分課税対象金額に相当する金額につき同項の規定の適用を受けた場合又は当該外国関係法人の同条第八項に規定する個別金融関係法人部分課税対象金額に相当する金額につき同項の規定の適用を受けた場合において、その適用を受けた連結事業年度終了の日後に開始する各事業年度の期間において当該外国関係法人の所得に対して外国法人税が課されるとき（前項に規定する政令で定める外国法人税にあつては、政令で定めるとき）は、当該外国関係法人の当該個別課税対象金額、当該個別部分課税対象金額又は当該個別金融関係法人部分課税対象金額は前項に規定する外国関係法人の課税対象金額、部分課税対象金額又は金融関係法人部分課税対象金額と、同条第一項に規定する外国関係法人の所得に対して課される当該外国法人税の額（前項に規定する政令で定める外国法人税にあつては、政令で定める金額）は前項に規定する外国関係法人の所得に対して課される外国法人税の額とそれぞれみなして、同項の規定を適用する。 令39の20の7⑦ 令39の20の7⑦

3　特殊関係株主等である内国法人が、前条第一項の規定の適用に係る外国関係法人の課税対象金額に相当する金額につき同項の規定の適用を受ける場合、同条第六項の規定の適用に係る外国関係法人の部分課税対象金額に相当する金額につき同項の規定の適用を受ける場合又は同条第八項の規定の適用に係る外国関係法人の金融関係法人部分課税対象金額に相当する金額につき同項の規定の適用を受ける場合において、第一項の規定により法人税法第六十九条第一項から第三項までの規定の適用を受けるときは、第一項の規定により控除対象外国法人税の額とみなされた金額は、当該内国法人の政令で定める事業年度の所得の金額の計算上、益金の額に算入する。 令39の20の7⑧

4　特殊関係株主等である内国法人が、前条第一項、第六項又は第八項の規定の適用を受ける場合には、次に掲げる金額の合計額（次項及び第十一項において「所得税等の額」という。）のうち、当該内国

法人に係る外国関係法人の課税対象金額に対応するものとして政令で定めるところにより計算した金額に相当する金額、当該外国関係法人の部分課税対象金額に対応するものとして政令で定めるところにより計算した金額に相当する金額又は当該外国関係法人の金融関係法人部分課税対象金額に対応するものとして政令で定めるところにより計算した金額に相当する金額（第六項及び第十項において「控除対象所得税額等相当額」という。）は、当該内国法人の政令で定める事業年度の所得に対する法人税の額（この項並びに法人税法第六十八条、第六十九条及び第七十条の規定を適用しないで計算した場合の法人税の額とし、附帯税〔国税通則法第二条第四号に規定する附帯税をいう。第一号において同じ。〕の額を除く。第十項において同じ。）から控除する。

令39の20の7 ⑨

令39の20の7 ⑩

令39の20の7 ⑪

令39の20の7 ⑫

一　当該外国関係法人に対して課される所得税の額（附帯税の額を除く。）、法人税（退職年金等積立金に対する法人税を除く。）の額（附帯税の額を除く。）及び地方法人税（地方法人税法第六条第四号に定める基準法人税額に対する地方法人税を除く。）の額（附帯税の額を除く。）

二　当該外国関係法人に対して課される地方税法第二十三条第一項第三号に掲げる法人税割（同法第一条第二項において準用する同法第四条第二項〔第一号に係る部分に限る。〕又は同法第七百三十四条第二項〔第二号に係る部分に限る。〕の規定により都が課するものを含むものとし、退職年金等積立金に対する法人税に係るものを除く。）の額及び同法第二百九十二条第一項第三号に掲げる法人税割（同法第七百三十四条第二項〔第二号に係る部分に限る。〕の規定により都が課するものを含むものとし、退職年金等積立金に対する法人税に係るものを除く。）の額

5　前項の規定は、確定申告書等、修正申告書又は更正請求書に同項の規定による控除の対象となる所得税等の額、控除を受ける金額及び当該金額の計算に関する明細を記載した書類の添付がある場合に限り、適用する。この場合において、同項の規定により控除される金額の計算の基礎となる所得税等の額は、当該書類に当該所得税等の額として記載された金額を限度とする。

6　特殊関係株主等である内国法人が、前条第一項の規定の適用に係る外国関係法人の課税対象金額に相当する金額につき同項の規定の適用を受ける場合、同条第六項の規定の適用に係る外国関係法人の部分課税対象金額に相当する金額につき同項の規定の適用を受ける場合又は同条第八項の規定の適用に係る外国関係法人の金融関係法人部分課税対象金額に相当する金額につき同項の規定の適用を受け

る場合において、第四項の規定の適用を受けるときは、当該内国法人に係る外国関係法人に係る控除対象所得税額等相当額は、当該内国法人の政令で定める事業年度の所得の金額の計算上、益金の額に算入する。

令39の20の7⑫

7　第四項の規定の適用がある場合には、法人税法第二編第一章第二節第二款の規定による法人税の額からの控除及び同項の規定による法人税の額からの控除については、同項の規定による控除は、同法第六十九条の二の規定による控除をした後に、かつ、同法第七十条の規定による控除をする前に行うものとする。

8　第四項の規定の適用がある場合における法人税法第二編第一章（第二節第二款を除く。）の規定の適用については、次に定めるところによる。

一　法人税法第六十七条第三項に規定する計算した金額の合計額は、当該計算した金額の合計額から第四項の規定による控除をされるべき金額を控除した金額とする。

二　法人税法第七十二条第一項第二号に掲げる金額は、同項に規定する期間を一事業年度とみなして同項第一号に掲げる所得の金額につき同法第二編第一章第二節（第六十七条、第六十八条第三項及び第七十条を除く。）の規定及び第四項の規定を適用するものとした場合に計算される法人税の額とする。

三　法人税法第七十四条第一項第二号に掲げる金額は、同項第一号に掲げる所得の金額につき同法第二編第一章第二節の規定及び第四項の規定を適用して計算した法人税の額とする。

9　第四項の規定の適用がある場合における第四十二条の四第十二項（第四十二条の六第十項、第四十二条の九第七項、第四十二条の十第六項、第四十二条の十一第七項、第四十二条の十一の二第六項、第四十二条の十一の三第六項、第四十二条の十二第十項、第四十二条の十二の二第三項、第四十二条の十二の四第十項、第四十二条の十二の五第七項又は第四十二条の十二の五の二第六項において準用する場合を含む。）及び地方法人税法の規定の適用については、第四十二条の四第十二項中「又は第三編第二章第二節（第百四十三条を除く。）の規定」とあるのは「の規定」と、「控除及び」とあるのは「控除、」と、「控除に」とあるのは「控除及び第六十六条の九の三第四項の規定による法人税の額からの控除に」と、「同法第七十条の二又は第百四十四条の二の三」とあるのは「同条第七項及び同法第七十条の二」と、「法人税法税額控除規定に」とあるのは「第六十六条の九の三第四項の規定及び法人税法税額控除規定に」と、同法第六条第一号中「まで」とあるのは「まで及び租税特別措置法第六十六条の九の三

第四項」とする。

10　内国法人が各課税事業年度（地方法人税法第七条に規定する課税事業年度をいう。以下この項において同じ。）において第四項の規定の適用を受ける場合において、当該課税事業年度の控除対象所得税額等相当額が同項に規定する政令で定める事業年度の所得に対する法人税の額を超えるときは、その超える金額を当該課税事業年度の所得地方法人税額（同法第十一条に規定する所得地方法人税額をいう。第十二項において同じ。）から控除する。　　　　　　　　　　　　令39の20の7⑬

11　前項の規定は、地方法人税法第二条第十五号に規定する地方法人税中間申告書で同法第十七条第一項各号に掲げる事項を記載したもの、同法第二条第十六号に規定する地方法人税確定申告書、修正申告書又は更正請求書に前項の規定による控除の対象となる所得税等の額、控除を受ける金額及び当該金額の計算に関する明細を記載した書類の添付がある場合に限り、適用する。この場合において、同項の規定により控除される金額の計算の基礎となる所得税等の額は、当該書類に当該所得税等の額として記載された金額を限度とする。

12　第十項の規定の適用がある場合には、地方法人税法第十二条から第十四条までの規定による所得地方法人税額からの控除及び同項の規定による所得地方法人税額からの控除については、同項の規定による控除は、同法第十二条の二の規定による控除をした後に、かつ、同法第十二条の規定による控除をする前に行うものとする。

13　第十項の規定の適用がある場合における地方法人税法の規定の適用については、次に定めるところによる。

　一　地方法人税法第十七条第一項第二号に掲げる金額は、同項第一号に掲げる課税標準法人税額につき同法第三章（第十一条及び第十三条を除く。）の規定及び第十項の規定を適用して計算した地方法人税の額とする。

　二　地方法人税法第十九条第一項第二号に掲げる金額は、同項第一号に掲げる課税標準法人税額につき同法第三章の規定及び第十項の規定を適用して計算した地方法人税の額とする。

第六十六条の九の四　特殊関係株主等である内国法人が外国法人（法人税法第二十三条の二第一項に規定する外国子会社に該当するものを除く。以下この項において同じ。）から受ける同法第二十三条第一項第一号に掲げる金額（以下この条において「剰余金の配当等の額」という。）がある場合には、当該剰余金の配当等の額のうち当該外国法人に係る特定課税対象金額に達するまでの金額は、当該内国法人の各事業年度の所得の金額の計算上、益金の額に算入しない。　令39の20の8①

2　特殊関係株主等である内国法人が外国法人から受ける剰余金の配当等の額（法人税法第二十三条の二第一項の規定の適用を受ける部分の金額に限る。以下この項において同じ。）がある場合には、当該剰余金の配当等の額のうち当該外国法人に係る特定課税対象金額に達するまでの金額についての同条第一項の規定の適用については、同項中「剰余金の配当等の額から当該剰余金の配当等の額に係る費用の額に相当するものとして政令で定めるところにより計算した金額を控除した金額」とあるのは、「剰余金の配当等の額」とする。

令39の20の8①

3　特殊関係株主等である内国法人が外国法人から受ける剰余金の配当等の額（法人税法第二十三条の二第二項の規定の適用を受ける部分の金額に限る。以下この項において同じ。）がある場合には、当該剰余金の配当等の額のうち当該外国法人に係る特定課税対象金額に達するまでの金額は、当該内国法人の各事業年度の所得の金額の計算上、益金の額に算入しない。

令39の20の8①

4　前三項に規定する特定課税対象金額とは、次に掲げる金額の合計額をいう。

一　外国法人に係る課税対象金額、部分課税対象金額又は金融関係法人部分課税対象金額で、特殊関係株主等である内国法人が当該外国法人から剰余金の配当等の額を受ける日を含む事業年度において第六十六条の九の二第一項、第六項又は第八項の規定により当該事業年度の所得の金額の計算上益金の額に算入されるもののうち、当該内国法人の有する当該外国法人の直接保有の株式等の数（第六十六条の八第四項第一号に規定する直接保有の株式等の数をいう。次号及び第十項において同じ。）に対応する部分の金額として政令で定める金額

令39の20の8②

二　外国法人に係る課税対象金額、部分課税対象金額又は金融関係法人部分課税対象金額で、特殊関係株主等である内国法人が当該外国法人から剰余金の配当等の額を受ける日を含む事業年度開始の日前十年以内に開始した各事業年度（以下この号及び次項において「前十年以内の各事業年度」という。）において第六十六条の九の二第一項、第六項又は第八項の規定により前十年以内の各事業年度の所得の金額の計算上益金の額に算入されたもののうち、当該内国法人の有する当該外国法人の直接保有の株式等の数に対応する部分の金額として政令で定める金額（前十年以内の各事業年度において当該外国法人から受けた剰余金の配当等の額〔前三項の規定の適用を受けた部分の金額に限る。以下この号において同じ。〕がある場合には、当該剰余金の配当等の額に相当する金額を控除した残額。次項において「課税済金額」という。）

令39の20の8③

5 特殊関係株主等である内国法人が第一項から第三項までに規定する外国法人から剰余金の配当等の額を受ける日を含む事業年度開始の日前十年以内に開始した連結事業年度がある場合において、当該連結事業年度に係る個別課税済金額（第六十八条の九十三の四第四項第二号に規定する個別課税済金額をいう。以下この項において同じ。）があるときは、前項の規定の適用については、その個別課税済金額は、当該連結事業年度の期間に対応する前十年以内の各事業年度の課税済金額とみなす。

6 第六十六条の八第六項、第七項及び第十四項の規定は、第一項から第三項まで及び第四項（前項の規定によりみなして適用する場合を含む。）の規定を適用する場合について準用する。この場合において、次の表の上欄に掲げる規定中同表の中欄に掲げる字句は、それぞれ同表の下欄に掲げる字句に読み替えるものとする。

令39の20の8④

第六十六条の八第六項	内国法人が適格合併	第六十六条の九の二第二項第二号に規定する特殊関係内国法人（以下この項において「特殊関係内国法人」という。）に係る同条第一項に規定する特殊関係株主等（以下この項において「特殊関係株主等」という。）である内国法人が適格合併
	により被合併法人	により当該特殊関係内国法人に係る特殊関係株主等である被合併法人
	第四項	第六十六条の九の四第四項
	課税済金額とみなす	課税済金額（同項第二号に規定する課税済金額をいう。以下この項、次項及び第十四項において同じ。）とみなす
第六十六条の八第六項第一号	個別課税済金額	個別課税済金額（第六十八条の九十三の四第四項第二号に規定する個別課税済金額をいう。次号及び次項において同じ。）
第六十六条の八第六項第二号	第六十六条の六第一項	第六十六条の九の二第一項

第六十六条の八第七項	前項又は第六十八条の九十二第六項	第六十六条の九の四第六項において準用する前項又は第六十八条の九十三の四第六項において準用する第六十八条の九十二第六項
	第四項の	第六十六条の九の四第四項の
	前項の	同条第六項において準用する前項の
	同条第六項	第六十八条の九十三の四第六項において準用する第六十八条の九十二第六項
	同条第四項第二号	第六十八条の九十三の四第四項第二号
第六十六条の八第十四項	第一項から第三項まで及び第八項から第十項まで	第六十六条の九の四第一項から第三項まで

7　特殊関係株主等である内国法人が外国法人（法人税法第二十三条の二第一項に規定する外国子会社に該当するものを除く。以下この項において同じ。）から受ける剰余金の配当等の額がある場合には、当該剰余金の配当等の額（第一項の規定の適用を受ける部分の金額を除く。）のうち当該外国法人に係る間接特定課税対象金額に達するまでの金額は、当該内国法人の各事業年度の所得の金額の計算上、益金の額に算入しない。

8　特殊関係株主等である内国法人が外国法人から受ける剰余金の配当等の額（法人税法第二十三条の二第一項の規定の適用を受ける部分の金額に限る。以下この項において同じ。）がある場合には、当該剰余金の配当等の額（第二項の規定の適用を受ける部分の金額を除く。）のうち当該外国法人に係る間接特定課税対象金額に達するまでの金額についての同条第一項の規定の適用については、同項中「剰余金の配当等の額から当該剰余金の配当等の額に係る費用の額に相当するものとして政令で定めるところにより計算した金額を控除した金額」とあるのは、「剰余金の配当等の額」とする。

9　特殊関係株主等である内国法人が外国法人から受ける剰余金の配当等の額（法人税法第二十三条の二第二項の規定の適用を受ける部分の金額に限る。以下この項において同じ。）がある場合には、当該剰余金の配当等の額（第三項の規定の適用を受ける部分の金額を除く。）のうち当該外国法人に係る間接特定課税対象金額に達するまでの金額は、当該内国法人の各事業年度の所得の金額の計算上、益金の額に算入しない。

10　前三項に規定する間接特定課税対象金額とは、次に掲げる金額の
うちいずれか少ない金額をいう。

一　特殊関係株主等である内国法人が外国法人から剰余金の配当等
の額を受ける日を含む当該内国法人の事業年度（以下この項にお
いて「配当事業年度」という。）開始の日前二年以内に開始した
各事業年度又は各連結事業年度（以下この号において「前二年以
内の各事業年度等」という。）のうち最も古い事業年度又は連結
事業年度開始の日から配当事業年度終了の日までの期間において、
当該外国法人が他の外国法人から受けた剰余金の配当等の額（当
該他の外国法人の第六十六条の九の二第一項、第六項若しくは第八項
又は第六十八条の九十三の二第一項、第六項若しくは第八項の規定の
適用に係る事業年度開始の日前に受けた剰余金の配当等の額として政
令で定めるものを除く。）のうち、当該内国法人の有する当該外国
法人の直接保有の株式等の数に対応する部分の金額として政令で
定める金額（前二年以内の各事業年度等において当該外国法人から
受けた剰余金の配当等の額〔前三項又は第六十八条の九十三の四第七
項から第九項までの規定の適用を受けた金額のうち、当該外国法人が
当該他の外国法人から受けた剰余金の配当等の額に対応する部分の金
額に限る。以下この号において同じ。〕がある場合には、当該剰余金
の配当等の額に相当する金額を控除した残額）

二　次に掲げる金額の合計額

イ　前号の他の外国法人に係る課税対象金額、部分課税対象金額
又は金融関係法人部分課税対象金額で、配当事業年度において
第六十六条の九の二第一項、第六項又は第八項の規定により配
当事業年度の所得の金額の計算上益金の額に算入されるものの
うち、同号の内国法人の有する当該他の外国法人の間接保有の
株式等の数（第六十六条の八第十一項第二号イに規定する間接保
有の株式等の数をいう。ロにおいて同じ。）に対応する部分の金
額として政令で定める金額

ロ　前号の他の外国法人に係る課税対象金額、部分課税対象金額
又は金融関係法人部分課税対象金額で、配当事業年度開始の日
前二年以内に開始した各事業年度（以下この号及び次項において
「前二年以内の各事業年度」という。）において第六十六条の
九の二第一項、第六項又は第八項の規定により前二年以内の各
事業年度の所得の金額の計算上益金の額に算入されたもののう
ち、前号の内国法人の有する当該他の外国法人の間接保有の株
式等の数に対応する部分の金額として政令で定める金額（前二
年以内の各事業年度において同号の外国法人から受けた剰余金の配

令39の20の8⑤

令39の20の8⑥

令39の20の8⑦

令39の20の8⑧

337

当等の額〔前三項の規定の適用を受けた金額のうち、当該外国法人が当該他の外国法人から受けた剰余金の配当等の額に対応する部分の金額に限る。以下この号において同じ。〕がある場合には、当該剰余金の配当等の額に相当する金額を控除した残額。次項において「間接課税済金額」という。）

11　特殊関係株主等である内国法人が第七項から第九項までに規定する外国法人から剰余金の配当等の額を受ける日を含む事業年度開始の日前二年以内に開始した連結事業年度がある場合において、当該連結事業年度に係る個別間接課税済金額（第六十八条の九十三の四第十項第二号ロに規定する個別間接課税済金額をいう。以下この項において同じ。）があるときは、前項の規定の適用については、その個別間接課税済金額は、当該連結事業年度の期間に対応する前二年以内の各事業年度の間接課税済金額とみなす。

12　第六十六条の八第六項、第七項及び第十四項の規定は、第七項から第九項まで及び第十項（前項の規定によりみなして適用する場合を含む。）の規定を適用する場合について準用する。この場合において、次の表の上欄に掲げる規定中同表の中欄に掲げる字句は、それぞれ同表の下欄に掲げる字句に読み替えるものとする。

令39の20の8⑨

第六十六条の八第六項	内国法人が適格合併	第六十六条の九の二第二項第二号に規定する特殊関係内国法人（以下この項において「特殊関係内国法人」という。）に係る同条第一に規定する特殊関係株主等（以下この項において「特殊関係株主等」という。）である内国法人が適格合併
	により被合併法人	により当該特殊関係内国法人に係る特殊関係株主等である被合併法人
	直接保有の株式等の数の	第十一項第二号イに規定する間接保有の株式等の数（以下この項において「間接保有の株式等の数」という。）の
	第四項	第六十六条の九の四第十項
	前十年以内の各事業年度の課税済金額	前二年以内の各事業年度等（同項第一号に規定する前二年以内の各事業年度等をいう。次項において同じ。）の間接配当等（同条第十項第一号に掲げる金額をいう。以下この項、次項及び第十四項において同じ。）又は前二年以内の各事業年度（同条第十項第二号ロに規定する前二年以内の各事業年度をいう。次項において同じ。）の間接課税済金額（同条第十項第二号ロに規定する間接課税済金額をいう。以下この項、次項及び第十四項において同じ。）

第六十六条の八第六項第一号	合併等前十年内事業年度	合併等前二年内事業年度
	前十年以内	前二年以内
	課税済金額又は個別課税済金額	間接配当等若しくは間接課税済金額又は個別間接配当等（第六十八条の九十三の四第十項第一号に掲げる金額をいう。次号及び次項において同じ。）若しくは個別間接課税済金額（同条第十項第二号ロに規定する個別間接課税済金額をいう。次号及び次項において同じ。）
第六十六条の八第六項第二号	分割等前十年内事業年度	分割等前二年内事業年度
	前十年以内	前二年以内
	課税済金額又は個別課税済金額	間接配当等若しくは間接課税済金額又は個別間接配当等若しくは個別間接課税済金額
	直接保有の株式等の数	間接保有の株式等の数
	第六十六条の六第一項	第六十六条の九の二第一項
第六十六条の八第七項	前項又は第六十八条の九十二第六項	第六十六条の九の四第十二項において準用する前項又は第六十八条の九十三の四第十二項において準用する第六十八条の九十二第六項
	第四項の	第六十六条の九の四第十項の
	分割等前十年内事業年度の課税済金額	分割等前二年内事業年度の間接配当等又は間接課税済金額
	前項の	同条第十二項において準用する前項の
	前十年以内の各事業年度の課税済金額	前二年以内の各事業年度等の間接配当等又は前二年以内の各事業年度の間接課税済金額
	同条第六項	第六十八条の九十三の四第十二項において準用する第六十八条の九十二第六項
	前十年以内の各連結事業年度（同条第四項第二号に規定する前十年以内の各連結事業年度	前二年以内の各連結事業年度等（第六十八条の九十三の四第十項第一号に規定する前二年以内の各連結事業年度等
	個別課税済金額	個別間接配当等又は前二年以内の各連結事業年度（第六十八条の九十三の四第十項第二号ロに規定する前二年以内の各連結事業年度をいう。）の個別間接課税済金額
第六十六条の八第十四項	第一項から第三項まで及び第八項から第十項まで	第六十六条の九の四第七項から第九項まで

13　第一項若しくは第三項又は第七項若しくは第九項の規定の適用が
　　ある場合における法人税法の規定の適用については、同法第六十七
　　条第三項第三号中「益金不算入）」とあるのは、「益金不算入）又は
　　租税特別措置法第六十六条の九の四（特殊関係株主等である内国法人
　　に係る外国関係法人に係る所得の課税の特例）」とするほか、利益積
　　立金額の計算に関し必要な事項は、政令で定める。

令39の20の8⑩

14　第二項又は第八項の規定の適用がある場合における法人税法の規
　　定の適用については、同法第三十九条の二中「を除く」とあるのは
　　「並びに租税特別措置法第六十六条の九の四第二項及び第八項（特
　　殊関係株主等である内国法人に係る外国関係法人に係る所得の課税の特
　　例）の規定の適用を受ける部分の金額を除く」と、同法第六十七条
　　第三項第三号中「益金不算入）」とあるのは「益金不算入）（租税特別
　　措置法第六十六条の九の四第二項又は第八項〔特殊関係株主等である内
　　国法人に係る外国関係法人に係る所得の課税の特例〕の規定により読み
　　替えて適用する場合を含む。）」とするほか、利益積立金額の計算に
　　関し必要な事項は、政令で定める。

令39の20の8⑪

第六十六条の九の五　特殊関係株主等と特殊関係内国法人との間に第
　　六十六条の九の二第一項に規定する特定関係があるかどうかの判定
　　に関する事項その他前三条の規定の適用に関し必要な事項は、政令
　　で定める。

令39の20の9

租税特別措置法施行令
　第三章　法人税法の特例
　　第八節の四　内国法人の外国関係会社に係る所得の課税の特例

（課税対象金額の計算等）
第三十九条の十四　法第六十六条の六第一項に規定する政令で定める
　　ところにより計算した金額は、同項各号に掲げる内国法人に係る特
　　定外国関係会社（同条第二項第二号に規定する特定外国関係会社をい
　　う。以下この項において同じ。）又は対象外国関係会社（同条第二項第
　　三号に規定する対象外国関係会社をいう。以下この項において同じ。）
　　の各事業年度の同条第一項に規定する適用対象金額に、当該各事業
　　年度終了の時における当該内国法人の当該特定外国関係会社又は対
　　象外国関係会社に係る請求権等勘案合算割合を乗じて計算した金額
　　とする。

2　前項及びこの項において、次の各号に掲げる用語の意義は、当該
　　各号に定めるところによる。

一　請求権等勘案合算割合　次に掲げる場合の区分に応じそれぞれ次に定める割合（イ及びハに掲げる場合のいずれにも該当する場合には、それぞれイ及びハに定める割合の合計割合）をいう。

　　イ　内国法人が外国関係会社（法第六十六条の六第二項第一号に規定する外国関係会社をいい、被支配外国法人〔同号ロに掲げる外国法人をいう。以下この項、次条第二項及び第三十九条の十四の三第二十七項において同じ。〕に該当するものを除く。イ及びハにおいて同じ。）の株式等（株式又は出資をいう。以下この節において同じ。）を直接又は他の外国法人を通じて間接に有している場合　当該外国関係会社の発行済株式又は出資（自己が有する自己の株式等を除く。）の総数又は総額（以下この節において「発行済株式等」という。）のうちに当該内国法人の有する当該外国関係会社の請求権等勘案保有株式等の占める割合

　　ロ　法第六十六条の六第二項第一号に規定する外国関係会社が内国法人に係る被支配外国法人に該当する場合　百分の百

　　ハ　内国法人に係る被支配外国法人が外国関係会社の株式等を直接又は他の外国法人を通じて間接に有している場合　当該外国関係会社の発行済株式等のうちに当該被支配外国法人の有する当該外国関係会社の請求権等勘案保有株式等の占める割合

二　請求権等勘案保有株式等　内国法人又は当該内国法人に係る被支配外国法人（以下この項及び次項において「内国法人等」という。）が有する外国法人の株式等の数又は金額（当該外国法人が請求権〔法第六十六条の六第一項に規定する請求権をいう。以下この節において同じ。〕の内容が異なる株式等又は実質的に請求権の内容が異なると認められる株式等〔以下この項、第三十九条の十五第四項第二号及び第三十九条の十九において「請求権の内容が異なる株式等」という。〕を発行している場合には、当該外国法人の発行済株式等に、当該内国法人等が当該請求権の内容が異なる株式等に係る請求権に基づき受けることができる法人税法第二十三条第一項第一号に規定する剰余金の配当、利益の配当又は剰余金の分配〔次号において「剰余金の配当等」という。〕の額がその総額のうちに占める割合を乗じて計算した数又は金額）及び請求権等勘案間接保有株式等を合計した数又は金額をいう。

三　請求権等勘案間接保有株式等　外国法人の発行済株式等に、次に掲げる場合の区分に応じそれぞれ次に定める割合（次に掲げる場合のいずれにも該当する場合には、それぞれ次に定める割合の合計割合）を乗じて計算した株式等の数又は金額をいう。

　　イ　当該外国法人の株主等（法人税法第二条第十四号に規定する株

主等をいう。以下この号、次項第一号及び次条第二項において同じ。）である他の外国法人（イにおいて「他の外国法人」という。）の発行済株式等の全部又は一部が内国法人等により保有されている場合　当該内国法人等の当該他の外国法人に係る持株割合（その株主等の有する株式等の数又は金額が当該株式等の発行法人の発行済株式等のうちに占める割合〔次に掲げる場合に該当する場合には、それぞれ次に定める割合〕をいう。以下この号において同じ。）に当該他の外国法人の当該外国法人に係る持株割合を乗じて計算した割合（当該他の外国法人が二以上ある場合には、二以上の当該他の外国法人につきそれぞれ計算した割合の合計割合）

（1）　当該発行法人が請求権の内容が異なる株式等を発行している場合（（2）に掲げる場合に該当する場合を除く。）　その株主等が当該請求権の内容が異なる株式等に係る請求権に基づき受けることができる剰余金の配当等の額がその総額のうちに占める割合

（2）　当該発行法人と居住者（法第二条第一項第一号の二に規定する居住者をいう。以下この節において同じ。）又は内国法人との間に実質支配関係（法第六十六条の六第二項第五号に規定する実質支配関係をいう。以下この節において同じ。）がある場合　零

ロ　当該外国法人と他の外国法人（その発行済株式等の全部又は一部が内国法人等により保有されているものに限る。ロにおいて「他の外国法人」という。）との間に一又は二以上の外国法人（ロにおいて「出資関連外国法人」という。）が介在している場合であつて、当該内国法人等、当該他の外国法人、出資関連外国法人及び当該外国法人が株式等の保有を通じて連鎖関係にある場合　当該内国法人等の当該他の外国法人に係る持株割合、当該他の外国法人の出資関連外国法人に係る持株割合、出資関連外国法人の他の出資関連外国法人に係る持株割合及び出資関連外国法人の当該外国法人に係る持株割合を順次乗じて計算した割合（当該連鎖関係が二以上ある場合には、当該二以上の連鎖関係につきそれぞれ計算した割合の合計割合）

3　法第六十六条の六第一項第一号イに規定する間接に有するものとして政令で定める外国関係会社の株式等の数又は金額は、外国関係会社（同条第二項第一号に規定する外国関係会社をいう。以下この項において同じ。）の発行済株式等に、次の各号に掲げる場合の区分に応じ当該各号に定める割合（当該各号に掲げる場合のいずれにも該当

する場合には、当該各号に定める割合の合計割合）を乗じて計算した株式等の数又は金額とする。

一　当該外国関係会社の株主等である他の外国法人（以下この号において「他の外国法人」という。）の発行済株式等の全部又は一部が内国法人等により保有されている場合　当該内国法人等の当該他の外国法人に係る持株割合（その株主等の有する株式等の数又は金額が当該株式等の発行法人の発行済株式等のうちに占める割合をいい、当該発行法人と居住者又は内国法人との間に実質支配関係がある場合には、零とする。以下この項において同じ。）に当該他の外国法人の当該外国関係会社に係る持株割合を乗じて計算した割合（当該他の外国法人が二以上ある場合には、二以上の当該他の外国法人につきそれぞれ計算した割合の合計割合）

二　当該外国関係会社と他の外国法人（その発行済株式等の全部又は一部が内国法人等により保有されているものに限る。以下この号において「他の外国法人」という。）との間に一又は二以上の外国法人（以下この号において「出資関連外国法人」という。）が介在している場合であつて、当該内国法人等、当該他の外国法人、出資関連外国法人及び当該外国関係会社が株式等の保有を通じて連鎖関係にある場合　当該内国法人等の当該他の外国法人に係る持株割合、当該他の外国法人の出資関連外国法人に係る持株割合、出資関連外国法人の他の出資関連外国法人に係る持株割合及び出資関連外国法人の当該外国関係会社に係る持株割合を順次乗じて計算した割合（当該連鎖関係が二以上ある場合には、当該二以上の連鎖関係につきそれぞれ計算した割合の合計割合）

4　前項の規定は、法第六十六条の六第一項第一号ロに規定する間接に有するものとして政令で定める外国関係会社の議決権の数の計算について準用する。この場合において、前項中「発行済株式等に」とあるのは「議決権（前項第二号に規定する剰余金の配当等に関する決議に係るものに限る。以下この項において同じ。）の総数に」と、「株式等の数又は金額と」とあるのは「議決権の数と」と、同項第一号中「発行済株式等の全部」とあるのは「議決権の全部」と、「持株割合」とあるのは「議決権割合」と、「株式等の数又は金額が当該株式等の発行法人の発行済株式等」とあるのは「議決権の数がその総数」と、「発行法人と」とあるのは「議決権に係る法人と」と、同項第二号中「発行済株式等」とあるのは「議決権」と、「が株式等」とあるのは「が議決権」と、「持株割合」とあるのは「議決権割合」と読み替えるものとする。

5　第三項の規定は、法第六十六条の六第一項第一号ハに規定する間

接に有する外国関係会社の株式等の請求権に基づき受けることができる剰余金の配当等の額として政令で定めるものの計算について準用する。この場合において、第三項中「発行済株式等に」とあるのは「株式等の請求権に基づき受けることができる剰余金の配当等（前項第二号に規定する剰余金の配当等をいう。以下この項において同じ。）の総額に」と、「株式等の数又は金額と」とあるのは「剰余金の配当等の額と」と、同項第一号中「発行済株式等の全部」とあるのは「株式等の請求権の全部」と、「持株割合」とあるのは「請求権割合」と、「数又は金額が当該株式等の発行法人の発行済株式等」とあるのは「請求権に基づき受けることができる剰余金の配当等の額がその総額」と、「発行法人と」とあるのは「請求権に係る株式等の発行法人と」と、同項第二号中「発行済株式等」とあるのは「株式等の請求権」と、「保有を」とあるのは「請求権の保有を」と、「持株割合」とあるのは「請求権割合」と読み替えるものとする。

6　法第六十六条の六第一項第四号に規定する一の居住者又は内国法人と政令で定める特殊の関係のある者は、次に掲げる個人又は法人とする。

　一　次に掲げる個人

　　イ　居住者の親族

　　ロ　居住者と婚姻の届出をしていないが事実上婚姻関係と同様の事情にある者

　　ハ　居住者の使用人

　　ニ　イからハまでに掲げる者以外の者で居住者から受ける金銭その他の資産によつて生計を維持しているもの

　　ホ　ロからニまでに掲げる者と生計を一にするこれらの者の親族

　　ヘ　内国法人の役員（法人税法第二条第十五号に規定する役員をいう。以下この節において同じ。）及び当該役員に係る法人税法施行令第七十二条各号に掲げる者

　二　次に掲げる法人

　　イ　一の居住者又は内国法人（当該居住者又は内国法人と前号に規定する特殊の関係のある個人を含む。以下この項において「居住者等」という。）が他の法人を支配している場合における当該他の法人

　　ロ　一の居住者等及び当該一の居住者等とイに規定する特殊の関係のある法人が他の法人を支配している場合における当該他の法人

　　ハ　一の居住者等及び当該一の居住者等とイ及びロに規定する特

殊の関係のある法人が他の法人を支配している場合における当
該他の法人

　　ニ　同一の者とイからハまでに規定する特殊の関係のある二以上
の法人のいずれかの法人が一の居住者等である場合における当
該二以上の法人のうち当該一の居住者等以外の法人

7　法人税法施行令第四条第三項の規定は、前項第二号イからハまで
に掲げる他の法人を支配している場合について準用する。

（外国関係会社の範囲）

第三十九条の十四の二　法第六十六条の六第二項第一号イに規定する
居住者又は内国法人と政令で定める特殊の関係のある非居住者は、
法第二条第一項第一号の二に規定する非居住者で、前条第六項第一
号イからへまでに掲げるものとする。

2　法第六十六条の六第二項第一号イ（1）に規定する政令で定める割
合は、次の各号に掲げる場合の区分に応じ当該各号に定める割合
（当該各号に掲げる場合のいずれにも該当する場合には、当該各号に定
める割合の合計割合）とする。

　　一　法第六十六条の六第二項第一号イ（1）の外国法人（以下この項
において「判定対象外国法人」という。）の株主等である外国法人
（被支配外国法人に該当するものを除く。）の発行済株式等の百分の
五十を超える数又は金額の株式等が居住者等株主等（同号イに規
定する居住者等株主等をいう。次号において同じ。）によつて保有さ
れている場合　当該株主等である外国法人の有する当該判定対象
外国法人の株式等の数又は金額がその発行済株式等のうちに占め
る割合（当該株主等である外国法人が二以上ある場合には、当該二以
上の株主等である外国法人につきそれぞれ計算した割合の合計割合）

　　二　判定対象外国法人の株主等である外国法人（前号に掲げる場合
に該当する同号の株主等である外国法人及び被支配外国法人に該当す
るものを除く。）と居住者等株主等との間にこれらの者と株式等の
保有を通じて連鎖関係にある一又は二以上の外国法人（被支配外
国法人に該当するものを除く。以下この号において「出資関連外国
法人」という。）が介在している場合（出資関連外国法人及び当該
株主等である外国法人がそれぞれその発行済株式等の百分の五十を超
える数又は金額の株式等を居住者等株主等又は出資関連外国法人〔そ
の発行済株式等の百分の五十を超える数又は金額の株式等が居住者等
株主等又は他の出資関連外国法人によつて保有されているものに限
る。〕によつて保有されている場合に限る。）　当該株主等である外
国法人の有する当該判定対象外国法人の株式等の数又は金額がそ

の発行済株式等のうちに占める割合（当該株主等である外国法人が二以上ある場合には、当該二以上の株主等である外国法人につきそれぞれ計算した割合の合計割合）

3　前項の規定は、法第六十六条の六第二項第一号イ（2）に規定する政令で定める割合の計算について準用する。この場合において、前項第一号中「第六十六条の六第二項第一号イ（1）」とあるのは「第六十六条の六第二項第一号イ（2）」と、「）の発行済株式等」とあるのは「）の議決権（前条第二項第二号に規定する剰余金の配当等に関する決議に係るものに限る。以下この項において同じ。）の総数」と、「又は金額の株式等」とあるのは「の議決権」と、「同号イ」とあるのは「法第六十六条の六第二項第一号イ」と、「株式等の数又は金額がその発行済株式等」とあるのは「議決権の数がその総数」と、同項第二号中「株式等の保有」とあるのは「議決権の保有」と、「発行済株式等の百分の五十」とあるのは「議決権の総数の百分の五十」と、「又は金額の株式等」とあるのは「の議決権」と、「株式等の数又は金額がその発行済株式等」とあるのは「議決権の数がその総数」と読み替えるものとする。

4　第二項の規定は、法第六十六条の六第二項第一号イ（3）に規定する政令で定める割合の計算について準用する。この場合において、第二項第一号中「第六十六条の六第二項第一号イ（1）」とあるのは「第六十六条の六第二項第一号イ（3）」と、「）の発行済株式等」とあるのは「）の支払う剰余金の配当等（前条第二項第二号に規定する剰余金の配当等をいう。以下この項において同じ。）の総額」と、「数又は金額の株式等」とあるのは「金額の剰余金の配当等を受けることができる株式等の請求権」と、「同号イ」とあるのは「法第六十六条の六第二項第一号イ」と、「数又は金額がその発行済株式等」とあるのは「請求権に基づき受けることができる剰余金の配当等の額がその総額」と、同項第二号中「保有を」とあるのは「請求権の保有を」と、「発行済株式等の百分の五十を超える数又は金額の株式等」とあるのは「支払う剰余金の配当等の総額の百分の五十を超える金額の剰余金の配当等を受けることができる株式等の請求権」と、「数又は金額がその発行済株式等」とあるのは「請求権に基づき受けることができる剰余金の配当等の額がその総額」と読み替えるものとする。

5　法第六十六条の六第二項第一号ハに規定する政令で定める外国法人は、第三十九条の十七第三項に規定する部分対象外国関係会社に係る同項第一号イに規定する特定外国金融機関（同号イ（2）に掲げる外国法人に限る。）及び同条第九項第二号に規定する特定外国金融

機関（同号ロに掲げる外国法人に限る。）とする。

（特定外国関係会社及び対象外国関係会社の範囲）
第三十九条の十四の三　法第六十六条の六第二項第二号イ（1）に規定する政令で定める外国関係会社は、次に掲げる外国関係会社（同項第一号に規定する外国関係会社をいう。以下この条において同じ。）とする。

一　一の内国法人等（一の内国法人〔保険業を主たる事業とするもの又は保険業法第二条第十六項に規定する保険持株会社に該当するものに限る。〕及び当該一の内国法人との間に第三十九条の十七第四項に規定する特定資本関係のある内国法人〔保険業を主たる事業とするもの又は同法第二条第十六項に規定する保険持株会社に該当するものに限る。〕をいう。以下この項及び次項において同じ。）によつてその発行済株式等の全部を直接又は間接に保有されている外国関係会社で同法第二百十九条第一項に規定する引受社員に該当するもの（以下この条及び第三十九条の十七において「特定保険外国子会社等」という。）に係る特定保険協議者（特定保険外国子会社等が行う保険の引受けについて保険契約の内容を確定するための協議を行う者として財務省令で定めるもので次に掲げる要件の全てを満たすものをいう。以下この条及び第三十九条の十七において同じ。）がその本店又は主たる事務所の所在する国又は地域（以下この節において「本店所在地国」という。）においてその主たる事業を行うに必要と認められる事務所、店舗その他の固定施設を有している場合における当該特定保険協議者に係る当該特定保険外国子会社等に該当する外国関係会社 | 則22の11①

　イ　当該一の内国法人等によつてその発行済株式等の全部を直接又は間接に保有されている外国関係会社に該当すること。

　ロ　当該特定保険外国子会社等の本店所在地国と同一の国又は地域に本店又は主たる事務所が所在すること。

　ハ　その役員又は使用人がその本店所在地国において保険業を的確に遂行するために通常必要と認められる業務の全てに従事していること。

二　一の内国法人等によつてその発行済株式等の全部を直接又は間接に保有されている外国関係会社でその本店所在地国の法令の規定によりその本店所在地国において保険業の免許（当該免許に類する許可、登録その他の行政処分を含む。以下この号において同じ。）を受けているもの（以下この条及び第三十九条の十七において「特定保険委託者」という。）に係る特定保険受託者（特定保険委託者

が当該法令の規定によりその本店所在地国において保険業の免許の申
請をする際又は当該法令の規定により保険業を営むために必要な事項
の届出をする際にその保険業に関する業務を委託するものとして申請
又は届出をされた者で次に掲げる要件の全てを満たすもの〔その申請
又は届出をされた者が当該一の内国法人等に係る他の特定保険委託者
に該当する場合には、当該他の特定保険委託者が当該法令の規定によ
りその本店所在地国において保険業の免許の申請をする際又は当該法
令の規定により保険業を営むために必要な事項の届出をする際にその
保険業に関する業務を委託するものとして申請又は届出をされた者で
次に掲げる要件の全てを満たすものを含む。〕をいう。以下この条及
び第三十九条の十七において同じ。）がその本店所在地国において
その主たる事業を行うに必要と認められる事務所、店舗その他の
固定施設を有している場合における当該特定保険受託者に係る当
該特定保険委託者に該当する外国関係会社

 イ 当該一の内国法人等によつてその発行済株式等の全部を直接
  又は間接に保有されている外国関係会社に該当すること。

 ロ 当該特定保険委託者の本店所在地国と同一の国又は地域に本
  店又は主たる事務所が所在すること。

 ハ その役員又は使用人がその本店所在地国において保険業を的
  確に遂行するために通常必要と認められる業務の全てに従事し
  ていること。

2 前項において、発行済株式等の全部を直接又は間接に保有されて
いるかどうかの判定は、同項の一の内国法人等の外国関係会社に係
る直接保有株式等保有割合（当該一の内国法人等の有する外国法人の
株式等の数又は金額が当該外国法人の発行済株式等のうちに占める割合
をいう。）と当該一の内国法人等の当該外国関係会社に係る間接保
有株式等保有割合とを合計した割合により行うものとする。

3 第三十九条の十七第七項の規定は、前項に規定する間接保有株式
等保有割合について準用する。この場合において、同条第七項第一
号中「部分対象外国関係会社の株主等」とあるのは「外国関係会社
（法第六十六条の六第二項第一号に規定する外国関係会社をいう。以下
この項において同じ。）の株主等」と、「一の内国法人等」とあるの
は「一の内国法人等（第三十九条の十四の三第一項第一号に規定する
一の内国法人等をいう。次号において同じ。）」と、「当該部分対象
外国関係会社」とあるのは「当該外国関係会社」と、同項第二号中
「部分対象外国関係会社」とあるのは「外国関係会社」と読み替え
るものとする。

4 法第六十六条の六第二項第二号イ（２）に規定する政令で定める外

国関係会社は、次に掲げる外国関係会社とする。

　一　外国関係会社（特定保険外国子会社等に該当するものに限る。以下この号において同じ。）に係る特定保険協議者がその本店所在地国においてその事業の管理、支配及び運営を自ら行つている場合における当該外国関係会社

　二　外国関係会社（特定保険委託者に該当するものに限る。以下この号において同じ。）に係る特定保険受託者がその本店所在地国においてその事業の管理、支配及び運営を自ら行つている場合における当該外国関係会社

5　法第六十六条の六第二項第二号イ（3）に規定する政令で定める要件に該当する外国法人は、外国法人（外国関係会社とその本店所在地国を同じくするものに限る。以下この項において同じ。）の発行済株式等のうちに当該外国関係会社が保有しているその株式等の数若しくは金額の占める割合又は当該外国法人の発行済株式等のうちの議決権のある株式等の数若しくは金額のうちに当該外国関係会社が保有しているその議決権のある株式等の数若しくは金額の占める割合のいずれかが百分の二十五以上であり、かつ、その状態が当該外国関係会社が当該外国法人から受ける剰余金の配当等（同条第一項に規定する剰余金の配当等をいう。以下この条において同じ。）の額の支払義務が確定する日（当該剰余金の配当等の額が法人税法第二十四条第一項に規定する事由に係る財務省令で定める剰余金の配当等の額である場合には、同日の前日。以下この項において同じ。）以前六月以上（当該外国法人が当該確定する日以前六月以内に設立された外国法人である場合には、その設立の日から当該確定する日まで）継続している場合の当該外国法人とする。　　　　　　　　　　　　　　　　則22の11②

6　法第六十六条の六第二項第二号イ（3）に規定する政令で定める要件に該当する外国関係会社は、外国子会社（同号イ（3）に規定する外国子会社をいう。以下この項において同じ。）の株式等の保有を主たる事業とする外国関係会社で、次に掲げる要件の全てに該当するものとする。

　一　当該事業年度の収入金額の合計額のうちに占める外国子会社から受ける剰余金の配当等の額（その受ける剰余金の配当等の額の全部又は一部が当該外国子会社の本店所在地国の法令において当該外国子会社の所得の金額の計算上損金の額に算入することとされている剰余金の配当等の額に該当する場合におけるその受ける剰余金の配当等の額を除く。）その他財務省令で定める収入金額の合計額の割合が百分の九十五を超えていること。　　　　　　　　則22の11③

　二　当該事業年度終了の時における貸借対照表（これに準ずるもの

を含む。以下この節及び次節において同じ。）に計上されている総資産の帳簿価額のうちに占める外国子会社の株式等その他財務省令で定める資産の帳簿価額の合計額の割合が百分の九十五を超えていること。

則22の11④

7　法第六十六条の六第二項第二号イ（4）に規定する同条第一項各号に掲げる内国法人に係る他の外国関係会社で政令で定めるものは、当該内国法人に係る他の外国関係会社（管理支配会社〔同号イ（4）に規定する管理支配会社をいう。次項及び第九項において同じ。〕とその本店所在地国を同じくするものに限る。）で、部分対象外国関係会社（同条第二項第六号に規定する部分対象外国関係会社をいう。第九項第三号イ（1）（ii）において同じ。）に該当するものとする。

8　法第六十六条の六第二項第二号イ（4）に規定する政令で定める要件に該当する外国関係会社は、特定子会社（同号イ（4）に規定する特定子会社をいう。第六号及び第七号において同じ。）の株式等の保有を主たる事業とする外国関係会社で次に掲げる要件の全てに該当するものその他財務省令で定めるものとする。

則22の11⑤

一　その事業の管理、支配及び運営が管理支配会社によつて行われていること。

二　管理支配会社の行う事業（当該管理支配会社の本店所在地国において行うものに限る。）の遂行上欠くことのできない機能を果たしていること。

三　その事業を的確に遂行するために通常必要と認められる業務の全てが、その本店所在地国において、管理支配会社の役員又は使用人によつて行われていること。

四　その本店所在地国を管理支配会社の本店所在地国と同じくすること。

五　次に掲げる外国関係会社の区分に応じそれぞれ次に定める要件に該当すること。

　イ　ロに掲げる外国関係会社以外の外国関係会社　その本店所在地国の法令においてその外国関係会社の所得（その外国関係会社の属する企業集団の所得を含む。）に対して外国法人税（法人税法第六十九条第一項に規定する外国法人税をいう。以下この節において同じ。）を課されるものとされていること。

　ロ　その本店所在地国の法令において、その外国関係会社の所得がその株主等（法人税法第二条第十四号に規定する株主等をいう。ロ及び次条第六項第三号において同じ。）である者の所得として取り扱われる外国関係会社　その本店所在地国の法令において、当該株主等である者（法第六十六条の六第一項各号に掲げる内国

法人に係る他の外国関係会社に該当するものに限る。）の所得とし
て取り扱われる所得に対して外国法人税を課されるものとされ
ていること。

六　当該事業年度の収入金額の合計額のうちに占める次に掲げる金
額の合計額の割合が百分の九十五を超えていること。

イ　当該事業年度の特定子会社から受ける剰余金の配当等の額
（その受ける剰余金の配当等の額の全部又は一部が当該特定子会社
の本店所在地国の法令において当該特定子会社の所得の金額の計算
上損金の額に算入することとされている剰余金の配当等の額に該当
する場合におけるその受ける剰余金の配当等の額を除く。）

ロ　特定子会社の株式等の譲渡（当該外国関係会社に係る関連者
〔法第六十六条の六第二項第二号ハ（1）に規定する関連者をいう。
以下第十五項までにおいて同じ。〕以外の者への譲渡に限るものと
し、当該株式等の取得の日から一年以内に譲渡が行われることが見
込まれていた場合の当該譲渡及びその譲渡を受けた株式等を当該外
国関係会社又は当該外国関係会社に係る関連者に移転することが見
込まれる場合の当該譲渡を除く。）に係る対価の額

ハ　その他財務省令で定める収入金額　　　　　　　　　則22の11⑦

七　当該事業年度終了の時における貸借対照表に計上されている総
資産の帳簿価額のうちに占める特定子会社の株式等その他財務省
令で定める資産の帳簿価額の合計額の割合が百分の九十五を超え
ていること。　　　　　　　　　　　　　　　　　　　則22の11⑧

9　法第六十六条の六第二項第二号イ（5）に規定する政令で定める要
件に該当する外国関係会社は、次に掲げる外国関係会社とする。

一　特定不動産（その本店所在地国にある不動産〔不動産の上に存す
る権利を含む。以下この項及び第三十二項第一号において同じ。〕で、
その外国関係会社に係る管理支配会社の事業の遂行上欠くことのでき
ないものをいう。以下この号において同じ。）の保有を主たる事業
とする外国関係会社で次に掲げる要件の全てに該当するものその
他財務省令で定めるもの　　　　　　　　　　　　　　則22の11⑨

イ　管理支配会社の行う事業（当該管理支配会社の本店所在地国に
おいて行うもので不動産業に限る。）の遂行上欠くことのできな
い機能を果たしていること。

ロ　前項第一号及び第三号から第五号までに掲げる要件の全てに
該当すること。

ハ　当該事業年度の収入金額の合計額のうちに占める次に掲げる
金額の合計額の割合が百分の九十五を超えていること。

（1）　特定不動産の譲渡に係る対価の額

（2） 特定不動産の貸付け（特定不動産を使用させる行為を含む。）による対価の額

（3） その他財務省令で定める収入金額 　　　　　　則22の11⑪

　ニ　当該事業年度終了の時における貸借対照表に計上されている総資産の帳簿価額のうちに占める特定不動産その他財務省令で定める資産の帳簿価額の合計額の割合が百分の九十五を超えていること。 　　則22の11⑫

二　特定不動産（その本店所在地国にある不動産で、その外国関係会社に係る管理支配会社が自ら使用するものをいう。以下この号において同じ。）の保有を主たる事業とする外国関係会社で、次に掲げる要件の全てに該当するもの

　イ　前項第一号から第五号までに掲げる要件の全てに該当すること。

　ロ　当該事業年度の収入金額の合計額のうちに占める次に掲げる金額の合計額の割合が百分の九十五を超えていること。

（1） 特定不動産の譲渡に係る対価の額

（2） 特定不動産の貸付け（特定不動産を使用させる行為を含む。）による対価の額

（3） その他財務省令で定める収入金額 　　　　　　則22の11⑬

　ハ　当該事業年度終了の時における貸借対照表に計上されている総資産の帳簿価額のうちに占める特定不動産その他財務省令で定める資産の帳簿価額の合計額の割合が百分の九十五を超えていること。 　　則22の11⑭

三　次に掲げる要件の全てに該当する外国関係会社その他財務省令で定める外国関係会社 　　則22の11⑮

　イ　その主たる事業が次のいずれかに該当すること。

（1） 特定子会社（当該外国関係会社とその本店所在地国を同じくする外国法人で、次に掲げる要件の全てに該当するものをいう。以下この号において同じ。）の株式等の保有

（ⅰ） 当該外国関係会社の当該事業年度開始の時又は終了の時において、その発行済株式等のうちに当該外国関係会社が有するその株式等の数若しくは金額の占める割合又はその発行済株式等のうちの議決権のある株式等の数若しくは金額のうちに当該外国関係会社が有するその議決権のある株式等の数若しくは金額の占める割合のいずれかが百分の十以上となつていること。

（ⅱ） 管理支配会社等（法第六十六条の六第一項各号に掲げる内国法人に係る他の外国関係会社のうち、部分対象外国関係

会社に該当するもので、その本店所在地国において、その役
員又は使用人がその本店所在地国〔当該本店所在地国に係る
第三十一項に規定する水域を含む。〕において行う石油その
他の天然資源の探鉱、開発若しくは採取の事業〔採取した天
然資源に密接に関連する事業を含む。〕又はその本店所在地
国の社会資本の整備に関する事業〔以下この号において「資
源開発等プロジェクト」という。〕を的確に遂行するために
通常必要と認められる業務の全てに従事しているものをいい、
当該内国法人に係る他の外国関係会社のうち部分対象外国関
係会社に該当するものの役員又は使用人とその本店所在地国
を同じくする他の外国法人の役員又は使用人がその本店所在
地国において共同で資源開発等プロジェクトを的確に遂行す
るために通常必要と認められる業務の全てに従事している場
合の当該他の外国関係会社及び当該他の外国法人を含む。以
下この号において同じ。）の行う当該資源開発等プロジェ
クトの遂行上欠くことのできない機能を果たしているこ
と。

（2）　当該外国関係会社に係る関連者以外の者からの資源開発
等プロジェクトの遂行のための資金の調達及び特定子会社
に対して行う当該資金の提供

（3）　特定不動産（その本店所在地国にある不動産で、資源開発
等プロジェクトの遂行上欠くことのできない機能を果たしてい
るものをいう。以下この号において同じ。）の保有

ロ　その事業の管理、支配及び運営が管理支配会社等によつて行
われていること。

ハ　管理支配会社等の行う資源開発等プロジェクトの遂行上欠く
ことのできない機能を果たしていること。

ニ　その事業を的確に遂行するために通常必要と認められる業務
の全てが、その本店所在地国において、管理支配会社等の役員
又は使用人によつて行われていること。

ホ　その本店所在地国を管理支配会社等の本店所在地国と同じく
すること。

ヘ　前項第五号に掲げる要件に該当すること。

ト　当該事業年度の収入金額の合計額のうちに占める次に掲げる
金額の合計額の割合が百分の九十五を超えていること。

（1）　特定子会社から受ける剰余金の配当等の額（その受ける
剰余金の配当等の額の全部又は一部が当該特定子会社の本店所
在地国の法令において当該特定子会社の所得の金額の計算上損

金の額に算入することとされている剰余金の配当等の額に該当する場合におけるその受ける剰余金の配当等の額を除く。）

（２）　特定子会社の株式等の譲渡（当該外国関係会社に係る関連者以外の者への譲渡に限るものとし、当該株式等の取得の日から一年以内に譲渡が行われることが見込まれていた場合の当該譲渡及びその譲渡を受けた株式等を当該外国関係会社又は当該外国関係会社に係る関連者に移転することが見込まれる場合の当該譲渡を除く。）に係る対価の額

（３）　特定子会社に対する貸付金（資源開発等プロジェクトの遂行上欠くことのできないものに限る。チにおいて同じ。）に係る利子の額

（４）　特定不動産の譲渡に係る対価の額

（５）　特定不動産の貸付け（特定不動産を使用させる行為を含む。）による対価の額

（６）　その他財務省令で定める収入金額　　　　　　　　　則22の11⑰

チ　当該事業年度終了の時における貸借対照表に計上されている総資産の帳簿価額のうちに占める特定子会社の株式等、特定子会社に対する貸付金、特定不動産その他財務省令で定める資産の帳簿価額の合計額の割合が百分の九十五を超えていること。　　　則22の11⑱

10　法第六十六条の六第二項第二号ロに規定する総資産の額として政令で定める金額は、外国関係会社の当該事業年度（当該事業年度が残余財産の確定の日を含む事業年度である場合には、当該事業年度の前事業年度。次項において同じ。）終了の時における貸借対照表に計上されている総資産の帳簿価額とする。

11　法第六十六条の六第二項第二号ロに規定する政令で定める資産の額の合計額として政令で定める金額は、外国関係会社の当該事業年度終了の時における貸借対照表に計上されている有価証券、貸付金、固定資産（無形資産等〔同条第六項第九号に規定する無形資産等をいう。以下この項及び第三十九条の十七の三において同じ。〕を除くものとし、貸付けの用に供しているものに限る。）及び無形資産等の帳簿価額の合計額とする。

12　法第六十六条の六第二項第二号ハ（１）に規定する政令で定める者は、第二十七項第一号中「法第六十六条の六第二項第三号ハ（１）に掲げる事業を主として行う外国関係会社」とあるのを「外国関係会社」と、同項第二号中「法第六十六条の六第二項第三号ハ（１）に掲げる事業を主として行う外国関係会社」とあるのを「外国関係会社」と、「同条第一項各号」とあるのを「法第六十六条の六第一項各号」と、同項第三号から第五号までの規定中「法第六十六条の六

第二項第三号ハ（1）に掲げる事業を主として行う外国関係会社」と
あり、並びに同項第六号中「同条第二項第三号ハ（1）に掲げる事業
を主として行う外国関係会社」とあり、及び「法第六十六条の六第
二項第三号ハ（1）に掲げる事業を主として行う外国関係会社」とあ
るのを「外国関係会社」と読み替えた場合における同条第二項第二
号ハ（1）の外国関係会社に係る第二十七項各号に掲げる者とする。

13　法第六十六条の六第二項第二号ハ（1）に規定する政令で定める収
　　入保険料は、次に掲げる収入保険料とする。

　　一　外国関係会社に係る関連者以外の者から収入する収入保険料
　　　（当該収入保険料が再保険に係るものである場合には、関連者以外の
　　　者が有する資産又は関連者以外の者が負う損害賠償責任を保険の目的
　　　とする保険に係る収入保険料に限る。）

　　二　特定保険委託者に該当する外国関係会社が当該特定保険委託者
　　　に係る特定保険受託者又は当該特定保険委託者と特定保険受託者
　　　を同じくする他の特定保険委託者から収入する収入保険料（第二
　　　十八項第五号ロ（1）から（3）までに掲げる要件の全てに該当する再保
　　　険に係るものに限る。）及び特定保険受託者に該当する外国関係会
　　　社が当該特定保険受託者に係る特定保険委託者から収入する収入
　　　保険料（同号ロ（1）から（3）までに掲げる要件の全てに該当する再保
　　　険に係るものに限る。）

14　法第六十六条の六第二項第二号ハ（1）に規定する政令で定めると
　　ころにより計算した割合は、外国関係会社の各事業年度の同号ハ
　　（1）に規定する非関連者等収入保険料の合計額を当該各事業年度の
　　収入保険料の合計額で除して計算した割合とする。

15　法第六十六条の六第二項第二号ハ（2）に規定する政令で定める金
　　額は、第一号に掲げる金額に第二号に掲げる割合を乗じて計算した
　　金額とする。

　　一　外国関係会社が各事業年度において当該外国関係会社に係る関
　　　連者以外の者に支払う再保険料（特定保険委託者に該当する外国関
　　　係会社が当該特定保険委託者に係る特定保険受託者又は当該特定保険
　　　委託者と特定保険受託者を同じくする他の特定保険委託者に支払う再
　　　保険料及び特定保険受託者に該当する外国関係会社が当該特定保険受
　　　託者に係る特定保険委託者に支払う再保険料を含む。）の合計額

　　二　外国関係会社の各事業年度の関連者等収入保険料（法第六十六
　　　条の六第二項第二号ハ（2）に規定する関連者等収入保険料をいう。次
　　　項において同じ。）の合計額の収入保険料の合計額に対する割合

16　法第六十六条の六第二項第二号ハ（2）に規定する政令で定めると
　　ころにより計算した割合は、外国関係会社の各事業年度の同号ハ

（2）に規定する非関連者等支払再保険料合計額を当該各事業年度の関連者等収入保険料の合計額で除して計算した割合とする。

17　法第六十六条の六第二項第三号イ（1）に規定する政令で定める業務は、外国関係会社が被統括会社（次項に規定する被統括会社をいう。以下この項において同じ。）との間における契約に基づき行う業務のうち当該被統括会社の事業の方針の決定又は調整に係るもの（当該事業の遂行上欠くことのできないものに限る。）であつて、当該外国関係会社が二以上の被統括会社に係る当該業務を一括して行うことによりこれらの被統括会社の収益性の向上に資することとなると認められるもの（以下この条において「統括業務」という。）とする。

18　法第六十六条の六第二項第三号イ（1）に規定する政令で定める他の法人は、次に掲げる法人で、当該法人の発行済株式等のうちに外国関係会社（当該法人に対して統括業務を行うものに限る。以下この項において同じ。）の有する当該法人の株式等の数又は金額の占める割合及び当該法人の議決権の総数のうちに当該外国関係会社の有する当該法人の議決権の数の占める割合のいずれもが百分の二十五（当該法人が内国法人である場合には、百分の五十）以上であり、かつ、その本店所在地国にその事業を行うに必要と認められる当該事業に従事する者を有するもの（以下この条において「被統括会社」という。）とする。

一　当該外国関係会社及び当該外国関係会社に係る法第六十六条の六第一項各号に掲げる内国法人並びに当該内国法人が当該外国関係会社に係る間接保有の株式等（第三十九条の十四第三項に規定する計算した株式等の数又は金額をいう。以下この号において同じ。）を有する場合における当該間接保有の株式等に係る第三十九条の十四第三項第一号に規定する他の外国法人又は同項第二号に規定する他の外国法人及び出資関連外国法人（以下この項において「判定株主等」という。）が法人を支配している場合における当該法人（以下この項において「子会社」という。）

二　判定株主等及び子会社が法人を支配している場合における当該法人（次号において「孫会社」という。）

三　判定株主等並びに子会社及び孫会社が法人を支配している場合における当該法人

19　法人税法施行令第四条第三項の規定は、前項各号に掲げる法人を支配している場合について準用する。

20　法第六十六条の六第二項第三号イ（1）に規定する政令で定める外国関係会社は、一の内国法人によつてその発行済株式等の全部を直接又は間接に保有されている外国関係会社で次に掲げる要件を満た

すもの（以下この条において「統括会社」という。）のうち、株式等の保有を主たる事業とするもの（当該統括会社の当該事業年度終了の時において有する当該統括会社に係る被統括会社の株式等の当該事業年度終了の時における貸借対照表に計上されている帳簿価額の合計額が当該統括会社の当該事業年度終了の時において有する株式等の当該貸借対照表に計上されている帳簿価額の合計額の百分の五十に相当する金額を超える場合で、かつ、当該統括会社の当該事業年度終了の時において有する当該統括会社に係る外国法人である被統括会社の株式等の当該事業年度終了の時における貸借対照表に計上されている帳簿価額の合計額の当該統括会社の当該事業年度終了の時において有する当該統括会社に係る被統括会社の株式等の当該貸借対照表に計上されている帳簿価額の合計額に対する割合又は当該統括会社の当該事業年度における当該統括会社に係る外国法人である被統括会社に対して行う統括業務に係る対価の額の合計額の当該統括会社の当該事業年度における当該統括会社に係る被統括会社に対して行う統括業務に係る対価の額の合計額に対する割合のいずれかが百分の五十を超える場合における当該統括会社に限る。）とする。

一　当該外国関係会社に係る複数の被統括会社（外国法人である二以上の被統括会社を含む場合に限る。）に対して統括業務を行つていること。

二　その本店所在地国に統括業務に係る事務所、店舗、工場その他の固定施設及び当該統括業務を行うに必要と認められる当該統括業務に従事する者（専ら当該統括業務に従事する者に限るものとし、当該外国関係会社の役員及び当該役員に係る法人税法施行令第七十二条各号に掲げる者を除く。）を有していること。

21　前項において、発行済株式等の全部を直接又は間接に保有されているかどうかの判定は、同項の一の内国法人の外国関係会社に係る直接保有株式等保有割合（当該一の内国法人の有する外国法人の株式等の数又は金額が当該外国法人の発行済株式等のうちに占める割合をいう。）と当該一の内国法人の当該外国関係会社に係る間接保有株式等保有割合（当該一の内国法人の外国法人を通じて間接に有する他の外国法人の株式等の数又は金額が当該他の外国法人の発行済株式等のうちに占める割合をいう。）とを合計した割合により行うものとする。

22　第三十九条の十四第三項の規定は、前項に規定する間接に有する他の外国法人の株式等の数又は金額の計算について準用する。この場合において、同条第三項中「外国関係会社（同条第二項第一号に規定する外国関係会社をいう。以下この項において同じ。）」とあるのは「外国法人」と、同項第一号中「外国関係会社」とあるのは「外

国法人」と、「内国法人等」とあるのは「一の内国法人」と、「いい、当該発行法人と居住者又は内国法人との間に実質支配関係がある場合には、零とする」とあるのは「いう」と、同項第二号中「外国関係会社」とあるのは「外国法人」と、「内国法人等」とあるのは「一の内国法人」と読み替えるものとする。

23　法第六十六条の六第二項第三号イ（３）に規定する政令で定める要件は、次に掲げる要件とする。

一　外国関係会社の役員又は使用人がその本店所在地国において航空機の貸付けを的確に遂行するために通常必要と認められる業務の全てに従事していること。

二　外国関係会社の当該事業年度における航空機の貸付けに係る業務の委託に係る対価の支払額の合計額の当該外国関係会社の当該事業年度における航空機の貸付けに係る業務に従事する役員及び使用人に係る人件費の額の合計額に対する割合が百分の三十を超えていないこと。

三　外国関係会社の当該事業年度における航空機の貸付けに係る業務に従事する役員及び使用人に係る人件費の額の合計額の当該外国関係会社の当該事業年度における航空機の貸付けによる収入金額から当該事業年度における貸付けの用に供する航空機に係る償却費の額の合計額を控除した残額（当該残額がない場合には、当該人件費の額の合計額に相当する金額）に対する割合が百分の五を超えていること。

24　法第六十六条の六第二項第三号ロに規定する政令で定める経営管理は、同号イ（２）に掲げる外国関係会社に係る第三十九条の十七第三項第一号イに規定する特定外国金融機関及び同条第九項第二号に規定する特定外国金融機関の経営管理とする。

25　法第六十六条の六第二項第三号ロに規定する事務所、店舗、工場その他の固定施設を有していることと同様の状況にあるものとして政令で定める状況は、次に掲げる状況とする。

一　外国関係会社（特定保険外国子会社等に該当するものに限る。）に係る特定保険協議者がその本店所在地国においてその主たる事業を行うに必要と認められる事務所、店舗その他の固定施設を有している状況

二　外国関係会社（特定保険委託者に該当するものに限る。）に係る特定保険受託者がその本店所在地国においてその主たる事業を行うに必要と認められる事務所、店舗その他の固定施設を有している状況

26　法第六十六条の六第二項第三号ロに規定する事業の管理、支配及

び運営を自ら行つていることと同様の状況にあるものとして政令で
定める状況は、次に掲げる状況とする。

 一　外国関係会社（特定保険外国子会社等に該当するものに限る。）に
  係る特定保険協議者がその本店所在地国においてその事業の管理、
  支配及び運営を自ら行つている状況

 二　外国関係会社（特定保険委託者に該当するものに限る。）に係る
  特定保険受託者がその本店所在地国においてその事業の管理、支
  配及び運営を自ら行つている状況

27　法第六十六条の六第二項第三号ハ(1)に規定する政令で定める者
　は、次に掲げる者とする。

 一　法第六十六条の六第二項第三号ハ(1)に掲げる事業を主として
  行う外国関係会社に係る法第六十八条の九十第一項各号に掲げる
  連結法人との間に連結完全支配関係がある他の連結法人

 二　法第六十六条の六第二項第三号ハ(1)に掲げる事業を主として
  行う外国関係会社に係る同条第一項各号に掲げる内国法人の発行
  済株式等の百分の五十を超える数又は金額の株式等を有する者
  （当該外国関係会社に係る法第四十条の四第一項各号、第六十六条の
  六第一項各号及び第六十八条の九十第一項各号並びに前号に掲げる者
  に該当する者を除く。）

 三　法第六十六条の六第二項第三号ハ(1)に掲げる事業を主として
  行う外国関係会社に係る法第六十八条の九十第一項各号に掲げる
  連結法人（当該連結法人が連結子法人である場合には、当該連結法
  人に係る連結親法人）の発行済株式等の百分の五十を超える数又
  は金額の株式等を有する者（当該外国関係会社に係る法第四十条の
  四第一項各号、第六十六条の六第一項各号及び第六十八条の九十第一
  項各号並びに前二号に掲げる者に該当する者を除く。）

 四　法第六十六条の六第二項第三号ハ(1)に掲げる事業を主として
  行う外国関係会社に係る法第四十条の四第一項各号、第六十六条
  の六第一項各号又は第六十八条の九十第一項各号に掲げる者に係
  る被支配外国法人（前二号に掲げる者に該当する者を除く。）

 五　法第六十六条の六第二項第三号ハ(1)に掲げる事業を主として
  行う外国関係会社に係る法第四十条の四第一項各号、第六十六条
  の六第一項各号若しくは第六十八条の九十第一項各号に掲げる者
  又はこれらの者に係る被支配外国法人が当該外国関係会社に係る
  間接保有の株式等（第二十五条の十九第五項、第三十九条の十四第
  三項又は第三十九条の百十四第三項に規定する計算した株式等の数又
  は金額をいう。以下この号において同じ。）を有する場合における
  当該間接保有の株式等に係る第二十五条の十九第五項第一号、第

三十九条の十四第三項第一号若しくは第三十九条の百十四第三項
第一号に規定する他の外国法人又は第二十五条の十九第五項第二
号、第三十九条の十四第三項第二号若しくは第三十九条の百十四
第三項第二号に規定する他の外国法人及び出資関連外国法人

六　次に掲げる者と法第六十六条の六第一項第四号に規定する政令
　　で定める特殊の関係のある者（同条第二項第三号ハ（1）に掲げる事
　　業を主として行う外国関係会社に係る法第四十条の四第一項各号、第
　　六十六条の六第一項各号及び第六十八条の九十第一項各号並びに前各
　　号に掲げる者に該当する者を除く。）

　　イ　法第六十六条の六第二項第三号ハ（1）に掲げる事業を主とし
　　　　て行う外国関係会社

　　ロ　法第六十六条の六第二項第三号ハ（1）に掲げる事業を主とし
　　　　て行う外国関係会社に係る法第四十条の四第一項各号、第六十
　　　　六条の六第一項各号又は第六十八条の九十第一項各号に掲げる
　　　　者

　　ハ　前各号に掲げる者

28　法第六十六条の六第二項第三号ハ（1）に規定する政令で定める場
　　合は、外国関係会社の各事業年度において行う主たる事業が次の各
　　号に掲げる事業のいずれに該当するかに応じ当該各号に定める場合
　　とする。

　　一　卸売業　当該各事業年度の棚卸資産の販売に係る収入金額（当
　　　　該各事業年度において棚卸資産の売買の代理又は媒介に関し受け取る
　　　　手数料がある場合には、その手数料を受け取る基因となつた売買の取
　　　　引金額を含む。以下この号において「販売取扱金額」という。）の
　　　　合計額のうちに関連者（当該外国関係会社に係る法第四十条の四第
　　　　一項各号、第六十六条の六第一項各号及び第六十八条の九十第一項各
　　　　号並びに前項各号に掲げる者をいう。以下この項及び次項において同
　　　　じ。）以外の者との間の取引に係る販売取扱金額の合計額の占め
　　　　る割合が百分の五十を超える場合又は当該各事業年度において取
　　　　得した棚卸資産の取得価額（当該各事業年度において棚卸資産の売
　　　　買の代理又は媒介に関し受け取る手数料がある場合には、その手数料
　　　　を受け取る基因となつた売買の取引金額を含む。以下この号において
　　　　「仕入取扱金額」という。）の合計額のうちに関連者以外の者と
　　　　の間の取引に係る仕入取扱金額の合計額の占める割合が百分の五
　　　　十を超える場合

　　二　銀行業　当該各事業年度の受入利息の合計額のうちに当該受入
　　　　利息で関連者以外の者から受けるものの合計額の占める割合が百
　　　　分の五十を超える場合又は当該各事業年度の支払利息の合計額の

うちに当該支払利息で関連者以外の者に対して支払うものの合計
額の占める割合が百分の五十を超える場合

三　信託業　当該各事業年度の信託報酬の合計額のうちに当該信託
報酬で関連者以外の者から受けるものの合計額の占める割合が百
分の五十を超える場合

四　金融商品取引業　当該各事業年度の受入手数料（有価証券の売
買による利益を含む。）の合計額のうちに当該受入手数料で関連者
以外の者から受けるものの合計額の占める割合が百分の五十を超
える場合

五　保険業　当該各事業年度の収入保険料（ハに掲げる金額を含
む。）のうちに次に掲げる金額の合計額の占める割合が百分の五
十を超える場合

イ　関連者以外の者から収入する収入保険料（当該収入保険料が
再保険に係るものである場合には、関連者以外の者が有する資産又
は関連者以外の者が負う損害賠償責任を保険の目的とする保険に係
る収入保険料に限る。）

ロ　特定保険委託者に該当する外国関係会社が当該特定保険委託
者に係る特定保険受託者又は当該特定保険委託者と特定保険受
託者を同じくする他の特定保険委託者から収入する収入保険料
（次に掲げる要件の全てに該当する再保険に係るものに限る。）及び
特定保険受託者に該当する外国関係会社が当該特定保険受託者
に係る特定保険委託者から収入する収入保険料（次に掲げる要
件の全てに該当する再保険に係るものに限る。）

（1）　特定保険委託者と当該特定保険委託者に係る特定保険受
託者との間で行われる再保険又は特定保険委託者と当該特
定保険委託者と特定保険受託者を同じくする他の特定保険
委託者との間で行われる再保険であること。

（2）　再保険の引受けに係る保険に係る収入保険料の合計額の
うちに関連者以外の者（当該外国関係会社の本店所在地国と
同一の国又は地域に住所を有する個人又は本店若しくは主たる
事務所を有する法人に限る。）を被保険者とする保険に係る
ものの占める割合が百分の九十五以上であること。

（3）　特定保険委託者と当該特定保険委託者に係る特定保険受
託者との間で行われる再保険にあつては当該再保険を行う
ことにより当該特定保険委託者及び当該特定保険受託者の
資本の効率的な使用と収益性の向上に資することとなると
認められ、特定保険委託者と当該特定保険委託者と特定保
険受託者を同じくする他の特定保険委託者との間で行われ

る再保険にあつては当該再保険を行うことによりこれらの
特定保険委託者の資本の効率的な使用と収益性の向上に資
することとなると認められること。

　　　八　特定保険協議者に該当する外国関係会社が当該特定保険協議
者に係る特定保険外国子会社等が行う保険の引受けについて保
険契約の内容を確定するための協議その他の業務に係る対価と
して当該特定保険外国子会社等から支払を受ける手数料の額及
び特定保険受託者に該当する外国関係会社が当該特定保険受託
者に係る特定保険委託者から受託した保険業に関する業務に係
る対価として当該特定保険委託者から支払を受ける手数料の額

　　六　水運業又は航空運送業　当該各事業年度の船舶の運航及び貸付
け又は航空機の運航及び貸付けによる収入金額の合計額のうちに
当該収入金額で関連者以外の者から収入するものの合計額の占め
る割合が百分の五十を超える場合

　　七　物品賃貸業（航空機の貸付けを主たる事業とするものに限る。）
当該各事業年度の航空機の貸付けによる収入金額の合計額のうち
に当該収入金額で関連者以外の者から収入するものの合計額の占
める割合が百分の五十を超える場合

29　次に掲げる取引は、外国関係会社と当該外国関係会社に係る関連
者との間で行われた取引とみなして、前項各号の規定を適用する。

　　一　外国関係会社と当該外国関係会社に係る関連者以外の者（以下
この項において「非関連者」という。）との間で行う取引（以下こ
の号において「対象取引」という。）により当該非関連者に移転又
は提供をされる資産、役務その他のものが当該外国関係会社に係
る関連者に移転又は提供をされることが当該対象取引を行つた時
において契約その他によりあらかじめ定まつている場合における
当該対象取引

　　二　外国関係会社に係る関連者と当該外国関係会社に係る非関連者
との間で行う取引（以下この号において「先行取引」という。）に
より当該非関連者に移転又は提供をされる資産、役務その他のも
のが当該外国関係会社に係る非関連者と当該外国関係会社との間
の取引（以下この号において「対象取引」という。）により当該外
国関係会社に移転又は提供をされることが当該先行取引を行つた
時において契約その他によりあらかじめ定まつている場合におけ
る当該対象取引

30　外国関係会社（第二十八項第一号に掲げる事業を主たる事業とする
ものに限る。以下この項において同じ。）が統括会社に該当する場合
における前二項の規定の適用については、同号及び前項に規定する

関連者には、当該外国関係会社に係る外国法人である被統括会社を含まないものとする。

31　法第六十六条の六第二項第三号ハ（２）に規定する政令で定める水域は、同号ハ（２）に規定する本店所在地国に係る内水及び領海並びに排他的経済水域又は大陸棚に相当する水域とする。

32　法第六十六条の六第二項第三号ハ（２）に規定する政令で定める場合は、外国関係会社の各事業年度において行う主たる事業（同号イ（１）に掲げる外国関係会社にあつては統括業務とし、同号イ（２）に掲げる外国関係会社にあつては第二十四項に規定する経営管理とする。以下この項において同じ。）が次の各号に掲げる事業のいずれに該当するかに応じ当該各号に定める場合とする。

　一　不動産業　主として本店所在地国にある不動産の売買又は貸付け（当該不動産を使用させる行為を含む。）、当該不動産の売買又は貸付けの代理又は媒介及び当該不動産の管理を行つている場合

　二　物品賃貸業（航空機の貸付けを主たる事業とするものを除く。）主として本店所在地国において使用に供される物品の貸付けを行つている場合

　三　製造業　主として本店所在地国において製品の製造を行つている場合（製造における重要な業務を通じて製造に主体的に関与していると認められる場合として財務省令で定める場合を含む。）

則22の11⑲

　四　第二十八項各号及び前三号に掲げる事業以外の事業　主として本店所在地国において行つている場合

33　法第六十六条の六第二項（第三号に係る部分に限る。）の規定を適用する場合において、法人が被統括会社に該当するかどうかの判定については当該法人に対して統括業務を行う外国関係会社の各事業年度終了の時の現況によるものとし、外国関係会社が統括会社に該当するかどうかの判定については当該外国関係会社の各事業年度終了の時の現況によるものとする。

（適用対象金額の計算）
第三十九条の十五　法第六十六条の六第二項第四号に規定する政令で定める基準により計算した金額は、外国関係会社（同項第一号に規定する外国関係会社をいい、同項第二号に規定する特定外国関係会社又は同項第三号に規定する対象外国関係会社に該当するものに限る。以下この条において同じ。）の各事業年度の決算に基づく所得の金額に係る第一号及び第二号に掲げる金額の合計額から当該所得の金額に係る第三号から第五号までに掲げる金額の合計額を控除した残額（当該所得の金額に係る第一号に掲げる金額が欠損の金額である場合には、

当該所得の金額に係る第二号に掲げる金額から当該欠損の金額と当該所得の金額に係る第三号から第五号までに掲げる金額との合計額を控除した残額）とする。

一　当該各事業年度の決算に基づく所得の金額につき、法人税法第二編第一章第一節第二款から第九款まで（同法第二十三条、第二十三条の二、第二十五条の二、第二十六条第一項から第五項まで、第二十七条、第三十三条第五項、第三十七条第二項、第三十八条から第四十一条の二まで、第五十五条第三項、第五十七条、第五十八条、第五十九条、第六十一条の二第十七項、第六十一条の十一から第六十一条の十三まで、第六十二条の五第三項から第六項まで及び第六十二条の七〔適格現物分配に係る部分に限る。〕を除く。）及び第十一款の規定並びに法第四十三条、第四十五条の二、第五十二条の二、第五十七条の五、第五十七条の六、第五十七条の八、第五十七条の九、第六十一条の四、第六十五条の七から第六十五条の九まで（法第六十五条の七第一項の表の第七号に係る部分に限る。）、第六十六条の四第三項、第六十七条の十二及び第六十七条の十三の規定（以下この号において「本邦法令の規定」という。）の例に準じて計算した場合に算出される所得の金額又は欠損の金額（当該外国関係会社に係る法第六十六条の六第一項各号に掲げる内国法人との間の取引につき法第六十六条の四第一項又は第六十八条の八十八第一項の規定の適用がある場合には、当該取引がこれらの規定に規定する独立企業間価格で行われたものとして本邦法令の規定の例に準じて計算した場合に算出される所得の金額又は欠損の金額）

二　当該各事業年度において納付する法人所得税（本店所在地国若しくは本店所在地国以外の国若しくは地域又はこれらの国若しくは地域の地方公共団体により法人の所得を課税標準として課される税〔これらの国若しくは地域又はこれらの国若しくは地域の地方公共団体により課される法人税法施行令第百四十一条第二項各号に掲げる税を含む。〕及びこれに附帯して課される法人税法第二条第四十一号に規定する附帯税〔利子税を除く。〕に相当する税その他当該附帯税に相当する税に類する税をいう。以下この条において同じ。）の額

三　当該各事業年度において還付を受ける法人所得税の額

四　当該各事業年度において子会社（他の法人の発行済株式等のうちに当該外国関係会社が保有しているその株式等の数若しくは金額の占める割合又は当該他の法人の発行済株式等のうちの議決権のある株式等の数若しくは金額のうちに当該外国関係会社が保有している当該株式等の数若しくは金額の占める割合のいずれかが百分の二十五〔当該他の法人が次に掲げる要件を満たす外国法人である場合には、百分の

十〕以上であり、かつ、その状態が当該外国関係会社が当該他の法人
から受ける法人税法第二十三条第一項第一号及び第二号に掲げる金額
〔同法第二十四条第一項の規定の例によるものとした場合にこれらの
号に掲げる金額とみなされる金額に相当する金額を含む。以下この条
及び第三十九条の十七の二第二項において「配当等の額」という。〕
の支払義務が確定する日〔当該配当等の額が同法第二十四条第一項に
規定する事由に係る財務省令で定める配当等の額である場合には、同
日の前日。以下この号において同じ。〕以前六月以上〔当該他の法人
が当該確定する日以前六月以内に設立された法人である場合には、そ
の設立の日から当該確定する日まで〕継続している場合の当該他の法
人をいう。〕から受ける配当等の額（その受ける配当等の額の全部
又は一部が当該子会社の本店所在地国の法令において当該子会社の所
得の金額の計算上損金の額に算入することとされている配当等の額に
該当する場合におけるその受ける配当等の額を除く。）

則22の11⑳

イ　その主たる事業が化石燃料（原油、石油ガス、可燃性天然ガス
又は石炭をいう。以下この号において同じ。）を採取する事業（自
ら採取した化石燃料に密接に関連する事業を含む。）であること。

ロ　租税条約（財務省令で定めるものを除く。第三十九条の十七の
三第七項において同じ。）の我が国以外の締約国又は締約者（当
該締約国又は締約者に係る内水及び領海並びに排他的経済水域又は
大陸棚に相当する水域を含む。）内に化石燃料を採取する場所を
有していること。

則22の11㉑

五　当該外国関係会社（その発行済株式等の全部又は一部が法第六十
六条の六第一項各号又は第六十八条の九十第一項各号に掲げる者によ
り保有されているものを除く。以下この号において同じ。）の当該各
事業年度における部分対象外国関係会社（法第六十六条の六第二
項第六号に規定する部分対象外国関係会社をいう。以下この号におい
て同じ。）の株式等（同項第一号イに規定する居住者等株主等の当該
外国関係会社に係る同号イ（1）から（3）までに掲げる割合のいずれか
が百分の五十を超えることとなつた場合〔当該外国関係会社が設立
された場合を除く。〕の当該超えることとなつた日〔以下この号におい
て「特定関係発生日」という。〕に当該外国関係会社が有する部分対
象外国関係会社に該当する外国法人の株式等に限る。以下この号にお
いて「特定部分対象外国関係会社株式等」という。）の特定譲渡
（次に掲げる要件の全てに該当する特定部分対象外国関係会社株式等
の譲渡をいう。）に係る譲渡利益額（法人税法第六十一条の二〔第十
七項を除く。〕の規定の例に準じて計算した場合に算出される同条第
一項に規定する譲渡利益額に相当する金額をいう。）

イ　当該外国関係会社に係る法第六十六条の六第一項各号若しく
　　は第六十八条の九十第一項各号に掲げる者又は当該者に係る部
　　分対象外国関係会社への譲渡（その譲渡を受けた特定部分対象外
　　国関係会社株式等を他の者〔当該法第六十六条の六第一項各号又は
　　第六十八条の九十第一項各号に掲げる者に係る部分対象外国関係会
　　社その他の財務省令で定める者を除く。〕に移転することが見込ま
　　れる場合の当該譲渡を除く。）であること。

則22の11㉒

ロ　当該外国関係会社の特定関係発生日から当該特定関係発生日
　　以後二年を経過する日までの期間内の日を含む事業年度におい
　　て行われる譲渡（その本店所在地国の法令又は慣行その他やむを
　　得ない理由により当該期間内の日を含む事業年度において譲渡をす
　　ることが困難であると認められる場合には、特定関係発生日から当
　　該特定関係発生日以後五年を経過する日までの期間内の日を含む事
　　業年度において行われる譲渡）であること。

ハ　次のいずれかに該当する譲渡であること。
　（1）　当該外国関係会社の清算中の事業年度において行われる
　　　　譲渡
　（2）　特定部分対象外国関係会社株式等の譲渡の日から二年以
　　　　内に当該外国関係会社が解散をすることが見込まれる場合
　　　　の当該譲渡
　（3）　特定部分対象外国関係会社株式等の譲渡の日から二年以
　　　　内に次に掲げる者以外の者が当該外国関係会社の発行済株
　　　　式等の全部を有することとなると見込まれる場合の当該譲
　　　　渡
　　　（ⅰ）　当該外国関係会社に係る法第四十条の四第一項各号、
　　　　　　第六十六条の六第一項各号及び第六十八条の九十第一
　　　　　　項各号に掲げる者
　　　（ⅱ）　前条第二十七項第一号中「法第六十六条の六第二項
　　　　　　第三号ハ（1）に掲げる事業を主として行う」とあるの
　　　　　　を「次条第一項第五号に規定する」と、同項第二号中
　　　　　　「法第六十六条の六第二項第三号ハ（1）に掲げる事業
　　　　　　を主として行う」とあるのを「次条第一項第五号に規
　　　　　　定する」と、「同条第一項各号」とあるのを「法第六
　　　　　　十六条の六第一項各号」と、同項第三号から第五号ま
　　　　　　での規定中「法第六十六条の六第二項第三号ハ（1）に
　　　　　　掲げる事業を主として行う」とあり、並びに同項第六
　　　　　　号中「同条第二項第三号ハ（1）に掲げる事業を主とし
　　　　　　て行う」とあり、及び「法第六十六条の六第二項第三

号ハ（1）に掲げる事業を主として行う」とあるのを
「次条第一項第五号に規定する」と読み替えた場合に
おける当該外国関係会社に係る同項各号に掲げる者

ニ　次に掲げる事項を記載した計画書に基づいて行われる譲渡で
あること。
（1）　外国法人に係る法第六十六条の六第二項第一号イ（1）か
ら（3）までに掲げる割合のいずれかが百分の五十を超える
こととする目的
（2）　（1）に掲げる目的を達成するための基本方針
（3）　（1）に掲げる目的を達成するために行う組織再編成（合
併、分割、現物出資、現物分配、株式交換、株式移転、清算そ
の他の行為をいい、特定部分対象外国関係会社株式等の譲渡を
含む。）に係る基本方針
（4）　その他財務省令で定める事項　　　　　　　　　則22の11㉓

ホ　特定部分対象外国関係会社株式等を発行した外国法人の法人
税法第二十四条第一項各号に掲げる事由により金銭その他の資
産の交付を受けた場合における当該特定部分対象外国関係会社
株式等の譲渡でないこと。

2　法第六十六条の六第一項各号に掲げる内国法人は、前項の規定に
かかわらず、外国関係会社の各事業年度の決算に基づく所得の金額
につき、当該外国関係会社の本店所在地国の法人所得税に関する法
令（法人所得税に関する法令が二以上ある場合には、そのうち主たる法
人所得税に関する法令）の規定（企業集団等所得課税規定を除く。以下
この項において「本店所在地国の法令の規定」という。）により計算
した所得の金額（当該外国関係会社と当該内国法人との間の取引につ
き法第六十六条の四第一項又は第六十八条の八十八第一項の規定の適用
がある場合には、当該取引がこれらの規定に規定する独立企業間価格で
行われたものとして本店所在地国の法令の規定により計算した場合に算
出される所得の金額）に当該所得の金額に係る第一号から第十三号
までに掲げる金額の合計額を加算した金額から当該所得の金額に係
る第十四号から第十八号までに掲げる金額の合計額を控除した残額
（本店所在地国の法令の規定により計算した金額が欠損の金額となる場
合には、当該計算した金額に係る第一号から第十三号までに掲げる金額
の合計額から当該欠損の金額に当該計算した金額に係る第十四号から第
十八号までに掲げる金額の合計額を加算した金額を控除した残額）をも
つて法第六十六条の六第二項第四号に規定する政令で定める基準に
より計算した金額とすることができる。

一　その本店所在地国の法令の規定により当該各事業年度の法人所

得税の課税標準に含まれないこととされる所得の金額

二　その支払う配当等の額で当該各事業年度の損金の額に算入している金額

三　その有する減価償却資産（平成十年三月三十一日以前に取得した営業権を除く。）につきその償却費として当該各事業年度の損金の額に算入している金額（その減価償却資産の取得価額〔既にした償却の額で各事業年度の損金の額に算入されたものがある場合には、当該金額を控除した金額〕を各事業年度の損金の額に算入する金額の限度額として償却する方法を用いて計算されたものに限る。）のうち、法人税法第三十一条の規定の例によるものとした場合に損金の額に算入されることとなる金額に相当する金額を超える部分の金額

四　その有する資産の評価換えにより当該各事業年度の損金の額に算入している金額で法人税法第三十三条（第五項を除く。）の規定の例によるものとした場合に損金の額に算入されないこととなる金額に相当する金額

五　その役員に対して支給する給与の額のうち、当該各事業年度の損金の額に算入している金額で法人税法第三十四条の規定の例によるものとした場合に損金の額に算入されないこととなる金額に相当する金額

六　その使用人に対して支給する給与の額のうち、当該各事業年度の損金の額に算入している金額で法人税法第三十六条の規定の例によるものとした場合に損金の額に算入されないこととなる金額に相当する金額

七　その支出する寄附金（その本店所在地国又はその地方公共団体に対する寄附金で法人税法第三十七条第三項第一号に規定する寄附金に相当するものを除く。）の額のうち、当該各事業年度の損金の額に算入している金額で同条第一項及び法第六十六条の四第三項の規定の例に準ずるものとした場合に損金の額に算入されないこととなる金額に相当する金額

八　その納付する法人所得税の額（法人所得税に関する法令に企業集団等所得課税規定がある場合の当該法人所得税にあつては、企業集団等所得課税規定の適用がないものとした場合に納付するものとして計算される法人所得税の額。第五項第二号において「個別計算納付法人所得税額」という。）で当該各事業年度の損金の額に算入している金額

九　その本店所在地国の法令の規定（法人税法第五十七条、第五十八条又は第五十九条の規定に相当する規定に限る。）により、当該各事業年度前の事業年度において生じた欠損の金額で当該各事業年度

の損金の額に算入している金額

十　その積み立てた法第五十七条の五第一項又は第五十七条の六第
一項の異常危険準備金に類する準備金（次号及び第三十九条の十
七の二第二項第一号において「保険準備金」という。）の額のうち、
当該各事業年度の損金の額に算入している金額で法第五十七条の
五又は第五十七条の六の規定の例によるものとした場合に損金の
額に算入されないこととなる金額に相当する金額

十一　その積み立てた保険準備金（法第五十七条の五又は第五十七条
の六の規定の例によるものとした場合に積み立てられるものに限る。）
につき当該各事業年度の益金の額に算入した金額がこれらの規定
の例によるものとした場合に益金の額に算入すべき金額に相当す
る金額に満たない場合におけるその満たない部分の金額

十二　その支出する法第六十一条の四第一項に規定する交際費等に
相当する費用の額のうち、当該各事業年度の損金の額に算入して
いる金額で同条の規定の例によるものとした場合に損金の額に算
入されないこととなる金額に相当する金額

十三　その損失の額（法第六十七条の十二第一項に規定する組合等損
失額又は法第六十七条の十三第一項に規定する組合事業による同項に
規定する損失の額をいう。）で法第六十七条の十二第一項又は第六
十七条の十三第一項の規定の例によるものとした場合に損金の額
に算入されないこととなる金額に相当する金額

十四　法第六十七条の十二第二項又は第六十七条の十三第二項の規
定の例によるものとした場合に損金の額に算入されることとなる
金額に相当する金額

十五　その還付を受ける法人所得税の額（法人所得税に関する法令
に企業集団等所得課税規定がある場合の当該法人所得税にあつては、
企業集団等所得課税規定の適用がないものとした場合に還付を受ける
ものとして計算される法人所得税の額。第五項第二号において「個別
計算還付法人所得税額」という。）で当該各事業年度の益金の額
に算入している金額

十六　その有する資産の評価換えにより当該各事業年度の益金の額
に算入している金額で法人税法第二十五条の規定の例によるもの
とした場合に益金の額に算入されないこととなる金額に相当する
金額

十七　前項第四号に掲げる金額

十八　当該外国関係会社（その発行済株式等の全部又は一部が法第六
十六条の六第一項各号又は第六十八条の九十第一項各号に掲げる者に
より保有されているものを除く。）の当該各事業年度における前項

第五号に規定する特定部分対象外国関係会社株式等の同号に規定する特定譲渡に係る譲渡利益額（譲渡に係る対価の額が原価の額を超える場合におけるその超える部分の金額をいう。）

3　法第六十六条の六第一項各号に掲げる内国法人に係る外国関係会社の各事業年度につき控除対象配当等の額（次の各号に掲げる場合の区分に応じ当該各号に定める金額に相当する金額をいう。以下この項において同じ。）がある場合には、同条第二項第四号に規定する政令で定める基準により計算した金額は、第一項又は前項の規定にかかわらず、これらの規定により計算した金額から当該控除対象配当等の額を控除した残額とする。

一　当該外国関係会社が当該各事業年度において当該内国法人に係る他の外国関係会社（法第六十八条の九十第二項第一号に規定する外国関係会社〔同項第二号に規定する特定外国関係会社又は同項第三号に規定する対象外国関係会社に該当するものに限る。〕を含むものとし、第一項第四号に規定する子会社に該当するものを除く。以下この号及び次号において「他の外国関係会社」という。）から受ける配当等の額が当該他の外国関係会社の当該配当等の額の支払に係る基準日の属する事業年度（以下この項において「基準事業年度」という。）の配当可能金額のうち当該外国関係会社の出資対応配当可能金額を超えない場合であつて、当該基準事業年度が法第六十六条の六第一項に規定する課税対象金額（以下この節において「課税対象金額」という。）又は法第六十八条の九十第一項に規定する個別課税対象金額（以下この項において「個別課税対象金額」という。）の生ずる事業年度である場合　当該配当等の額

二　当該外国関係会社が当該各事業年度において当該内国法人に係る他の外国関係会社から受ける配当等の額が当該配当等の額に係る基準事業年度の出資対応配当可能金額を超える場合　当該他の外国関係会社の基準事業年度以前の各事業年度の出資対応配当可能金額をそれぞれ最も新しい事業年度のものから順次当該配当等の額に充てるものとして当該配当等の額を当該各事業年度の出資対応配当可能金額に応じそれぞれの事業年度ごとに区分した場合において、課税対象金額又は個別課税対象金額の生ずる事業年度の出資対応配当可能金額から充てるものとされた配当等の額の合計額

三　当該外国関係会社が当該各事業年度において当該内国法人に係る他の外国関係会社（法第六十八条の九十第二項第一号に規定する外国関係会社〔同項第二号に規定する特定外国関係会社又は同項第三号に規定する対象外国関係会社に該当するものに限る。〕を含むもの

とし、第一項第四号に規定する子会社に該当するものに限る。以下この号及び次号において「他の外国関係会社」という。）から受ける配当等の額（その受ける配当等の額の全部又は一部が当該他の外国関係会社の本店所在地国の法令において当該他の外国関係会社の所得の金額の計算上損金の額に算入することとされている配当等の額に該当する場合におけるその受ける配当等の額に限る。以下この号及び次号において同じ。）が当該他の外国関係会社の基準事業年度の配当可能金額のうち当該外国関係会社の出資対応配当可能金額を超えない場合であつて、当該基準事業年度が課税対象金額又は個別課税対象金額の生ずる事業年度である場合　当該配当等の額

四　当該外国関係会社が当該各事業年度において当該内国法人に係る他の外国関係会社から受ける配当等の額が当該配当等の額に係る基準事業年度の出資対応配当可能金額を超える場合　当該他の外国関係会社の基準事業年度以前の各事業年度の出資対応配当可能金額をそれぞれ最も新しい事業年度のものから順次当該配当等の額に充てるものとして当該配当等の額を当該各事業年度の出資対応配当可能金額に応じそれぞれの事業年度ごとに区分した場合において、課税対象金額又は個別課税対象金額の生ずる事業年度の出資対応配当可能金額から充てるものとされた配当等の額の合計額

4　前項及びこの項において、次の各号に掲げる用語の意義は、当該各号に定めるところによる。

一　配当可能金額　外国関係会社の各事業年度の適用対象金額（法第六十六条の六第二項第四号に規定する適用対象金額をいう。以下この号において同じ。）に当該適用対象金額に係るイからハまでに掲げる金額の合計額を加算した金額から当該適用対象金額に係るニ及びホに掲げる金額の合計額を控除した残額をいう。

イ　第一項（第四号に係る部分に限る。）又は第二項（第十七号に係る部分に限る。）の規定により控除される第一項第四号に掲げる金額

ロ　前項の規定により控除される同項に規定する控除対象配当等の額

ハ　当該外国関係会社に係る法第六十六条の六第一項各号に掲げる内国法人との間の取引につき法第六十六条の四第一項又は第六十八条の八十八第一項の規定の適用がある場合において第一項又は第二項の規定による減額をされる所得の金額のうちに当該内国法人に支払われない金額があるときの当該金額

ニ　当該各事業年度の剰余金の処分により支出される金額（法人

所得税の額及び配当等の額を除く。）

ホ　当該各事業年度の費用として支出された金額（法人所得税の
額及び配当等の額を除く。）のうち第一項若しくは第二項の規定
により所得の金額の計算上損金の額に算入されなかつたため又
は同項の規定により所得の金額に加算されたため当該各事業年
度の適用対象金額に含まれた金額

二　出資対応配当可能金額　外国関係会社の配当可能金額に他の外
国関係会社（以下この号において「他の外国関係会社」という。）
の有する当該外国関係会社の株式等の数又は金額が当該外国関係
会社の発行済株式等のうちに占める割合（当該外国関係会社が請
求権の内容が異なる株式等を発行している場合には、当該他の外国関
係会社が当該請求権の内容が異なる株式等に係る請求権に基づき受け
ることができる配当等の額がその総額のうちに占める割合）を乗じ
て計算した金額をいう。

5　法第六十六条の六第二項第四号に規定する欠損の金額及び基準所
得金額に係る税額に関する調整を加えた金額は、外国関係会社の各
事業年度の同号に規定する基準所得金額（第八項及び第九項におい
て「基準所得金額」という。）から次に掲げる金額の合計額を控除
した残額とする。

一　当該外国関係会社の当該各事業年度開始の日前七年以内に開始
した事業年度（昭和五十三年四月一日前に開始した事業年度、外国
関係会社〔法第四十条の四第二項第二号又は第六十八条の九十第二項
第二号に規定する特定外国関係会社及び法第四十条の四第二項第三号
又は第六十八条の九十第二項第三号に規定する対象外国関係会社を含
む。〕に該当しなかつた事業年度及び法第六十六条の六第五項各号に
掲げる外国関係会社の区分に応じ当該各号に定める場合に該当する事
実があるときのその該当する事業年度〔法第四十条の四第五項各号に
掲げる外国関係会社の区分に応じ当該各号に定める場合に該当する事
実があるときのその該当する事業年度及び法第六十八条の九十第五項
各号に掲げる外国関係会社の区分に応じ当該各号に定める場合に該当
する事実があるときのその該当する事業年度を含む。〕を除く。）に
おいて生じた欠損金額（この項又は第三十九条の百十五第五項の規定
により当該各事業年度前の事業年度において控除されたものを除く。）
の合計額に相当する金額

二　当該外国関係会社が当該各事業年度において納付をすることと
なる法人所得税の額（法人所得税に関する法令に企業集団等所得課
税規定がある場合の当該法人所得税にあつては個別計算納付法人所得
税額とし、当該各事業年度において還付を受けることとなる法人所得

税の額がある場合には当該還付を受けることとなる法人所得税の額
〔法人所得税に関する法令に企業集団等所得課税規定がある場合の当
該法人所得税にあつては、個別計算還付法人所得税額〕を控除した金
額とする。）

6　第二項及び前項第二号に規定する企業集団等所得課税規定とは、
次に掲げる規定をいう。

一　外国法人の属する企業集団の所得に対して法人所得税を課する
こととし、かつ、当該企業集団に属する一の外国法人のみが当該
法人所得税に係る納税申告書（国税通則法第二条第六号に規定する
納税申告書をいう。次号において同じ。）に相当する申告書を提出
することとする当該外国法人の本店所在地国の法令の規定

二　外国法人（法人の所得に対して課される税が存在しない国若しく
は地域に本店若しくは主たる事務所を有するもの又は当該外国法人の
本店所在地国の法人所得税に関する法令の規定により当該外国法人の
所得の全部につき法人所得税を課さないこととされるものに限る。）
の属する企業集団の所得に対して法人所得税を課することとし、
かつ、当該企業集団に属する一の外国法人のみが当該法人所得税
に係る納税申告書に相当する申告書を提出することとする当該外
国法人の本店所在地国以外の国又は地域の法令の規定

三　外国法人の所得を当該外国法人の株主等である者の所得として
取り扱うこととする当該外国法人の本店所在地国の法令の規定

7　第五項第一号に規定する欠損金額とは、外国関係会社の各事業年
度の決算に基づく所得の金額について第一項若しくは第二項又は第
三項の規定を適用した場合において計算される欠損の金額をいう。

8　第一項第一号の計算をする場合において、同号の規定によりその
例に準ずるものとされる法人税法第三十三条(第五項を除く。)及び第
四十二条から第五十二条までの規定並びに法第四十三条、第四十五
条の二、第五十二条の二、第五十七条の五、第五十七条の六、第五
十七条の八、第六十五条の七から第六十五条の九まで（法第六十五
条の七第一項の表の第七号に係る部分に限る。）、第六十七条の十二第
二項及び第六十七条の十三第二項の規定により当該各事業年度にお
いて損金の額に算入されることとなる金額があるときは、当該各事
業年度に係る法第六十六条の六第十一項の確定申告書（次項におい
て「確定申告書」という。）に当該金額の損金算入に関する明細書
の添付がある場合に限り、当該金額を当該各事業年度の基準所得金
額の計算上、損金の額に算入する。ただし、その添付がなかつたこ
とについて税務署長がやむを得ない事情があると認める場合におい
て、当該明細書の提出があつたときは、この限りでない。

則22の11㉔

9　第一項（第四号に係る部分に限る。）又は第二項（第十七号に係る部分に限る。）の規定により基準所得金額を計算する場合において、これらの規定により当該各事業年度において控除されることとなる金額があるときは、当該各事業年度に係る確定申告書に当該金額の計算に関する明細書の添付がある場合に限り、当該金額を当該各事業年度の基準所得金額の計算上控除する。ただし、その添付がなかつたことについて税務署長がやむを得ない事情があると認める場合において、当該明細書の提出があつたときは、この限りでない。

10　その外国関係会社の各事業年度の決算に基づく所得の金額の計算につき第一項の規定の適用を受けた内国法人がその適用を受けた事業年度後の事業年度において当該外国関係会社の各事業年度の決算に基づく所得の金額の計算につき第二項の規定の適用を受けようとする場合又はその外国関係会社の各事業年度の決算に基づく所得の金額の計算につき同項の規定の適用を受けた内国法人がその適用を受けた事業年度後の事業年度において当該外国関係会社の各事業年度の決算に基づく所得の金額の計算につき第一項の規定の適用を受けようとする場合には、あらかじめ納税地の所轄税務署長の承認を受けなければならない。

（実質支配関係の判定）

第三十九条の十六　法第六十六条の六第二項第五号に規定する政令で定める関係は、居住者又は内国法人（以下この項において「居住者等」という。）と外国法人との間に次に掲げる事実その他これに類する事実が存在する場合（当該外国法人の行う事業から生ずる利益のおおむね全部が剰余金の配当、利益の配当、剰余金の分配その他の経済的な利益の給付として当該居住者等〔当該居住者等と特殊の関係のある者を含む。〕以外の者に対して金銭その他の資産により交付されることとなつている場合を除く。）における当該居住者等と当該外国法人との間の関係（当該関係がないものとして同条第二項第一号〔イに係る部分に限る。〕の規定を適用した場合に居住者及び内国法人並びに同号イに規定する特殊関係非居住者と当該外国法人との間に同号イ（1）から（3）までに掲げる割合のいずれかが百分の五十を超える関係がある場合における当該居住者等と当該外国法人との間の関係を除く。）とする。

一　居住者等が外国法人の残余財産のおおむね全部について分配を請求する権利を有していること。

二　居住者等が外国法人の財産の処分の方針のおおむね全部を決定することができる旨の契約その他の取決めが存在すること（当該外国法人につき前号に掲げる事実が存在する場合を除く。）。

2　前項に規定する特殊の関係とは、次に掲げる関係をいう。

一　一方の者と他方の者との間に当該他方の者が次に掲げるものに該当する関係がある場合における当該関係

　　イ　当該一方の者の親族

　　ロ　当該一方の者と婚姻の届出をしていないが事実上婚姻関係と同様の事情にある者

　　ハ　当該一方の者の使用人又は雇主

　　ニ　イからハまでに掲げる者以外の者で当該一方の者から受ける金銭その他の資産によつて生計を維持しているもの

　　ホ　ロからニまでに掲げる者と生計を一にするこれらの者の親族

二　一方の者と他方の者との間に当該他方の者が次に掲げる法人に該当する関係がある場合における当該関係（次号及び第四号に掲げる関係に該当するものを除く。）

　　イ　当該一方の者（当該一方の者と前号に規定する関係のある者を含む。以下この号において同じ。）が他の法人を支配している場合における当該他の法人

　　ロ　当該一方の者及び当該一方の者と特殊の関係（この項〔イに係る部分に限る。〕に規定する特殊の関係をいう。）のある法人が他の法人を支配している場合における当該他の法人

　　ハ　当該一方の者及び当該一方の者と特殊の関係（この項〔イ及びロに係る部分に限る。〕に規定する特殊の関係をいう。）のある法人が他の法人を支配している場合における当該他の法人

三　二の法人のいずれか一方の法人が他方の法人の発行済株式等の百分の五十を超える数又は金額の株式等を直接又は間接に有する関係

四　二の法人が同一の者（当該者が個人である場合には、当該個人及びこれと法人税法第二条第十号に規定する政令で定める特殊の関係のある個人）によつてそれぞれその発行済株式等の百分の五十を超える数又は金額の株式等を直接又は間接に保有される場合における当該二の法人の関係（前号に掲げる関係に該当するものを除く。）

3　法人税法施行令第四条第三項の規定は、前項第二号イからハまでに掲げる他の法人を支配している場合について準用する。

4　第三十九条の十二第二項及び第三項の規定は、第二項（第三号及び第四号に係る部分に限る。）の規定を適用する場合について準用する。この場合において、同条第二項及び第三項中「百分の五十以上の」とあるのは、「百分の五十を超える」と読み替えるものとする。

（外国金融子会社等の範囲）

第三十九条の十七　法第六十六条の六第二項第七号に規定する同様の状況にあるものとして政令で定める部分対象外国関係会社は、次に掲げる部分対象外国関係会社（同項第六号に規定する部分対象外国関係会社をいう。以下この条において同じ。）とする。

一　部分対象外国関係会社（特定保険外国子会社等に該当するものに限る。以下この号において同じ。）に係る特定保険協議者がその本店所在地国の法令に準拠して保険業を行う場合における当該部分対象外国関係会社

二　部分対象外国関係会社（特定保険受託者に該当するものに限る。以下この号において同じ。）に係る特定保険委託者がその本店所在地国の法令に準拠して保険業を行う場合における当該部分対象外国関係会社

2　法第六十六条の六第二項第七号に規定する政令で定めるものは、次に掲げる部分対象外国関係会社とする。

一　特定保険協議者に係る特定保険外国子会社等に該当する部分対象外国関係会社

二　特定保険受託者に係る特定保険委託者に該当する部分対象外国関係会社

3　法第六十六条の六第二項第七号に規定する外国金融機関に準ずるものとして政令で定める部分対象外国関係会社は、部分対象外国関係会社のうち次に掲げるもの（一の内国法人及び当該一の内国法人との間に特定資本関係のある内国法人〔第六項及び第七項において「一の内国法人等」という。〕によつてその発行済株式等の全部を直接又は間接に保有されているものに限る。）とする。

一　次に掲げる要件の全てに該当する部分対象外国関係会社

イ　その本店所在地国の法令に準拠して専ら特定外国金融機関（次に掲げる外国法人をいう。以下この項において同じ。）の経営管理及びこれに附帯する業務（以下この項において「経営管理等」という。）を行つていること。

（1）　法第六十六条の六第二項第七号に規定する外国金融機関でその発行済株式等の百分の五十を超える数又は金額の株式等を有するもの

（2）　法第六十六条の六第二項第六号中「外国関係会社（特定外国関係会社に該当するものを除く。）」とあるのを「外国法人」として同号及び同項第七号の規定を適用した場合に同号に規定する外国金融機関に該当することとなる外国法人で、その本店所在地国の法令又は慣行その他やむを得ない

理由により、その発行済株式等の百分の五十を超える数又は金額の株式等を有することが認められないもののうち、その議決権の総数の百分の四十以上の数の議決権を有することその他財務省令で定める要件に該当するもの

則22の11㉕

ロ　その本店所在地国においてその役員又は使用人が特定外国金融機関の経営管理を的確に遂行するために通常必要と認められる業務の全てに従事していること。

ハ　当該事業年度終了の時における貸借対照表に計上されている（1）に掲げる金額の（2）に掲げる金額に対する割合が百分の七十五を超えること。

（1）　その有する特定外国金融機関の株式等及び従属関連業務子会社（その発行済株式等の百分の五十を超える数又は金額の株式等を有するものに限る。以下この項において同じ。）の株式等の帳簿価額の合計額

（2）　その総資産の帳簿価額から特定外国金融機関及び従属関連業務子会社に対する貸付金の帳簿価額を控除した残額

ニ　当該事業年度終了の時における貸借対照表に計上されている（1）に掲げる金額の（2）に掲げる金額に対する割合が百分の五十を超えること。

（1）　その有する特定外国金融機関の株式等の帳簿価額

（2）　その総資産の帳簿価額から特定外国金融機関に対する貸付金の帳簿価額を控除した残額

二　次に掲げる要件の全てに該当する部分対象外国関係会社（一又は二以上の特定外国金融機関の株式等を有するものに限るものとし、前号に該当する部分対象外国関係会社を除く。）

イ　その本店所在地国の法令に準拠して専ら特定外国金融機関の経営管理等及び特定間接保有外国金融機関等（特定中間持株会社がその株式等を有する第九項第二号イ及びロに掲げる外国法人並びに特定中間持株会社がその株式等を有する前号に該当する部分対象外国関係会社〔その発行済株式等の百分の五十を超える数又は金額の株式等を有するものに限る。〕をいう。以下この項において同じ。）の経営管理等を行つていること。

ロ　その本店所在地国においてその役員又は使用人が特定外国金融機関の経営管理及び特定間接保有外国金融機関等の経営管理を的確に遂行するために通常必要と認められる業務の全てに従事していること。

ハ　当該事業年度終了の時における貸借対照表に計上されている（1）に掲げる金額の（2）に掲げる金額に対する割合が百分の七

十五を超えること。

　　（１）　その有する特定外国金融機関の株式等、特定中間持株会社の株式等及び従属関連業務子会社の株式等の帳簿価額の合計額

　　（２）　その総資産の帳簿価額から特定外国金融機関、特定中間持株会社及び従属関連業務子会社に対する貸付金の帳簿価額を控除した残額

　ニ　当該事業年度終了の時における貸借対照表に計上されている（１）に掲げる金額の（２）に掲げる金額に対する割合が百分の五十を超えること。

　　（１）　その有する特定外国金融機関の株式等及び特定中間持株会社の株式等の帳簿価額の合計額

　　（２）　その総資産の帳簿価額から特定外国金融機関及び特定中間持株会社に対する貸付金の帳簿価額を控除した残額

三　次に掲げる要件の全てに該当する部分対象外国関係会社（一又は二以上の特定外国金融機関の株式等を有するものに限るものとし、前二号のいずれかに該当する部分対象外国関係会社を除く。）

　イ　その本店所在地国の法令に準拠して専ら特定外国金融機関の経営管理等、前二号又は次号のいずれかに該当する部分対象外国関係会社（その発行済株式等の百分の五十を超える数又は金額の株式等を有するものに限る。以下この号において同じ。）の経営管理等及び特定間接保有外国金融機関等の経営管理等を行つていること。

　ロ　その本店所在地国においてその役員又は使用人が特定外国金融機関の経営管理、前二号又は次号のいずれかに該当する部分対象外国関係会社の経営管理及び特定間接保有外国金融機関等の経営管理を的確に遂行するために通常必要と認められる業務の全てに従事していること。

　ハ　当該事業年度終了の時における貸借対照表に計上されている（１）に掲げる金額の（２）に掲げる金額に対する割合が百分の七十五を超えること。

　　（１）　その有する特定外国金融機関の株式等、前二号及び次号に掲げる部分対象外国関係会社の株式等、特定中間持株会社の株式等並びに従属関連業務子会社の株式等の帳簿価額の合計額

　　（２）　その総資産の帳簿価額から特定外国金融機関、前二号及び次号に掲げる部分対象外国関係会社、特定中間持株会社並びに従属関連業務子会社に対する貸付金の帳簿価額を控

除した残額

　ニ　当該事業年度終了の時における貸借対照表に計上されている（1）に掲げる金額の（2）に掲げる金額に対する割合が百分の五十を超えること。

　　（1）　その有する特定外国金融機関の株式等、前二号及び次号に掲げる部分対象外国関係会社の株式等並びに特定中間持株会社の株式等の帳簿価額の合計額

　　（2）　その総資産の帳簿価額から特定外国金融機関、前二号及び次号に掲げる部分対象外国関係会社並びに特定中間持株会社に対する貸付金の帳簿価額を控除した残額

四　次に掲げる要件の全てに該当する部分対象外国関係会社（一又は二以上の特定外国金融機関の株式等を有するものに限るものとし、前三号のいずれかに該当する部分対象外国関係会社を除く。）

　イ　その本店所在地国の法令に準拠して専ら特定外国金融機関の経営管理等、前三号のいずれかに該当する部分対象外国関係会社（その発行済株式等の百分の五十を超える数又は金額の株式等を有するものに限る。以下この号において同じ。）の経営管理等及び特定間接保有外国金融機関等の経営管理等を行つていること。

　ロ　その本店所在地国においてその役員又は使用人が特定外国金融機関の経営管理、前三号のいずれかに該当する部分対象外国関係会社の経営管理及び特定間接保有外国金融機関等の経営管理を的確に遂行するために通常必要と認められる業務の全てに従事していること。

　ハ　当該事業年度終了の時における貸借対照表に計上されている（1）に掲げる金額の（2）に掲げる金額に対する割合が百分の七十五を超えること。

　　（1）　その有する特定外国金融機関の株式等、前三号に掲げる部分対象外国関係会社の株式等、特定中間持株会社の株式等及び従属関連業務子会社の株式等の帳簿価額の合計額

　　（2）　その総資産の帳簿価額から特定外国金融機関、前三号に掲げる部分対象外国関係会社、特定中間持株会社及び従属関連業務子会社に対する貸付金の帳簿価額を控除した残額

　ニ　当該事業年度終了の時における貸借対照表に計上されている（1）に掲げる金額の（2）に掲げる金額に対する割合が百分の五十を超えること。

　　（1）　その有する特定外国金融機関の株式等、前三号に掲げる部分対象外国関係会社の株式等及び特定中間持株会社の株式等の帳簿価額の合計額

（2）　その総資産の帳簿価額から特定外国金融機関、前三号に
掲げる部分対象外国関係会社及び特定中間持株会社に対す
る貸付金の帳簿価額を控除した残額

4　前項に規定する特定資本関係とは、次に掲げる関係をいう。

一　二の法人のいずれか一方の法人が他方の法人の発行済株式等の
全部を直接又は間接に保有する関係

二　二の法人が同一の者によつてそれぞれその発行済株式等の全部
を直接又は間接に保有される場合における当該二の法人の関係
（前号に掲げる関係に該当するものを除く。）

5　第三十九条の十二第二項及び第三項の規定は、前項各号の発行済
株式等の全部を直接又は間接に保有するかどうかの判定について準
用する。この場合において、同条第二項及び第三項中「百分の五十
以上の数又は金額の株式又は出資」とあるのは、「全部」と読み替
えるものとする。

6　第三項において、発行済株式等の全部を直接又は間接に保有され
ているかどうかの判定は、同項の一の内国法人等の部分対象外国関
係会社に係る直接保有株式等保有割合（当該一の内国法人等の有する
外国法人の株式等の数又は金額が当該外国法人の発行済株式等のうちに
占める割合をいう。）と当該一の内国法人等の当該部分対象外国関係
会社に係る間接保有株式等保有割合とを合計した割合により行うも
のとする。

7　前項に規定する間接保有株式等保有割合とは、次の各号に掲げる
場合の区分に応じ当該各号に定める割合（当該各号に掲げる場合のい
ずれにも該当する場合には、当該各号に定める割合の合計割合）をいう。

一　部分対象外国関係会社の株主等（法人税法第二条第十四号に規定
する株主等をいう。以下この項において同じ。）である外国法人の発
行済株式等の全部が一の内国法人等によつて保有されている場合
当該株主等である外国法人の有する当該部分対象外国関係会社
の株式等の数又は金額がその発行済株式等のうちに占める割合
（当該株主等である外国法人が二以上ある場合には、当該二以上の株
主等である外国法人につきそれぞれ計算した割合の合計割合）

二　部分対象外国関係会社の株主等である外国法人（前号に掲げる
場合に該当する同号の株主等である外国法人を除く。）と一の内国法
人等との間にこれらの者と株式等の保有を通じて連鎖関係にある
一又は二以上の外国法人（以下この号において「出資関連外国法
人」という。）が介在している場合（出資関連外国法人及び当該株
主等である外国法人がそれぞれその発行済株式等の全部を一の内国法
人等又は出資関連外国法人〔その発行済株式等の全部が一の内国法人

等又は他の出資関連外国法人によつて保有されているものに限る。〕
によつて保有されている場合に限る。）　当該株主等である外国法人
の有する当該部分対象外国関係会社の株式等の数又は金額がその
発行済株式等のうちに占める割合（当該株主等である外国法人が二
以上ある場合には、当該二以上の株主等である外国法人につきそれぞ
れ計算した割合の合計割合）

8　第三項及び次項に規定する従属関連業務子会社とは、部分対象外
国関係会社（法第六十六条の六第二項第七号に規定する外国金融子会
社等に該当するものを除く。以下この項において同じ。）のうち次に掲
げる要件の全てに該当するものをいう。

一　従属業務（次に掲げる者のうち銀行業、金融商品取引業〔金融商
品取引法第二十八条第一項に規定する第一種金融商品取引業と同種類
の業務に限る。〕又は保険業〔以下この号において「銀行業等」とい
う。〕を行うものの当該銀行業等の業務に従属する業務をいう。次号
において同じ。）又は関連業務（銀行業等に付随し、又は関連する業
務をいう。同号において同じ。）を専ら行つていること。

イ　当該部分対象外国関係会社に係る法第四十条の四第一項各号、
第六十六条の六第一項各号及び第六十八条の九十第一項各号に
掲げる者

ロ　第三十九条の十四の三第二十七項第一号中「法第六十六条の
六第二項第三号ハ（1）に掲げる事業を主として行う外国関係会
社」とあるのを「外国関係会社（法第六十六条の六第二項第六号
に規定する部分対象外国関係会社に該当するものに限るものとし、
同項第七号に規定する外国金融子会社等に該当するものを除く。以
下この項において同じ。）」と、同項第二号中「法第六十六条の
六第二項第三号ハ（1）に掲げる事業を主として行う外国関係会
社」とあるのを「外国関係会社」と、「同条第一項各号」とあ
るのを「法第六十六条の六第一項各号」と、同項第三号から第
五号までの規定中「法第六十六条の六第二項第三号ハ（1）に掲
げる事業を主として行う外国関係会社」とあり、並びに同項第
六号中「同条第二項第三号ハ（1）に掲げる事業を主として行う
外国関係会社」とあり、及び「法第六十六条の六第二項第三号
ハ（1）に掲げる事業を主として行う外国関係会社」とあるのを
「外国関係会社」と読み替えた場合における当該部分対象外国
関係会社に係る同項各号に掲げる者

二　その本店所在地国においてその役員又は使用人が従属業務又は
関連業務を的確に遂行するために通常必要と認められる業務の全
てに従事していること。

三 当該事業年度の総収入金額のうちに第一号イ及びロに掲げる者（個人を除く。）との取引に係る収入金額の合計額の占める割合が百分の九十以上であること。

9 第三項に規定する特定中間持株会社とは、外国関係会社（法第六十六条の六第二項第一号に規定する外国関係会社をいい、同項第二号に規定する特定外国関係会社又は同項第三号に規定する対象外国関係会社に該当するものに限る。）のうち次に掲げる要件の全てに該当するものをいう。

一 判定対象外国金融持株会社（第三項第二号から第四号までに掲げる部分対象外国関係会社に該当するかどうかを判定しようとする部分対象外国関係会社をいう。以下この項において同じ。）によつてその発行済株式等の百分の五十を超える数又は金額の株式等を保有されていること。

二 その本店所在地国が、判定対象外国金融持株会社の本店所在地国又は特定中間持株会社に該当するかどうかを判定しようとする外国関係会社がその株式等を有するいずれかの特定外国金融機関（次に掲げる外国法人をいう。以下この項において同じ。）の本店所在地国と同一であること。

イ 法第六十六条の六第二項第七号に規定する外国金融機関でその発行済株式等の百分の五十を超える数又は金額の株式等を有するもの

ロ 法第六十六条の六第二項第六号中「外国関係会社（特定外国関係会社に該当するものを除く。）」とあるのを「外国法人」として同号及び同項第七号の規定を適用した場合に同号に規定する外国金融機関に該当することとなる外国法人で、その本店所在地国の法令又は慣行その他やむを得ない理由により、その発行済株式等の百分の五十を超える数又は金額の株式等を有することが認められないもののうち、その議決権の総数の百分の四十以上の数の議決権を有することその他財務省令で定める要件に該当するもの

則22の11㉖

三 当該事業年度終了の時における貸借対照表に計上されているイに掲げる金額のロに掲げる金額に対する割合が百分の七十五を超えること。

イ その有する特定外国金融機関の株式等、第三項第一号に掲げる部分対象外国関係会社（その発行済株式等の百分の五十を超える数又は金額の株式等を有するものに限る。以下この号及び次号において同じ。）の株式等及び従属関連業務子会社（その発行済株式等の百分の五十を超える数又は金額の株式等を有するものに限る。

ロにおいて同じ。）の株式等の帳簿価額の合計額

　　ロ　その総資産の帳簿価額から特定外国金融機関、第三項第一号
　　　に掲げる部分対象外国関係会社及び従属関連業務子会社に対す
　　　る貸付金の帳簿価額を控除した残額

　四　当該事業年度終了の時における貸借対照表に計上されているイ
　　に掲げる金額のロに掲げる金額に対する割合が百分の五十を超え
　　ること。

　　イ　その有する特定外国金融機関の株式等及び第三項第一号に掲
　　　げる部分対象外国関係会社の株式等の帳簿価額の合計額

　　ロ　その総資産の帳簿価額から特定外国金融機関及び第三項第一
　　　号に掲げる部分対象外国関係会社に対する貸付金の帳簿価額を
　　　控除した残額

　五　一又は二以上の特定外国金融機関の株式等を有していること。

（外国関係会社に係る租税負担割合の計算）

第三十九条の十七の二　法第六十六条の六第五項第一号に規定する政
　令で定めるところにより計算した割合は、外国関係会社（同条第二
　項第一号に規定する外国関係会社をいう。次項において同じ。）の各事
　業年度の所得に対して課される租税の額を当該所得の金額で除して
　計算した割合とする。

２　前項に規定する割合の計算については、次に定めるところによる。

　一　前項の所得の金額は、次に掲げる外国関係会社の区分に応じそ
　　れぞれ次に定める金額とする。

　　イ　ロに掲げる外国関係会社以外の外国関係会社　当該外国関係
　　　会社の各事業年度の決算に基づく所得の金額につき、その本店
　　　所在地国の外国法人税に関する法令（外国法人税に関する法令
　　　が二以上ある場合には、そのうち主たる外国法人税に関する法令）
　　　の規定（企業集団等所得課税規定〔第三十九条の十五第六項に規
　　　定する企業集団等所得課税規定をいう。以下この項において同じ。〕
　　　を除く。以下この項において「本店所在地国の法令の規定」とい
　　　う。）により計算した所得の金額に当該所得の金額に係る（1）
　　　から（5）までに掲げる金額の合計額を加算した金額から当該所
　　　得の金額に係る（6）に掲げる金額を控除した残額

　　（1）　その本店所在地国の法令の規定により外国法人税の課税
　　　　標準に含まれないこととされる所得の金額（支払を受ける
　　　　配当等の額を除く。）

　　（2）　その支払う配当等の額で損金の額に算入している金額

　　（3）　その納付する外国法人税の額（外国法人税に関する法令

に企業集団等所得課税規定がある場合の当該外国法人税にあつては、企業集団等所得課税規定の適用がないものとした場合に納付するものとして計算される外国法人税の額）で損金の額に算入している金額

（4）　その積み立てた保険準備金の額のうち損金の額に算入している金額で法第五十七条の五又は第五十七条の六の規定の例によるものとした場合に損金の額に算入されないこととなる金額に相当する金額

（5）　その積み立てた保険準備金（法第五十七条の五又は第五十七条の六の規定の例によるものとした場合に積み立てられるものに限る。）につき益金の額に算入した金額がこれらの規定の例によるものとした場合に益金の額に算入すべき金額に相当する金額に満たない場合におけるその満たない部分の金額

（6）　その還付を受ける外国法人税の額（外国法人税に関する法令に企業集団等所得課税規定がある場合の当該外国法人税にあつては、企業集団等所得課税規定の適用がないものとした場合に還付を受けるものとして計算される外国法人税の額）で益金の額に算入している金額

ロ　法人の所得に対して課される税が存在しない国又は地域に本店又は主たる事務所を有する外国関係会社　当該外国関係会社の各事業年度の決算に基づく所得の金額に当該所得の金額に係る（1）から（4）までに掲げる金額の合計額を加算した金額から当該所得の金額に係る（5）及び（6）に掲げる金額の合計額を控除した残額

（1）　その支払う配当等の額で費用の額又は損失の額としている金額

（2）　その納付する外国法人税の額で費用の額又は損失の額としている金額

（3）　その積み立てた保険準備金の額のうち費用の額又は損失の額としている金額で法第五十七条の五又は第五十七条の六の規定の例によるものとした場合に損金の額に算入されないこととなる金額に相当する金額

（4）　その積み立てた保険準備金（法第五十七条の五又は第五十七条の六の規定の例によるものとした場合に積み立てられるものに限る。）につき収益の額としている金額がこれらの規定の例によるものとした場合に益金の額に算入すべき金額に相当する金額に満たない場合におけるその満たない部分

の金額

　（5）　その支払を受ける配当等の額で収益の額としている金額

　（6）　その還付を受ける外国法人税の額で収益の額としている
　　金額

二　前項の租税の額は、外国関係会社の各事業年度の決算に基づく
　所得の金額につき、その本店所在地国又は本店所在地国以外の国
　若しくは地域において課される外国法人税の額（外国法人税に関
　する法令に企業集団等所得課税規定がある場合の当該外国法人税にあ
　つては、企業集団等所得課税規定の適用がないものとした場合に計算
　される外国法人税の額）とする。

三　前号の外国法人税の額は、その本店所在地国の法令の規定によ
　り外国関係会社が納付したものとみなしてその本店所在地国の外
　国法人税の額から控除されるものを含むものとし、次に掲げる外
　国関係会社の区分に応じそれぞれ次に定めるものを含まないもの
　とする。

　イ　第一号イに掲げる外国関係会社　同号イ（1）に掲げる所得の
　　金額から除かれるその本店所在地国以外の国又は地域に所在す
　　る法人から受ける配当等の額に対して課される外国法人税の額

　ロ　第一号ロに掲げる外国関係会社　その本店所在地国以外の国
　　又は地域に所在する法人から受ける同号ロ（5）に掲げる配当等
　　の額に対して課される外国法人税の額

四　その本店所在地国の外国法人税の税率が所得の額に応じて高く
　なる場合には、第二号の外国法人税の額は、これらの税率をこれ
　らの税率のうち最も高い税率であるものとして算定した外国法人
　税の額とすることができる。

五　前項の所得の金額がない場合又は欠損の金額となる場合には、
　同項に規定する割合は、次に掲げる外国関係会社の区分に応じそ
　れぞれ次に定める割合とする。

　イ　第一号イに掲げる外国関係会社　その行う主たる事業に係る
　　収入金額（当該収入金額が同号イ（1）に掲げる所得の金額から除
　　かれる配当等の額である場合には、当該収入金額以外の収入金額）
　　から所得が生じたとした場合にその所得に対して適用されるそ
　　の本店所在地国の外国法人税の税率に相当する割合

　ロ　第一号ロに掲げる外国関係会社　零

（部分適用対象金額の計算等）
第三十九条の十七の三　法第六十六条の六第六項に規定する政令で定
　める日は、清算外国金融子会社等（同項に規定する清算外国金融子会

社等をいう。次項及び第三十二項において同じ。）の残余財産の確定の日と特定日（同条第六項に規定する該当しないこととなつた日をいう。次項において同じ。）以後五年を経過する日とのいずれか早い日とする。

2　法第六十六条の六第六項各号列記以外の部分に規定する政令で定める金額は、清算外国金融子会社等の特定清算事業年度（同項に規定する特定清算事業年度をいう。第三十二項において同じ。）に係る同条第六項第一号から第七号の二までに掲げる金額に係る利益の額又は損失の額（特定日の前日に有していた資産若しくは負債又は特定日前に締結した契約に基づく取引に係るものに限る。）の合計額とする。

3　法第六十六条の六第六項各号列記以外の部分に規定する政令で定めるところにより計算した金額は、同条第一項各号に掲げる内国法人に係る部分対象外国関係会社（同条第二項第六号に規定する部分対象外国関係会社をいい、同項第七号に規定する外国金融子会社等に該当するものを除く。以下この条〔第十項第四号を除く。〕において同じ。）の各事業年度の法第六十六条の六第六項に規定する部分適用対象金額に、当該各事業年度終了の時における当該内国法人の当該部分対象外国関係会社に係る第三十九条の十四第二項第一号に規定する請求権等勘案合算割合を乗じて計算した金額とする。

4　法第六十六条の六第六項第一号に規定する政令で定める剰余金の配当等の額は、部分対象外国関係会社が同号イ又はロに掲げる法人から受ける剰余金の配当等（同号に規定する剰余金の配当等をいう。以下この項及び第六項において同じ。）の全部又は一部が当該法人の本店所在地国の法令において当該法人の所得の金額の計算上損金の額に算入することとされている場合におけるその受ける剰余金の配当等の額とする。

5　法第六十六条の六第六項第一号に規定する政令で定めるところにより計算した金額は、部分対象外国関係会社が当該事業年度において支払う負債の利子の額の合計額に、第一号に掲げる金額のうちに第二号に掲げる金額の占める割合を乗じて計算した金額（当該負債の利子の額の合計額のうちに同項第一号に規定する直接要した費用の額の合計額として同号に掲げる金額の計算上控除される金額がある場合には、当該金額を控除した残額）とする。

一　当該部分対象外国関係会社の当該事業年度終了の時における貸借対照表に計上されている総資産の帳簿価額

二　当該部分対象外国関係会社が当該事業年度終了の時において有する株式等（剰余金の配当等の額〔法第六十六条の六第六項第一号に規定する剰余金の配当等の額をいう。〕に係るものに限る。）の前号

の貸借対照表に計上されている帳簿価額の合計額

6　法第六十六条の六第六項第一号イに規定する政令で定める要件は、他の法人の発行済株式等のうちに部分対象外国関係会社が保有しているその株式等の数若しくは金額の占める割合又は当該他の法人の発行済株式等のうちの議決権のある株式等の数若しくは金額のうちに当該部分対象外国関係会社が保有している当該株式等の数若しくは金額の占める割合のいずれかが百分の二十五以上であり、かつ、その状態が当該部分対象外国関係会社が当該他の法人から受ける剰余金の配当等の額の支払義務が確定する日（当該剰余金の配当等の額が法人税法第二十四条第一項に規定する事由に係る財務省令で定める剰余金の配当等の額である場合には、同日の前日。以下この項において同じ。）以前六月以上（当該他の法人が当該確定する日以前六月以内に設立された法人である場合には、その設立の日から当該確定する日まで）継続していることとする。　　　　　　　　　　　　　　　　　則22の11㉗

7　法第六十六条の六第六項第一号ロに規定する政令で定める外国法人は、租税条約の我が国以外の締約国又は締約者（当該締約国又は締約者に係る内水及び領海並びに排他的経済水域又は大陸棚に相当する水域を含む。）内に同号ロに規定する化石燃料を採取する場所を有する外国法人とする。

8　第六項の規定は、法第六十六条の六第六項第一号ロに規定する政令で定める要件について準用する。この場合において、第六項中「他の法人」とあるのは「他の外国法人」と、「百分の二十五」とあるのは「百分の十」と読み替えるものとする。

9　法第六十六条の六第六項第二号に規定する支払を受ける利子に準ずるものとして政令で定めるものは、支払を受ける手形の割引料、法人税法施行令第百三十九条の二第一項に規定する償還有価証券に係る同項に規定する調整差益その他経済的な性質が支払を受ける利子に準ずるもの（法人税法第六十四条の二第三項に規定するリース取引による同条第一項に規定するリース資産の引渡しを行つたことにより受けるべき対価の額のうちに含まれる利息に相当する金額及び財務省令で定める金額を除く。）とする。　　　　　　　　　　　　則22の11㉘

10　法第六十六条の六第六項第二号に規定する政令で定める利子の額は、次に掲げる利子（前項に規定する支払を受ける利子に準ずるものを含む。以下この項において同じ。）の額とする。

一　割賦販売等（割賦販売法第二条第一項に規定する割賦販売、同条第二項に規定するローン提携販売、同条第三項に規定する包括信用購入あつせん又は同条第四項に規定する個別信用購入あつせんに相当するものをいう。以下この号において同じ。）を行う部分対象外国関

係会社でその本店所在地国においてその役員又は使用人が割賦販売等を的確に遂行するために通常必要と認められる業務の全てに従事しているものが行う割賦販売等から生ずる利子の額

二　部分対象外国関係会社（その本店所在地国においてその役員又は使用人がその行う棚卸資産の販売及びこれに付随する棚卸資産の販売の対価の支払の猶予に係る業務を的確に遂行するために通常必要と認められる業務の全てに従事しているものに限る。）が当該部分対象外国関係会社に係る次号イ及びロに掲げる者以外の者に対して行う棚卸資産の販売の対価の支払の猶予により生ずる利子の額

三　部分対象外国関係会社（その本店所在地国においてその行う金銭の貸付けに係る事務所、店舗その他の固定施設を有し、かつ、その本店所在地国においてその役員又は使用人がその行う金銭の貸付けの事業を的確に遂行するために通常必要と認められる業務の全てに従事しているものに限る。以下この号において同じ。）がその関連者等（次に掲げる者をいい、個人を除く。次号において同じ。）に対して行う金銭の貸付けに係る利子の額

　イ　当該部分対象外国関係会社に係る法第四十条の四第一項各号、第六十六条の六第一項各号及び第六十八条の九十第一項各号に掲げる者

　ロ　第三十九条の十四の三第二十七項第一号中「法第六十六条の六第二項第三号ハ(1)に掲げる事業を主として行う外国関係会社」とあるのを「外国関係会社（法第六十六条の六第二項第六号に規定する部分対象外国関係会社に該当するものに限るものとし、同項第七号に規定する外国金融子会社等に該当するものを除く。以下この項において同じ。）」と、同項第二号中「法第六十六条の六第二項第三号ハ(1)に掲げる事業を主として行う外国関係会社」とあるのを「外国関係会社」と、「同条第一項各号」とあるのを「法第六十六条の六第一項各号」と、同項第三号から第五号までの規定中「法第六十六条の六第二項第三号ハ(1)に掲げる事業を主として行う外国関係会社」とあり、並びに同項第六号中「同条第二項第三号ハ(1)に掲げる事業を主として行う外国関係会社」とあり、及び「法第六十六条の六第二項第三号ハ(1)に掲げる事業を主として行う外国関係会社」とあるのを「外国関係会社」と読み替えた場合における当該部分対象外国関係会社に係る同項各号に掲げる者

　ハ　当該部分対象外国関係会社（第三十九条の十四の三第二十項に規定する統括会社に該当するものに限る。）に係る同条第十八項に規定する被統括会社

四　法第六十六条の六第二項第六号に規定する部分対象外国関係会社（同項第七号に規定する外国金融子会社等に該当するものを除く。）が当該部分対象外国関係会社に係る関連者等である外国法人（前号〔イからハまでを除く。〕に規定する部分対象外国関係会社及び同条第八項各号列記以外の部分に規定する部分対象外国関係会社に限る。）に対して行う金銭の貸付けに係る利子の額

11　法第六十六条の六第六項第四号に規定する政令で定めるところにより計算した金額は、法人税法施行令第百十九条の規定の例によるものとした場合の有価証券の取得価額を基礎として移動平均法（有価証券を銘柄の異なるごとに区別し、銘柄を同じくする有価証券〔以下第十三項までにおいて「同一銘柄有価証券」という。〕の取得をする都度その同一銘柄有価証券のその取得の直前の帳簿価額とその取得をした同一銘柄有価証券の取得価額との合計額をこれらの同一銘柄有価証券の総数で除して平均単価を算出し、その算出した平均単価をもつてその一単位当たりの帳簿価額とする方法をいう。）により算出したその有価証券の一単位当たりの帳簿価額に、その譲渡をした有価証券（同号に規定する対価の額に係るものに限る。）の数を乗じて計算した金額とする。

12　法第六十六条の六第六項の内国法人は、前項の規定にかかわらず、法人税法施行令第百十九条の規定の例によるものとした場合の有価証券の取得価額を基礎として総平均法（有価証券を銘柄の異なるごとに区別し、同一銘柄有価証券について、事業年度開始の時において有していたその同一銘柄有価証券の帳簿価額と当該事業年度において取得をしたその同一銘柄有価証券の取得価額の総額との合計額をこれらの同一銘柄有価証券の総数で除して平均単価を算出し、その算出した平均単価をもつてその一単位当たりの帳簿価額とする方法をいう。）により算出したその有価証券の一単位当たりの帳簿価額に、その譲渡をした有価証券（法第六十六条の六第六項第四号に規定する対価の額に係るものに限る。）の数を乗じて計算した金額をもつて同号に規定する政令で定めるところにより計算した金額とすることができる。

13　前二項に規定する同一銘柄有価証券の一単位当たりの帳簿価額の算出の方法は、有価証券の種類ごとに選定するものとする。

14　法第六十六条の六第六項の内国法人は、その有価証券につき選定した一単位当たりの帳簿価額の算出の方法を変更しようとする場合には、あらかじめ納税地の所轄税務署長の承認を受けなければならない。

15　法第六十六条の六第六項第六号に規定する政令で定める取引は、外国為替の売買相場の変動に伴つて生ずる利益を得ることを目的と

する投機的な取引とする。

16　次に掲げる金額に係る利益の額又は損失の額（法第六十六条の六第六項第一号から第六号までに掲げる金額に係る利益の額又は損失の額及び法人税法第六十一条の六第一項各号に掲げる損失を減少させるために行つた取引として財務省令で定める取引に係る利益の額又は損失の額を除く。）は、法第六十六条の六第六項第七号に掲げる金額に係る利益の額又は損失の額に含まれるものとする。

則22の11⑧

一　所得税法第二条第一項第十二号の二に規定する投資信託の収益の分配の額の合計額から当該収益の分配の額を得るために直接要した費用の額の合計額を控除した残額

二　法人税法第六十一条の三第一項第一号に規定する売買目的有価証券に相当する有価証券（以下この号において「売買目的有価証券相当有価証券」という。）に係る評価益（当該売買目的有価証券相当有価証券の時価評価金額〔同項第一号に規定する時価評価金額に相当する金額をいう。以下この号において同じ。〕が当該売買目的有価証券相当有価証券の期末帳簿価額〔同条第二項に規定する期末帳簿価額に相当する金額をいう。以下この号において同じ。〕を超える場合におけるその超える部分の金額をいう。）又は評価損（当該売買目的有価証券相当有価証券の期末帳簿価額が当該売買目的有価証券相当有価証券の時価評価金額を超える場合におけるその超える部分の金額をいう。）

三　法人税法第六十一条の二第二十項に規定する有価証券の空売りに相当する取引に係るみなし決済損益額（同法第六十一条の四第一項に規定するみなし決済損益額に相当する金額をいう。以下この項において同じ。）

四　法人税法第六十一条の二第二十一項に規定する信用取引に相当する取引に係るみなし決済損益額

五　法人税法第六十一条の二第二十一項に規定する発行日取引に相当する取引に係るみなし決済損益額

六　法人税法第六十一条の四第一項に規定する有価証券の引受けに相当する取引に係るみなし決済損益額

17　法第六十六条の六第六項第七号の二イに規定する政令で定める金額は、部分対象外国関係会社の当該事業年度において収入した、又は収入すべきことの確定した収入保険料（当該収入保険料のうちに払い戻した、又は払い戻すべきものがある場合には、その金額を控除した残額）及び再保険返戻金の合計額から当該事業年度において支払つた、又は支払うべきことの確定した再保険料及び解約返戻金の合計額を控除した残額とする。

18 法第六十六条の六第六項第七号のニロに規定する政令で定める金額は、部分対象外国関係会社の当該事業年度において支払つた、又は支払うべきことの確定した支払保険金の額の合計額から当該事業年度において収入した、又は収入すべきことの確定した再保険金の額の合計額を控除した残額とする。

19 法第六十六条の六第六項第八号に規定する政令で定める固定資産は、固定資産のうち無形資産等に該当するものとする。

20 法第六十六条の六第六項第八号に規定する政令で定める要件は、次に掲げる要件とする。

　一　部分対象外国関係会社の役員又は使用人がその本店所在地国において固定資産（無形資産等に該当するものを除く。以下この項及び次項において同じ。）の貸付け（不動産又は不動産の上に存する権利を使用させる行為を含む。以下この項において同じ。）を的確に遂行するために通常必要と認められる業務の全てに従事していること。

　二　部分対象外国関係会社の当該事業年度における固定資産の貸付けに係る業務の委託に係る対価の支払額の合計額の当該部分対象外国関係会社の当該事業年度における固定資産の貸付けに係る業務に従事する役員及び使用人に係る人件費の額の合計額に対する割合が百分の三十を超えていないこと。

　三　部分対象外国関係会社の当該事業年度における固定資産の貸付けに係る業務に従事する役員及び使用人に係る人件費の額の合計額の当該部分対象外国関係会社の当該事業年度における固定資産の貸付けによる収入金額から当該事業年度における貸付けの用に供する固定資産に係る償却費の額の合計額を控除した残額（当該残額がない場合には、当該人件費の額の合計額に相当する金額）に対する割合が百分の五を超えていること。

　四　部分対象外国関係会社がその本店所在地国において固定資産の貸付けを行うに必要と認められる事務所、店舗、工場その他の固定施設を有していること。

21 法第六十六条の六第六項第八号に規定する政令で定めるところにより計算した金額は、部分対象外国関係会社が有する固定資産（同号に規定する対価の額に係るものに限る。第二十四項及び第二十五項において同じ。）に係る当該事業年度の償却費の額のうち法人税法第三十一条の規定の例に準じて計算した場合に算出される同条第一項に規定する償却限度額に達するまでの金額とする。

22 法第六十六条の六第六項第九号に規定する政令で定める使用料は、次の各号に掲げる無形資産等の区分に応じ、当該各号に定める使用

料（同条第一項各号に掲げる内国法人が次の各号に定めるものであることを明らかにする書類を保存している場合における当該使用料に限る。）とする。

一　部分対象外国関係会社が自ら行つた研究開発の成果に係る無形資産等　当該部分対象外国関係会社が当該研究開発を主として行つた場合の当該無形資産等の使用料

二　部分対象外国関係会社が取得をした無形資産等　当該部分対象外国関係会社が当該取得につき相当の対価を支払い、かつ、当該無形資産等をその事業（株式等若しくは債券の保有、無形資産等の提供又は船舶若しくは航空機の貸付けを除く。次号において同じ。）の用に供している場合の当該無形資産等の使用料

三　部分対象外国関係会社が使用を許諾された無形資産等　当該部分対象外国関係会社が当該許諾につき相当の対価を支払い、かつ、当該無形資産等をその事業の用に供している場合の当該無形資産等の使用料

23　法第六十六条の六第六項第九号に規定する政令で定めるところにより計算した金額は、部分対象外国関係会社が有する無形資産等（同号に規定する使用料に係るものに限る。次項及び第二十五項において同じ。）に係る当該事業年度の償却費の額のうち法人税法第三十一条の規定の例に準じて計算した場合に算出される同条第一項に規定する償却限度額に達するまでの金額とする。

24　法第六十六条の六第六項の内国法人は、第二十一項及び前項の規定にかかわらず、部分対象外国関係会社が有する固定資産又は無形資産等に係る当該事業年度の償却費の額として当該部分対象外国関係会社の第三十九条の十五第二項に規定する本店所在地国の法令の規定により当該事業年度の損金の額に算入している金額（その固定資産又は無形資産等の取得価額〔既にした償却の額で各事業年度の損金の額に算入されたものがある場合には、当該金額を控除した金額〕を各事業年度の損金の額に算入する金額の限度額として償却する方法を用いて計算されたものについては法人税法第三十一条の規定の例によるものとした場合に損金の額に算入されることとなる金額に相当する金額）をもつて法第六十六条の六第六項第八号又は第九号に規定する政令で定めるところにより計算した金額とすることができる。

25　その部分対象外国関係会社が有する固定資産若しくは無形資産等に係る償却費の額の計算につき第二十一項若しくは第二十三項の規定の適用を受けた内国法人がその適用を受けた事業年度後の事業年度において当該償却費の額の計算につき前項の規定の適用を受けようとする場合又はその部分対象外国関係会社が有する固定資産若し

くは無形資産等に係る償却費の額の計算につき同項の規定の適用を
受けた内国法人がその適用を受けた事業年度後の事業年度において
当該償却費の額の計算につき第二十一項若しくは第二十三項の規定
の適用を受けようとする場合には、あらかじめ納税地の所轄税務署
長の承認を受けなければならない。

26　第二十二項（第三号を除く。）の規定は、法第六十六条の六第六項
第十号に規定する政令で定める対価の額について準用する。この場
合において、第二十二項中「使用料（」とあるのは「対価の額（」
と、「当該使用料」とあるのは「当該対価の額」と、同項第一号及
び第二号中「使用料」とあるのは「譲渡に係る対価の額」と読み替
えるものとする。

27　法第六十六条の六第六項第十一号に規定する各事業年度の所得の
金額として政令で定める金額は、同号イからルまでに掲げる金額が
ないものとした場合の部分対象外国関係会社の各事業年度の決算に
基づく所得の金額（当該金額が零を下回る場合には、零）とする。

28　第十一項から第十四項までの規定は、法第六十六条の六第六項第
十一号ニに規定する政令で定めるところにより計算した金額につい
て準用する。

29　第十六項の規定は、法第六十六条の六第六項第十一号トに掲げる
金額に係る利益の額又は損失の額について準用する。

30　法第六十六条の六第六項第十一号ヲに規定する総資産の額として
政令で定める金額は、部分対象外国関係会社の当該事業年度（当該
事業年度が残余財産の確定の日を含む事業年度である場合には、当該事
業年度の前事業年度）終了の時における貸借対照表に計上されてい
る総資産の帳簿価額とする。

31　法第六十六条の六第六項第十一号ヲに規定する政令で定める費用
の額は、部分対象外国関係会社の当該事業年度の人件費の額及び当
該部分対象外国関係会社の当該事業年度（当該事業年度が残余財産
の確定の日を含む事業年度である場合には、当該事業年度の前事業年
度）終了の時における貸借対照表に計上されている減価償却資産に
係る償却費の累計額とする。

32　法第六十六条の六第七項に規定する政令で定めるところにより調
整を加えた金額は、部分対象外国関係会社の各事業年度の同条第六
項第四号から第七号の二まで及び第十号に掲げる金額の合計額（当
該合計額が零を下回る場合には零とし、清算外国金融子会社等の特定清
算事業年度にあつては特定金融所得金額〔同項に規定する特定金融所得
金額をいう。以下この項において同じ。〕がないものとした場合の当該
各号に掲げる金額の合計額〔当該合計額が零を下回る場合には、零〕と

する。）から当該部分対象外国関係会社の当該各事業年度開始の日前七年以内に開始した事業年度（平成三十年四月一日前に開始した事業年度、部分対象外国関係会社、法第四十条の四第二項第六号に規定する部分対象外国関係会社〔同項第七号に規定する外国金融子会社等に該当するものを除く。〕又は法第六十八条の九十第二項第六号に規定する部分対象外国関係会社〔同項第七号に規定する外国金融子会社等に該当するものを除く。〕に該当しなかつた事業年度及び法第六十六条の六第十項第一号に該当する事実がある場合のその該当する事業年度〔法第四十条の四第十項第一号に該当する事実がある場合のその該当する事業年度及び法第六十八条の九十第十項第一号に該当する事実がある場合のその該当する事業年度を含む。〕を除く。）において生じた部分適用対象損失額（法第六十六条の六第六項第四号から第七号の二まで及び第十号に掲げる金額の合計額〔清算外国金融子会社等の特定清算事業年度にあつては特定金融所得金額がないものとした場合の当該各号に掲げる金額の合計額〕が零を下回る場合のその下回る額をいい、この項又は第三十九条の百十七の二第三十二項の規定により当該各事業年度前の事業年度において控除されたものを除く。）の合計額に相当する金額を控除した残額とする。

（金融子会社等部分適用対象金額の計算等）
第三十九条の十七の四　法第六十六条の六第八項各号列記以外の部分に規定する政令で定めるところにより計算した金額は、同条第一項各号に掲げる内国法人に係る部分対象外国関係会社（同条第八項各号列記以外の部分に規定する部分対象外国関係会社をいう。以下この条において同じ。）の各事業年度の法第六十六条の六第八項に規定する金融子会社等部分適用対象金額に、当該各事業年度終了の時における当該内国法人の当該部分対象外国関係会社に係る第三十九条の十四第二項第一号に規定する請求権等勘案合算割合を乗じて計算した金額とする。

2　第三十九条の十七第四項及び第五項の規定は、法第六十六条の六第八項第一号に規定する政令で定める関係について準用する。

3　法第六十六条の六第八項第一号に規定する政令で定める要件を満たす部分対象外国関係会社は、一の内国法人及び当該一の内国法人との間に同号に規定する特定資本関係のある内国法人（次項において「一の内国法人等」という。）によつてその発行済株式等の全部を直接又は間接に保有されている部分対象外国関係会社（部分対象外国関係会社のうち、その設立の日から同日以後五年を経過する日を含む事業年度終了の日までの期間を経過していないもの及びその解散の日

から同日以後三年を経過する日を含む事業年度終了の日までの期間を経過していないものを除く。）とする。

4　前項において、発行済株式等の全部を直接又は間接に保有されているかどうかの判定は、同項の一の内国法人等の部分対象外国関係会社に係る直接保有株式等保有割合（当該一の内国法人等の有する外国法人の株式等の数又は金額が当該外国法人の発行済株式等のうちに占める割合をいう。）と当該一の内国法人等の当該部分対象外国関係会社に係る間接保有株式等保有割合とを合計した割合により行うものとする。

5　第三十九条の十七第七項の規定は、前項に規定する間接保有株式等保有割合について準用する。

6　法第六十六条の六第八項第一号に規定する純資産につき剰余金その他に関する調整を加えた金額として政令で定める金額は、部分対象外国関係会社の当該事業年度終了の時における貸借対照表に計上されている総資産の帳簿価額から総負債の帳簿価額を控除した残額から、剰余金その他の財務省令で定めるものの額を控除した残額とする。　則22の11㊶

7　法第六十六条の六第八項第一号に規定する総資産の額として政令で定める金額は、部分対象外国関係会社の当該事業年度終了の時における貸借対照表に計上されている総資産の帳簿価額（保険業を行う部分対象外国関係会社にあつては、財務省令で定めるものの額を含む。）とする。　則22の11㊷

8　法第六十六条の六第八項第一号に規定する本店所在地国の法令に基づき下回ることができない資本の額を勘案して政令で定める金額は、部分対象外国関係会社の本店所在地国の法令に基づき下回ることができない資本の額の二倍に相当する金額とする。

9　法第六十六条の六第八項第一号に規定する政令で定めるところにより計算した金額は、部分対象外国関係会社の当該事業年度に係る同号に規定する親会社等資本持分相当額から前項に規定する金額を控除した残額に、当該部分対象外国関係会社の当該事業年度終了の日の翌日から二月を経過する日を含む同条第一項各号に掲げる内国法人の事業年度（以下この項において「親会社等事業年度」という。）に係る第一号に掲げる金額の第二号に掲げる金額に対する割合（当該割合が百分の十を下回る場合には、百分の十）を乗じて計算した金額とする。

一　親会社等事業年度の決算に基づく所得の金額

二　親会社等事業年度終了の時における貸借対照表に計上されている総資産の帳簿価額から総負債の帳簿価額を控除した残額

10　法第六十六条の六第九項第二号に規定する政令で定めるところに
　より調整を加えた金額は、部分対象外国関係会社の各事業年度の同
　条第八項第四号に掲げる金額（当該金額が零を下回る場合には、零）
　から当該部分対象外国関係会社の当該各事業年度開始の日前七年以
　内に開始した事業年度（平成三十年四月一日前に開始した事業年度、
　部分対象外国関係会社〔法第四十条の四第八項各号列記以外の部分又は
　第六十八条の九十第八項各号列記以外の部分に規定する部分対象外国関
　係会社を含む。〕に該当しなかつた事業年度及び法第六十六条の六第十
　項第一号に該当する事実がある場合のその該当する事業年度〔法第四十
　条の四第十項第一号に該当する事実がある場合のその該当する事業年度
　及び法第六十八条の九十第十項第一号に該当する事実がある場合のその
　該当する事業年度を含む。〕を除く。）において生じた金融子会社等部
　分適用対象損失額（法第六十六条の六第八項第四号に掲げる金額が零
　を下回る場合のその下回る額をいい、この項又は第三十九条の百十七の
　三第十一項の規定により当該各事業年度前の事業年度において控除され
　たものを除く。）の合計額に相当する金額を控除した残額とする。

（部分適用対象金額又は金融子会社等部分適用対象金額に係る適用除外）
第三十九条の十七の五　法第六十六条の六第十項第三号に規定する政
　　令で定める金額は、同条第二項第六号に規定する部分対象外国関係
　　会社の各事業年度の決算に基づく所得の金額（各事業年度の所得を
　　課税標準として課される第三十九条の十五第一項第二号に規定する法人
　　所得税〔法人税法施行令第百四十一条第二項第三号に掲げる税を除く。〕
　　の額を含む。）とする。

（外国関係会社の課税対象金額等に係る外国法人税額の計算等）
第三十九条の十八　法第六十六条の七第一項に規定する政令で定める
　　外国法人税は、外国法人税に関する法令に企業集団等所得課税規定
　　（第三十九条の十五第六項に規定する企業集団等所得課税規定をいう。
　　以下この条において同じ。）がある場合の当該外国法人税とし、法第
　　六十六条の七第一項に規定する政令で定める金額は、当該企業集団
　　等所得課税規定の適用がないものとした場合に当該外国法人税に関
　　する法令の規定により計算される外国法人税の額（以下この条にお
　　いて「個別計算外国法人税額」という。）とする。
2　個別計算外国法人税額は、企業集団等所得課税規定の適用がない
　　ものとした場合に当該個別計算外国法人税額に係る外国法人税に関
　　する法令の規定により当該個別計算外国法人税額を納付すべきもの
　　とされる期限の日に課されるものとして、この条の規定を適用する。

3　法第六十六条の七第一項に規定する課税対象金額に対応するものとして政令で定めるところにより計算した金額は、外国関係会社（法第六十六条の六第二項第一号に規定する外国関係会社をいう。以下この条において同じ。）につきその適用対象金額（法第六十六条の六第二項第四号に規定する適用対象金額をいう。以下この項及び次項において同じ。）を有する事業年度（以下この条において「課税対象年度」という。）の所得に対して課される外国法人税の額（外国法人税に関する法令に企業集団等所得課税規定がある場合の当該外国法人税にあつては、個別計算外国法人税額。以下この条において同じ。）に、当該課税対象年度に係る適用対象金額〔第三十九条の十五第一項〔第四号に係る部分に限る。〕若しくは第二項〔第十七号に係る部分に限る。〕の規定により控除される同条第一項第四号に掲げる金額〔当該外国法人税の課税標準に含まれるものに限る。〕又は同条第三項の規定により控除される同項に規定する控除対象配当等の額〔当該外国法人税の課税標準に含まれるものに限る。〕がある場合には、これらの金額を加算した金額。第十九項及び第二十五項において「調整適用対象金額」という。）のうちに法第六十六条の七第一項に規定する内国法人に係る課税対象金額の占める割合を乗じて計算した金額とする。

4　法第六十六条の七第一項に規定する部分課税対象金額に対応するものとして政令で定めるところにより計算した金額は、外国関係会社につきその部分適用対象金額（法第六十六条の六第六項に規定する部分適用対象金額をいう。以下この項、第二十項、第二十六項及び次条において同じ。）を有する事業年度（以下この条において「部分課税対象年度」という。）の所得に対して課される外国法人税の額に、当該部分課税対象年度に係る調整適用対象金額のうちに法第六十六条の七第一項に規定する内国法人に係る部分課税対象金額（法第六十六条の六第六項に規定する部分課税対象金額をいう。以下この条及び次条において同じ。）の占める割合（当該調整適用対象金額が当該部分課税対象金額を下回る場合には、当該部分課税対象年度に係る部分適用対象金額のうちに当該部分課税対象金額の占める割合）を乗じて計算した金額とする。

5　法第六十六条の七第一項に規定する金融子会社等部分課税対象金額に対応するものとして政令で定めるところにより計算した金額は、外国関係会社につきその金融子会社等部分適用対象金額（法第六十六条の六第八項に規定する金融子会社等部分適用対象金額をいう。以下この項、第二十七項及び次条において同じ。）を有する事業年度（以下この条において「金融子会社等部分課税対象年度」という。）の所得に対して課される外国法人税の額に、当該金融子会社等部分課税対

象年度に係る調整適用対象金額のうちに法第六十六条の七第一項に規定する内国法人に係る金融子会社等部分課税対象金額（法第六十六条の六第八項に規定する金融子会社等部分課税対象金額をいう。以下この条及び次条において同じ。）の占める割合（当該調整適用対象金額が当該金融子会社等部分課税対象金額を下回る場合には、当該金融子会社等部分課税対象年度に係る金融子会社等部分適用対象金額のうちに当該金融子会社等部分課税対象金額の占める割合）を乗じて計算した金額とする。

6　前二項に規定する調整適用対象金額とは、これらの規定に規定する外国関係会社が法第六十六条の六第二項第二号に規定する特定外国関係会社又は同項第三号に規定する対象外国関係会社に該当するものとして同項第四号の規定を適用した場合に計算される同号に定める金額（第三十九条の十五第一項〔第四号に係る部分に限る。〕若しくは第二項〔第十七号に係る部分に限る。〕の規定により控除される同条第一項第四号に掲げる金額〔当該外国関係会社の部分課税対象年度又は金融子会社等部分課税対象年度の所得に対して課される外国法人税の課税標準に含まれるものに限る。〕又は同条第三項の規定により控除される同項に規定する控除対象配当等の額〔当該外国関係会社の部分課税対象年度又は金融子会社等部分課税対象年度の所得に対して課される外国法人税の課税標準に含まれるものに限る。〕がある場合には、これらの金額を加算した金額）をいう。

7　外国関係会社につきその課税対象年度、部分課税対象年度又は金融子会社等部分課税対象年度の所得に対して二以上の外国法人税が課され、又は二回以上にわたつて外国法人税が課された場合において、当該外国関係会社に係る内国法人がその二以上の事業年度又は連結事業年度において当該外国法人税の額につき法第六十六条の七第一項（同条第二項の規定によりみなして適用する場合を含む。以下この条において同じ。）又は第六十八条の九十一第一項（同条第二項の規定によりみなして適用する場合を含む。以下この条において同じ。）の規定の適用を受けるときは、当該二以上の事業年度又は連結事業年度のうち最初の事業年度又は連結事業年度後の事業年度に係る法第六十六条の七第一項の規定の適用については、第一号に掲げる金額から第二号に掲げる金額（法第六十八条の九十一第一項の規定の適用を受けた場合で、その適用を受けた後最初に法第六十六条の七第一項の規定の適用を受けるときは、第三号に掲げる金額）を控除した金額をもつて第三項から第五項までに規定する計算した金額とする。

一　法第六十六条の七第一項の規定の適用を受ける事業年度（以下この項において「適用事業年度」という。）終了の日までに当該課

税対象年度、部分課税対象年度又は金融子会社等部分課税対象年度の所得に対して課された外国法人税の額（第九項又は第三十九条の百十八第九項の規定により法第六十六条の七第一項又は第六十八条の九十一第一項の規定の適用を受けることを選択したものに限る。以下この項において同じ。）の合計額について第三項から第五項までの規定により計算した金額

二　適用事業年度開始の日の前日までに当該課税対象年度、部分課税対象年度又は金融子会社等部分課税対象年度の所得に対して課された外国法人税の額の合計額について第三項から第五項までの規定により計算した金額

三　適用事業年度開始の日の前日までに当該課税対象年度、部分課税対象年度又は金融子会社等部分課税対象年度の所得に対して課された外国法人税の額の合計額について第三十九条の百十八第三項から第五項までの規定により計算した金額

8　外国関係会社につきその課税対象年度、部分課税対象年度又は金融子会社等部分課税対象年度の所得に対して課された外国法人税の額のうち、法第六十六条の七第一項の規定により当該外国関係会社に係る内国法人が納付する同項に規定する控除対象外国法人税の額（以下この条において「控除対象外国法人税の額」という。）とみなされる金額は、次の各号に掲げる外国法人税の区分に応じそれぞれその内国法人の当該各号に定める事業年度においてその内国法人が納付することとなるものとみなす。

一　その内国法人が当該外国関係会社の当該課税対象年度の課税対象金額に相当する金額、当該部分課税対象年度の部分課税対象金額に相当する金額又は当該金融子会社等部分課税対象年度の金融子会社等部分課税対象金額に相当する金額につき法第六十六条の六第一項、第六項又は第八項の規定の適用を受ける事業年度終了の日以前に当該課税対象年度、部分課税対象年度又は金融子会社等部分課税対象年度の所得に対して課された外国法人税　その適用を受ける事業年度

二　その内国法人が当該外国関係会社の当該課税対象年度の課税対象金額に相当する金額、当該部分課税対象年度の部分課税対象金額に相当する金額又は当該金融子会社等部分課税対象年度の金融子会社等部分課税対象金額に相当する金額につき法第六十六条の六第一項、第六項又は第八項の規定の適用を受ける事業年度（法第六十六条の七第二項の規定の適用がある場合には、その内国法人が当該外国関係会社の当該課税対象年度の法第六十八条の九十第一項に規定する個別課税対象金額に相当する金額、当該部分課税対象年度の

同条第六項に規定する個別部分課税対象金額に相当する金額又は当該金融子会社等部分課税対象年度の同条第八項に規定する個別金融子会社等部分課税対象金額に相当する金額につき同条第一項、第六項又は第八項の規定の適用を受けた連結事業年度）終了の日後に当該課税対象年度、部分課税対象年度又は金融子会社等部分課税対象年度の所得に対して課された外国法人税　その課された日の属する事業年度

9　外国関係会社につきその課税対象年度、部分課税対象年度又は金融子会社等部分課税対象年度の所得に対して二以上の外国法人税が課され、又は二回以上にわたつて外国法人税が課された場合には、当該外国関係会社の当該課税対象年度の課税対象金額に相当する金額、当該部分課税対象年度の部分課税対象金額に相当する金額又は当該金融子会社等部分課税対象年度の金融子会社等部分課税対象金額に相当する金額につき法第六十六条の六第一項、第六項又は第八項の規定の適用を受ける内国法人は、その適用を受ける課税対象金額、部分課税対象金額又は金融子会社等部分課税対象金額に係るそれぞれの外国法人税の額につき、法第六十六条の七第一項の規定の適用を受け、又は受けないことを選択することができる。

10　内国法人がその内国法人に係る外国関係会社の所得に対して課された外国法人税の額につき法第六十六条の七第一項の規定の適用を受けた場合において、その適用を受けた事業年度（以下この項において「適用事業年度」という。）開始の日後七年以内に開始するその内国法人の各事業年度において当該外国法人税の額が減額されたときは、当該外国法人税の額のうち同条第一項の規定によりその内国法人が納付する控除対象外国法人税の額とみなされた部分の金額につき、その減額されることとなつた日において、第一号に掲げる金額から第二号に掲げる金額を控除した残額に相当する金額の減額があつたものとみなす。

一　当該外国法人税の額のうち適用事業年度においてその内国法人が納付する控除対象外国法人税の額とみなされた部分の金額

二　当該減額があつた後の当該外国法人税の額につき適用事業年度において法第六十六条の七第一項の規定を適用したならばその内国法人が納付する控除対象外国法人税の額とみなされる部分の金額

11　内国法人がその内国法人に係る外国関係会社の所得に対して課された外国法人税の額につき法第六十八条の九十一第一項の規定の適用を受けた場合において、その適用を受けた連結事業年度（以下この項において「適用連結事業年度」という。）開始の日後七年以内に

開始するその内国法人の各事業年度において当該外国法人税の額が
減額されたときは、当該外国法人税の額のうち同条第一項の規定に
よりその内国法人が納付する同項に規定する個別控除対象外国法人
税の額（以下この条において「個別控除対象外国法人税の額」とい
う。）とみなされた部分の金額につき、その減額されることとなつ
た日において、第一号に掲げる金額から第二号に掲げる金額を控除
した残額に相当する金額の減額があつたものとみなす。

　　一　当該外国法人税の額のうち適用連結事業年度においてその内国
　　　法人が納付する個別控除対象外国法人税の額とみなされた部分の
　　　金額

　　二　当該減額があつた後の当該外国法人税の額につき適用連結事業
　　　年度において法第六十八条の九十一第一項の規定を適用したなら
　　　ばその内国法人が納付する個別控除対象外国法人税の額とみなさ
　　　れる部分の金額

12　前二項の規定により控除対象外国法人税の額又は個別控除対象外
　　国法人税の額が減額されたものとみなされた場合における法人税法
　　第六十九条第十三項の規定の適用については、法人税法施行令第百
　　四十七条（第二項を除く。）に定めるところによる。この場合におい
　　て、同条第一項中「外国法人税の額に係る当該内国法人」とあるの
　　は「外国法人税の額（租税特別措置法第六十六条の七第一項〔内国法
　　人の外国関係会社に係る所得の課税の特例〕又は第六十八条の九十一第
　　一項〔連結法人の外国関係会社に係る所得の課税の特例〕に規定する外
　　国関係会社の所得に対して課される外国法人税の額のうちこれらの規定
　　により当該内国法人が納付するものとみなされる部分の金額を含む。以
　　下この項において同じ。）に係る当該内国法人」と、「控除対象外国
　　法人税の額（」とあるのは「控除対象外国法人税の額（租税特別措
　　置法第六十六条の七第一項〔同条第二項の規定によりみなして適用する
　　場合を含む。〕の規定により当該内国法人が納付するものとみなさ
　　れる金額を含む。」と、「減額控除対象外国法人税額」とあるのは
　　「減額控除対象外国法人税額（租税特別措置法施行令第三十九条の十
　　八第十項又は第十一項〔外国関係会社の課税対象金額等に係る外国法人
　　税額の計算等〕の規定により減額があつたものとみなされる控除対象外
　　国法人税の額又は個別控除対象外国法人税の額を含む。）」とする。

13　法第六十六条の六第一項各号に掲げる内国法人の各事業年度の所
　　得の金額の計算上同項又は同条第六項若しくは第八項の規定により
　　益金の額に算入された金額（以下この項において「益金算入額」と
　　いう。）がある場合には、当該益金算入額は、当該内国法人の当該
　　各事業年度に係る法人税法第六十九条第一項に規定する控除限度額

の計算については、法人税法施行令第百四十二条第三項本文に規定する調整国外所得金額に含まれるものとする。ただし、その所得に対して同令第百四十一条第一項に規定する外国法人税（以下この項において「外国法人税」という。）を課さない国又は地域に本店又は主たる事務所を有する外国関係会社に係る益金算入額（当該外国関係会社の本店所在地国以外の国又は地域において、当該益金算入額の計算の基礎となつた当該外国関係会社の所得に対して課される外国法人税の額がある場合の当該外国関係会社の所得に係る益金算入額を除く。）については、この限りでない。

14　第八項各号に掲げる外国法人税の額のうち法第六十六条の七第一項の規定により外国関係会社に係る内国法人が納付する控除対象外国法人税の額とみなされる金額は、その内国法人の当該各号に定める事業年度に係る法人税法第六十九条第一項に規定する控除限度額の計算については、法人税法施行令第百四十二条第三項本文に規定する調整国外所得金額に含まれるものとする。

15　第十項又は第十一項の規定により控除対象外国法人税の額又は個別控除対象外国法人税の額が減額されたものとみなされた金額のうち、第十二項の規定により法人税法施行令第百四十七条第一項の規定による同項に規定する納付控除対象外国法人税額からの控除又は同条第三項の規定による同項に規定する控除限度超過額からの控除に充てられることとなる部分の金額に相当する金額は、第十項又は第十一項に規定する内国法人のこれらの控除をすることとなる事業年度の所得の金額の計算上、損金の額に算入する。この場合において、当該損金の額に算入する金額は、同令第百四十二条第三項本文に規定する調整国外所得金額の計算上の損金の額として配分するものとする。

16　法第六十六条の七第二項に規定する政令で定めるときは、外国法人税に関する法令に企業集団等所得課税規定がある場合に計算される個別計算外国法人税額が課されるものとされるときとする。

17　法第六十六条の七第二項及び第四項に規定する政令で定める金額は、外国法人税に関する法令に企業集団等所得課税規定がある場合に計算される個別計算外国法人税額とする。

18　法第六十六条の七第三項に規定する政令で定める事業年度は、外国関係会社の所得に対して課された外国法人税の額が第八項各号のいずれに該当するかに応じ当該各号に定める事業年度とする。

19　法第六十六条の七第四項に規定する課税対象金額に対応するものとして政令で定めるところにより計算した金額は、外国関係会社につきその課税対象年度の所得に対して課される外国法人税の額に、

当該課税対象年度に係る調整適用対象金額のうちに同項に規定する内国法人に係る課税対象金額の占める割合を乗じて計算した金額とする。

20　法第六十六条の七第四項に規定する部分課税対象金額に対応するものとして政令で定めるところにより計算した金額は、外国関係会社につきその部分課税対象年度の所得に対して課される外国法人税の額に、当該部分課税対象年度に係る調整適用対象金額（第六項に規定する調整適用対象金額をいう。以下この項、第二十六項及び第二十七項において同じ。）のうちに同条第四項に規定する内国法人に係る部分課税対象金額の占める割合（当該調整適用対象金額が当該部分課税対象金額を下回る場合には、当該部分課税対象年度に係る部分適用対象金額のうちに当該部分課税対象金額の占める割合）を乗じて計算した金額とする。

21　外国関係会社につきその課税対象年度又は部分課税対象年度の所得に対して二以上の外国法人税が課され、又は二回以上にわたつて外国法人税が課された場合において、当該外国関係会社に係る内国法人がその二以上の事業年度において当該外国法人税の額につき法第六十六条の七第四項の規定の適用を受けるときは、当該二以上の事業年度のうち最初の事業年度後の事業年度に係る同項の規定の適用については、第一号に掲げる金額から第二号に掲げる金額を控除した金額をもつて前二項に規定する計算した金額とする。

　一　法第六十六条の七第四項の規定の適用を受ける事業年度（次号において「適用事業年度」という。）終了の日までに当該課税対象年度又は部分課税対象年度の所得に対して課された外国法人税の額の合計額について前二項の規定により計算した金額

　二　適用事業年度開始の日の前日までに当該課税対象年度又は部分課税対象年度の所得に対して課された外国法人税の額の合計額について前二項の規定により計算した金額

22　外国関係会社につきその課税対象年度又は部分課税対象年度の所得に対して課された外国法人税の額のうち、法第六十六条の七第四項の規定により当該外国関係会社に係る内国法人が納付した同項に規定する外国法人税の額とみなされる金額は、次の各号に掲げる外国法人税の区分に応じそれぞれその内国法人の当該各号に定める事業年度においてその内国法人が納付することとなるものとみなし、その納付することとなるものとみなされた事業年度においてその内国法人が納付したものとみなす。

　一　その内国法人が当該外国関係会社の当該課税対象年度の課税対象金額に相当する金額又は当該部分課税対象年度の部分課税対象

金額に相当する金額につき法第六十六条の六第一項又は第六項の規定の適用を受ける事業年度終了の日以前に当該課税対象年度又は部分課税対象年度の所得に対して課された外国法人税　その適用を受ける事業年度

二　その内国法人が当該外国関係会社の当該課税対象年度の課税対象金額に相当する金額又は当該部分課税対象年度の部分課税対象金額に相当する金額につき法第六十六条の六第一項又は第六項の規定の適用を受ける事業年度終了の日後に当該課税対象年度又は部分課税対象年度の所得に対して課された外国法人税　その課された日の属する事業年度

23　法第六十六条の七第四項に規定する内国法人が有する同項の規定の適用に係る外国関係会社の株式等は、第四条の九第一項第一号（第四条の十第一項、第四条の十一第一項又は第五条第一項において準用する場合を含む。以下この項において同じ。）に規定する外貨建資産割合の計算については、同号に規定する外貨建資産に含まれるものとする。

24　法第六十六条の七第四項の規定の適用を受けた内国法人は、財務省令で定めるところにより、同項の規定の適用に係る外国法人税の額を課されたことを証する書類その他財務省令で定める書類を保存しなければならない。

則22の11の2①

則22の11の2②

25　法第六十六条の七第五項に規定する課税対象金額に対応するものとして政令で定めるところにより計算した金額は、外国関係会社につきその課税対象年度の所得に対して課される所得税等の額（同項に規定する所得税等の額をいう。次項及び第二十七項において同じ。）に、当該課税対象年度に係る調整適用対象金額のうちに同条第五項に規定する内国法人に係る課税対象金額の占める割合を乗じて計算した金額とする。

26　法第六十六条の七第五項に規定する部分課税対象金額に対応するものとして政令で定めるところにより計算した金額は、外国関係会社につきその部分課税対象年度の所得に対して課される所得税等の額に、当該部分課税対象年度に係る調整適用対象金額のうちに同項に規定する内国法人に係る部分課税対象金額の占める割合（当該調整適用対象金額が当該部分課税対象金額を下回る場合には、当該部分課税対象年度に係る部分適用対象金額のうちに当該部分課税対象金額の占める割合）を乗じて計算した金額とする。

27　法第六十六条の七第五項に規定する金融子会社等部分課税対象金額に対応するものとして政令で定めるところにより計算した金額は、外国関係会社につきその金融子会社等部分課税対象年度の所得に対

して課される所得税等の額に、当該金融子会社等部分課税対象年度に係る調整適用対象金額のうちに同項に規定する内国法人に係る金融子会社等部分課税対象金額の占める割合（当該調整適用対象金額が当該金融子会社等部分課税対象金額を下回る場合には、当該金融子会社等部分課税対象年度に係る金融子会社等部分適用対象金額のうちに当該金融子会社等部分課税対象金額の占める割合）を乗じて計算した金額とする。

28　法第六十六条の七第五項及び第七項に規定する政令で定める事業年度は、法第六十六条の六第一項各号に掲げる内国法人が、当該内国法人に係る外国関係会社の課税対象年度の課税対象金額に相当する金額、部分課税対象年度の部分課税対象金額に相当する金額又は金融子会社等部分課税対象年度の金融子会社等部分課税対象金額に相当する金額につき、同項又は同条第六項若しくは第八項の規定の適用を受ける事業年度とする。

29　法第六十六条の七第十一項の規定の適用がある場合における地方法人税法施行令第三条の規定の適用については、同条第一項中「法第十条及び第十二条の二」とあるのは「法第十条及び第十二条の二並びに租税特別措置法（昭和三十二年法律第二十六号）第六十六条の七第十一項」と、「租税特別措置法（昭和三十二年法律第二十六号）」とあるのは「租税特別措置法」と、「、第十条及び第十二条の二」とあるのは「、第十条及び第十二条の二並びに租税特別措置法第六十六条の七第十一項」とする。

（特定課税対象金額及び間接特定課税対象金額の計算等）
第三十九条の十九　内国法人が外国法人から受ける剰余金の配当等の額（法第六十六条の八第一項に規定する剰余金の配当等の額をいう。以下この条において同じ。）がある場合における同項から法第六十六条の八第三項までの規定の適用については、同条第一項の規定の適用に係る剰余金の配当等の額、同条第二項の規定の適用に係る剰余金の配当等の額及び同条第三項の規定の適用に係る剰余金の配当等の額の順に、同条第一項から第三項までの規定を適用するものとする。

2　法第六十六条の八第四項第一号に規定する政令で定めるところにより計算した金額は、同号の外国法人に係る適用対象金額（内国法人の同号に規定する事業年度〔以下この項において「配当事業年度」という。〕の所得の金額の計算上益金の額に算入される課税対象金額に係るものに限る。以下この項において同じ。）、部分適用対象金額（内国法人の配当事業年度の所得の金額の計算上益金の額に算入される部分課税対象金額に係るものに限る。以下この項において同じ。）又は金融

子会社等部分適用対象金額（内国法人の配当事業年度の所得の金額の計算上益金の額に算入される金融子会社等部分課税対象金額に係るものに限る。以下この項において同じ。）に、当該外国法人の当該適用対象金額、部分適用対象金額又は金融子会社等部分適用対象金額に係る事業年度終了の時における発行済株式等のうちに当該事業年度終了の時における当該内国法人の有する当該外国法人の請求権等勘案直接保有株式等（内国法人が有する外国法人の株式等の数又は金額〔次の各号に掲げる場合に該当する場合には、当該各号に定める数又は金額〕をいう。次項において同じ。）の占める割合を乗じて計算した金額とする。

一 当該外国法人が請求権の内容が異なる株式等を発行している場合（次号又は第三号に掲げる場合に該当する場合を除く。） 当該外国法人の発行済株式等に、当該内国法人が当該請求権の内容が異なる株式等に係る請求権に基づき受けることができる剰余金の配当等の額がその総額のうちに占める割合を乗じて計算した数又は金額

二 当該外国法人の事業年度終了の時において当該外国法人と当該内国法人との間に実質支配関係がある場合 当該外国法人の発行済株式等

三 当該外国法人の事業年度終了の時において当該外国法人と当該内国法人以外の者との間に実質支配関係がある場合 零

3 法第六十六条の八第四項第二号に規定する政令で定めるところにより計算した金額は、同号の外国法人の各事業年度の適用対象金額（内国法人の同号に規定する前十年以内の各事業年度〔以下この項において「前十年以内の各事業年度」という。〕の所得の金額の計算上益金の額に算入された課税対象金額に係るものに限る。以下この項において同じ。）、部分適用対象金額（内国法人の前十年以内の各事業年度の所得の金額の計算上益金の額に算入された部分課税対象金額に係るものに限る。以下この項において同じ。）又は金融子会社等部分適用対象金額（内国法人の前十年以内の各事業年度の所得の金額の計算上益金の額に算入された金融子会社等部分課税対象金額に係るものに限る。以下この項において同じ。）に、当該外国法人の当該適用対象金額、部分適用対象金額又は金融子会社等部分適用対象金額に係る各事業年度終了の時における発行済株式等のうちに当該各事業年度終了の時における当該内国法人の有する当該外国法人の請求権等勘案直接保有株式等の占める割合を乗じて計算した金額の合計額とする。

4 法第六十六条の八第六項の規定の適用がある場合の同項の内国法人の同項に規定する適格組織再編成（次項において「適格組織再編

成」という。）の日（当該適格組織再編成が残余財産の全部の分配である場合には、その残余財産の確定の日の翌日。次項において同じ。）を含む事業年度以後の各事業年度における同条第四項の規定の適用については、同条第六項各号に定める課税済金額（同条第四項第二号に掲げる金額をいう。以下この条において同じ。）又は個別課税済金額（法第六十八条の九十二第四項第二号に掲げる金額をいう。以下この条において同じ。）は、被合併法人、分割法人、現物出資法人又は現物分配法人（次項において「被合併法人等」という。）の次の各号に掲げる事業年度又は連結事業年度の区分に応じ当該内国法人の当該各号に定める事業年度の課税済金額とみなす。

一　適格合併等（法第六十六条の八第六項第一号に規定する適格合併等をいう。次号において同じ。）に係る被合併法人又は現物分配法人の同項第一号に規定する合併等前十年内事業年度（以下この項及び次項において「合併等前十年内事業年度」という。）のうち次号に掲げるもの以外のもの　当該被合併法人又は現物分配法人の合併等前十年内事業年度開始の日を含む当該内国法人の各事業年度

二　適格合併等に係る被合併法人又は現物分配法人の合併等前十年内事業年度のうち当該内国法人の当該適格合併等の日（法第六十六条の八第六項第一号に規定する適格合併等の日をいう。）を含む事業年度（以下この号において「合併等事業年度」という。）開始の日以後に開始したもの　当該内国法人の合併等事業年度開始の日の前日を含む事業年度

三　適格分割等（法第六十六条の八第六項第二号に規定する適格分割等をいう。以下この項及び第六項において同じ。）に係る分割法人等（分割法人、現物出資法人又は現物分配法人をいう。以下この項及び第六項において同じ。）の同号に規定する分割等前十年内事業年度（以下この条において「分割等前十年内事業年度」という。）のうち次号及び第五号に掲げるもの以外のもの　当該分割法人等の分割等前十年内事業年度開始の日を含む当該内国法人の各事業年度

四　適格分割等に係る分割法人等の当該適格分割等の日を含む事業年度又は連結事業年度開始の日が当該内国法人の当該適格分割等の日を含む事業年度開始の日前である場合の当該分割法人等の分割等前十年内事業年度　当該分割法人等の分割等前十年内事業年度終了の日を含む当該内国法人の各事業年度

五　適格分割等に係る分割法人等の分割等前十年内事業年度のうち当該内国法人の当該適格分割等の日を含む事業年度（以下この号において「分割承継等事業年度」という。）開始の日以後に開始し

たもの 当該内国法人の分割承継等事業年度開始の日の前日を含む事業年度

5 法第六十六条の八第六項の内国法人の適格組織再編成の日を含む事業年度開始の日前十年以内に開始した各事業年度又は各連結事業年度のうち最も古い事業年度又は連結事業年度開始の日（以下この項において「内国法人十年前事業年度開始日」という。）が当該適格組織再編成に係る被合併法人等の合併等前十年内事業年度又は分割等前十年内事業年度（以下この項において「被合併法人等前十年内事業年度」という。）のうち最も古い事業年度又は連結事業年度開始の日（二以上の被合併法人等が行う適格組織再編成にあつては、当該開始の日が最も早い被合併法人等の当該事業年度又は連結事業年度開始の日。以下この項において「被合併法人等十年前事業年度開始日」という。）後である場合には、当該被合併法人等十年前事業年度開始日から当該内国法人十年前事業年度開始日（当該適格組織再編成が当該内国法人を設立するものである場合にあつては、当該内国法人の当該適格組織再編成の日を含む事業年度開始の日。以下この項において同じ。）の前日までの期間を当該期間に対応する当該被合併法人等十年前事業年度開始日に係る被合併法人等前十年内事業年度ごとに区分したそれぞれの期間（当該前日を含む期間にあつては、当該被合併法人等の当該前日を含む事業年度又は連結事業年度開始の日から当該内国法人十年前事業年度開始日の前日までの期間）は、当該内国法人のそれぞれの事業年度とみなして、前項の規定を適用する。

6 法第六十六条の八第六項第二号に規定する政令で定めるところにより計算した金額は、次の各号に掲げる課税済金額又は個別課税済金額の区分に応じ当該各号に定める金額とする。

一 課税済金額 適格分割等に係る分割法人等の分割等前十年内事業年度の課税済金額にイに掲げる請求権勘案直接保有株式等（内国法人が有する外国法人の株式等の数又は金額〔当該外国法人が請求権の内容が異なる株式等を発行している場合には、当該外国法人の発行済株式等に、当該内国法人が当該請求権の内容が異なる株式等に係る請求権に基づき受けることができる剰余金の配当等の額がその総額のうちに占める割合を乗じて計算した数又は金額〕をいう。以下この項及び第八項において同じ。）のうちにロに掲げる請求権勘案直接保有株式等の占める割合をそれぞれ乗じて計算した金額

イ 当該適格分割等の直前に当該分割法人等が有する法第六十六条の八第六項の外国法人の請求権勘案直接保有株式等

ロ 法第六十六条の八第六項の内国法人が当該適格分割等により当該分割法人等から移転を受ける同項の外国法人の請求権勘案

　　直接保有株式等

　二　個別課税済金額　適格分割等に係る分割法人等の分割等前十年
　　内事業年度の個別課税済金額にイに掲げる請求権勘案直接保有株
　　式等のうちにロに掲げる請求権勘案直接保有株式等の占める割合
　　をそれぞれ乗じて計算した金額

　　イ　当該適格分割等の直前に当該分割法人等が有する法第六十六
　　　条の八第六項の外国法人の請求権勘案直接保有株式等

　　ロ　法第六十六条の八第六項の内国法人が当該適格分割等により
　　　当該分割法人等から移転を受ける同項の外国法人の請求権勘案
　　　直接保有株式等

7　法第六十六条の八第十一項第一号に規定する政令で定める剰余金
　の配当等の額は、同号に規定する期間において同号の外国法人が他
　の外国法人から受けた剰余金の配当等の額であつて次に掲げるもの
　とする。

　一　当該他の外国法人の課税対象金額、部分課税対象金額若しくは
　　金融子会社等部分課税対象金額又は法第六十八条の九十第一項に
　　規定する個別課税対象金額、同条第六項に規定する個別部分課税
　　対象金額若しくは同条第八項に規定する個別金融子会社等部分課
　　税対象金額（法第六十六条の八第十一項第一号の内国法人の配当事
　　業年度〔同号に規定する配当事業年度をいう。次項及び第十項におい
　　て同じ。〕又は同号に規定する前二年以内の各事業年度等の所得の金
　　額又は連結所得の金額の計算上益金の額に算入されたものに限る。次
　　号において「課税対象金額等」という。）の生ずる事業年度がない
　　場合における当該他の外国法人から受けたもの

　二　当該他の外国法人の課税対象金額等の生ずる事業年度開始の日
　　（その日が二以上ある場合には、最も早い日）前に受けたもの

8　法第六十六条の八第十一項第一号に規定する政令で定める金額は、
　同号に規定する期間において同号の外国法人が他の外国法人から受
　けた剰余金の配当等の額（同号に規定する政令で定める剰余金の配当
　等の額を除く。）に、同号の内国法人の配当事業年度において当該内
　国法人が当該外国法人から受けた剰余金の配当等の額のうち当該配
　当事業年度の終了の日に最も近い日に受けたものの支払に係る基準
　日（以下この項において「直近配当基準日」という。）における当該
　外国法人の発行済株式等のうちに直近配当基準日における当該内国
　法人の有する当該外国法人の請求権勘案直接保有株式等の占める割
　合を乗じて計算した金額とする。

9　法第六十六条の八第十一項第二号イに規定する政令で定める他の
　外国法人の株式の数又は出資の金額は、外国法人の発行済株式等に、

内国法人の出資関連法人（当該外国法人の株主等〔法人税法第二条第十四号に規定する株主等をいう。以下この項及び第十二項第二号において同じ。〕である他の外国法人をいう。以下この項及び第十二項第一号において同じ。）に係る持株割合（その株主等の有する株式等の数又は金額が当該株式等の発行法人の発行済株式等のうちに占める割合〔当該発行法人が請求権の内容が異なる株式等を発行している場合には、その株主等が当該請求権の内容が異なる株式等に係る請求権に基づき受けることができる剰余金の配当等の額がその総額のうちに占める割合〕をいう。以下この項において同じ。）及び当該出資関連法人の当該外国法人に係る持株割合を乗じて計算した株式等の数又は金額とする。

10　法第六十六条の八第十一項第二号イに規定する政令で定めるところにより計算した金額は、同号イの他の外国法人に係る適用対象金額（内国法人の配当事業年度の所得の金額の計算上益金の額に算入される課税対象金額に係るものに限る。以下この項において同じ。）、部分適用対象金額（内国法人の配当事業年度の所得の金額の計算上益金の額に算入される部分課税対象金額に係るものに限る。以下この項において同じ。）又は金融子会社等部分適用対象金額（内国法人の配当事業年度の所得の金額の計算上益金の額に算入される金融子会社等部分課税対象金額に係るものに限る。以下この項において同じ。）に、当該他の外国法人の当該適用対象金額、部分適用対象金額又は金融子会社等部分適用対象金額に係る事業年度終了の時における発行済株式等のうちに当該事業年度終了の時において当該内国法人が同条第十一項第一号の外国法人を通じて間接に有する当該他の外国法人の請求権等勘案間接保有株式等の占める割合を乗じて計算した金額とする。

11　法第六十六条の八第十一項第二号ロに規定する政令で定めるところにより計算した金額は、同号ロの他の外国法人の各事業年度の適用対象金額（内国法人の同号ロに規定する前二年以内の各事業年度〔以下この項において「前二年以内の各事業年度」という。〕の所得の金額の計算上益金の額に算入された課税対象金額に係るものに限る。以下この項において同じ。）、部分適用対象金額（内国法人の前二年以内の各事業年度の所得の金額の計算上益金の額に算入された部分課税対象金額に係るものに限る。以下この項において同じ。）又は金融子会社等部分適用対象金額（内国法人の前二年以内の各事業年度の所得の金額の計算上益金の額に算入された金融子会社等部分課税対象金額に係るものに限る。以下この項において同じ。）に、当該他の外国法人の当該適用対象金額、部分適用対象金額又は金融子会社等部分適用対象金額に係る各事業年度終了の時における発行済株式等のうちに当該各事業年度終了の時において当該内国法人が同条第十一項第一号の外

国法人を通じて間接に有する当該他の外国法人の請求権等勘案間接保有株式等の占める割合を乗じて計算した金額の合計額とする。

12　前二項及びこの項において、次の各号に掲げる用語の意義は、当該各号に定めるところによる。

一　請求権等勘案間接保有株式等　外国法人の発行済株式等に、内国法人の出資関連法人に係る請求権等勘案保有株式等保有割合及び当該出資関連法人の当該外国法人に係る請求権等勘案保有株式等保有割合を乗じて計算した株式等の数又は金額をいう。

二　請求権等勘案保有株式等保有割合　株式等の発行法人の株主等の有する株式等の数又は金額が当該発行法人の発行済株式等のうちに占める割合（次に掲げる場合に該当する場合には、それぞれ次に定める割合）

イ　当該発行法人が請求権の内容が異なる株式等を発行している場合（ロ又はハに掲げる場合に該当する場合を除く。）　当該株主等が当該請求権の内容が異なる株式等に係る請求権に基づき受けることができる剰余金の配当等の額がその総額のうちに占める割合

ロ　法第六十六条の八第十一項第一号の他の外国法人の事業年度終了の時において当該発行法人と当該株主等との間に実質支配関係がある場合　百分の百

ハ　法第六十六条の八第十一項第一号の他の外国法人の事業年度終了の時において当該発行法人と当該株主等以外の者との間に実質支配関係がある場合　零

13　第四項から第六項までの規定は、法第六十六条の八第十三項において準用する同条第六項の規定を適用する場合について準用する。この場合において、次の表の上欄に掲げる規定中同表の中欄に掲げる字句は、それぞれ同表の下欄に掲げる字句に読み替えるものとする。

	第六十六条の八第六項の	第六十六条の八第十三項の規定により読み替えられた同条第六項の
	同条第四項の	同条第十一項の
第四項	同条第六項各号に定める課税済金額（同条第四項第二号に掲げる金額をいう。以下この条において同じ。）又は個別課税済金額（法第六十八条の九十二第四項第二号に掲げ	同条第十三項の規定により読み替えられた同条第六項各号に定める間接配当等（同条第十一項第一号に掲げる金額をいう。以下この項及び第六項において同じ。）若しくは間接課税済金額（同条第十一項第二号ロに掲げる金額をいう。以下この項及び第六項において同じ。）又は個別間接配当等（法第六十八条の九十二第十一項第一号に掲げる金額をいう。第六項において同じ。）若しくは個別間接課税済金額（法第

	る金額をいう。以下この条において同じ。）	六十八条の九十二第十一項第二号ロに掲げる金額をいう。第六項において同じ。）
	の課税済金額	の間接配当等又は間接課税済金額
第四項第一号	同項第一号	同条第十三項の規定により読み替えられた同条第六項第一号
	合併等前十年内事業年度	合併等前二年内事業年度
第四項第二号	合併等前十年内事業年度	合併等前二年内事業年度
第四項第三号	同号	同条第十三項の規定により読み替えられた同条第六項第二号
	分割等前十年内事業年度	分割等前二年内事業年度
第四項第四号及び第五号	分割等前十年内事業年度	分割等前二年内事業年度
第五項	前十年以内	前二年以内
	内国法人十年前事業年度開始日	内国法人二年前事業年度開始日
	合併等前十年内事業年度又は分割等前十年内事業年度	合併等前二年内事業年度又は分割等前二年内事業年度
	被合併法人等前十年内事業年度	被合併法人等前二年内事業年度
	被合併法人等十年前事業年度開始日	被合併法人等二年前事業年度開始日
	前項	第十三項の規定により読み替えられた前項
第六項	第六十六条の八第六項第二号	第六十六条の八第十三項の規定により読み替えられた同条第六項第二号
	課税済金額又は個別課税済金額	間接配当等若しくは間接課税済金額又は個別間接配当等若しくは個別間接課税済金額
第六項第一号	課税済金額	間接配当等又は間接課税済金額
	分割等前十年内事業年度	分割等前二年内事業年度
	請求権勘案直接保有株式等（内国法人が有する外国法人の株式等の数又は	間接保有の株式等の数（法第六十六条の八第十一項第二号イに規定する間接保有の株式等の数をいう。以下この項において同じ。）のうちに

412

	金額〔当該外国法人が請求権の内容が異なる株式等を発行している場合には、当該外国法人の発行済株式等に、当該内国法人が当該請求権の内容が異なる株式等に係る請求権に基づき受けることができる剰余金の配当等の額がその総額のうちに占める割合を乗じて計算した数又は金額〕をいう。以下この項及び第八項において同じ。）のうちに	
	請求権勘案直接保有株式等の占める	間接保有の株式等の数の占める
イ及びロ第六項第一号	請求権勘案直接保有株式等	間接保有の株式等の数
第六項第二号	個別課税済金額	個別間接配当等又は個別間接課税済金額
	分割等前十年内事業年度	分割等前二年内事業年度
	請求権勘案直接保有株式等の	間接保有の株式等の数の
イ及びロ第六項第二号	請求権勘案直接保有株式等	間接保有の株式等の数

14　法第六十六条の八第一項、第三項、第八項又は第十項の規定の適用がある場合における法人税法施行令の規定の適用については、同令第九条第一項第一号ハ中「益金不算入）」とあるのは、「益金不算入）又は租税特別措置法第六十六条の八（内国法人の外国関係会社に係る所得の課税の特例）」とする。

15　法第六十六条の八第二項前段又は第九項前段の規定の適用がある場合における法人税法施行令の規定の適用については、同令第九条第一項第一号ハ中「益金不算入）」とあるのは、「益金不算入）（租税特別措置法第六十六条の八第二項前段又は第九項前段（内国

法人の外国関係会社に係る所得の課税の特例）の規定により読み替えて適用する場合を含む。）」とする。

（外国関係会社の判定等）

第三十九条の二十　法第六十六条の六第一項、第六項又は第八項の場合において、外国法人が同条第二項第一号に規定する外国関係会社（以下この項及び次項において「外国関係会社」という。）に該当するかどうかの判定は、当該外国法人の各事業年度終了の時の現況によるものとし、内国法人が同条第一項各号に掲げる法人に該当するかどうかの判定は、これらの法人に係る外国関係会社の各事業年度終了の時の現況による。

2　法第六十六条の六第一項各号に掲げる内国法人が当該内国法人に係る外国関係会社の各事業年度終了の日以後二月を経過する日までの間に合併により解散した場合には、その直接及び間接に有する当該外国関係会社の株式等でその合併に係る合併法人が移転を受けたものは、その合併法人が当該外国関係会社の各事業年度終了の日において直接及び間接に有する株式等とみなす。

3　法第六十六条の六第一項、第六項又は第八項の規定の適用を受けた内国法人のこれらの規定により益金の額に算入された金額は、法人税法第六十七条第三項及び第五項の規定の適用については、これらの規定に規定する所得等の金額に含まれないものとする。

4　法第六十六条の六第一項、第六項又は第八項の規定の適用を受けた内国法人の利益積立金額の計算については、これらの規定により益金の額に算入された金額は、法人税法施行令第九条第一項第一号イに規定する所得の金額に含まれないものとする。

5　法人税法施行令第十四条の十第一項から第五項まで及び第七項から第十一項までの規定は、法第六十六条の六第十二項の規定を同条から法第六十六条の九までの規定及び第三十九条の十四からこの条までの規定において適用する場合について準用する。

6　前項に定めるもののほか、法人税法第四条の七に規定する受託法人又は法人課税信託の受益者についての法第六十六条の六から第六十六条の九までの規定又は第三十九条の十四からこの条までの規定の適用に関し必要な事項は、財務省令で定める。

第八節の五　特殊関係株主等である内国法人に係る外国関係法人に係る所得の課税の特例

（特殊関係株主等の範囲等）

第三十九条の二十の二　法第六十六条の九の二第一項に規定する政令
で定める特殊の関係のある個人は、次に掲げる個人とする。

一　特定株主等（法第六十六条の九の二第二項第一号に規定する特定
株主等をいう。次号及び次項第一号において同じ。）に該当する個人
と法人税法施行令第四条第一項に規定する特殊の関係のある個人

二　特定株主等に該当する法人の役員（法人税法第二条第十五号に規
定する役員をいう。以下この項及び第三十九条の二十の四第八項にお
いて同じ。）及び当該役員に係る法人税法施行令第七十二条各号
に掲げる者（次号において「特殊関係者」という。）

三　特殊関係内国法人（法第六十六条の九の二第二項第二号に規定す
る特殊関係内国法人をいう。以下この節において同じ。）の役員及び
当該役員に係る特殊関係者

2　法第六十六条の九の二第一項に規定する政令で定める特殊の関係
のある法人は、次に掲げる法人とする。

一　一の特定株主等（当該特定株主等と前項第一号又は第二号に規定
する特殊の関係のある個人を含む。）又は一の特殊関係内国法人と
同項第三号に規定する特殊の関係のある個人（以下この項におい
て「判定株主等」という。）が他の法人を支配している場合にお
ける当該他の法人

二　判定株主等及びこれと前号に規定する特殊の関係のある法人が
他の法人を支配している場合における当該他の法人

三　判定株主等及びこれと前二号に規定する特殊の関係のある法人
が他の法人を支配している場合における当該他の法人

3　法人税法施行令第四条第三項及び第四項の規定は、前項の規定を
適用する場合について準用する。

4　法第六十六条の九の二第一項に規定する政令で定める関係は、同
項に規定する特殊関係株主等（以下この節において「特殊関係株主
等」という。）と特殊関係内国法人との間に特殊関係株主等の特殊
関係内国法人に係る間接保有株式等保有割合（次の各号に掲げる場
合の区分に応じ当該各号に定める割合〔当該各号に掲げる場合のいずれ
にも該当する場合には、当該各号に定める割合の合計割合〕をいう。）
が百分の八十以上である関係がある場合における当該関係とする。

一　特殊関係内国法人の株主等（法人税法第二条第十四号に規定する
株主等をいう。以下この条並びに次条第一項及び第二項において同
じ。）である外国法人（特殊関係株主等に該当するものを除く。以下
この号において同じ。）の発行済株式又は出資（自己が有する自己
の株式又は出資を除く。）の総数又は総額（以下この節において「発

行済株式等」という。）の百分の八十以上の数又は金額の株式等（株式又は出資をいう。以下この節において同じ。）が特殊関係株主等によつて保有されている場合　当該株主等である外国法人の有する特殊関係内国法人の株式等の数又は金額が当該特殊関係内国法人の発行済株式等のうちに占める割合（当該株主等である外国法人が二以上ある場合には、当該二以上の株主等である外国法人につきそれぞれ計算した割合の合計割合）

　二　特殊関係内国法人の株主等である法人（前号に掲げる場合に該当する同号の株主等である外国法人及び特殊関係株主等に該当する法人を除く。）と特殊関係株主等との間にこれらの者と株式等の保有を通じて連鎖関係にある一又は二以上の法人（当該株主等である法人が内国法人であり、かつ、当該一又は二以上の法人の全てが内国法人である場合の当該一又は二以上の内国法人及び特殊関係株主等に該当する法人を除く。以下この号において「出資関連法人」という。）が介在している場合（出資関連法人及び当該株主等である法人がそれぞれその発行済株式等の百分の八十以上の数又は金額の株式等を特殊関係株主等又は出資関連法人〔その発行済株式等の百分の八十以上の数又は金額の株式等が特殊関係株主等又は他の出資関連法人によつて保有されているものに限る。〕によつて保有されている場合に限る。）　当該株主等である法人の有する特殊関係内国法人の株式等の数又は金額が当該特殊関係内国法人の発行済株式等のうちに占める割合（当該株主等である法人が二以上ある場合には、当該二以上の株主等である法人につきそれぞれ計算した割合の合計割合）

5　法第六十六条の九の二第一項に規定する政令で定める外国法人は、次に掲げる外国法人とする。

　一　前項に規定する間接保有株式等保有割合が百分の八十以上である場合における同項第一号に規定する株主等である外国法人に該当する外国法人

　二　前項に規定する間接保有株式等保有割合が百分の八十以上である場合における同項第二号に規定する株主等である法人に該当する外国法人及び同号に規定する出資関連法人に該当する外国法人

　三　前二号に掲げる外国法人がその発行済株式等の百分の五十を超える数又は金額の株式等を直接又は間接に有する外国法人（前二号に掲げる外国法人に該当するもの及び特殊関係株主等に該当するものを除く。）

　四　次条第二十一項において準用する第三十九条の十七第三項に規定する部分対象外国関係会社に係る同項第一号イに規定する特定外国金融機関（同号イ（2）に掲げる外国法人に限る。）及び同条第

九項第二号に規定する特定外国金融機関（同号ロに掲げる外国法人に限る。）

6 前項第三号において発行済株式等の百分の五十を超える数又は金額の株式等を直接又は間接に有するかどうかの判定は、同項第一号及び第二号に掲げる外国法人の他の外国法人（同項第一号又は第二号に掲げる外国法人に該当するもの及び特殊関係株主等に該当するものを除く。以下この項において同じ。）に係る直接保有株式等保有割合（前項第一号及び第二号に掲げる外国法人の有する他の外国法人の株式等の数又は金額が当該他の外国法人の発行済株式等のうちに占める割合をいう。）と同項第一号及び第二号に掲げる外国法人の当該他の外国法人に係る間接保有株式等保有割合（次の各号に掲げる場合の区分に応じ当該各号に定める割合〔当該各号に掲げる場合のいずれにも該当する場合には、当該各号に定める割合の合計割合〕をいう。）とを合計した割合により行うものとする。

一 当該他の外国法人の株主等である外国法人の発行済株式等の百分の五十を超える数又は金額の株式等が前項第一号及び第二号に掲げる外国法人によつて保有されている場合 当該株主等である外国法人の有する当該他の外国法人の株式等の数又は金額が当該他の外国法人の発行済株式等のうちに占める割合（当該株主等である外国法人が二以上ある場合には、当該二以上の株主等である外国法人につきそれぞれ計算した割合の合計割合）

二 当該他の外国法人の株主等である外国法人（前号に掲げる場合に該当する同号の株主等である外国法人を除く。）と前項第一号及び第二号に掲げる外国法人との間にこれらの者と株式等の保有を通じて連鎖関係にある一又は二以上の外国法人（以下この号において「出資関連外国法人」という。）が介在している場合（出資関連外国法人及び当該株主等である外国法人がそれぞれその発行済株式等の百分の五十を超える数又は金額の株式等を同項第一号及び第二号に掲げる外国法人又は出資関連外国法人〔その発行済株式等の百分の五十を超える数又は金額の株式等が同項第一号及び第二号に掲げる外国法人又は他の出資関連外国法人によつて保有されているものに限る。〕によつて保有されている場合に限る。） 当該株主等である外国法人の有する当該他の外国法人の株式等の数又は金額が当該他の外国法人の発行済株式等のうちに占める割合（当該株主等である外国法人が二以上ある場合には、当該二以上の株主等である外国法人につきそれぞれ計算した割合の合計割合）

7 法第六十六条の九の二第一項に規定する政令で定めるところにより計算した金額は、特殊関係株主等である内国法人に係る特定外国

関係法人（同条第二項第三号に規定する特定外国関係法人をいう。以下この項において同じ。）又は対象外国関係法人（同条第二項第四号に規定する対象外国関係法人をいう。以下この項において同じ。）の各事業年度の適用対象金額（同条第二項第五号に規定する適用対象金額をいう。以下この節において同じ。）に、当該特定外国関係法人又は対象外国関係法人の当該各事業年度終了の時における発行済株式等のうちに当該各事業年度終了の時における当該特殊関係株主等である内国法人の有する当該特定外国関係法人又は対象外国関係法人の請求権勘案保有株式等の占める割合を乗じて計算した金額とする。

8　前項及びこの項において、次の各号に掲げる用語の意義は、当該各号に定めるところによる。

一　請求権勘案保有株式等　内国法人が有する外国法人の株式等の数又は金額（当該外国法人が請求権〔法第六十六条の九の二第一項に規定する請求権をいう。以下この項及び第三十九条の二十の八第二項において同じ。〕の内容が異なる株式等又は実質的に請求権の内容が異なると認められる株式等〔以下この項及び同条第二項において「請求権の内容が異なる株式等」という。〕を発行している場合には、当該外国法人の発行済株式等に、当該内国法人が当該請求権の内容が異なる株式等に係る請求権に基づき受けることができる法人税法第二十三条第一項第一号に規定する剰余金の配当、利益の配当又は剰余金の分配〔次号において「剰余金の配当等」という。〕の額がその総額のうちに占める割合を乗じて計算した数又は金額）及び請求権勘案間接保有株式等を合計した数又は金額をいう。

二　請求権勘案間接保有株式等　外国法人の発行済株式等に、次に掲げる場合の区分に応じそれぞれ次に定める割合（次に掲げる場合のいずれにも該当する場合には、それぞれ次に定める割合の合計割合）を乗じて計算した株式等の数又は金額をいう。

イ　当該外国法人の株主等である他の外国法人（イにおいて「他の外国法人」という。）の発行済株式等の全部又は一部が内国法人により保有されている場合　当該内国法人の当該他の外国法人に係る持株割合（その株主等の有する株式等の数又は金額が当該株式等の発行法人の発行済株式等のうちに占める割合〔当該発行法人が請求権の内容が異なる株式等を発行している場合には、その株主等が当該請求権の内容が異なる株式等に係る請求権に基づき受けることができる剰余金の配当等の額がその総額のうちに占める割合〕をいう。以下この号において同じ。）に当該他の外国法人の当該外国法人に係る持株割合を乗じて計算した割合（当該他の外国法人が二以上ある場合には、二以上の当該他の外国法人につ

きそれぞれ計算した割合の合計割合）

　　　ロ　当該外国法人と他の外国法人（その発行済株式等の全部又は一
　　　　部が内国法人により保有されているものに限る。ロにおいて「他
　　　　の外国法人」という。）との間に一又は二以上の外国法人（ロに
　　　　おいて「出資関連外国法人」という。）が介在している場合であ
　　　　つて、当該内国法人、当該他の外国法人、出資関連外国法人及
　　　　び当該外国法人が株式等の保有を通じて連鎖関係にある場合
　　　　当該内国法人の当該他の外国法人に係る持株割合、当該他の外
　　　　国法人の出資関連外国法人に係る持株割合、出資関連外国法人
　　　　の他の出資関連外国法人に係る持株割合及び出資関連外国法人
　　　　の当該外国法人に係る持株割合を順次乗じて計算した割合（当
　　　　該連鎖関係が二以上ある場合には、当該二以上の連鎖関係につきそ
　　　　れぞれ計算した割合の合計割合）

（特定株主等の範囲等）
第三十九条の二十の三　法第六十六条の九の二第二項第一号に規定す
　る政令で定める特殊の関係のある個人は、内国法人の株主等と法人
　税法施行令第四条第一項に規定する特殊の関係のある個人とする。
2　法第六十六条の九の二第二項第一号に規定する政令で定める特殊
　の関係のある法人は、次に掲げる法人とする。
　一　内国法人の株主等（当該内国法人が自己の株式等を有する場合の
　　当該内国法人を除く。以下この項において「判定株主等」という。）
　　の一人（個人である判定株主等については、その一人及びこれと前項
　　に規定する特殊の関係のある個人。以下この項において同じ。）が他
　　の法人を支配している場合における当該他の法人
　二　判定株主等の一人及びこれと前号に規定する特殊の関係のある
　　法人が他の法人を支配している場合における当該他の法人
　三　判定株主等の一人及びこれと前二号に規定する特殊の関係のあ
　　る法人が他の法人を支配している場合における当該他の法人
3　法人税法施行令第四条第三項及び第四項の規定は、前項の規定を
　適用する場合について準用する。
4　法第六十六条の九の二第二項第二号に規定する政令で定める内国
　法人は、合併、分割、事業の譲渡その他の事由（以下この項におい
　て「特定事由」という。）により、同号に規定する特定内国法人の
　当該特定事由の直前の資産及び負債のおおむね全部の移転を受けた
　内国法人とする。
5　第三十九条の十四の三第五項の規定は外国関係法人（法第六十六
　条の九の二第一項に規定する外国関係法人をいう。以下この条において

同じ。）に係る法第六十六条の九の二第二項第三号イ（3）に規定する政令で定める要件に該当する外国法人について、第三十九条の十四の三第六項の規定は同号イ（3）に規定する政令で定める要件に該当する外国関係法人について、同条第七項の規定は同号イ（4）に規定する特殊関係株主等である内国法人に係る他の外国関係法人で政令で定めるものについて、同条第八項の規定は同号イ（4）に規定する政令で定める要件に該当する外国関係法人について、同条第九項の規定は同号イ（5）に規定する政令で定める要件に該当する外国関係法人について、それぞれ準用する。この場合において、同条第五項中「同条第一項」とあるのは「法第六十六条の九の二第一項」と、同条第六項中「外国子会社（同号イ（3）に規定する外国子会社」とあるのは「外国子法人（法第六十六条の九の二第二項第三号イ（3）に規定する外国子法人」と、同項各号中「外国子会社」とあるのは「外国子法人」と、同条第七項中「当該」とあるのは「法第六十六条の九の二第一項に規定する特殊関係株主等である」と、「他の外国関係会社（管理支配会社〔同号イ（4）」とあるのは「他の外国関係法人（同項に規定する外国関係法人をいい、管理支配法人〔同条第二項第三号イ（4）」と、「管理支配会社を」とあるのは「管理支配法人を」と、「部分対象外国関係会社（同条第二項第六号に規定する部分対象外国関係会社」とあるのは「部分対象外国関係法人（同条第二項第七号に規定する部分対象外国関係法人」と、同条第八項中「特定子会社（同号イ（4）」とあるのは「特定子法人（法第六十六条の九の二第二項第三号イ（4）」と、「特定子会社を」とあるのは「特定子法人を」と、同項第一号から第四号までの規定中「管理支配会社」とあるのは「管理支配法人」と、同項第五号ロ中「第六十六条の六第一項各号に掲げる内国法人に係る他の外国関係会社」とあるのは「第六十六条の九の二第一項に規定する特殊関係株主等である内国法人に係る他の外国関係法人（同項に規定する外国関係法人をいう。次項第三号イ（1）（ⅱ）において同じ。）」と、同項第六号イ中「特定子会社」とあるのは「特定子法人」と、同号ロ中「特定子会社」とあるのは「特定子法人」と、「第六十六条の六第二項第二号ハ（1）」とあるのは「第六十六条の九の二第二項第三号ハ（1）」と、同項第七号中「特定子会社」とあるのは「特定子法人」と、同条第九項第一号及び第二号中「管理支配会社」とあるのは「管理支配法人」と、同項第三号イ（1）中「特定子会社」とあるのは「特定子法人」と、同号イ（1）（ⅱ）中「管理支配会社等（法第六十六条の六第一項各号に掲げる内国法人に係る他の外国関係会社のうち、部分対象外国関係会社」とあるのは「管理支配法人等（法第六十六条の九の二第一項に規

定する特殊関係株主等である内国法人に係る他の外国関係法人のうち、部分対象外国関係法人」と、「他の外国関係会社のうち部分対象外国関係会社」とあるのは「他の外国関係法人のうち部分対象外国関係法人」と、「当該他の外国関係会社」とあるのは「当該他の外国関係法人」と、同号イ（２）中「特定子会社」とあるのは「特定子法人」と、同号ロからホまでの規定中「管理支配会社等」とあるのは「管理支配法人等」と、同号ト（１）から（３）まで及び同号チ中「特定子会社」とあるのは「特定子法人」と読み替えるものとする。

則22の11の3①

6　第三十九条の十四の三第十項の規定は外国関係法人に係る法第六十六条の九の二第二項第三号ロに規定する総資産の額として政令で定める金額について、第三十九条の十四の三第十一項の規定は同号ロに規定する政令で定める資産の額の合計額として政令で定める金額について、それぞれ準用する。この場合において、同項中「同条第六項第九号」とあるのは、「法第六十六条の九の二第六項第九号」と読み替えるものとする。

7　法第六十六条の九の二第二項第三号ハ（１）に規定する政令で定める者は、第十三項第一号から第五号までの規定中「法第六十六条の九の二第二項第四号ハ（１）に掲げる事業を主として行う外国関係法人」とあり、並びに同項第六号中「同条第二項第四号ハ（１）に掲げる事業を主として行う外国関係法人」とあり、及び同号イからハまでの規定中「法第六十六条の九の二第二項第四号ハ（１）に掲げる事業を主として行う外国関係法人」とあるのを「外国関係法人」と読み替えた場合における同条第二項第三号ハ（１）の外国関係法人に係る第十三項各号に掲げる者とする。

8　法第六十六条の九の二第二項第三号ハ（１）に規定する政令で定める収入保険料は、外国関係法人に係る関連者（同号ハ（１）に規定する関連者をいう。以下この項及び第十項第一号において同じ。）以外の者から収入する収入保険料（当該収入保険料が再保険に係るものである場合には、関連者以外の者が有する資産又は関連者以外の者が負う損害賠償責任を保険の目的とする保険に係る収入保険料に限る。）とする。

9　法第六十六条の九の二第二項第三号ハ（１）に規定する政令で定めるところにより計算した割合は、外国関係法人の各事業年度の同号ハ（１）に規定する非関連者等収入保険料の合計額を当該各事業年度の収入保険料の合計額で除して計算した割合とする。

10　法第六十六条の九の二第二項第三号ハ（２）に規定する政令で定める金額は、第一号に掲げる金額に第二号に掲げる割合を乗じて計算した金額とする。

一　外国関係法人が各事業年度において当該外国関係法人に係る関

連者以外の者に支払う再保険料の合計額

二　外国関係法人の各事業年度の関連者等収入保険料（法第六十六条の九の二第二項第三号ハ（2）に規定する関連者等収入保険料をいう。次項において同じ。）の合計額の収入保険料の合計額に対する割合

11　法第六十六条の九の二第二項第三号ハ（2）に規定する政令で定めるところにより計算した割合は、外国関係法人の各事業年度の同号ハ（2）に規定する非関連者等支払再保険料合計額を当該各事業年度の関連者等収入保険料の合計額で除して計算した割合とする。

12　法第六十六条の九の二第二項第四号ロに規定する政令で定める経営管理は、同号ロに規定する特定外国金融持株会社に係る第三十九条の十七第三項第一号イに規定する特定外国金融機関及び同条第九項第二号に規定する特定外国金融機関の経営管理とする。

13　法第六十六条の九の二第二項第四号ハ（1）に規定する政令で定める者は、次に掲げる者とする。

一　法第六十六条の九の二第二項第四号ハ（1）に掲げる事業を主として行う外国関係法人に係る特殊関係株主等に該当する連結法人との間に連結完全支配関係がある他の連結法人（当該外国関係法人に係る特殊関係株主等に該当する者を除く。）

二　法第六十六条の九の二第二項第四号ハ（1）に掲げる事業を主として行う外国関係法人に係る特殊関係株主等に該当する法人の発行済株式等の百分の五十を超える数又は金額の株式等を有する者（当該外国関係法人に係る特殊関係株主等に該当する者及び前号に掲げる者に該当する者を除く。）

三　法第六十六条の九の二第二項第四号ハ（1）に掲げる事業を主として行う外国関係法人に係る特殊関係株主等に該当する連結法人（当該連結法人が連結子法人である場合には、当該連結法人に係る連結親法人）の発行済株式等の百分の五十を超える数又は金額の株式等を有する者（当該外国関係法人に係る特殊関係株主等に該当する者及び前二号に掲げる者に該当する者を除く。）

四　法第六十六条の九の二第二項第四号ハ（1）に掲げる事業を主として行う外国関係法人に係る特殊関係株主等に係る外国関係法人

五　法第六十六条の九の二第二項第四号ハ（1）に掲げる事業を主として行う外国関係法人に係る特殊関係株主等と特殊関係内国法人との間に介在する前条第四項第二号に規定する株主等である法人又は出資関連法人（第一号又は前号に掲げる者に該当する者を除く。）

六　次に掲げる者と法第六十六条の九の二第一項に規定する政令で定める特殊の関係のある個人又は法人（同条第二項第四号ハ（1）

　に掲げる事業を主として行う外国関係法人に係る特殊関係内国法人に該当する者及び特殊関係株主等に該当する者並びに前各号に掲げる者に該当する者を除く。）

イ　法第六十六条の九の二第二項第四号ハ（1）に掲げる事業を主として行う外国関係法人

ロ　法第六十六条の九の二第二項第四号ハ（1）に掲げる事業を主として行う外国関係法人に係る特殊関係内国法人

ハ　法第六十六条の九の二第二項第四号ハ（1）に掲げる事業を主として行う外国関係法人に係る特殊関係株主等に該当する個人又は法人

ニ　前各号に掲げる者

14　第三十九条の十四の三第二十八項（第七号を除く。）及び第二十九項の規定は、法第六十六条の九の二第二項第四号ハ（1）に規定する政令で定める場合について準用する。この場合において、第三十九条の十四の三第二十八項第一号中「第四十条の四第一項各号、第六十六条の六第一項各号及び第六十八条の九十第一項各号並びに前項各号」とあるのは「第六十六条の九の二第二項第二号に規定する特殊関係内国法人、同条第一項に規定する特殊関係株主等及び第三十九条の二十の三第十三項各号」と、同項第五号中「（ハに掲げる金額を含む。）のうちに次」とあるのは「のうちにイ」と、「金額の合計額」とあるのは「金額」と読み替えるものとする。

15　第三十九条の十四の三第三十二項（第三号を除く。）の規定は、法第六十六条の九の二第二項第四号ハ（2）に規定する政令で定める場合について準用する。この場合において、第三十九条の十四の三第三十二項第二号中「物品賃貸業（航空機の貸付けを主たる事業とするものを除く。）」とあるのは「物品賃貸業」と、同項第四号中「第二十八項各号及び前三号」とあるのは「第二十八項第一号から第六号まで並びに第一号及び第二号」と読み替えるものとする。

16　法第六十六条の九の二第二項第五号に規定する政令で定める基準により計算した金額は、外国関係法人（同項第三号に規定する特定外国関係法人又は同項第四号に規定する対象外国関係法人に該当するものに限る。次項から第十九項までにおいて同じ。）の各事業年度の決算に基づく所得の金額につき、第三十九条の十五第一項（第五号を除く。）若しくは第二項（第十八号を除く。）又は同条第三項の規定（同条第一項第四号イ及びロに掲げる要件を満たす外国法人に係る部分を除く。）の例により計算した金額とする。

17　法第六十六条の九の二第二項第五号に規定する欠損の金額及び基準所得金額に係る税額に関する調整を加えた金額は、外国関係法人

の各事業年度の同号に規定する基準所得金額から次に掲げる金額の合計額を控除した残額とする。

一　当該外国関係法人の当該各事業年度開始の日前七年以内に開始した事業年度（平成十九年十月一日前に開始した事業年度、外国関係法人〔法第四十条の七第二項第三号又は第六十八条の九十三の二第二項第三号に規定する特定外国関係法人及び法第四十条の七第二項第四号又は第六十八条の九十三の二第二項第四号に規定する対象外国関係法人を含む。〕に該当しなかつた事業年度及び法第六十六条の九の二第五項各号に掲げる外国関係法人の区分に応じ当該各号に定める場合に該当する事実があるときのその該当する事業年度〔法第四十条の七第五項各号に掲げる外国関係法人の区分に応じ当該各号に定める場合に該当する事実があるときのその該当する事業年度及び法第六十八条の九十三の二第五項各号に掲げる外国関係法人の区分に応じ当該各号に定める場合に該当する事実があるときのその該当する事業年度を含む。〕を除く。）において生じた欠損金額（この項又は第三十九条の百二十の三第十三項の規定により当該各事業年度前の事業年度において控除されたものを除く。）の合計額に相当する金額

二　当該外国関係法人が当該各事業年度において納付をすることとなる第三十九条の十五第一項第二号に規定する法人所得税（以下この号において「法人所得税」という。）の額（法人所得税に関する法令に企業集団等所得課税規定〔同条第六項に規定する企業集団等所得課税規定をいう。以下この号及び第三十九条の二十の七において同じ。〕がある場合の当該法人所得税にあつては第三十九条の十五第二項第八号に規定する個別計算納付法人所得税額とし、当該各事業年度において還付を受けることとなる法人所得税の額がある場合には当該還付を受けることとなる法人所得税の額〔法人所得税に関する法令に企業集団等所得課税規定がある場合の当該法人所得税にあつては、同項第十五号に規定する個別計算還付法人所得税額〕を控除した金額とする。）

18　前項第一号に規定する欠損金額とは、外国関係法人の各事業年度の決算に基づく所得の金額について、第十六項の規定により計算した場合に算出される欠損の金額をいう。

19　第三十九条の十五第八項から第十項までの規定は、外国関係法人の各事業年度の決算に基づく所得の金額につき、同条第一項又は第二項の規定の例により計算する場合について準用する。

則22の11の3②

20　第三十九条の十四第三項の規定は、法第六十六条の九の二第二項第六号に規定する間接に有するものとして政令で定める外国法人の株式等の数又は金額の計算について準用する。この場合において、

424

第三十九条の十四第三項中「外国関係会社（同条第二項第一号に規定する外国関係会社をいう。以下この項において同じ。）」とあるのは「外国法人」と、同項第一号中「外国関係会社」とあるのは「外国法人」と、「内国法人等」とあるのは「居住者又は内国法人」と、「いい、当該発行法人と居住者又は内国法人との間に実質支配関係がある場合には、零とする」とあるのは「いう」と、同項第二号中「外国関係会社」とあるのは「外国法人」と、「内国法人等」とあるのは「居住者又は内国法人」と読み替えるものとする。

21　第三十九条の十七（第一項及び第二項を除く。）の規定は、法第六十六条の九の二第二項第八号に規定する政令で定める部分対象外国関係法人について準用する。

則22の11の3③

22　第三十九条の十七の二の規定は、法第六十六条の九の二第一項に規定する外国関係法人に係る同条第五項第一号に規定する政令で定めるところにより計算した割合について準用する。

（部分適用対象金額の計算等）
第三十九条の二十の四　第三十九条の十七の三第一項の規定は、清算外国金融関係法人（法第六十六条の九の二第六項に規定する清算外国金融関係法人をいう。次項及び第二十五項において同じ。）に係る法第六十六条の九の二第六項に規定する政令で定める日について準用する。この場合において、第三十九条の十七の三第一項中「同条第六項」とあるのは、「法第六十六条の九の二第六項」と読み替えるものとする。

2　第三十九条の十七の三第二項の規定は、清算外国金融関係法人の特定清算事業年度（法第六十六条の九の二第六項に規定する特定清算事業年度をいう。第二十五項において同じ。）に係る法第六十六条の九の二第六項各号列記以外の部分に規定する政令で定める金額について準用する。この場合において、第三十九条の十七の三第二項中「同条第六項第一号から第七号の二まで」とあるのは、「法第六十六条の九の二第六項第一号から第七号の二まで」と読み替えるものとする。

3　法第六十六条の九の二第六項各号列記以外の部分に規定する政令で定めるところにより計算した金額は、特殊関係株主等である内国法人に係る部分対象外国関係法人（同条第二項第七号に規定する部分対象外国関係法人をいい、同項第八号に規定する外国金融関係法人に該当するものを除く。以下この条〔第八項第四号を除く。〕において同じ。）の各事業年度の部分適用対象金額（法第六十六条の九の二第六項に規定する部分適用対象金額をいう。以下この節において同じ。）に、

当該部分対象外国関係法人の当該各事業年度終了の時における発行済株式等のうちに当該各事業年度終了の時における当該特殊関係株主等である内国法人の有する当該部分対象外国関係法人の第三十九条の二十の二第八項第一号に規定する請求権勘案保有株式等の占める割合を乗じて計算した金額とする。

4 第三十九条の十七の三第六項の規定は、部分対象外国関係法人が受ける剰余金の配当等（法第六十六条の九の二第六項第一号に規定する剰余金の配当等をいう。次項において同じ。）の額に係る同号に規定する政令で定める要件について準用する。

則22の11の3④

5 第三十九条の十七の三第四項の規定は、法第六十六条の九の二第六項第一号に規定する政令で定める剰余金の配当等の額について準用する。この場合において、第三十九条の十七の三第四項中「同号イ又はロに掲げる法人」とあるのは「法第六十六条の九の二第六項第一号の他の法人」と、「当該法人」とあるのは「当該他の法人」と読み替えるものとする。

6 法第六十六条の九の二第六項第一号に規定する政令で定めるところにより計算した金額は、部分対象外国関係法人が当該事業年度において支払う負債の利子の額の合計額につき、第三十九条の十七の三第五項の規定の例により計算した金額とする。

7 第三十九条の十七の三第九項の規定は、法第六十六条の九の二第六項第二号に規定する支払を受ける利子に準ずるものとして政令で定めるものについて準用する。

則22の11の3⑤

8 法第六十六条の九の二第六項第二号に規定する政令で定める利子の額は、次に掲げる利子（前項において準用する第三十九条の十七の三第九項に規定する支払を受ける利子に準ずるものを含む。以下この項において同じ。）の額とする。

一 割賦販売等（割賦販売法第二条第一項に規定する割賦販売、同条第二項に規定するローン提携販売、同条第三項に規定する包括信用購入あつせん又は同条第四項に規定する個別信用購入あつせんに相当するものをいう。以下この号において同じ。）を行う部分対象外国関係法人でその本店又は主たる事務所の所在する国又は地域（以下この節において「本店所在地国」という。）においてその役員又は使用人が割賦販売等を的確に遂行するために通常必要と認められる業務の全てに従事しているものが行う割賦販売等から生ずる利子の額

二 部分対象外国関係法人（その本店所在地国においてその役員又は使用人がその行う棚卸資産の販売及びこれに付随する棚卸資産の販売の対価の支払の猶予に係る業務を的確に遂行するために通常必要と認

められる業務の全てに従事しているものに限る。）が当該部分対象外
国関係法人に係る次号イ及びロに掲げる者以外の者に対して行う
棚卸資産の販売の対価の支払の猶予により生ずる利子の額

三　部分対象外国関係法人（その本店所在地国においてその行う金銭
の貸付けに係る事務所、店舗その他の固定施設を有し、かつ、その本
店所在地国においてその役員又は使用人がその行う金銭の貸付けの事
業を的確に遂行するために通常必要と認められる業務の全てに従事し
ているものに限る。以下この号において同じ。）がその関連者等（次
に掲げる者をいい、個人を除く。次号において同じ。）に対して行う
金銭の貸付けに係る利子の額

イ　当該部分対象外国関係法人に係る特殊関係内国法人及び特殊
関係株主等

ロ　前条第十三項第一号中「法第六十六条の九の二第二項第四号
ハ（1）に掲げる事業を主として行う外国関係法人」とあるのを
「外国関係法人（法第六十六条の九の二第二項第七号に規定する
部分対象外国関係法人に該当するものに限るものとし、同項第八号
に規定する外国金融関係法人に該当するものを除く。以下この項に
おいて同じ。）」と、同項第二号から第五号までの規定中「法第
六十六条の九の二第二項第四号ハ（1）に掲げる事業を主として
行う外国関係法人」とあり、並びに同項第六号中「同条第二項
第四号ハ（1）に掲げる事業を主として行う外国関係法人」とあ
り、及び同号イからハまでの規定中「法第六十六条の九の二第
二項第四号ハ（1）に掲げる事業を主として行う外国関係法人」
とあるのを「外国関係法人」と読み替えた場合における当該部
分対象外国関係法人に係る同項各号に掲げる者

四　法第六十六条の九の二第二項第七号に規定する部分対象外国関
係法人（同項第八号に規定する外国金融関係法人に該当するものを除
く。）が当該部分対象外国関係法人に係る関連者等である外国法
人（前号〔イ及びロを除く。〕に規定する部分対象外国関係法人及び
同条第八項各号列記以外の部分に規定する部分対象外国関係法人に限
る。）に対して行う金銭の貸付けに係る利子の額

9　法第六十六条の九の二第六項第四号に規定する政令で定めるとこ
ろにより計算した金額は、有価証券の同号に規定する譲渡に係る原
価の額につき、第三十九条の十七の三第十一項又は第十二項の規定
の例により計算した金額とする。

10　第三十九条の十七の三第十三項及び第十四項の規定は、有価証券
の前項に規定する譲渡に係る原価の額につき、同項の規定により同
条第十一項又は第十二項の規定の例により計算する場合について準

用する。

11　第三十九条の十七の三第十五項の規定は、法第六十六条の九の二第六項第六号に規定する政令で定める取引について準用する。

12　第三十九条の十七の三第十六項の規定は、法第六十六条の九の二第六項第七号に掲げる金額に係る利益の額又は損失の額について準用する。この場合において、第三十九条の十七の三第十六項中「第六十六条の六第六項第一号」とあるのは「第六十六条の九の二第六項第一号」と、「第六十六条の六第六項第七号」とあるのは「第六十六条の九の二第六項第七号」と読み替えるものとする。

13　第三十九条の十七の三第十七項の規定は部分対象外国関係法人に係る法第六十六条の九の二第六項第七号のニイに規定する政令で定める金額について、第三十九条の十七の三第十八項の規定は部分対象外国関係法人に係る同号ロに規定する政令で定める金額について、それぞれ準用する。

14　法第六十六条の九の二第六項第八号に規定する政令で定める固定資産は、固定資産のうち無形資産等（同項第九号に規定する無形資産等をいう。第十七項及び第十八項において同じ。）に該当するものとする。

15　第三十九条の十七の三第二十項の規定は、部分対象外国関係法人に係る法第六十六条の九の二第六項第八号に規定する政令で定める要件について準用する。

16　法第六十六条の九の二第六項第八号に規定する政令で定めるところにより計算した金額は、部分対象外国関係法人が有する固定資産（同号に規定する固定資産をいい、同号に規定する対価の額に係るものに限る。第十九項において同じ。）に係る償却費の額につき、第三十九条の十七の三第二十一項の規定の例により計算した金額とする。

17　法第六十六条の九の二第六項第九号に規定する政令で定める使用料は、次の各号に掲げる無形資産等の区分に応じ、当該各号に定める使用料（特殊関係株主等である内国法人が当該各号に定めるものであることを明らかにする書類を保存している場合における当該使用料に限る。）とする。

一　部分対象外国関係法人が自ら行つた研究開発の成果に係る無形資産等　当該部分対象外国関係法人が当該研究開発を主として行つた場合の当該無形資産等の使用料

二　部分対象外国関係法人が取得をした無形資産等　当該部分対象外国関係法人が当該取得につき相当の対価を支払い、かつ、当該無形資産等をその事業（株式等若しくは債券の保有、無形資産等の提供又は船舶若しくは航空機の貸付けを除く。次号において同じ。）

　　の用に供している場合の当該無形資産等の使用料

　三　部分対象外国関係法人が使用を許諾された無形資産等　当該部分対象外国関係法人が当該許諾につき相当の対価を支払い、かつ、当該無形資産等をその事業の用に供している場合の当該無形資産等の使用料

18　法第六十六条の九の二第六項第九号に規定する政令で定めるところにより計算した金額は、部分対象外国関係法人が有する無形資産等（同号に規定する使用料に係るものに限る。次項において同じ。）に係る償却費の額につき、第三十九条の十七の三第二十三項の規定の例により計算した金額とする。

19　第三十九条の十七の三第二十四項及び第二十五項の規定は、部分対象外国関係法人が有する固定資産又は無形資産等に係る償却費の額につき、第十六項又は前項の規定により同条第二十一項又は第二十三項の規定の例により計算する場合について準用する。

20　第十七項（第三号を除く。）の規定は、法第六十六条の九の二第六項第十号に規定する政令で定める対価の額について準用する。この場合において、第十七項中「使用料（」とあるのは「対価の額（」と、「当該使用料」とあるのは「当該対価の額」と、同項第一号及び第二号中「使用料」とあるのは「譲渡に係る対価の額」と読み替えるものとする。

21　第三十九条の十七の三第二十七項の規定は、部分対象外国関係法人に係る法第六十六条の九の二第六項第十一号に規定する各事業年度の所得の金額として政令で定める金額について準用する。この場合において、第三十九条の十七の三第二十七項中「同号イ」とあるのは、「法第六十六条の九の二第六項第十一号イ」と読み替えるものとする。

22　第三十九条の十七の三第十一項から第十四項までの規定は、法第六十六条の九の二第六項第十一号ニに規定する政令で定めるところにより計算した金額について準用する。

23　第三十九条の十七の三第十六項の規定は、法第六十六条の九の二第六項第十一号トに掲げる金額に係る利益の額又は損失の額について準用する。この場合において、第三十九条の十七の三第十六項中「第六十六条の六第六項第一号」とあるのは「第六十六条の九の二第六項第一号」と、「第六十六条の六第六項第七号」とあるのは「第六十六条の九の二第六項第七号」と読み替えるものとする。

24　第三十九条の十七の三第三十項の規定は部分対象外国関係法人に係る法第六十六条の九の二第六項第十一号ヲに規定する総資産の額として政令で定める金額について、第三十九条の十七の三第三十一

項の規定は部分対象外国関係法人に係る同号ヲに規定する政令で定める費用の額について、それぞれ準用する。

25　法第六十六条の九の二第七項に規定する政令で定めるところにより調整を加えた金額は、部分対象外国関係法人の各事業年度の同条第六項第四号から第七号の二まで及び第十号に掲げる金額の合計額（当該合計額が零を下回る場合には零とし、清算外国金融関係法人の特定清算事業年度にあつては特定金融所得金額〔同項に規定する特定金融所得金額をいう。以下この項において同じ。〕がないものとした場合の当該各号に掲げる金額の合計額〔当該合計額が零を下回る場合には、零〕とする。）から当該部分対象外国関係法人の当該各事業年度開始の日前七年以内に開始した事業年度（平成三十年四月一日前に開始した事業年度、部分対象外国関係法人、法第四十条の七第二項第七号に規定する部分対象外国関係法人〔同項第八号に規定する外国金融関係法人に該当するものを除く。〕又は法第六十八条の九十三の二第二項第七号に規定する部分対象外国関係法人〔同項第八号に規定する外国金融関係法人に該当するものを除く。〕に該当しなかつた事業年度及び法第六十六条の九の二第十項第一号に該当する事実がある場合のその該当する事業年度〔法第四十条の七第十項第一号に該当する事実がある場合のその該当する事業年度及び法第六十八条の九十三の二第十項第一号に該当する事実がある場合のその該当する事業年度を含む。〕を除く。）において生じた部分適用対象損失額（法第六十六条の九の二第六項第四号から第七号の二まで及び第十号に掲げる金額の合計額〔清算外国金融関係法人の特定清算事業年度にあつては特定金融所得金額がないものとした場合の当該各号に掲げる金額の合計額〕が零を下回る場合のその下回る額をいい、この項又は第三十九条の百二十の四第二十五項の規定により当該各事業年度前の事業年度において控除されたものを除く。）の合計額に相当する金額を控除した残額とする。

（金融関係法人部分適用対象金額の計算等）

第三十九条の二十の五　法第六十六条の九の二第八項各号列記以外の部分に規定する政令で定めるところにより計算した金額は、特殊関係株主等である内国法人に係る部分対象外国関係法人（同項各号列記以外の部分に規定する部分対象外国関係法人をいう。以下この条において同じ。）の各事業年度の金融関係法人部分適用対象金額（同項に規定する金融関係法人部分適用対象金額をいう。以下この節において同じ。）に、当該部分対象外国関係法人の当該各事業年度終了の時における発行済株式等のうちに当該各事業年度終了の時における当該特殊関係株主等である内国法人の有する当該部分対象外国関係法人

の第三十九条の二十の二第八項第一号に規定する請求権勘案保有株式等の占める割合を乗じて計算した金額とする。

2　第三十九条の十七第四項及び第五項の規定は、法第六十六条の九の二第八項第一号に規定する政令で定める関係について準用する。

3　第三十九条の十七の四第三項から第五項までの規定は、特殊関係株主等である一の内国法人及び当該一の内国法人との間に法第六十六条の九の二第八項第一号に規定する特定資本関係のある内国法人によつてその発行済株式等の全部を直接又は間接に保有されている部分対象外国関係法人で同号に規定する政令で定める要件を満たすものについて準用する。

4　法第六十六条の九の二第八項第一号に規定する純資産につき剰余金その他に関する調整を加えた金額として政令で定める金額は、部分対象外国関係法人の当該事業年度終了の時における貸借対照表に計上されている総資産の帳簿価額から総負債の帳簿価額を控除した残額につき、第三十九条の十七の四第六項の規定の例により調整を加えた金額とする。

5　法第六十六条の九の二第八項第一号に規定する総資産の額として政令で定める金額は、部分対象外国関係法人の総資産の額につき、第三十九条の十七の四第七項の規定の例により計算した金額とする。

6　第三十九条の十七の四第八項の規定は、法第六十六条の九の二第八項第一号に規定する部分対象外国関係法人の本店所在地国の法令に基づき下回ることができない資本の額を勘案して政令で定める金額について準用する。

7　法第六十六条の九の二第八項第一号に規定する政令で定めるところにより計算した金額は、部分対象外国関係法人の当該事業年度に係る同号に規定する親会社等資本持分相当額から前項において準用する第三十九条の十七の四第八項に規定する金額を控除した残額に、当該部分対象外国関係法人の当該事業年度終了の日の翌日から二月を経過する日を含む特殊関係株主等である内国法人の事業年度（以下この項において「親会社等事業年度」という。）に係る第一号に掲げる金額の第二号に掲げる金額に対する割合（当該割合が百分の十を下回る場合には、百分の十）を乗じて計算した金額とする。

一　親会社等事業年度の決算に基づく所得の金額

二　親会社等事業年度終了の時における貸借対照表に計上されている総資産の帳簿価額から総負債の帳簿価額を控除した残額

8　法第六十六条の九の二第九項第二号に規定する政令で定めるところにより調整を加えた金額は、部分対象外国関係法人の各事業年度の同条第八項第四号に掲げる金額（当該金額が零を下回る場合には、

零）から当該部分対象外国関係法人の当該各事業年度開始の日前七年以内に開始した事業年度（平成三十年四月一日前に開始した事業年度、部分対象外国関係法人〔法第四十条の七第八項各号列記以外の部分又は第六十八条の九十三の二第八項各号列記以外の部分に規定する部分対象外国関係法人を含む。〕に該当しなかつた事業年度及び法第六十六条の九の二第十項第一号に該当する事実がある場合のその該当する事業年度〔法第四十条の七第十項第一号に該当する事実がある場合のその該当する事業年度及び法第六十八条の九十三の二第十項第一号に該当する事実がある場合のその該当する事業年度を含む。〕を除く。）において生じた金融関係法人部分適用対象損失額（法第六十六条の九の二第八項第四号に掲げる金額が零を下回る場合のその下回る額をいい、この項又は第三十九条の百二十の五第八項の規定により当該各事業年度前の事業年度において控除されたものを除く。）の合計額に相当する金額を控除した残額とする。

（部分適用対象金額又は金融関係法人部分適用対象金額に係る適用除外）
第三十九条の二十の六　法第六十六条の九の二第十項第三号に規定する政令で定める金額は、同条第二項第七号に規定する部分対象外国関係法人の各事業年度の決算に基づく所得の金額（各事業年度の所得を課税標準として課される第三十九条の十五第一項第二号に規定する法人所得税〔法人税法施行令第百四十一条第二項第三号に掲げる税を除く。〕の額を含む。）とする。

（外国関係法人の課税対象金額等に係る外国法人税額の計算等）
第三十九条の二十の七　第三十九条の十八第一項の規定は、法第六十六条の九の三第一項に規定する政令で定める外国法人税及び同項に規定する政令で定める金額について準用する。
2　前項において準用する第三十九条の十八第一項に規定する個別計算外国法人税額（以下この項及び次項において「個別計算外国法人税額」という。）は、企業集団等所得課税規定の適用がないものとした場合に当該個別計算外国法人税額に係る外国法人税に関する法令の規定により当該個別計算外国法人税額を納付すべきものとされる期限の日に課されるものとして、この条の規定を適用する。
3　法第六十六条の九の三第一項に規定する課税対象金額に対応するものとして政令で定めるところにより計算した金額は、外国関係法人（法第六十六条の九の二第一項に規定する外国関係法人をいう。以下この条において同じ。）の適用対象金額を有する事業年度（第九項及び第十二項において「課税対象年度」という。）の所得に対して課さ

れる外国法人税（法人税法第六十九条第一項に規定する外国法人税をいう。次項、第五項及び第八項において同じ。）の額（外国法人税に関する法令に企業集団等所得課税規定がある場合の当該外国法人税にあつては、個別計算外国法人税額。以下この条において同じ。）につき、第三十九条の十八第三項の規定の例により計算した金額とする。

4　法第六十六条の九の三第一項に規定する部分課税対象金額に対応するものとして政令で定めるところにより計算した金額は、外国関係法人の部分適用対象金額を有する事業年度（第十項及び第十二項において「部分課税対象年度」という。）の所得に対して課される外国法人税の額につき、第三十九条の十八第四項の規定の例により計算した金額とする。

5　法第六十六条の九の三第一項に規定する金融関係法人部分課税対象金額に対応するものとして政令で定めるところにより計算した金額は、外国関係法人の金融関係法人部分適用対象金額を有する事業年度（第十一項及び第十二項において「金融関係法人部分課税対象年度」という。）の所得に対して課される外国法人税の額につき、第三十九条の十八第五項の規定の例により計算した金額とする。

6　法第六十六条の九の三第一項の規定により特殊関係株主等である内国法人が納付する法人税法第六十九条第一項に規定する控除対象外国法人税の額とみなして同条の規定を適用する場合における同条の規定の適用に関する事項については、第三十九条の十八第七項から第十五項までの規定の例による。

7　第三十九条の十八第十六項の規定は法第六十六条の九の三第二項に規定する政令で定めるときについて、第三十九条の十八第十七項の規定は法第六十六条の九の三第二項に規定する政令で定める金額について、それぞれ準用する。

8　法第六十六条の九の三第三項に規定する政令で定める事業年度は、外国関係法人の所得に対して課された外国法人税の額が第六項の規定によりその例によるものとされる第三十九条の十八第八項各号のいずれに該当するかに応じ当該各号に定める事業年度とする。

9　法第六十六条の九の三第四項に規定する課税対象金額に対応するものとして政令で定めるところにより計算した金額は、外国関係法人の課税対象年度の所得に対して課される所得税等の額（同項に規定する所得税等の額をいう。次項及び第十一項において同じ。）につき、第三十九条の十八第二十五項の規定の例により計算した金額とする。

10　法第六十六条の九の三第四項に規定する部分課税対象金額に対応するものとして政令で定めるところにより計算した金額は、外国関係法人の部分課税対象年度の所得に対して課される所得税等の額に

つき、第三十九条の十八第二十六項の規定の例により計算した金額とする。

11　法第六十六条の九の三第四項に規定する金融関係法人部分課税対象金額に対応するものとして政令で定めるところにより計算した金額は、外国関係法人の金融関係法人部分課税対象年度の所得に対して課される所得税等の額につき、第三十九条の十八第二十七項の規定の例により計算した金額とする。

12　法第六十六条の九の三第四項及び第六項に規定する政令で定める事業年度は、特殊関係株主等である内国法人が、当該内国法人に係る外国関係法人の課税対象年度の課税対象金額（法第六十六条の九の二第一項に規定する課税対象金額をいう。次条において同じ。）に相当する金額、部分課税対象年度の部分課税対象金額（法第六十六条の九の二第六項に規定する部分課税対象金額をいう。次条において同じ。）に相当する金額又は金融関係法人部分課税対象年度の金融関係法人部分課税対象金額（法第六十六条の九の二第八項に規定する金融関係法人部分課税対象金額をいう。次条において同じ。）に相当する金額につき、法第六十六条の九の二第一項、第六項又は第八項の規定の適用を受ける事業年度とする。

13　法第六十六条の九の三第十項の規定の適用がある場合における地方法人税法施行令第三条の規定の適用については、同条第一項中「法第十条及び第十二条の二」とあるのは「法第十条及び第十二条の二並びに租税特別措置法（昭和三十二年法律第二十六号）第六十六条の九の三第十項」と、「租税特別措置法（昭和三十二年法律第二十六号）」とあるのは「租税特別措置法」と、「、第十条及び第十二条の二」とあるのは「、第十条及び第十二条の二並びに租税特別措置法第六十六条の九の三第十項」とする。

（特定課税対象金額及び間接特定課税対象金額の計算等）

第三十九条の二十の八　第三十九条の十九第一項の規定は、特殊関係株主等である内国法人が外国法人から受ける剰余金の配当等の額（法第六十六条の九の四第一項に規定する剰余金の配当等の額をいう。次項、第五項及び第六項において同じ。）がある場合における法第六十六条の九の四第一項から第三項までの規定の適用について準用する。

2　法第六十六条の九の四第四項第一号に規定する政令で定める金額は、同号の外国法人に係る適用対象金額（特殊関係株主等である内国法人の同号に規定する事業年度〔以下この項において「配当事業年度」という。〕の所得の金額の計算上益金の額に算入される課税対象金

額に係るものに限る。以下この項において同じ。）、部分適用対象金額（特殊関係株主等である内国法人の配当事業年度の所得の金額の計算上益金の額に算入される部分課税対象金額に係るものに限る。以下この項において同じ。）又は金融関係法人部分適用対象金額（特殊関係株主等である内国法人の配当事業年度の所得の金額の計算上益金の額に算入される金融関係法人部分課税対象金額に係るものに限る。以下この項において同じ。）に、当該外国法人の当該適用対象金額、部分適用対象金額又は金融関係法人部分適用対象金額に係る事業年度終了の時における発行済株式等のうちに当該事業年度終了の時における当該特殊関係株主等である内国法人の有する当該外国法人の請求権勘案直接保有株式等（内国法人が有する外国法人の株式等の数又は金額〔当該外国法人が請求権の内容が異なる株式等を発行している場合には、当該外国法人の発行済株式等に、当該内国法人が当該請求権の内容が異なる株式等に係る請求権に基づき受けることができる剰余金の配当等の額がその総額のうちに占める割合を乗じて計算した数又は金額〕をいう。次項において同じ。）の占める割合を乗じて計算した金額とする。

3　法第六十六条の九の四第四項第二号に規定する政令で定める金額は、同号の外国法人の各事業年度の適用対象金額（特殊関係株主等である内国法人の同号に規定する前十年以内の各事業年度〔以下この項において「前十年以内の各事業年度」という。〕の所得の金額の計算上益金の額に算入された課税対象金額に係るものに限る。以下この項において同じ。）、部分適用対象金額（特殊関係株主等である内国法人の前十年以内の各事業年度の所得の金額の計算上益金の額に算入された部分課税対象金額に係るものに限る。以下この項において同じ。）又は金融関係法人部分適用対象金額（特殊関係株主等である内国法人の前十年以内の各事業年度の所得の金額の計算上益金の額に算入された金融関係法人部分課税対象金額に係るものに限る。以下この項において同じ。）に、当該外国法人の当該適用対象金額、部分適用対象金額又は金融関係法人部分適用対象金額に係る各事業年度終了の時における発行済株式等のうちに当該各事業年度終了の時における当該特殊関係株主等である内国法人の有する当該外国法人の請求権勘案直接保有株式等の占める割合を乗じて計算した金額の合計額とする。

4　法第六十六条の九の四第六項において準用する法第六十六条の八第六項の規定の適用に関する事項については、第三十九条の十九第四項から第六項までの規定の例による。

5　法第六十六条の九の四第十項第一号に規定する政令で定める剰余金の配当等の額は、同号に規定する期間において同号の外国法人が他の外国法人から受けた剰余金の配当等の額であつて次に掲げるも

のとする。

　一　当該他の外国法人の課税対象金額、部分課税対象金額若しくは
　　金融関係法人部分課税対象金額又は法第六十八条の九十三の二第
　　一項に規定する個別課税対象金額、同条第六項に規定する個別部
　　分課税対象金額若しくは同条第八項に規定する個別金融関係法人
　　部分課税対象金額（法第六十六条の九の四第十項第一号の内国法人
　　の配当事業年度〔同号に規定する配当事業年度をいう。第七項におい
　　て同じ。〕又は同号に規定する前二年以内の各事業年度等の所得の金
　　額又は連結所得の金額の計算上益金の額に算入されたものに限る。次
　　号において「課税対象金額等」という。）の生ずる事業年度がない
　　場合における当該他の外国法人から受けたもの

　二　当該他の外国法人の課税対象金額等の生ずる事業年度開始の日
　　（その日が二以上ある場合には、最も早い日）前に受けたもの

6　法第六十六条の九の四第十項第一号に規定する政令で定める金額
　は、同号に規定する期間において同号の外国法人が他の外国法人か
　ら受けた剰余金の配当等の額（同号に規定する政令で定める剰余金の
　配当等の額を除く。）につき、第三十九条の十九第八項の規定の例に
　より計算した金額とする。

7　法第六十六条の九の四第十項第二号イに規定する政令で定める金
　額は、同号イの他の外国法人に係る適用対象金額（特殊関係株主等
　である内国法人の配当事業年度の所得の金額の計算上益金の額に算入さ
　れる課税対象金額に係るものに限る。以下この項において同じ。）、部分
　適用対象金額（特殊関係株主等である内国法人の配当事業年度の所得
　の金額の計算上益金の額に算入される部分課税対象金額に係るものに限
　る。以下この項において同じ。）又は金融関係法人部分適用対象金額
　（特殊関係株主等である内国法人の配当事業年度の所得の金額の計算上
　益金の額に算入される金融関係法人部分課税対象金額に係るものに限る。
　以下この項において同じ。）に、当該他の外国法人の当該適用対象金
　額、部分適用対象金額又は金融関係法人部分適用対象金額に係る事
　業年度終了の時における発行済株式等のうちに当該事業年度終了の
　時において当該特殊関係株主等である内国法人が同条第十項第一号
　の外国法人を通じて間接に有する当該他の外国法人の間接保有の株
　式等の数（同項第二号イに規定する間接保有の株式等の数をいう。次項
　において同じ。）の占める割合を乗じて計算した金額とする。

8　法第六十六条の九の四第十項第二号ロに規定する政令で定める金
　額は、同号ロの他の外国法人の各事業年度の適用対象金額（特殊関
　係株主等である内国法人の同号ロに規定する前二年以内の各事業年度
　〔以下この項において「前二年以内の各事業年度」という。〕の所得の

金額の計算上益金の額に算入された課税対象金額に係るものに限る。以下この項において同じ。)、**部分適用対象金額**（特殊関係株主等である内国法人の前二年以内の各事業年度の所得の金額の計算上益金の額に算入された部分課税対象金額に係るものに限る。以下この項において同じ。）又は**金融関係法人部分適用対象金額**（特殊関係株主等である内国法人の前二年以内の各事業年度の所得の金額の計算上益金の額に算入された金融関係法人部分課税対象金額に係るものに限る。以下この項において同じ。）に、当該他の外国法人の当該適用対象金額、部分適用対象金額又は金融関係法人部分適用対象金額に係る各事業年度終了の時における発行済株式等のうちに当該各事業年度終了の時において当該特殊関係株主等である内国法人が同条第十項第一号の外国法人を通じて間接に有する当該他の外国法人の間接保有の株式等の数の占める割合を乗じて計算した金額の合計額とする。

9　法第六十六条の九の四第十二項において準用する法第六十六条の八第六項の規定の適用に関する事項については、第三十九条の十九第十三項において準用する同条第四項から第六項までの規定の例による。

10　法第六十六条の九の四第一項、第三項、第七項又は第九項の規定の適用がある場合における法人税法施行令の規定の適用については、同令第九条第一項第一号ハ中「益金不算入）」とあるのは、「益金不算入）又は租税特別措置法第六十六条の九の四（特殊関係株主等である内国法人に係る外国関係法人に係る所得の課税の特例）」とする。

11　法第六十六条の九の四第二項前段又は第八項前段の規定の適用がある場合における法人税法施行令の規定の適用については、同令第九条第一項第一号ハ中「益金不算入）」とあるのは、「益金不算入）（租税特別措置法第六十六条の九の四第二項前段又は第八項前段〔特殊関係株主等である内国法人に係る外国関係法人に係る所得の課税の特例〕の規定により読み替えて適用する場合を含む。）」とする。

（特定関係の判定等）
第三十九条の二十の九　法第六十六条の九の二第一項、第六項又は第八項の規定を適用する場合において、内国法人が同条第二項第一号に規定する特定内国法人に該当するかどうかの判定については同条第一項に規定する特定関係の発生の基因となる事実が生ずる直前の現況によるものとし、その後に特殊関係株主等と特殊関係内国法人との間に当該特定関係があるかどうかの判定及び外国法人が同項に規定する外国関係法人（次項及び第三項において「外国関係法人」という。）に該当するかどうかの判定については当該特殊関係内国

法人の各事業年度終了の時の現況による。

2　前項の規定により、特殊関係内国法人の各事業年度終了の時において、外国法人が外国関係法人に該当するものと判定された場合には、当該外国関係法人のその判定された日を含む各事業年度の適用対象金額、部分適用対象金額又は金融関係法人部分適用対象金額につき、法第六十六条の九の二の規定を適用する。

3　特殊関係内国法人に係る特殊関係株主等である内国法人が当該内国法人に係る外国関係法人の各事業年度終了の日以後二月を経過する日までの間に合併により解散した場合には、その直接及び間接に有する当該外国関係法人の株式等でその合併に係る合併法人（当該特殊関係内国法人に係る特殊関係株主等に該当するもの及びその合併により当該内国法人が直接及び間接に有する当該外国関係法人の株式等の移転を受けることにより当該特殊関係内国法人に係る特殊関係株主等に該当することとなるものに限る。以下この項において同じ。）が移転を受けたものは、その合併法人が当該外国関係法人の各事業年度終了の日において直接及び間接に有する株式等とみなす。

4　第三十九条の二十第三項及び第四項の規定は、法第六十六条の九の二第一項、第六項又は第八項の規定により特殊関係株主等である内国法人の益金の額に算入された金額がある場合の法人税法第六十七条第三項及び第五項の規定の適用並びに当該内国法人の利益積立金額の計算について準用する。

5　法人税法施行令第十四条の十一第一項から第五項まで及び第七項から第十一項までの規定は、法第六十六条の九の二第十三項の規定を同条から法第六十六条の九の五までの規定及び第三十九条の二十の二からこの条までの規定において適用する場合について準用する。

6　前項に定めるもののほか、法人税法第四条の七に規定する受託法人又は法人課税信託の受益者についての法第六十六条の九の二から第六十六条の九の五までの規定又は第三十九条の二十の二からこの条までの規定の適用に関し必要な事項は、財務省令で定める。

租税特別措置法施行規則
　第三章　法人税法の特例
　　第一節　特別税額控除及び減価償却の特例等

（内国法人の外国関係会社に係る所得の課税の特例）
第二十二条の十一　施行令第三十九条の十四の三第一項第一号に規定する財務省令で定める者は、保険業法第二百二十九条第一項に規定する特定法人の規約により保険契約者と保険契約の内容を確定するた

めの協議を行うことが認められている者のうち、同号に規定する特定保険外国子会社等が行う保険の引受けについて保険契約の内容を確定するための協議を行う者とする。

2 施行令第三十九条の十四の三第五項に規定する財務省令で定める剰余金の配当等の額は、法人税法第二十四条第一項（同項第二号に掲げる分割型分割、同項第三号に掲げる株式分配又は同項第四号に規定する資本の払戻しに係る部分を除く。）の規定の例によるものとした場合に同法第二十三条第一項第一号又は第二号に掲げる金額とみなされる金額に相当する金額とする。

3 施行令第三十九条の十四の三第六項第一号に規定する財務省令で定める収入金額は、外国関係会社（法第六十六条の六第二項第一号に規定する外国関係会社をいう。以下この条において同じ。）の行う主たる事業に係る業務の通常の過程において生ずる預金又は貯金の利子の額とする。

4 施行令第三十九条の十四の三第六項第二号に規定する財務省令で定める資産の帳簿価額は、次に掲げる金額とする。

一 未収金（次に掲げる金額に係るものに限る。）の帳簿価額

イ 外国子会社（施行令第三十九条の十四の三第六項に規定する外国子会社をいう。以下この項において同じ。）から受ける剰余金の配当等（法第六十六条の六第一項に規定する剰余金の配当等をいう。以下この条において同じ。）の額（その受ける剰余金の配当等の額の全部又は一部が当該外国子会社の本店所在地国〔本店又は主たる事務所の所在する国又は地域をいう。以下この条及び第二十二条の十一の三において同じ。〕の法令において当該外国子会社の所得の金額の計算上損金の額に算入することとされている剰余金の配当等の額に該当する場合におけるその受ける剰余金の配当等の額を除く。次号において同じ。）

ロ 前項に規定する利子の額

二 現金、預金及び貯金（以下この条において「現預金」という。）の帳簿価額（外国子会社から剰余金の配当等の額を受けた日を含む事業年度にあつては当該事業年度において受けた当該剰余金の配当等の額に相当する金額を限度とし、同日を含む事業年度以外の事業年度にあつては零とする。）

5 施行令第三十九条の十四の三第八項に規定する財務省令で定める外国関係会社は、被管理支配会社（特定子会社〔同項に規定する特定子会社をいう。以下この項において同じ。〕の株式又は出資〔以下この条において「株式等」という。〕の保有を主たる事業とする外国関係会社で、施行令第三十九条の十四の三第八項各号に掲げる要件の全てに該

当するものをいう。以下この項において同じ。）の株式等の保有を主たる事業とする外国関係会社で、次に掲げる要件の全てに該当するものとする。

一　その事業の管理、支配及び運営が管理支配会社（法第六十六条の六第二項第二号イ（4）に規定する管理支配会社をいう。以下この項及び第九項第一号において同じ。）によつて行われていること。

二　管理支配会社の行う事業（当該管理支配会社の本店所在地国において行うものに限る。）の遂行上欠くことのできない機能を果たしていること。

三　その事業を的確に遂行するために通常必要と認められる業務の全てが、その本店所在地国において、管理支配会社の役員（法人税法第二条第十五号に規定する役員をいう。第十五項第三号及び第二十五項第一号ロ（1）において同じ。）又は使用人によつて行われていること。

四　その本店所在地国を管理支配会社の本店所在地国と同じくすること。

五　施行令第三十九条の十四の三第八項第五号に掲げる要件に該当すること。

六　当該事業年度の収入金額の合計額のうちに占める次に掲げる金額の合計額の割合が百分の九十五を超えていること。

　　イ　被管理支配会社又は特定子会社から受ける剰余金の配当等の額（その受ける剰余金の配当等の額の全部又は一部が当該被管理支配会社の本店所在地国の法令において当該被管理支配会社の所得の金額の計算上損金の額に算入することとされている剰余金の配当等の額に該当する場合におけるその受ける剰余金の配当等の額及びその受ける剰余金の配当等の額の全部又は一部が当該特定子会社の本店所在地国の法令において当該特定子会社の所得の金額の計算上損金の額に算入することとされている剰余金の配当等の額に該当する場合におけるその受ける剰余金の配当等の額を除く。）

　　ロ　被管理支配会社の株式等の譲渡（当該外国関係会社に係る関連者〔法第六十六条の六第二項第二号ハ（1）に規定する関連者をいう。以下この条において同じ。〕以外の者への譲渡に限るものとし、その取得の日から一年以内に譲渡が行われることが見込まれていた場合の当該譲渡及びその譲渡を受けた株式等を当該外国関係会社又は当該外国関係会社に係る関連者に移転することが見込まれる場合の当該譲渡を除く。ロにおいて同じ。）及び特定子会社の株式等の譲渡に係る対価の額

　　ハ　その行う主たる事業に係る業務の通常の過程において生ずる

預金又は貯金の利子の額

七　当該事業年度終了の時における貸借対照表（これに準ずるものを含む。以下この条及び第二十二条の十一の三において同じ。）に計上されている総資産の帳簿価額のうちに占める次に掲げる金額の合計額の割合が百分の九十五を超えていること。

　イ　被管理支配会社の株式等及び特定子会社の株式等の帳簿価額

　ロ　未収金（前号イからハまでに掲げる金額に係るものに限る。）の帳簿価額

　ハ　現預金の帳簿価額（前号イ又はロに掲げる金額が生じた日を含む事業年度にあつては当該事業年度に係る同号イ及びロに掲げる金額の合計額に相当する金額を限度とし、同日を含む事業年度以外の事業年度にあつては零とする。）

6　前項に規定する財務省令で定める外国関係会社（以下この項において「他の被管理支配会社」という。）には、当該他の被管理支配会社と法第六十六条の六第一項各号に掲げる内国法人との間にこれらの者と株式等の保有を通じて連鎖関係にある一又は二以上の外国関係会社で、他の被管理支配会社に準ずるものを含むものとする。

7　施行令第三十九条の十四の三第八項第六号ハに規定する財務省令で定める収入金額は、その行う主たる事業に係る業務の通常の過程において生ずる預金又は貯金の利子の額とする。

8　施行令第三十九条の十四の三第八項第七号に規定する財務省令で定める資産の帳簿価額は、次に掲げる金額とする。

　一　未収金（施行令第三十九条の十四の三第八項第六号イ及びロに掲げる金額並びに前項に規定する利子の額に係るものに限る。）の帳簿価額

　二　現預金の帳簿価額（施行令第三十九条の十四の三第八項第六号イ又はロに掲げる金額が生じた日を含む事業年度にあつては当該事業年度に係る同号イ及びロに掲げる金額の合計額に相当する金額を限度とし、同日を含む事業年度以外の事業年度にあつては零とする。）

9　施行令第三十九条の十四の三第九項第一号に規定する財務省令で定める外国関係会社は、被管理支配会社（特定不動産〔同号に規定する特定不動産をいう。以下この項及び第十二項第一号において同じ。〕の保有を主たる事業とする外国関係会社で、同条第九項第一号イからニまでに掲げる要件の全てに該当するものをいう。以下この項において同じ。）の株式等の保有を主たる事業とする外国関係会社で、次に掲げる要件の全てに該当するものとする。

　一　管理支配会社の行う事業（当該管理支配会社の本店所在地国において行うもので、不動産業に限る。）の遂行上欠くことのできない

機能を果たしていること。

二　第五項第一号及び第三号から第五号までに掲げる要件の全てに該当すること。

三　当該事業年度の収入金額の合計額のうちに占める次に掲げる金額の合計額の割合が百分の九十五を超えていること。

　　イ　被管理支配会社から受ける剰余金の配当等の額（その受ける剰余金の配当等の額の全部又は一部が当該被管理支配会社の本店所在地国の法令において当該被管理支配会社の所得の金額の計算上損金の額に算入することとされている剰余金の配当等の額に該当する場合におけるその受ける剰余金の配当等の額を除く。）

　　ロ　被管理支配会社の株式等の譲渡（当該外国関係会社に係る関連者以外の者への譲渡に限るものとし、その取得の日から一年以内に譲渡が行われることが見込まれていた場合の当該譲渡及びその譲渡を受けた株式等を当該外国関係会社又は当該外国関係会社に係る関連者に移転することが見込まれる場合の当該譲渡を除く。）に係る対価の額

　　ハ　特定不動産の譲渡に係る対価の額

　　ニ　特定不動産の貸付け（特定不動産を使用させる行為を含む。）による対価の額

　　ホ　その行う事業（被管理支配会社の株式等の保有又は特定不動産の保有に限る。次号ホにおいて同じ。）に係る業務の通常の過程において生ずる預金又は貯金の利子の額

四　当該事業年度終了の時における貸借対照表に計上されている総資産の帳簿価額のうちに占める次に掲げる金額の合計額の割合が百分の九十五を超えていること。

　　イ　被管理支配会社の株式等の帳簿価額

　　ロ　未収金（前号イからホまでに掲げる金額に係るものに限る。）の帳簿価額

　　ハ　特定不動産の帳簿価額

　　ニ　未収金、前払費用その他これらに類する資産（特定不動産に係るものに限る。）の帳簿価額（ロに掲げる金額を除く。）

　　ホ　その行う事業に係る業務の通常の過程において生ずる現預金の帳簿価額

10　前項に規定する財務省令で定める外国関係会社（以下この項において「他の被管理支配会社」という。）には、当該他の被管理支配会社と法第六十六条の六第一項各号に掲げる内国法人との間にこれらの者と株式等の保有を通じて連鎖関係にある一又は二以上の外国関係会社で、他の被管理支配会社に準ずるものを含むものとする。

11 施行令第三十九条の十四の三第九項第一号ハ（3）に規定する財務省令で定める収入金額は、その行う主たる事業に係る業務の通常の過程において生ずる預金又は貯金の利子の額とする。

12 施行令第三十九条の十四の三第九項第一号ニに規定する財務省令で定める資産の帳簿価額は、次に掲げる金額とする。

　一 未収金、前払費用その他これらに類する資産（特定不動産に係るものに限る。）の帳簿価額

　二 その行う主たる事業に係る業務の通常の過程において生ずる現預金の帳簿価額

13 施行令第三十九条の十四の三第九項第二号ロ（3）に規定する財務省令で定める収入金額は、その行う主たる事業に係る業務の通常の過程において生ずる預金又は貯金の利子の額とする。

14 施行令第三十九条の十四の三第九項第二号ハに規定する財務省令で定める資産の帳簿価額は、次に掲げる金額とする。

　一 未収金、前払費用その他これらに類する資産（施行令第三十九条の十四の三第九項第二号に規定する特定不動産に係るものに限る。）の帳簿価額

　二 その行う主たる事業に係る業務の通常の過程において生ずる現預金の帳簿価額

15 施行令第三十九条の十四の三第九項第三号に規定する財務省令で定める外国関係会社は、その関連者以外の者からの資源開発等プロジェクト（同号イ（1）（ⅱ）に規定する資源開発等プロジェクトをいう。以下この項、第十七項及び第十八項第三号において同じ。）の遂行のための資金の調達及び被管理支配会社（同条第九項第三号イ（1）から（3）までに掲げる事業のいずれかを主たる事業とする外国関係会社で、同号ロからチまでに掲げる要件の全てに該当するものをいう。以下この項において同じ。）に係る特定子会社（同号イ（1）に規定する特定子会社をいう。以下この項において同じ。）に対して行う当該資金の提供を主たる事業とする外国関係会社で、次に掲げる要件の全てに該当するものとする。

　一 その事業の管理、支配及び運営が管理支配会社等（施行令第三十九条の十四の三第九項第三号イ（1）（ⅱ）に規定する管理支配会社等をいう。以下この項において同じ。）によつて行われていること。

　二 管理支配会社等の行う資源開発等プロジェクトの遂行上欠くことのできない機能を果たしていること。

　三 その事業を的確に遂行するために通常必要と認められる業務の全てが、その本店所在地国において、管理支配会社等の役員又は使用人によつて行われていること。

四　その本店所在地国を管理支配会社等の本店所在地国と同じくすること。

五　第五項第五号に掲げる要件に該当すること。

六　当該事業年度の収入金額の合計額のうちに占める次に掲げる金額の合計額の割合が百分の九十五を超えていること。

　　イ　被管理支配会社又は特定子会社から受ける剰余金の配当等の額（その受ける剰余金の配当等の額の全部又は一部が当該被管理支配会社の本店所在地国の法令において当該被管理支配会社の所得の金額の計算上損金の額に算入することとされている剰余金の配当等の額に該当する場合におけるその受ける剰余金の配当等の額及びその受ける剰余金の配当等の額の全部又は一部が当該特定子会社の本店所在地国の法令において当該特定子会社の所得の金額の計算上損金の額に算入することとされている剰余金の配当等の額に該当する場合におけるその受ける剰余金の配当等の額を除く。）

　　ロ　被管理支配会社の株式等の譲渡（当該外国関係会社に係る関連者以外の者への譲渡に限るものとし、その取得の日から一年以内に譲渡が行われることが見込まれていた場合の当該譲渡及びその譲渡を受けた株式等を当該外国関係会社又は当該外国関係会社に係る関連者に移転することが見込まれる場合の当該譲渡を除く。ロにおいて同じ。）及び特定子会社の株式等の譲渡に係る対価の額

　　ハ　被管理支配会社又は被管理支配会社に係る特定子会社に対する貸付金（資源開発等プロジェクトの遂行上欠くことのできないものに限る。次号ロにおいて同じ。）に係る利子の額

　　ニ　特定不動産（施行令第三十九条の十四の三第九項第三号イ（3）に規定する特定不動産をいう。以下この項及び第十八項第二号において同じ。）の譲渡に係る対価の額

　　ホ　特定不動産の貸付け（特定不動産を使用させる行為を含む。）による対価の額

　　ヘ　資源開発等プロジェクトに係る業務の通常の過程において生ずる預金又は貯金の利子の額

七　当該事業年度終了の時における貸借対照表に計上されている総資産の帳簿価額のうちに占める次に掲げる金額の合計額の割合が百分の九十五を超えていること。

　　イ　被管理支配会社の株式等及び被管理支配会社に係る特定子会社の株式等の帳簿価額

　　ロ　被管理支配会社又は被管理支配会社に係る特定子会社に対する貸付金の帳簿価額

　　ハ　未収金（前号イからへまでに掲げる金額に係るものに限る。）の

　　帳簿価額

　ニ　特定不動産の帳簿価額

　ホ　未収金、前払費用その他これらに類する資産（特定不動産に係るものに限る。）の帳簿価額（ハに掲げる金額を除く。）

　ヘ　資源開発等プロジェクトに係る業務の通常の過程において生ずる現預金の帳簿価額

16　前項に規定する財務省令で定める外国関係会社（以下この項において「他の被管理支配会社」という。）には、当該他の被管理支配会社と法第六十六条の六第一項各号に掲げる内国法人との間にこれらの者と株式等の保有を通じて連鎖関係にある一又は二以上の外国関係会社で、他の被管理支配会社に準ずるものを含むものとする。

17　施行令第三十九条の十四の三第九項第三号ト（6）に規定する財務省令で定める収入金額は、資源開発等プロジェクトに係る業務の通常の過程において生ずる預金又は貯金の利子の額とする。

18　施行令第三十九条の十四の三第九項第三号チに規定する財務省令で定める資産の帳簿価額は、次に掲げる金額とする。

　一　未収金（施行令第三十九条の十四の三第九項第三号ト（1）から（5）までに掲げる金額及び前項に規定する利子の額に係るものに限る。）の帳簿価額

　二　未収金、前払費用その他これらに類する資産（特定不動産に係るものに限る。）の帳簿価額（前号に掲げる金額を除く。）

　三　資源開発等プロジェクトに係る業務の通常の過程において生ずる現預金の帳簿価額

19　施行令第三十九条の十四の三第三十二項第三号に規定する財務省令で定める場合は、外国関係会社がその本店所在地国において行う次に掲げる業務の状況を勘案して、当該外国関係会社がその本店所在地国においてこれらの業務を通じて製品の製造に主体的に関与していると認められる場合とする。

　一　工場その他の製品の製造に係る施設又は製品の製造に係る設備の確保、整備及び管理

　二　製品の製造に必要な原料又は材料の調達及び管理

　三　製品の製造管理及び品質管理の実施又はこれらの業務に対する監督

　四　製品の製造に必要な人員の確保、組織化、配置及び労務管理又はこれらの業務に対する監督

　五　製品の製造に係る財務管理（損益管理、原価管理、資産管理、資金管理その他の管理を含む。）

　六　事業計画、製品の生産計画、製品の生産設備の投資計画その他

製品の製造を行うために必要な計画の策定

七　その他製品の製造における重要な業務

20　第二項の規定は、施行令第三十九条の十五第一項第四号に規定する財務省令で定める配当等の額について準用する。

21　施行令第三十九条の十五第一項第四号ロに規定する財務省令で定めるものは、租税に関する相互行政支援に関する条約及び税源浸食及び利益移転を防止するための租税条約関連措置を実施するための多数国間条約とする。

22　施行令第三十九条の十五第一項第五号イに規定する財務省令で定める者は、同号イの外国関係会社に係る法第六十六条の六第一項各号若しくは第六十八条の九十第一項各号に掲げる者又は当該者に係る部分対象外国関係会社（法第六十六条の六第二項第六号に規定する部分対象外国関係会社をいう。第二十五項第一号において同じ。）とする。

23　施行令第三十九条の十五第一項第五号ニ（4）に規定する財務省令で定める事項は、次に掲げる事項とする。

一　施行令第三十九条の十五第一項第五号ニ（3）に規定する組織再編成の内容及び実施時期

二　その他参考となるべき事項

24　施行令第三十九条の十五第八項の規定により同項に規定する確定申告書に添付する明細書は、法人税法施行規則別表九（二）、別表十一（一）、別表十一（一の二）、別表十二（九）、別表十二（十二）、別表十三（一）から別表十三（三）まで、別表十三（五）、別表十四（一）及び別表十六（一）から別表十六（五）までに定める書式に準じた書式による明細書とする。

25　施行令第三十九条の十七第三項第一号イ（2）に規定する財務省令で定める要件に該当する外国法人は、次に掲げる外国法人とする。

一　その議決権の総数に対する判定対象外国金融持株会社（施行令第三十九条の十七第三項各号に掲げる部分対象外国関係会社に該当するかどうかを判定しようとする部分対象外国関係会社をいう。以下この項において同じ。）が有する議決権の数の割合が百分の四十以上である外国法人で、次に掲げる要件のいずれかに該当するもの

イ　その議決権の総数に対する次に掲げる議決権の数の合計数の割合が百分の五十を超えていること。

（1）　判定対象外国金融持株会社が有する議決権

（2）　判定対象外国金融持株会社と出資、人事、資金、技術、取引等において緊密な関係があることにより当該判定対象外国金融持株会社の意思と同一の内容の議決権を行使する

と認められる者が有する議決権

　（３）　判定対象外国金融持株会社の意思と同一の内容の議決権
　　　を行使することに同意している者が有する議決権

　ロ　外国法人の取締役会その他これに準ずる機関の構成員の総数
　　に対する次に掲げる者（当該外国法人の財務及び事業の方針の決
　　定に関して影響を与えることができるものに限る。）の数の割合が
　　百分の五十を超えていること。
　（１）　判定対象外国金融持株会社の役員
　（２）　判定対象外国金融持株会社の使用人
　（３）　（１）又は（２）に掲げる者であつた者

　ハ　判定対象外国金融持株会社が外国法人の重要な財務及び事業
　　の方針の決定を支配する契約等が存在すること。

　ニ　外国法人の資金調達額（貸借対照表の負債の部に計上されてい
　　るものに限る。）の総額に対する判定対象外国金融持株会社が行
　　う融資（債務の保証及び担保の提供を含む。ニにおいて同じ。）の
　　額（当該判定対象外国金融持株会社と出資、人事、資金、技術、取
　　引等において緊密な関係のある者が行う融資の額を含む。）の割合
　　が百分の五十を超えていること。

　ホ　その他判定対象外国金融持株会社が外国法人の財務及び事業
　　の方針の決定を支配していることが推測される事実が存在する
　　こと。

　二　その議決権の総数に対する判定対象外国金融持株会社が有する
　　議決権の数の割合が百分の四十九以上である外国法人で、次に掲
　　げる要件の全てに該当するもの（前号に掲げるものを除く。）

　イ　判定対象外国金融持株会社が外国法人の本店所在地国の法令
　　又は慣行により有することができる最高限度の数の議決権を有
　　していること。

　ロ　判定対象外国金融持株会社が外国法人の財務及び事業の方針
　　の決定に対して重要な影響を与えることができることが推測さ
　　れる事実が存在すること。

26　前項の規定は、施行令第三十九条の十七第九項第二号ロに規定す
　る財務省令で定める要件に該当する外国法人について準用する。こ
　の場合において、前項中「判定対象外国金融持株会社」とあるのは
　「判定対象特定中間持株会社」と、「第三十九条の十七第三項各号
　に掲げる部分対象外国関係会社」とあるのは「第三十九条の十七第
　九項に規定する特定中間持株会社」と、「部分対象外国関係会社を」
　とあるのは「外国関係会社（法第六十六条の六第二項第一号に規定す
　る外国関係会社をいい、同項第二号に規定する特定外国関係会社又は同

447

項第三号に規定する対象外国関係会社に該当するものに限る。）を」と読み替えるものとする。

27　第二項の規定は、施行令第三十九条の十七の三第六項に規定する財務省令で定める剰余金の配当等の額について準用する。

28　施行令第三十九条の十七の三第九項に規定する財務省令で定める金額は、法人税法第六十一条の五第一項に規定するその他財務省令で定める取引に相当する取引に係る利益の額又は損失の額とする。

29　法第六十六条の六第六項第五号に規定する財務省令で定めるところにより計算した金額は、部分対象外国関係会社（同条第二項第六号に規定する部分対象外国関係会社をいい、同項第七号に規定する外国金融子会社等に該当するものを除く。次項から第三十七項までにおいて同じ。）の行うデリバティブ取引（法人税法第六十一条の五第一項に規定するデリバティブ取引をいう。次項、第三十四項及び第三十五項並びに第二十二条の十一の三において同じ。）に係る利益の額又は損失の額につき法人税法第六十一条の五の規定その他法人税に関する法令の規定（同法第六十一条の六の規定を除く。）の例に準じて計算した場合に算出される金額とする。

30　法第六十六条の六第六項第五号に規定する法人税法第六十一条の六第一項各号に掲げる損失を減少させるために行つたデリバティブ取引として財務省令で定めるデリバティブ取引は、次に掲げるデリバティブ取引等（同条第四項第一号に掲げる取引をいい、同法第六十一条の八第二項に規定する先物外国為替契約等に相当する契約に基づくデリバティブ取引及び同法第六十一条の五第一項に規定するその他財務省令で定める取引に相当する取引を除く。以下第三十二項までにおいて同じ。）とする。

一　ヘッジ対象資産等損失額（法人税法第六十一条の六第一項各号に掲げる損失の額に相当する金額をいう。以下第三十二項までにおいて同じ。）を減少させるために部分対象外国関係会社がデリバティブ取引等を行つた場合（当該デリバティブ取引等を行つた日において、同条第一項第一号に規定する資産若しくは負債の取得若しくは発生又は当該デリバティブ取引等に係る契約の締結等に関する帳簿書類〔その作成に代えて電磁的記録の作成がされている場合の当該電磁的記録を含む。次号において同じ。〕に当該デリバティブ取引等につき次に掲げる事項が記載されている場合に限る。）において、当該デリバティブ取引等がヘッジ対象資産等損失額を減少させる効果についてあらかじめ定めた評価方法に従つて定期的に確認が行われているときの当該デリバティブ取引等（次号に掲げるデリバティブ取引等を除く。）

　　イ　そのデリバティブ取引等がヘッジ対象資産等損失額を減少さ
　　　せるために行つたものである旨

　　ロ　そのデリバティブ取引等によりヘッジ対象資産等損失額を減
　　　少させようとする法人税法第六十一条の六第一項第一号に規定
　　　する資産又は負債及び同項第二号に規定する金銭に相当するも
　　　の

　　ハ　そのデリバティブ取引等の種類、名称、金額及びヘッジ対象
　　　資産等損失額を減少させようとする期間

　　ニ　その他参考となるべき事項

　二　その有する売買目的外有価証券相当有価証券（法人税法第六十
　　一条の三第一項第二号に規定する売買目的外有価証券に相当する有価
　　証券〔同法第二条第二十一号に規定する有価証券をいう。第三十七項
　　第四号ロにおいて同じ。〕をいう。以下この号において同じ。）の価額
　　の変動（同法第六十一条の九第一項第一号ロに規定する期末時換算法
　　に相当する方法により機能通貨換算額への換算をする売買目的外有価
　　証券相当有価証券の価額の外国為替の売買相場の変動に基因する変動
　　を除く。）により生ずるおそれのある損失の額（以下この号におい
　　て「ヘッジ対象有価証券損失額」という。）を減少させるために
　　部分対象外国関係会社がデリバティブ取引等を行つた場合（当該
　　デリバティブ取引等を行つた日において、当該売買目的外有価証券相
　　当有価証券の取得又は当該デリバティブ取引等に係る契約の締結等に
　　関する帳簿書類に当該デリバティブ取引等につき次に掲げる事項が記
　　載されている場合に限る。）において、当該デリバティブ取引等が
　　ヘッジ対象有価証券損失額を減少させる効果についてあらかじめ
　　定めた評価方法に従つて定期的に確認が行われているときの当該
　　デリバティブ取引等

　　イ　その売買目的外有価証券相当有価証券を法人税法施行令第百
　　　二十一条の六の規定に準じて評価し、又は機能通貨換算額に換
　　　算する旨

　　ロ　そのデリバティブ取引等によりヘッジ対象有価証券損失額を
　　　減少させようとする売買目的外有価証券相当有価証券

　　ハ　そのデリバティブ取引等の種類、名称、金額及びヘッジ対象
　　　有価証券損失額を減少させようとする期間

　　ニ　その他参考となるべき事項

31　部分対象外国関係会社が当該事業年度において行つたデリバティ
　　ブ取引等のおおむね全部がヘッジ対象資産等損失額を減少させるた
　　めに行つたものである場合（次に掲げる要件の全てを満たす場合に限
　　る。）には、当該部分対象外国関係会社に係る法第六十六条の六第

六項各号列記以外の部分に規定する内国法人は、前項の規定にかか
わらず、当該部分対象外国関係会社が当該事業年度において行つた
全てのデリバティブ取引等をもつて、同条第六項第五号に規定する
法人税法第六十一条の六第一項各号に掲げる損失を減少させるため
に行つたデリバティブ取引として財務省令で定めるデリバティブ取
引とすることができる。

一　そのデリバティブ取引等によりヘッジ対象資産等損失額を減少
　させようとする法人税法第六十一条の六第一項第一号に規定する
　資産又は負債及び同項第二号に規定する金銭に相当するものの内
　容、ヘッジ対象資産等損失額を減少させるために行うデリバティ
　ブ取引等の方針並びにその行うデリバティブ取引等がヘッジ対象
　資産等損失額を減少させる効果の評価方法に関する書類（その作
　成に代えて電磁的記録の作成がされている場合における当該電磁的記
　録を含む。以下この項において同じ。）を作成していること。

二　前号に規定する書類において、その行うデリバティブ取引等の
　おおむね全部がヘッジ対象資産等損失額を減少させるために行う
　ことが明らかにされていること。

三　第一号に規定する書類において定められた方針に従つてデリバ
　ティブ取引等を行うために必要な組織及び業務管理体制が整備さ
　れていること。

四　その行うデリバティブ取引等がヘッジ対象資産等損失額を減少
　させる効果について、第一号に規定する書類において定められた
　評価方法に従つて定期的に確認が行われていること。

32　部分対象外国関係会社の当該事業年度の前事業年度以前の事業年
　度に係る部分適用対象金額（法第六十六条の六第六項に規定する部分
　適用対象金額をいう。以下この項において同じ。）の計算につき、前項
　の規定の適用を受けた内国法人の当該部分対象外国関係会社に係る
　当該事業年度に係る部分適用対象金額の計算については、当該部分
　対象外国関係会社が当該事業年度において行つたデリバティブ取引
　等のおおむね全部がヘッジ対象資産等損失額を減少させるために行
　つたものである場合に該当しないこととなつた場合又は同項各号に
　掲げる要件のいずれかを満たさないこととなつた場合を除き、同項
　の規定の適用があるものとする。

33　法第六十六条の六第六項第五号に規定する行為を業として行う同
　号に規定する部分対象外国関係会社が行う同号に規定する財務省令
　で定めるデリバティブ取引は、商品先物取引法第二条第十三項に規
　定する外国商品市場取引及び同条第十四項に規定する店頭商品デリ
　バティブ取引に相当する取引とする。

34　法第六十六条の六第六項第五号に規定するその他財務省令で定めるデリバティブ取引は、短期売買商品等（法人税法第六十一条第一項に規定する短期売買商品等に相当する資産をいう。次項において同じ。）の価額の変動に伴つて生ずるおそれのある損失を減少させるために行つたデリバティブ取引、法人税法第六十一条の八第二項に規定する先物外国為替契約等に相当する契約に基づくデリバティブ取引及び同法第六十一条の五第一項に規定するその他財務省令で定める取引に相当する取引とする。

35　第三十項から第三十二項までの規定は、前項の短期売買商品等の価額の変動に伴つて生ずるおそれのある損失を減少させるために行つたデリバティブ取引について準用する。この場合において、第三十項第一号中「ヘッジ対象資産等損失額（法人税法第六十一条の六第一項各号に掲げる損失」とあるのは「短期売買商品等損失額（短期売買商品等〔法人税法第六十一条第一項に規定する短期売買商品等に相当する資産をいう。以下第三十二項までにおいて同じ。〕の価額の変動に伴つて生ずるおそれのある損失」と、「同条第一項第一号に規定する資産若しくは負債の取得若しくは発生」とあるのは「短期売買商品等の取得」と、「ヘッジ対象資産等損失額を減少させる効果」とあるのは「短期売買商品等損失額を減少させる効果」と、同号イ中「ヘッジ対象資産等損失額」とあるのは「短期売買商品等損失額」と、同号ロ中「ヘッジ対象資産等損失額」とあるのは「短期売買商品等損失額」と、「法人税法第六十一条の六第一項第一号に規定する資産又は負債及び同項第二号に規定する金銭に相当するもの」とあるのは「短期売買商品等」と、同号ハ中「ヘッジ対象資産等損失額」とあるのは「短期売買商品等損失額」と、第三十一項中「ヘッジ対象資産等損失額を減少させるために行つた」とあるのは「短期売買商品等損失額を減少させるために行つた」と、「前項」とあるのは「第三十五項において準用する前項」と、同項第一号中「ヘッジ対象資産等損失額」とあるのは「短期売買商品等損失額」と、「法人税法第六十一条の六第一項第一号に規定する資産又は負債及び同項第二号に規定する金銭に相当するもの」とあるのは「短期売買商品等」と、同項第二号及び第四号中「ヘッジ対象資産等損失額」とあるのは「短期売買商品等損失額」と、第三十二項中「前項」とあるのは「第三十五項において準用する前項」と、「ヘッジ対象資産等損失額」とあるのは「短期売買商品等損失額」と読み替えるものとする。

36　法第六十六条の六第六項第六号に規定する財務省令で定めるところにより計算した金額は、各事業年度において行う特定通貨建取引

の金額又は各事業年度終了の時において有する特定通貨建資産等の金額に係る機能通貨換算額につき法人税法第六十一条の八から第六十一条の十までの規定その他法人税に関する法令の規定の例に準じて計算した場合に算出される利益の額又は損失の額とする。

37　第三十項、前項及びこの項において、次の各号に掲げる用語の意義は、当該各号に定めるところによる。

一　機能通貨　部分対象外国関係会社がその会計帳簿の作成に当たり使用する通貨表示の通貨をいう。

二　特定通貨　機能通貨以外の通貨をいう。

三　特定通貨建取引　特定通貨で支払が行われる資産の販売及び購入、役務の提供、金銭の貸付け及び借入れ、剰余金の配当その他の取引をいう。

四　特定通貨建資産等　次に掲げる資産及び負債をいう。

　イ　特定通貨建債権（特定通貨で支払を受けるべきこととされている金銭債権をいう。）及び特定通貨建債務（特定通貨で支払を行うべきこととされている金銭債務をいう。）

　ロ　特定通貨建有価証券（その償還が特定通貨で行われる債券、残余財産の分配が特定通貨で行われる株式及びこれらに準ずる有価証券をいう。）

　ハ　特定通貨建の預金

　ニ　特定通貨

五　機能通貨換算額　特定通貨で表示された金額を機能通貨で表示された金額に換算した金額をいう。

38　第三十項から第三十二項までの規定は、法第六十六条の六第六項第七号及び施行令第三十九条の十七の三第十六項に規定する財務省令で定める取引について準用する。この場合において、第三十項中「同条第四項第一号」とあるのは、「同条第四項第二号及び第三号」と読み替えるものとする。

39　第二十九項の規定は、法第六十六条の六第六項第十一号ホに規定する財務省令で定めるところにより計算した金額について準用する。

40　第三十六項及び第三十七項の規定は、法第六十六条の六第六項第十一号ヘに規定する財務省令で定めるところにより計算した金額について準用する。

41　施行令第三十九条の十七の四第六項に規定する剰余金その他の財務省令で定めるものの額は、部分対象外国関係会社（法第六十六条の六第八項各号列記以外の部分に規定する部分対象外国関係会社をいう。次項において同じ。）の第一号から第三号までに掲げる金額の合計額（法第六十六条の六第二項第七号に規定する外国金融機関に準ずるもの

として政令で定める部分対象外国関係会社〔第四号において「外国金融持株会社等」という。〕に該当するものにあつては、次に掲げる金額の合計額）とする。

一　当該事業年度終了の時における貸借対照表に計上されている利益剰余金の額（当該額が零を下回る場合には、零）

二　当該事業年度以前の各事業年度において利益剰余金の額を減少して資本金の額又は出資金の額を増加した場合のその増加した金額

三　当該事業年度終了の時における貸借対照表に計上されている利益剰余金の額が零を下回る場合における当該零を下回る額

四　当該事業年度終了の時における貸借対照表に計上されている当該外国金融持株会社等に係る施行令第三十九条の十七第三項第一号イに規定する特定外国金融機関の株式等及び他の外国金融持株会社等（その発行済株式又は出資〔自己が有する自己の株式等を除く。〕の総数又は総額の百分の五十を超える数又は金額の株式等を有するものに限る。）の株式等の帳簿価額

42　施行令第三十九条の十七の四第七項に規定する財務省令で定めるものの額は、部分対象外国関係会社（保険業を行うものに限る。）が保険契約を再保険に付した場合において、その再保険を付した部分につきその本店所在地国の保険業法に相当する法令の規定により積み立てないこととした同法第百十六条第一項に規定する責任準備金に相当するものの額及び同法第百十七条第一項に規定する支払備金に相当するものの額の合計額とする。

43　法第六十六条の六第十一項に規定する財務省令で定める書類は、同項各号に掲げる外国関係会社（第七号において「添付対象外国関係会社」という。）に係る次に掲げる書類その他参考となるべき事項を記載した書類（これらの書類が電磁的記録で作成され、又はこれらの書類の作成に代えてこれらの書類に記載すべき情報を記録した電磁的記録の作成がされている場合には、これらの電磁的記録に記録された情報の内容を記載した書類）とする。

一　各事業年度の貸借対照表及び損益計算書（これに準ずるものを含む。）

二　各事業年度の株主資本等変動計算書、損益金の処分に関する計算書その他これらに準ずるもの

三　第一号に掲げるものに係る勘定科目内訳明細書

四　本店所在地国の法人所得税（施行令第三十九条の十五第一項第二号に規定する法人所得税をいう。以下この号及び次号において同じ。）に関する法令（当該法人所得税に関する法令が二以上ある場合には、

そのうち主たる法人所得税に関する法令）により課される税に関する申告書で各事業年度に係るものの写し

五　施行令第三十九条の十五第六項に規定する企業集団等所得課税規定の適用がないものとした場合に計算される法人所得税の額に関する計算の明細を記載した書類及び当該法人所得税の額に関する計算の基礎となる書類で各事業年度に係るもの

六　各事業年度終了の日における株主等（法人税法第二条第十四号に規定する株主等をいう。次号において同じ。）の氏名及び住所又は名称及び本店若しくは主たる事務所の所在地並びにその有する株式等の数又は金額を記載した書類

七　各事業年度終了の日における法第六十六条の六第十一項に規定する内国法人に係る添付対象外国関係会社に係る施行令第三十九条の十四第三項第一号に規定する他の外国法人の株主等並びに同項第二号に規定する他の外国法人及び出資関連外国法人の株主等に係る前号に掲げる書類

44　第三十項第一号、第三十一項第一号及び前項に規定する電磁的記録とは、電子的方式、磁気的方式その他人の知覚によつては認識することができない方式で作られる記録であつて、電子計算機による情報処理の用に供されるものをいう。

第二十二条の十一の二　法第六十六条の七第四項の規定の適用を受けた内国法人は、施行令第三十九条の十八第二十四項に規定する書類を、法第九条の六第一項、第九条の六の二第一項、第九条の六の三第一項若しくは第九条の六の四第一項の規定により法第六十六条の七第四項の規定による外国法人税の額（法第九条の三の二第三項第二号又は第九条の六第一項に規定する外国法人税の額をいう。以下この項及び次項第一号において同じ。）とみなされる金額を控除した日又は法第九条の三の二第三項の規定により法第六十六条の七第四項の規定による外国法人税の額とみなされる金額が控除された日の属する年の翌年から七年間、納税地に保存しなければならない。

2　施行令第三十九条の十八第二十四項に規定する財務省令で定める書類は、次に掲げる書類とする。

一　法第六十六条の七第四項の規定の適用を受けようとする外国の法令により課される税が法人税法第六十九条第一項に規定する外国法人税に該当することについての説明、個別計算外国法人税額（施行令第三十九条の十八第一項に規定する個別計算外国法人税額をいう。次号において同じ。）に関する計算の明細及び法第六十六条の七第四項の規定による外国法人税の額とみなされる金額の計算

に関する明細を記載した書類

二　前号に規定する税が課されたことを証するその税に係る申告書
の写し又はこれに代わるべきその税に係る書類及びその税が既に
納付されている場合にはその納付を証する書類並びに個別計算外
国法人税額に関する計算の基礎となる書類

（特殊関係株主等である内国法人に係る外国関係法人に係る所得の課
税の特例）
第二十二条の十一の三　第二十二条の十一第二項の規定は施行令第三
十九条の二十の三第五項において準用する施行令第三十九条の十四
の三第五項に規定する財務省令で定める剰余金の配当等の額につい
て、第二十二条の十一第三項の規定は施行令第三十九条の二十の三
第五項において準用する施行令第三十九条の十四の三第六項第一号
に規定する財務省令で定める収入金額について、第二十二条の十一
第四項の規定は施行令第三十九条の二十の三第五項において準用す
る施行令第三十九条の十四の三第六項第二号に規定する財務省令で
定める資産の帳簿価額について、第二十二条の十一第五項及び第六
項の規定は施行令第三十九条の二十の三第五項において準用する施
行令第三十九条の十四の三第八項に規定する財務省令で定める外国
関係会社について、第二十二条の十一第七項の規定は施行令第三十
九条の二十の三第五項において準用する施行令第三十九条の十四の
三第八項第六号ハに規定する財務省令で定める収入金額について、
第二十二条の十一第八項の規定は施行令第三十九条の二十の三第五
項において準用する施行令第三十九条の十四の三第八項第七号に規
定する財務省令で定める資産の帳簿価額について、第二十二条の十
一第九項及び第十項の規定は施行令第三十九条の二十の三第五項に
おいて準用する施行令第三十九条の十四の三第九項第一号に規定す
る財務省令で定める外国関係会社について、第二十二条の十一第十
一項の規定は施行令第三十九条の二十の三第五項において準用する
同号ハ（3）に規定する財務省令で定める収入金額について、第二十
二条の十一第十二項の規定は施行令第三十九条の二十の三第五項に
おいて準用する同号ニに規定する財務省令で定める資産の帳簿価額
について、第二十二条の十一第十三項の規定は施行令第三十九条の
二十の三第五項において準用する施行令第三十九条の十四の三第九
項第二号ロ（3）に規定する財務省令で定める収入金額について、第
二十二条の十一第十四項の規定は施行令第三十九条の二十の三第五
項において準用する同号ハに規定する財務省令で定める資産の帳簿
価額について、第二十二条の十一第十五項及び第十六項の規定は施

行令第三十九条の二十の三第五項において準用する施行令第三十九条の十四の三第九項第三号に規定する財務省令で定める外国関係会社について、第二十二条の十一第十七項の規定は施行令第三十九条の二十の三第五項において準用する同号ト（6）に規定する財務省令で定める収入金額について、第二十二条の十一第十八項の規定は施行令第三十九条の二十の三第五項において準用する同号チに規定する財務省令で定める資産の帳簿価額について、それぞれ準用する。この場合において、第二十二条の十一第四項第一号イ中「外国子会社」とあるのは「外国子法人」と、「施行令第三十九条の十四の三第六項」とあるのは「法第六十六条の九の二第二項第三号イ（3）」と、「法第六十六条の六第一項」とあるのは「同条第一項」と、同項第二号中「外国子会社」とあるのは「外国子法人」と、同条第五項中「被管理支配会社（特定子会社〔同項に規定する特定子会社」とあるのは「被管理支配法人（特定子法人〔法第六十六条の九の二第二項第三号イ（4）に規定する特定子法人」と、「、施行令」とあるのは「、施行令第三十九条の二十の三第五項において準用する施行令」と、同項第一号中「管理支配会社」とあるのは「管理支配法人」と、「第六十六条の六第二項第二号イ（4）」とあるのは「第六十六条の九の二第二項第三号イ（4）」と、同項第二号から第四号までの規定中「管理支配会社」とあるのは「管理支配法人」と、同項第五号中「施行令」とあるのは「施行令第三十九条の二十の三第五項において準用する施行令」と、同項第六号イ中「被管理支配会社」とあるのは「被管理支配法人」と、「特定子会社」とあるのは「特定子法人」と、同号ロ中「被管理支配会社」とあるのは「被管理支配法人」と、「第六十六条の六第二項第二号ハ（1）」とあるのは「第六十六条の九の二第二項第三号ハ（1）」と、「特定子会社」とあるのは「特定子法人」と、同項第七号イ中「被管理支配会社」とあるのは「被管理支配法人」と、「特定子会社」とあるのは「特定子法人」と、同条第六項中「他の被管理支配会社」とあるのは「他の被管理支配法人」と、「第六十六条の六第一項各号に掲げる」とあるのは「第六十六条の九の二第一項に規定する特殊関係株主等である」と、同条第八項各号中「施行令」とあるのは「施行令第三十九条の二十の三第五項において準用する施行令」と、同条第九項中「被管理支配会社（」とあるのは「被管理支配法人（」と、「同号」とあるのは「施行令第三十九条の二十の三第五項において準用する同号」と、「同条第九項第一号イ」とあるのは「施行令第三十九条の二十の三第五項において準用する施行令第三十九条の十四の三第九項第一号イ」と、同項第一号中「管理支配会社」とあるのは「管理支配法人」と、同項第

三号及び第四号イ中「被管理支配会社」とあるのは「被管理支配法人」と、同条第十項中「他の被管理支配会社」とあるのは「他の被管理支配法人」と、「第六十六条の六第一項各号に掲げる」とあるのは「第六十六条の九の二第一項に規定する特殊関係株主等である」と、同条第十四項第一号中「施行令」とあるのは「施行令第三十九条の二十の三第五項において準用する施行令」と、同条第十五項中「同号イ(1)(ⅱ)」とあるのは「施行令第三十九条の二十の三第五項において準用する同号イ(1)(ⅱ)」と、「被管理支配会社（同条第九項第三号イ(1)）」とあるのは「被管理支配法人（施行令第三十九条の二十の三第五項において準用する施行令第三十九条の十四の三第九項第三号イ（1)）」と、「特定子会社（同号イ(1)に規定する特定子会社」とあるのは「特定子法人（施行令第三十九条の二十の三第五項において準用する同号イ(1)に規定する特定子法人」と、同項第一号中「管理支配会社等」とあるのは「管理支配法人等」と、「施行令」とあるのは「施行令第三十九条の二十の三第五項において準用する施行令」と、同項第二号から第四号までの規定中「管理支配会社等」とあるのは「管理支配法人等」と、同項第六号イからハまでの規定中「被管理支配会社」とあるのは「被管理支配法人」と、「特定子会社」とあるのは「特定子法人」と、同号ニ中「施行令」とあるのは「施行令第三十九条の二十の三第五項において準用する施行令」と、同項第七号イ及びロ中「被管理支配会社」とあるのは「被管理支配法人」と、「特定子会社」とあるのは「特定子法人」と、同条第十六項中「他の被管理支配会社」とあるのは「他の被管理支配法人」と、「第六十六条の六第一項各号に掲げる」とあるのは「第六十六条の九の二第一項に規定する特殊関係株主等である」と、同条第十八項第一号中「施行令」とあるのは「施行令第三十九条の二十の三第五項において準用する施行令」と読み替えるものとする。

2　第二十二条の十一第二十四項の規定は、施行令第三十九条の二十の三第十九項において準用する施行令第三十九条の十五第八項に規定する明細書について準用する。

3　第二十二条の十一第二十五項の規定は施行令第三十九条の二十の三第二十一項において準用する施行令第三十九条の十七第三項第一号イ(2)に規定する財務省令で定める要件に該当する外国法人について、第二十二条の十一第二十六項の規定は施行令第三十九条の二十の三第二十一項において準用する施行令第三十九条の十七第九項第二号ロに規定する財務省令で定める要件に該当する外国法人について、それぞれ準用する。

4　第二十二条の十一第二十七項の規定は、施行令第三十九条の二十

の四第四項において準用する施行令第三十九条の十七の三第六項に規定する財務省令で定める剰余金の配当等の額について準用する。

5　第二十二条の十一第二十八項の規定は、施行令第三十九条の二十の四第七項において準用する施行令第三十九条の十七の三第九項に規定する財務省令で定める金額について準用する。

6　第二十二条の十一第二十九項の規定は、部分対象外国関係法人（法第六十六条の九の二第二項第七号に規定する部分対象外国関係法人をいい、同項第八号に規定する外国金融関係法人に該当するものを除く。以下この条において同じ。）の行うデリバティブ取引に係る法第六十六条の九の二第六項第五号に規定する財務省令で定めるところにより計算した金額について準用する。

7　法第六十六条の九の二第六項第五号に規定する法人税法第六十一条の六第一項各号に掲げる損失を減少させるために行つたデリバティブ取引として財務省令で定めるデリバティブ取引は、部分対象外国関係法人が行つたデリバティブ取引のうち第二十二条の十一第三十項から第三十二項までの規定の例によるものとした場合に同法第六十一条の六第一項各号に掲げる損失を減少させるために行つたデリバティブ取引とされるデリバティブ取引とする。

8　第二十二条の十一第三十三項の規定は、法第六十六条の九の二第六項第五号に規定する行為を業として行う同号に規定する部分対象外国関係法人が行う同号に規定する財務省令で定めるデリバティブ取引について準用する。

9　法第六十六条の九の二第六項第五号に規定するその他財務省令で定めるデリバティブ取引は、部分対象外国関係法人が行うデリバティブ取引のうち第二十二条の十一第三十四項及び第三十五項の規定の例によるものとした場合に同条第三十四項に規定するデリバティブ取引とされるデリバティブ取引とする。

10　第二十二条の十一第三十六項及び第三十七項の規定は、法第六十六条の九の二第六項第六号に規定する財務省令で定めるところにより計算した金額について準用する。

11　法第六十六条の九の二第六項第七号並びに施行令第三十九条の二十の四第十二項及び第二十三項において準用する施行令第三十九条の十七の三第十六項に規定する財務省令で定める取引は、部分対象外国関係法人が行つた取引（法第六十六条の九の二第六項第一号から第六号までに掲げる金額に係る利益の額又は損失の額〔これらに類する利益の額又は損失の額を含む。〕を生じさせる資産の運用、保有、譲渡、貸付けその他の行為により生ずる利益の額又は損失の額〔当該各号に掲げる金額に係る利益の額又は損失の額を除く。〕に係る取引に限る。以

下この項において同じ。）のうち、第二十二条の十一第三十項から第三十二項までの規定の例によるものとした場合に法人税法第六十一条の六第一項各号に掲げる損失を減少させるために行つた取引とされる取引とする。

12　第二十二条の十一第二十九項の規定は、部分対象外国関係法人の行うデリバティブ取引に係る法第六十六条の九の二第六項第十一号ホに規定する財務省令で定めるところにより計算した金額について準用する。

13　第二十二条の十一第三十六項及び第三十七項の規定は、法第六十六条の九の二第六項第十一号ヘに規定する財務省令で定めるところにより計算した金額について準用する。

14　法第六十六条の九の二第十一項に規定する財務省令で定める書類は、同項各号に掲げる外国関係法人（以下この項において「添付対象外国関係法人」という。）に係る次に掲げる書類その他参考となるべき事項を記載した書類（これらの書類が電磁的記録〔電子的方式、磁気的方式その他人の知覚によつては認識することができない方式で作られる記録であつて、電子計算機による情報処理の用に供されるものをいう。以下この項において同じ。〕で作成され、又はこれらの書類の作成に代えてこれらの書類に記載すべき情報を記録した電磁的記録の作成がされている場合には、これらの電磁的記録に記録された情報の内容を記載した書類）とする。

一　添付対象外国関係法人の各事業年度の貸借対照表及び損益計算書（これに準ずるものを含む。）

二　添付対象外国関係法人の各事業年度の株主資本等変動計算書、損益金の処分に関する計算書その他これらに準ずるもの

三　第一号に掲げるものに係る勘定科目内訳明細書

四　添付対象外国関係法人の本店所在地国の法人所得税（施行令第三十九条の十五第一項第二号に規定する法人所得税をいう。以下この号及び次号において同じ。）に関する法令（当該法人所得税に関する法令が二以上ある場合には、そのうち主たる法人所得税に関する法令）により課される税に関する申告書で各事業年度に係るものの写し

五　施行令第三十九条の十五第六項に規定する企業集団等所得課税規定の適用がないものとした場合に計算される添付対象外国関係法人の法人所得税の額に関する計算の明細を記載した書類及び当該法人所得税の額に関する計算の基礎となる書類で各事業年度に係るもの

六　特殊関係内国法人（法第六十六条の九の二第二項第二号に規定す

る特殊関係内国法人をいう。以下この号において同じ。）の各事業年度終了の日における次に掲げる法人の株主等（法人税法第二条第十四号に規定する株主等をいう。次号において同じ。）の氏名及び住所又は名称及び本店若しくは主たる事務所の所在地並びにその有する次に掲げる法人に係る株式（投資信託及び投資法人に関する法律第二条第十四項に規定する投資口を含む。）又は出資の数又は金額を記載した書類

  イ　特殊関係内国法人

  ロ　施行令第三十九条の二十の二第四項第一号に規定する株主等である外国法人並びに同項第二号に規定する株主等である法人及び出資関連法人

七　添付対象外国関係法人の各事業年度終了の日における次に掲げる法人の株主等に係る前号に掲げる書類

  イ　前号ロに掲げる法人

  ロ　施行令第三十九条の二十の二第五項第三号及び第四号に掲げる外国法人

租税特別措置法関連通達
第13章　内国法人の外国関係会社に係る所得等の課税の特例
　第66条の６～第66条の９《内国法人の外国関係会社に係る所得の課税の特例》関係

（発行済株式）

66の６－１　措置法第66条の６第１項第１号イの「発行済株式」には、その株式の払込み又は給付の金額（以下66の６－２において「払込金額等」という。）の全部又は一部について払込み又は給付（以下66の６－２において「払込み等」という。）が行われていないものも含まれるものとする。

　㊟　例えば寄附金の損金算入限度額を計算する場合のように、いわゆる資本金基準額を計算する場合の資本金の額又は出資金の額は、払込済の金額による。

（直接及び間接に有する株式）

66の６－２　措置法第66条の６第１項、第６項又は第８項の内国法人が直接及び間接に有する外国関係会社（同条第２項第１号に規定する外国関係会社をいう。以下66の９の２－１までにおいて同じ。）の株式には、その株式の払込金額等の全部又は一部について払込み等が行われていないものも含まれるものとする。

　㊟　名義株は、その実際の権利者が所有するものとして同条第１

項、第６項又は第８項の規定を適用することに留意する。

（特定外国関係会社等が２以上ある場合の損益の不通算）

66の６－３　措置法第66条の６第１項に規定する課税対象金額は特定外国関係会社（同条第２項第２号に規定する特定外国関係会社をいう。以下66の６－12までにおいて同じ。）又は対象外国関係会社（同条第２項第３号に規定する対象外国関係会社をいう。以下66の６－12までにおいて同じ。）ごとに計算するから、内国法人に係る特定外国関係会社又は対象外国関係会社が２以上ある場合において、その特定外国関係会社又は対象外国関係会社のうちに欠損金額が生じたものがあるときであっても、他の特定外国関係会社又は対象外国関係会社の所得の金額との通算はしないことに留意する。内国法人に係る部分対象外国関係会社（同条第２項第６号に規定する部分対象外国関係会社をいい、同項第７号に規定する外国金融子会社等（以下66の６－４までにおいて「外国金融子会社等」という。）に該当するものを除く。以下66の６－４において同じ。）又は外国金融子会社等が２以上ある場合についても同様とする。

（課税対象金額等の円換算）

66の６－４　内国法人が措置法第66条の６第１項、第６項又は第８項の規定により特定外国関係会社若しくは対象外国関係会社に係る課税対象金額、部分対象外国関係会社に係る部分課税対象金額又は外国金融子会社等に係る金融子会社等部分課税対象金額に相当する金額を益金の額に算入する場合における当該課税対象金額、部分課税対象金額又は金融子会社等部分課税対象金額及び同条第10項第２号に規定する部分適用対象金額又は金融子会社等部分適用対象金額の円換算は、当該外国関係会社の当該事業年度終了の日の翌日から２月を経過する日における電信売買相場の仲値（基本通達13の２－１－２に定める電信売買相場の仲値をいう。以下66の６－21までにおいて同じ。）による。ただし、継続適用を条件として、当該内国法人の同日を含む事業年度終了の日の電信売買相場の仲値によることができるものとする。

　注　ただし書による場合において、当該内国法人が２以上の外国関係会社を有するときは、その全ての外国関係会社につき、当該電信売買相場の仲値によるものとする。

（主たる事業の判定）

66の６－５　措置法第66条の６第２項第２号イ、同項第３号、同条

461

第6項第1号ロ若しくは同項第2号又は措置法令第39条の15第1項第4号イ若しくは第39条の17の2第2項第5号イの規定を適用する場合において、外国関係会社が2以上の事業を営んでいるときは、そのいずれが主たる事業であるかは、それぞれの事業に属する収入金額又は所得金額の状況、使用人の数、固定施設の状況等を総合的に勘案して判定する。

（主たる事業を行うに必要と認められる事務所等の意義）
66の6－6　措置法第66条の6第2項第2号イ(1)及び第3号ロのその主たる事業を行うに必要と認められる事務所、店舗、工場その他の固定施設を有していることとは、外国関係会社がその主たる事業に係る活動を行うために必要となる固定施設を有していることをいうのであるから、同項第2号イ(1)及び第3号ロの規定の適用に当たっては、次のことに留意する。

（1）　外国関係会社の有する固定施設が、当該外国関係会社の主たる事業を行うに必要と認められる事務所、店舗、工場その他の固定施設（以下66の6－6において「事務所等」という。）に該当するか否かは、当該外国関係会社の主たる事業の業種や業態、主たる事業に係る活動の内容等を踏まえて判定すること。ただし、当該外国関係会社の有する固定施設が、主たる事業に係る活動を行うために使用されるものでない場合には、主たる事業を行うに必要と認められる事務所等には該当しない。

（2）　外国関係会社が主たる事業を行うに必要と認められる事務所等を賃借により使用している場合であっても、事務所等を有していることに含まれること。

（自ら事業の管理、支配等を行っていることの意義）
66の6－7　措置法第66条の6第2項第2号イ(2)及び第3号ロの「その事業の管理、支配及び運営を自ら行つている」こととは、外国関係会社が、当該外国関係会社の事業計画の策定等を行い、その事業計画等に従い裁量をもって事業を執行することであり、これらの行為に係る結果及び責任が当該外国関係会社に帰属していることをいうのであるが、次の事実があるとしてもそのことだけでこの要件を満たさないことにはならないことに留意する。

（1）　当該外国関係会社の役員が当該外国関係会社以外の法人の役員又は使用人（以下66の6－8において「役員等」という。）を兼務していること。

（2）　当該外国関係会社の事業計画の策定等に当たり、親会社等と

協議し、その意見を求めていること。

（3） 当該事業計画等に基づき、当該外国関係会社の業務の一部を
　　委託していること。

（事業の管理、支配等を本店所在地国において行っていることの判定）

66の6-8　措置法第66条の6第2項第2号イ（2）及び第3号ロに
　おけるその事業の管理、支配及び運営を本店所在地国（同項第2号
　イ（2）に規定する本店所在地国をいう。以下66の6-27までにお
　いて同じ。）において行っているかどうかの判定は、外国関係会社
　の株主総会及び取締役会等の開催、事業計画の策定等、役員等の職
　務執行、会計帳簿の作成及び保管等が行われている場所並びにその
　他の状況を総合的に勘案の上行うことに留意する。

（特定保険協議者又は特定保険受託者の管理支配基準の判定）

66の6-9　措置法令第39条の14の3第4項及び第26項の特定保
　険協議者又は特定保険受託者がその本店所在地国においてその事業
　の管理、支配及び運営を自ら行っているかどうかの判定は、66の
　6-7及び66の6-8の取扱いにより行うことに留意する。

（管理支配会社によって事業の管理、支配等が行われていることの判定）

66の6-9の2　措置法令第39条の14の3第8項第1号に規定す
　る「その事業の管理、支配及び運営が管理支配会社によって行われ
　ていること」とは、管理支配会社（措置法第66条の6第2項第2
　号イ（4）に規定する管理支配会社をいう。以下66の6-9の3ま
　でにおいて同じ。）が、同号イ（4）に規定する特定子会社（以下66
　の6-9の3において「特定子会社」という。）の株式等の保有を
　主たる事業とする外国関係会社の事業計画の策定等を行い、その事
　業計画に従い裁量をもって事業を執行することをいうのであるが、
　管理支配会社とは同条第1項各号に掲げる内国法人に係る他の外国
　関係会社のうち一定の要件を満たすものをいうのであるから、当該
　管理支配会社と当該外国関係会社との間に直接に株式等を保有する
　関係がない場合であっても、これに該当する場合があることに留意
　する。

　　措置法令第39条の14の3第9項第3号ロ、措置法規則第22条の
　11第5項第1号及び第15項第1号のその事業の管理、支配及び運
　営が管理支配会社等によって行われていることについても、同様と
　する。

（事業の遂行上欠くことのできない機能の意義）

66の6－9の3　措置法令第39条の14の3第8項第2号に規定する「管理支配会社の行う事業（……）の遂行上欠くことのできない機能を果たしていること」とは、特定子会社の株式等の保有を主たる事業とする外国関係会社が存在しないとしたならば、管理支配会社の行う事業の継続に支障をきたすこととなり、かつ、当該事業の継続のために代替する機能が必要となることをいう。

　　措置法令第39条の14の3第9項第1号イ、同項第3号イ（1）（ⅱ）、同号ハ、措置法規則第22条の11第5項第2号、第9項第1号及び同条第15項第2号の欠くことのできない機能を果たしていることについても、同様とする。

（株式等の保有を主たる事業とする統括会社の経済活動基準の判定）

66の6－10　措置法第66条の6第2項第3号の規定の適用上、統括会社（措置法令第39条の14の3第20項に規定する統括会社をいう。）に該当する株式等の保有を主たる事業とする外国関係会社が、「その本店所在地国においてその主たる事業（……）を行うに必要と認められる事務所、店舗、工場その他の固定施設を有していること（……）並びにその本店所在地国においてその事業の管理、支配及び運営を自ら行つていること（……）」に該当するかどうかは、当該外国関係会社の行う統括業務を「その主たる事業」として、その判定を行うことに留意する。

　　措置法令第39条の14の3第32項に規定する「主たる事業」が同項第4号に規定する「主として本店所在地国において行つている場合」に該当するかどうかの判定についても、同様とする。

（被統括会社の事業の方針の決定又は調整に係るものの意義）

66の6－11　措置法令第39条の14の3第17項に規定する「被統括会社の事業の方針の決定又は調整に係るもの（当該事業の遂行上欠くことのできないものに限る。）」とは、被統括会社（同条第18項に規定する被統括会社をいう。以下66の6－12までにおいて同じ。）の事業方針の策定及び指示並びに業務執行の管理及び事業方針の調整の業務で、当該事業の遂行上欠くことのできないものをいう。

　（注）　例えば、同条第17項に規定する外国関係会社が被統括会社の事業方針の策定等のために補完的に行う広告宣伝、情報収集等の業務は、「被統括会社の事業の方針の決定又は調整に係るもの」に該当しないことに留意する。

（被統括会社に該当する外国関係会社の経済活動基準の判定）

66の6−12　被統括会社に該当する外国関係会社（特定外国関係会社に該当するものを除く。）が措置法第66条の6第2項第3号に掲げる要件のいずれにも該当する場合には、当該被統括会社は対象外国関係会社に該当せず、同条第1項の規定の適用はないことに留意する。

　　（注）当該被統括会社が本店所在地国においてその事業の管理、支配及び運営を自ら行っているかどうかの判定は、66の6−7及び66の6−8の取扱いにより行う。

（被統括会社の事業を行うに必要と認められる者）

66の6−13　措置法令第39条の14の3第18項に規定する「その本店所在地国にその事業を行うに必要と認められる当該事業に従事する者を有する」とは、同項の法人がその事業の内容、規模等に応じて必要な従事者を本店所在地国に有していることをいうのであるから、当該事業に従事する者は当該法人の事業に専属的に従事している者に限られないことに留意する。

（専ら統括業務に従事する者）

66の6−14　措置法令第39条の14の3第20項第2号に規定する「専ら当該統括業務に従事する者……を有している」とは、同項の外国関係会社に同条第17項に規定する統括業務を行う専門部署（以下66の6−14において「統括部署」という。）が存している場合には当該統括部署で当該統括業務に従事する者を有していることをいい、当該外国関係会社に統括部署が存していない場合には当該統括業務に専属的に従事する者を有していることをいう。

（船舶又は航空機の貸付けの意義）

66の6−15　措置法第66条の6第2項第3号イ又は同条第6項第8号の規定の適用上、船舶又は航空機の貸付けとは、いわゆる裸用船（機）契約に基づく船舶（又は航空機）の貸付けをいい、いわゆる定期用船（機）契約又は航海用船（機）契約に基づく船舶（又は航空機）の用船（機）は、これに該当しない。

（全てに従事していることの範囲）

66の6−16　措置法第66条の6第2項第3号イ（3）に規定する「全てに従事している」ことには、外国関係会社の業務の一部の委

託（補助業務（広告宣伝、市場調査、専門的知識の提供その他の当該外国関係会社が業務を行う上での補助的な機能を有する業務をいう。）以外の業務の委託にあっては、当該外国関係会社が仕様書等を作成し、又は指揮命令している場合に限る。）が含まれることに留意する。

　同項第２号イ（４）、措置法令第39条の14の３第１項各号及び第９項第３号イ（１）（ⅱ）、措置法第66条の６第２項第７号、措置法令第39条の17第３項各号及び第８項第２号並びに措置法第66条の６第６項第２号、第５号及び第８号並びに措置法令第39条の17の３第10項第１号から第３号までに規定する「全てに従事している」こと並びに措置法令第39条の14の３第８項第３号、第９項第３号ニ、措置法規則第22条の11第５項第３号及び第15項第３号に規定する「全てが……行われていること」についても、同様とする。

（事業の判定）

66の６－17　外国関係会社の営む事業が措置法第66条の６第２項第３号ハ（１）又は措置法令第39条の14の３第32項第１号から第３号までに掲げる事業のいずれに該当するかどうかは、原則として日本標準産業分類（総務省）の分類を基準として判定する。

（金融商品取引業を営む外国関係会社が受けるいわゆる分与口銭）

66の６－18　金融商品取引業を営む内国法人に係る外国関係会社で金融商品取引業を営むものが、その本店所在地国においてその顧客から受けた有価証券の売買に係る注文（募集又は売出しに係る有価証券の取得の申込みを含む。以下66の６－18において同じ。）を当該内国法人に取り次いだ場合において、その取り次いだことにより当該内国法人からその注文に係る売買等の手数料（手数料を含む価額で売買が行われた場合における売買価額のうち手数料に相当する部分を含む。）の一部をいわゆる分与口銭として受け取ったときは、その分与口銭は措置法令第39条の14の３第28項第４号に規定する関連者以外の者から受ける受入手数料に該当するものとして取り扱う。

（適用対象金額等の計算）

66の６－19　措置法第66条の６第２項第４号に規定する適用対象金額、同条第７項に規定する部分適用対象金額及び同条第９項に規定する金融子会社等部分適用対象金額並びに措置法令第39条の15第５項に規定する欠損金額、措置法令第39条の17の３第32項に規

定する部分適用対象損失額及び措置法令第39条の17の４第10項に規定する金融子会社等部分適用対象損失額は、外国関係会社が会計帳簿の作成に当たり使用する外国通貨表示の金額により計算するものとする。この場合において、例えば措置法第61条の４の規定の例に準じて交際費等の損金不算入額を計算する場合における同条に定める800万円のように、法令中本邦通貨表示で定められている金額については、66の６－４により内国法人が外国関係会社の課税対象金額、部分課税対象金額又は金融子会社等部分課税対象金額の円換算に当たり適用する為替相場により当該本邦通貨表示で定められている金額を当該外国通貨表示の金額に換算した金額によるものとする。

（法人税法等の規定の例に準じて計算する場合の取扱い）

66の６－20 措置法令第39条の15第１項第１号の規定により同項の外国関係会社の適用対象金額につき法及び措置法の規定の例に準じて計算する場合には、次に定めるものは、次によるものとする。

（１） 青色申告書を提出する法人であることを要件として適用することとされている規定については、当該外国関係会社は当該要件を満たすものとして当該規定の例に準じて計算する。

（２） 減価償却費、評価損、圧縮記帳、引当金の繰入額、準備金の積立額等の損金算入又はリース譲渡に係る延払基準による収益及び費用の計上等確定した決算における経理を要件として適用することとされている規定については、当該外国関係会社がその決算において行った経理のほか、内国法人が措置法第66条の６の規定の適用に当たり当該外国関係会社の決算を修正して作成した当該外国関係会社に係る損益計算書等において行った経理をもって当該要件を満たすものとして取り扱う。この場合には、決算の修正の過程を明らかにする書類を当該損益計算書等に添付するものとする。

　　（注） 当該外国関係会社の決算の修正は、当該外国関係会社に係る内国法人が統一的に行うものとし、個々の内国法人ごとに行うことはできない。

（３） 内国法人が措置法第66条の６の規定の適用に当たり採用した棚卸資産の評価方法、減価償却資産の償却方法、有価証券の一単位当たりの帳簿価額の算出方法等は、同条を適用して最初に提出する確定申告書に添付する当該外国関係会社に係る損益計算書等に付記するものとし、一旦採用したこれらの方法は、特別の事情がない限り、継続して適用するものとする。

（注） 当該確定申告書の提出前において、既に措置法第68条の90の規定の適用を受けて最初に提出した連結確定申告書があり、かつ、当該連結確定申告書に添付した当該外国関係会社に係る損益計算書等に評価方法等を付記している場合には、新たに当該確定申告書に添付する損益計算書等への付記を要しないものとする。

なお、既に同条の規定の適用に当たり一旦採用したこれらの方法については、措置法第66条の6の規定の適用においても、特別の事情がない限り、継続して適用することに留意する。

（大法人により発行済株式等の全部を保有される場合の適用対象金額の計算）

66の6−21 措置法令第39条の15第1項第1号の規定により同項の外国関係会社の適用対象金額につき本邦法令の規定の例に準じて計算するに当たり、当該外国関係会社の発行済株式等の全部を直接又は間接に保有する者のいずれかに大法人（当該外国関係会社の当該事業年度終了の時における資本金の額又は出資金の額が5億円以上である法人など法第66条第6項第2号の大法人をいう。以下66の6−21において同じ。）が含まれている場合には、当該外国関係会社が中小法人（当該事業年度終了の時における資本金の額又は出資金の額が1億円以下である法人をいう。）に該当するときであっても、措置法第57条の9第1項及び第61条の4第2項の規定の適用はないことに留意する。

当該外国関係会社が、法第2条第12号の7の6に規定する完全支配関係のある複数の大法人に発行済株式等の全部を直接又は間接に保有されている場合についても、同様とする。

（注）1 当該外国関係会社の資本金の額又は出資金の額の円換算については、当該事業年度終了の日の電信売買相場の仲値による。

2 当該外国関係会社の発行済株式等の全部を直接又は間接に保有する者が外国法人である場合において、当該外国法人が大法人に該当するかどうかは、当該外国関係会社の当該事業年度終了の時における当該外国法人の資本金の額又は出資金の額について、当該事業年度終了の日の電信売買相場の仲値により換算した円換算による。

（企業集団等所得課税規定を除いた法令の規定による所得の金額の計算）

66の6−21の2 措置法令第39条の15第2項に規定する「本店所

在地国の法人所得税に関する法令の規定（……企業集団等所得課税規定を除く。……）により計算した所得の金額」の計算は、原則として、次に掲げる場合の区分に応じ、それぞれ次に定める計算によることに留意する。

（1） 連結納税規定（措置法令第39条の15第６項第１号に掲げる法令の規定をいう。）の適用を受けている場合

　　外国関係会社の属する企業集団の所得ではなく当該外国関係会社の所得に対して法人所得税が課されるものとして、当該外国関係会社の本店所在地国の法令の規定（措置法令第39条の15第２項に規定する本店所在地国の法令の規定をいう。以下66の６－21の５までにおいて同じ。）により当該外国関係会社の所得の金額を計算すること。

（2） パススルー課税規定（措置法令第39条の15第６項第３号に掲げる法令の規定をいう。以下66の６－21の２において同じ。）の適用を受けている場合

　　パススルー課税規定の適用により外国関係会社の所得がその株主等の所得とされる場合の当該外国関係会社にあっては、当該外国関係会社の所得を当該外国関係会社の株主等の所得として取り扱わず、当該外国関係会社の所得に対して法人所得税が課されるものとして、当該外国関係会社の本店所在地国の法令の規定により当該外国関係会社の所得の金額を計算すること。

　　パススルー課税規定の適用により外国法人の所得がその株主等である外国関係会社の所得とされる場合の当該株主等である外国関係会社にあっては、当該外国法人の所得を当該株主等である外国関係会社の所得として取り扱わないものとして、当該株主等である外国関係会社の本店所在地国の法令の規定により当該株主等である外国関係会社の所得の金額を計算すること。

（企業集団等所得課税規定を除いた法令の規定により計算する場合の取扱い）

66の６－21の３　66の６－21の２により計算する場合において、本店所在地国の法令の規定のうち、その適用が法人の選択によること（以下66の６－24の３までにおいて「選択適用」という。）とされているものであっても、措置法令第39条の15第２項第１号に規定する課税標準に含まれないこととされる所得の金額の規定、法第23条、第23条の２、第57条、第58条又は第59条の規定に相当する規定など、企業集団等所得課税規定（措置法令第39条の15第６項に規定する企業集団等所得課税規定をいう。以下66の６－31

までにおいて同じ。）の適用に当たり選択された規定に相当する規定については、その規定の適用要件等からその外国関係会社が適用を受けることができないものを除き、これらの規定を適用して計算を行うものとする。

（合理的な方法による所得の金額の簡便計算）
66の6－21の4　外国関係会社がその本店所在地国において企業集団等所得課税規定の適用を受けている場合の措置法令第39条の15第2項に規定する「本店所在地国の法令の規定……により計算した所得の金額」の計算については、原則として66の6－21の2の取扱いによることとなるのであるが、企業集団等所得課税規定を除かない本店所在地国の法令の規定により計算された所得の金額の計算の基礎となる書類等に記載された金額を基礎として合理的に算出することができる場合など、所得の金額を計算する方法が合理的と認められるときには、その合理的に算出される所得の金額によることとして差し支えない。

（企業集団等所得課税規定の適用がある場合の個別計算納付法人所得税額等の計算）
66の6－21の5　外国関係会社が企業集団等所得課税規定の適用を受けている場合の措置法令第39条の15第2項第8号に規定する「個別計算納付法人所得税額」の基礎となる所得の金額の計算については、66の6－21の2及び66の6－21の4の取扱いを準用し、当該外国関係会社の本店所在地国の法令の規定等により、その計算された所得の金額から法人所得税の額を計算する。
　　同項第15号に規定する「個別計算還付法人所得税額」についても、同様とする。

（選択適用の規定がある場合の個別計算納付法人所得税額等の計算）
66の6－21の6　66の6－21の5により計算する場合において、措置法令第39条の15第2項第8号の法人所得税に関する法令の規定（企業集団等所得課税規定を除く。）に税額控除規定（法人所得税の額の計算に当たり算出された税額から一定の金額を控除する規定をいう。以下66の6－24の3において同じ。）のうち選択適用とされているものがあるときは、法第68条又は第69条の規定に相当する規定など、企業集団等所得課税規定の適用に当たり選択された規定に相当する規定については、その規定の適用要件等からその外国関係会社が適用を受けることができない場合を除き、これらを

適用して計算を行うものとする。

（無税国の外国関係会社が企業集団等所得課税規定の適用を受ける場
合の所得の金額の計算）

66の6-21の7　措置法令第39条の15第6項第2号の法令の規定
の適用を受ける外国関係会社（法人の所得に対して課される税が存
在しない国又は地域に本店又は主たる事務所を有するものに限る。）
にあっては、措置法第66条の6第2項第4号に規定する基準所得
金額の計算については、措置法令第39条の15第2項の適用はなく
同条第1項により計算することとなり、措置法第66条の6第5項
第1号に規定する租税負担割合（以下66の6-25までにおいて
「租税負担割合」という。）を算出する場合の措置法令第39条の
17の2第2項第1号の所得の金額の計算については、同号イの適
用はなく同号ロにより計算することとなることに留意する。

（外国関係会社の事業年度と課税年度とが異なる場合の租税負担割合
の計算）

66の6-22　租税負担割合を算出する場合において、外国関係会
社の事業年度が措置法令第39条の17の2第2項第1号イに規定す
る本店所在地国の法令の規定（以下66の6-23において「本店所
在地国の法令の規定」という。）における課税年度と異なるときで
あっても、当該外国関係会社の事業年度につき同項の規定を適用し
て算出することに留意する。

（課税標準の計算がコストプラス方式による場合）

66の6-23　外国関係会社の本店所在地国の法令の規定により、
当該外国関係会社の当該事業年度の決算に基づく所得の金額及び課
税標準を算出することに代えて、当該外国関係会社の支出経費に一
定率を乗じて計算した金額をもって課税標準とする、いわゆるコス
トプラス方式により計算することができることとされている場合で
あっても、措置法令第39条の17の2第2項第1号イに規定する所
得の金額は、当該外国関係会社の当該事業年度の決算に基づく所得
の金額につき当該本店所在地国の法令の規定を適用して算出するこ
とに留意する。

（外国法人税の範囲）

66の6-24　措置法令第39条の17の2第2項第1号イに規定する
外国法人税の額には、外国関係会社が法第138条第1項又は所得税

法第161条第1項に規定する国内源泉所得に係る所得について課された法人税及び所得税並びに地方法人税及び法第38条第2項第2号に掲げるものの額を含めることができる。

（租税負担割合の計算における企業集団等所得課税規定を除いた法令の規定による所得の金額の計算）

66の6－24の2　措置法令第39条の17の2第2項第1号イの本店所在地国の外国法人税に関する法令の規定から企業集団等所得課税規定を除いた法令の規定（以下66の6－26までにおいて「本店所在地国の法令の規定」という。）による所得の金額の計算については、66の6－21の2及び66の6－21の4の取扱いによる。

（企業集団等所得課税規定の適用がないものとした場合に計算される外国法人税の額の計算）

66の6－24の3　措置法令第39条の17の2第2項第2号に規定する「企業集団等所得課税規定の適用がないものとした場合に計算される外国法人税の額」の計算については、66の6－21の5前段の取扱いによる。この場合において、66の6－21の6の適用に当たっては、選択適用とされている税額控除規定については、任意に選択することができるものとする。

（非課税所得の範囲）

66の6－25　措置法令第39条の17の2第2項第1号イ（1）に規定する「その本店所在地国の法令の規定により外国法人税の課税標準に含まれないこととされる所得の金額」には、例えば、次のような金額が含まれることに留意する。

（1）　外国関係会社の本店所在地国へ送金されない限り課税標準に含まれないこととされる国外源泉所得

（2）　措置法第65条の2の規定に類する制度により決算に基づく所得の金額から控除される特定の取引に係る特別控除額

　　㊟　国外源泉所得につき、その生じた事業年度後の事業年度において外国関係会社の本店所在地国以外の国又は地域からの送金が行われた場合にはその送金が行われた事業年度で課税標準に含めることとされているときであっても、租税負担割合を算出する場合には、当該国外源泉所得の生じた事業年度の課税標準の額に含めることに留意する。

（外国法人税の額に加算される税額控除額）

66の6－26　措置法令第39条の17の２第２項第３号に規定する「外国関係会社が納付したものとみなしてその本店所在地国の外国法人税の額から控除されるもの」とは、外国関係会社がその本店所在地国以外の国又は地域に所在する子会社（以下66の６－26において「外国子会社」という。）から受ける剰余金の配当、利益の配当又は剰余金の分配（以下66の６－26において「剰余金の配当等」という。）の額がある場合に、本店所在地国の法令の規定により、当該外国子会社の所得に対して課される外国法人税の額のうちその剰余金の配当等の額に対応するものにつき税額控除の適用を受けるときにおける当該外国関係会社が納付したものとみなされる外国法人税の額をいうのであるが、当該外国子会社の所得に対して課される外国法人税の額には、当該外国子会社が当該事業年度においてその本店所在地国以外の国又は地域において軽減され、又は免除された外国法人税の額で、租税条約の規定により当該外国子会社が納付したものとみなされるものは含まれないことに留意する。

（複数税率の場合の特例の適用）

66の6－27　その本店所在地国の外国法人税の税率が所得の額に応じて高くなる場合に措置法令第39条の17の２第２項第４号の規定が適用されるのであるから、法人の所得の区分に応じて税率が異なる場合には、同号の規定は適用されないことに留意する。

（特定所得の金額に係る源泉税等）

66の6－28　措置法第66条の６第６項第１号から第４号まで及び同項第８号から第10号まで並びに措置法令第39条の17の３第16項第１号に規定する「直接要した費用の額」には、措置法第66条の６第６項に規定する特定所得の金額に係る源泉税等（令第141条第２項第３号に掲げる税及びこれに附帯して課される法第２条第41号に規定する附帯税に相当する税その他当該附帯税に相当する税に類する税をいう。）の額が含まれることに留意する。

（自ら行った研究開発の意義）

66の6－29　措置法令第39条の17の３第22項第１号に規定する「部分対象外国関係会社が自ら行つた研究開発」には、同号の部分対象外国関係会社が他の者に研究開発の全部又は一部を委託などして行う研究開発であっても、当該部分対象外国関係会社が自ら当該研究開発に係る企画、立案、委託先への開発方針の指示、費用負担

及びリスク負担を行うものはこれに該当することに留意する。

（課税対象金額等に係る外国法人税額の計算）
66の6－30　措置法第66条の7第1項の規定を適用する場合にお
　　ける措置法令第39条の18第3項の規定による課税対象金額、同条
　　第4項の規定による部分課税対象金額又は同条第5項の規定による
　　金融子会社等部分課税対象金額に係る控除対象外国法人税の額の計
　　算並びに同条第10項の規定による減額されたとみなされる控除対
　　象外国法人税の額の計算は、その外国関係会社がその会計帳簿の作
　　成に当たり使用する外国通貨表示の金額により行うものとし、その
　　計算されたこれらの控除対象外国法人税の額の円換算については、
　　66の6－4に準ずる。

（企業集団等所得課税規定の適用がないものとした場合に計算される
　個別計算外国法人税額の計算）
66の6－31　外国関係会社が企業集団等所得課税規定の適用を受
　　けている場合の措置法令第39条の18第1項に規定する「個別計算
　　外国法人税額」の計算については、66の6－21の5前段の取扱い
　　による。

【著者紹介】

髙橋 幸之助（たかはし こうのすけ）

税理士
中央大学商学部卒業
東京国税局調査部、都内各税務署勤務後、
平成26年８月髙橋幸之助税理士事務所開設。
研修・セミナー等の講師も務める。

改訂新版

実務家のための 図解による
タックス・ヘイブン対策税制

令和３年11月１日　印　刷
令和３年11月８日　発　行

著　者　　髙　橋　　幸之助

発行者　　鎌　田　　順　雄

発行所　　法令出版株式会社

〒 162-0822
東京都新宿区下宮比町２－28－1114
TEL　03（6265）0826
FAX　03（6265）0827
http://e-hourei.com

乱丁・落丁はお取替えします。　　　　印刷：モリモト印刷㈱
ISBN978-4-909600-25-7　C3033